es 1529

edition suhrkamp

Neue Folge Band 529

*Neue Historische Bibliothek*
*Herausgegeben von Hans-Ulrich Wehler*

Die Wirtschaftsordnung in Deutschland entwickelte sich seit der Epoche des Merkantilismus im Spannungsfeld liberal-marktwirtschaftlicher und konservativ-etatistischer Kräfte zu einer Vielzahl von Kompromißformen. Die fortschreitende Industrialisierung bewirkte dabei zwar insgesamt eine Modernisierung, doch eine für Deutschland charakteristische staatsinterventionistische Gegenströmung ließ – vom sich herausbildenden »Organisierten Kapitalismus« des Kaiserreiches bis zur rigorosen Lenkungswirtschaft des Nationalsozialismus – immer wieder anti-liberale, »geschlossene« Wirtschaftssysteme entstehen; eine spezifische Tradition, die bis in die Ära der sozialen Marktwirtschaft der Bundesrepublik und der sozialistischen Planwirtschaft der DDR fortwirkt. An die Darstellung der historischen Entwicklung der Wirtschaftsordnung in Deutschland schließt sich ein Vergleich mit anderen Industriestaaten an.
Hans Jaeger ist Redaktor der *Neuen Deutschen Biographie* und Lehrbeauftragter für Sozialgeschichte an der Universität München.

Hans Jaeger

# Geschichte der Wirtschaftsordnung in Deutschland

Suhrkamp

edition suhrkamp 1529
Neue Folge Band 529
Erste Auflage 1988

Erstausgabe

Satz: Hümmer, Waldbüttelbrunn
Druck: Nomos Verlagsgesellschaft, Baden-Baden
Umschlagentwurf: Willy Fleckhaus
Printed in Germany

1 2 3 4 5 6 – 93 92 91 90 89 88

# *Inhalt*

# Einleitung

Im gegenwärtigen Sprachgebrauch von Nationalökonomen, Juristen und Politikern scheint der Begriff der Wirtschaftsordnung einen verhältnismäßig klar umrissenen Inhalt zu besitzen. Dagegen offenbart die Beschäftigung mit konkreten Ausprägungen wirtschaftlicher Ordnung in der Geschichte eine kaum übersehbare Vielfalt der Erscheinungen, die in der Regel Mischformen »reiner«, gedachter Ordnungssysteme sind[1] und erst durch die Sichtbarmachung ihrer genetischen Zusammenhänge historisch plausibel werden.

Eine einfache Definition lautet: Wirtschaftsordnung ist die Gesamtheit der für den organisatorischen Aufbau und den Ablauf der Volkswirtschaft geltenden Regeln sowie der wirtschaftlichen und wirtschaftsgestaltenden Institutionen.[2] In dieser Definition wird eine charakteristische Doppeldeutigkeit des Begriffs erkennbar. Wer von Wirtschaftsordnung spricht, kann an eine Realbeschreibung wirtschaftlicher Zustände denken, aber auch an ein Normensystem zu ihrer Regelung. Der normative Begriff von Wirtschaftsordnung wiederum kann ethisch-weltanschauliche wie juristische Elemente beinhalten, d.h. die oben gegebene Definition bezieht auch die Rechtsordnung und das soziale System mit ein, innerhalb derer sich wirtschaftliches Leben entfaltet. Zudem müssen auch alle relevanten Institutionen als konstituierende Elemente der Wirtschaftsordnung angesehen werden.

Unter Wirtschaftsordnung versteht man in der Regel ein nationales Ordnungssystem, die Ordnung einer Volkswirtschaft. Eine Volkswirtschaft umfaßt eine Vielzahl wirtschaftender Einzelelemente: private Haushalte, Unternehmen, staatliche Einrichtungen, die – jedes auf seine Weise – als Nachfrager oder Anbieter von Gütern und Diensten auftreten. Der Komplex einer Volkswirtschaft weist zwar eine politische Kontur auf, ist aber in den meisten Fällen nicht geschlossen, sondern durch mannigfache Beziehungen mit ausländischen Wirtschaftseinheiten verbunden. Die allmähliche Herausbildung einer internationalen Wirtschaftsordnung hat auf Teilgebieten, etwa bei der Gestaltung des internationalen Handels oder bei der überstaatlichen wirtschaftlichen Integration ganzer Regionen oder Völkerfamilien, beachtliche

Fortschritte gemacht, die – trotz mancher Rückschläge – eine die Weltwirtschaft des 20. Jahrhunderts prägende Tendenz darstellen.

Ebensowenig wie der Begriff der Wirtschaftsordnung nach außen, d. h. durch den politischen Institutionen-Rahmen einer Volkswirtschaft, eingegrenzt werden kann, darf seine innere Teilbarkeit verkannt werden. Der Komplex-Charakter einer Volkswirtschaft macht es bei einer genaueren Analyse der Wirtschaftsordnung erforderlich, sich mit einer Vielzahl von Teilordnungen zu beschäftigen, die etwa regionale Geltung beanspruchen oder nur bestimmte Segmente des Wirtschaftslebens erfassen.

Dem Begriff der Wirtschaftsordnung verwandt sind die oft synonym gebrauchten Termini des *Wirtschaftssystems* und der *Wirtschaftsverfassung*, wobei letzterer eher den Inbegriff der für die Wirtschaft geltenden grundsätzlichen Rechtsnormen bezeichnen sollte. Der Realisierung der Wirtschaftsordnung dient die *Wirtschaftspolitik* als aktives, gestaltendes Eingreifen des Staates oder von ihm abgeleiteter Institutionen in wirtschaftliche Abläufe. In besonderem Maße gilt das für die Gesamtwirtschaftspolitik, die in der Entwicklung der Industriestaaten im 20. Jahrhundert zunehmende Bedeutung gewonnen hat und die, anders als die bis zum Ersten Weltkrieg vorherrschende wirtschaftspolitische Einflußnahme auf Einzelprobleme, stets auch der Verwirklichung eines umfassenden Konzepts einer Wirtschaftsordnung als Normensystem dient.

Moderne volkswirtschaftliche Systeme mit komplexer Struktur und weitgehender Arbeitsteiligkeit sind in höherem Maße ordnungsbedürftig als ihre historischen Vorgänger. Neben der Ordnungsfunktion im engeren Sinne, d. h. der Gestaltung des wirtschaftsbezogenen Rechts, des Geldsystems, der Unternehmensverfassung und der Wettbewerbsordnung, sind zahlreiche weitere wirtschaftliche Funktionen des Staates für den Aufbau der Wirtschaftsordnung im weiteren Sinne bedeutend, etwa die Wachstumssteuerungsfunktion (Struktur- und Subventionspolitik), die Globalsteuerungsfunktion (Geld- und Fiskalpolitik), die Umverteilungsfunktion (System der Steuern und Sozialleistungen), die Produktionsfunktion (Behörden und öffentliche Unternehmen) und die zu dieser komplementäre Nachfragefunktion.[3]

Grundsätzlich haben Wirtschaftsordnungen eine doppelte Aufgabe zu lösen. Zum einen geht es darum, die Funktionsfähigkeit der Wirtschaft zu sichern und die vielfältige wirtschaftliche Aktivität zu koordinieren, zum anderen darum, durch die Gestaltung der Wirtschaft zugleich gesellschaftspolitische Ziele zu verwirklichen. Wichtigstes Mittel der Funktionssicherung ist die Zurverfügungstellung von Märkten, Geld und Regeln wirtschaftlichen Verhaltens. Die Einrichtung von Messen und Börsen, aber auch die rechtliche Regelung alltäglicher Kaufgeschäfte ist eine solche Funktionssicherung, ohne die ein geordneter Ablauf von Transaktionen nicht stattfinden könnte. Der Koordination der unübersehbaren Vielzahl einzelwirtschaftlicher und gesamtwirtschaftlicher Abläufe dient die durch die Prinzipien der Wirtschaftsordnung bestimmte Gestaltung der Wirtschaftspolitik.

Die Verwirklichung gesellschaftspolitischer Ziele mit den Mitteln der Wirtschaftsordnung führt in den Bereich der gegenseitigen Durchdringung von Wirtschafts- und Sozialpolitik und zum eigentlichen Gegenstand der meist weltanschaulich gefärbten Kontroversen, die über Sinn und Aufgaben von Wirtschaftsordnungen geführt werden. Je nach der ideologischen Orientierung werden dabei Positionen eingenommen, die zwischen den Extremen einer rein marktwirtschaftlichen und einer zentralgeleiteten Wirtschaftsordnung angesiedelt sind.

Die Art und Weise, wie eine Wirtschaftsordnung die ihr gestellte Koordinierungsaufgabe löst, und ihre grundsätzliche gesellschaftspolitische Zielsetzung pflegen in einem engen Zusammenhang zu stehen. Prinzipiell kann die Koordinierung wirtschaftlicher Aktivitäten autoritär oder marktwirtschaftlich erfolgen. Elementare Beispiele autoritärer Koordinierung finden sich im einzelwirtschaftlichen Bereich, etwa in der Hauswirtschaft und im bäuerlichen oder handwerklichen Familienbetrieb.

Beispiele für die autoritäre Koordinierung ganzer Volkswirtschaften sind die Zentralverwaltungswirtschaften unserer Gegenwart, die ihre Ziele mit Hilfe von Wirtschaftsplänen und oft gigantischen Bürokratien zu erreichen versuchen. So sind in den Ländern des »real existierenden Sozialismus« alle Betriebe, Anstalten und Organisationen mit wirtschaftlichen Zielen in ein staatliches Plansystem einbezogen. Die behaupteten Vorzüge der zentralgeleiteten Wirtschaftsordnung sind geringe Krisenempfindlichkeit, Vollbeschäftigung, stetiges Wachstum und – in den sozialistischen Ländern – die Aufhebung der Entfremdung und Ausbeutung des arbeitenden Menschen. Ihre Nachteile sind mangelnde Dynamik und Anpassungsfähigkeit wegen des Fehlens einer Steuerung über den Markt und aufgrund ungenügender Beteiligung und Motivation der wirtschaftenden Individuen. Überdies steht das Fehlen eines echten Wettbewerbs Qualitätsverbesserungen im Wege. Charakteristisch für zentralgeleitete Wirtschaften ist die Entstehung von bürokratischen Hierarchien. Besonders in Diktaturen bilden sich solche Hierarchien zwangsläufig, weil die Wirtschaft den politischen Staatszielen untergeordnet und durch engmaschige administrative Netze an diese gefesselt wird. Die streng hierarchische Struktur des politischen Apparats zwingt die Wirtschaft sozusagen zum Gleichschritt.

Eine Wirtschaftsordnung, die auf marktwirtschaftlicher Koordinierung aufbaut, kann nur bestehen, wenn bestimmte rechtliche und institutionelle Voraussetzungen erfüllt sind. Dazu gehören das Privateigentum – insbesondere an den Produktionsmitteln – sowie grundlegende »Freiheitsverbürgungen«[4], z. B. durch allgemeine Vertragsfreiheit, Berufsfreiheit, Gewerbefreiheit, Handels- und Konsumfreiheit. Diesen positiven Garantien entspricht die Abstinenz des Staates von aller wirtschaftlichen Aktivität – außer solcher, die nicht ohne weiteres wettbewerblich organisiert werden kann – etwa der öffentlichen Versorgung mit Gas, Wasser und Elektrizität. In einer marktwirtschaftlich geprägten Wirtschaftsordnung entscheiden Millionen von Individuen im Rahmen ihrer verfügbaren Einkommen über die Nachfrage nach Wirtschaftsgütern und damit über deren Produktion. Die Verbrauchspläne der Haushalte und die Produktionspläne der Unternehmen werden über Märkte und Preise koordiniert.

Ebensowenig wie die totale Planwirtschaft ist die »totale Marktwirtschaft« in der Realität anzutreffen. Innerhalb der modernen marktwirtschaftlichen Systeme stehen den im strengen Sinne marktbestimmten Bereichen sog. gemeinwirtschaftliche gegenüber. In der Praxis ist die Grenze zwischen beiden häufig nur schwer zu ziehen; in der Theorie allerdings besteht ein grundlegender Unterschied. Während die Marktwirtschaft auf dem Prinzip des Individualismus beruht und ein differenziertes Gefüge von Erwerbswirtschaften darstellt, ist die Gemeinwirtschaft als »Wirtschaftsführung einer personifizierten sittlichen Gemeinschaft oder Anstalt« (A. Schäffle)[5] nach den Prinzipien einer Sozialordnung organisiert. Beispiele gemeinwirtschaftlicher Bereiche innerhalb der Wirtschaftsordnung im ganzen sind die Familie, die religiöse Gemeinschaft, aber auch derjenige Teil der öffentlichen Wirtschaft, der von Haushaltsplänen regierte Bedarfsdeckungswirtschaft ist.

Der Gemeinwirtschaft verwandt ist das Genossenschaftswesen. Die seit der Mitte des 19. Jahrhunderts hervortretenden modernen Beschaffungs-, Nutzungs- und Verwertungsgenossenschaften unterscheiden sich dadurch von den Genossenschaften älterer Zeiten, daß sie nicht wie diese echte Lebensgemeinschaften darstellen, sondern als »Unternehmen sui generis« primär wirtschaftliche Zielsetzungen verfolgen.[6]

Die Sonderbereiche der Gemeinwirtschaft und des Genossenschaftswesens lassen erkennen, daß auch in einem grundsätzlich marktwirtschaftlich organisierten System Wirtschafts- und Sozialordnung eng miteinander verwoben sein können und daß die Wirtschaftsordnung eine mit der ganzheitlichen Lebensordnung einer Gesellschaft unlösbar verbundene Teilordnung ist. Hieraus folgt, daß Wirtschaftsordnungen keineswegs ausschließlich unter dem Gesichtspunkt ihrer ökonomischen Effizienz beurteilt werden dürfen, sondern daß auch soziale – etwa ideologisch-gesellschaftspolitische – Kriterien zu beachten sind. In den Normen der jeweiligen Wirtschaftsverfassung schlagen sich diese meist am deutlichsten nieder. Auch unter den Rahmenbedingungen, innerhalb derer Wirtschaftsordnungen entstehen und sich entwickeln, sind neben institutionellen Voraussetzungen wie dem Entwicklungsstand der Märkte, des Verkehrs, des Geldwesens und des Wirtschaftsrechts vor allem auch gesellschaftliche zu nennen: etwa die Wirtschaftsgesinnung der Bevölkerung sowie ihr Bildungsstand und damit die Fähigkeit zu wirtschaftlich rationalem Verhalten. Umgekehrt liegt ein wichtiger Aspekt des Zusammenhanges von Wirtschafts- und Sozialordnung in der Ermöglichung ideeller gesellschaftspolitischer Prinzipien durch bestimmte konkrete wirtschaftliche Voraussetzungen.

In einer Marktwirtschaft besteht keine natürliche Harmonie zwischen wirtschaftlichen Zielen und sozialen Werten. Dem Historiker zeigt die von manchesterlicher Mentalität geprägte frühe Phase der Industrialisierung des 19. Jahrhunderts, wie wenig Forderungen nach Berücksichtigung des Gemeinnutzes oder nach Gewährung menschenwürdiger Arbeitsbedingungen mit der marktwirtschaftlichen Logik unternehmerischer Gewinnerzielung zu tun haben müssen. Die Wirtschaftsordnung muß deshalb Vorsorge treffen, um auch sozialen Erfordernissen Geltung zu verschaffen.

In der Geschichte der nationalökonomischen Theorie ist bis in die Ära des Merkantilismus, des Physiokratismus und der einsetzenden liberalen Klassik das Denken in Ordnungen vorherrschend, wird dann aber im 19. Jahrhundert durch ein im wesentlichen historisches Denken abgelöst. So erklärt sich das Fehlen wirtschaftspolitischer Rezepte im Marxismus, weil in dessen historisch-dialektischer Konzeption notwendige Abläufe das Bild der wirtschaftlichen Entwicklung bestimmen. Erst das Ende des 19. Jahrhunderts bringt wieder eine Renaissance des nationalökonomischen Ordnungsdenkens.[7]

Wendet man sich älteren Epochen der Wirtschaftsgeschichte zu, erblickt man die Wurzeln unserer heutigen, vorwiegend nationalstaatlich geprägten Wirtschaftsordnungen in den kleinräumigen Wirtschaftszellen des Dorfes, der Stadt, des fürstlichen Territoriums. Man kann die historisch aufeinanderfolgenden Wirtschaftsordnungen als eine Sequenz von Entwicklungsstufen darstellen. Vor allem deutsche Nationalökonomen des 19. Jahrhunderts (Friedrich List, Bruno Hildebrand, Gustav Schmoller, Karl Bücher) haben solche Schemata von Ordnungsstufen konstruiert. Das Büchersche z. B. unterscheidet für die europäische Wirtschaftsgeschichte: Dorfwirtschaft, Stadtwirtschaft, Territorialwirtschaft, Volkswirtschaft.[8] Von der Volkswirtschaft als der Wirtschaft der Nationalstaaten führt dann in neuester Zeit der Weg zur Weltwirtschaft. Innerhalb dieses Systems und ähnlicher Schemata ist jede »höhere« Stufe gekennzeichnet durch räumliche Ausweitung des Wirtschaftsgebiets, vermehrte Arbeitsteilung und Spezialisierung der Produktion, steigende Leistungsfähigkeit des Verkehrs sowie regionale Konzentration der Standorte.[9] Die räumliche Ausdehnung eines Wirtschaftsgebiets sagt aber noch nichts über seine Struktur aus. Wie die Gegenüberstellung der kapitalistisch-marktwirtschaftlichen und der sozialistisch-zentralgeleiteten Wirtschaftsordnung zeigt, gilt das selbst bei vergleichbaren ökonomisch-technischen Produktionsverhältnissen.

Dem Historiker stellt sich die Frage, ob sich Wirtschaftsordnungen prozeßhaft-zwangsläufig entwickeln oder ob sie als Resultate bewußter politischer Entscheidungen anzusehen sind. Tatsächlich haben beim Übergang von überlebten Wirtschaftsordnungen zu neuen, moderneren Elemente einer bewußten »Gestaltung« in der Geschichte häufig eine Rolle gespielt, etwa in der merkantilistischen Wirtschaftspolitik des 18. Jahrhunderts. Insgesamt bedeutender – vor allem für die Entstehung marktwirtschaftlicher Ordnungssysteme – ist aber die Herausbildung von Wirtschaftsordnungen durch allmähliche Umformung bestehender Normen und Institutionen im Sinne einer Anpassung an neue Möglichkeiten des Wirtschaftens gewesen. Hier erscheint der historische Fortschritt als die Resultante einer Vielzahl unterschiedlicher, einander sogar häufig widersprechender Zielsetzungen, und die ständige Erneuerung von Wirtschaft und Wirtschaftsordnung wird zu einem einheitlichen Vorgang. Es entspricht dieser Betrachtungsweise, wenn Max Weber und Werner Sombart Wirtschaftsordnungen nicht als bloßen Rahmen für wirtschaftliches Geschehen ansahen, sondern als die Art und Weise, wie dieses Geschehen selbst abläuft. Dennoch bleibt die Unterscheidung von »gewachsener« und »gesetzter« Ordnung (W. Eucken), von spontaner Ordnung und Organisation (F. A. Hayek) gerade für die neuere Wirtschaftsgeschichte bedeutsam.[10]

In den Theorien der wirtschaftlichen Entwicklung wird die Rolle des Staates unterschiedlich bewertet. So sind der angelsächsischen Forschung bei der Erklärung wirtschaftlichen Wachstums »natürliche« Verursachungsfaktoren wie Bevölkerung, Bodenschätze, Kapital, Stand der technologischen Entwicklung meist wichtiger als politisch-organisatorische *(government)*, während in Deutschland die Bedeutung der staatlichen Einflußnahme auf die Wirtschaft traditionell hoch eingeschätzt wird. Allerdings haben sich auch deutsche Historiker – nachdem die ältere Verfassungs- und Verwaltungsgeschichte die Wirtschaft weitgehend ausgespart hatte – erst seit dem Ende des 19. Jahrhunderts genauer mit dem Verhältnis von Staat und Wirtschaft zu beschäftigen begonnen. Den Untersuchungen Schmollers über den brandenburgisch-preußischen Absolutismus und Merkantilismus kommt dabei besondere Bedeutung zu, doch erfaßt auch das großangelegte Werk der *Acta Borussica* noch nicht den ganzen Gegenstand in systematischem Zugriff. Die Gesamtheit der Formen und Funktionen staatlicher Einflußnahme auf die Wirtschaft spiegelt sich jedoch in einer Vielzahl seither erschienener Einzeluntersuchungen wider, die insgesamt einen beachtlichen Stand der historischen Erforschung des sehr weitläufigen Terrains repräsentieren.

Auch das Verhältnis der Wirtschaftsordnung zur *Gesellschaftsordnung* als der Art, wie soziale »Ehre« sich in einer Gemeinschaft verteilt (Max Weber)[11], wird weitgehend durch staatliche Akte der Gesetzgebung und Verwaltung bestimmt. Alle großen Reformen der Wirtschaft seit der Epoche des ausgehenden Merkantilismus hatten auch soziale Inhalte. Das gilt für die Bauernbefreiung und die Liberalisierung des Gewerberechts in der ersten Hälfte des 19. Jahrhunderts ebenso wie für die Kartell- und die Zollpolitik im Kaiserreich oder für die Realisierung der sozialen Marktwirtschaft in der Bundesrepublik. Die staatliche Sozialpolitik mit den Hauptrichtungen des Arbeiterschutzes, der Sozialversicherung und des Sozialrechts hat dem anhaltenden Wandel der Wirtschaftssysteme Rechnung zu tragen versucht und ist selber Bestandteil der Wirtschaftsordnung geworden.

Der folgende Überblick über die Geschichte der Wirtschaftsordnung in Deutschland nimmt seinen methodischen Ausgang im Begriffsdreieck Staat-Wirtschaft-Gesellschaft. Die Separierung der drei Begriffe ist eine Errungenschaft des modernen sozialwissenschaftlichen Denkens, wie es sich seit dem 17. Jahrhundert bei der Analyse der öffentlichen Zustände und ihrer historischen Verwandlungen herausgebildet hat. Die Begriffe bezeichnen allerdings nur scheinbar voneinander getrennte Sphären, die sich in der Wirklichkeit in mannigfacher Weise überschneiden.

Während die Darstellung insgesamt einem konventionellen historischen Perioden-Schema folgt, wird in den einzelnen Kapiteln die jeweilige Wirtschaftsordnung mit Hilfe eines doppelten Kontrasts dargestellt: des Kontrasts von Staat und Wirtschaft und desjenigen von Wirtschaft und Gesellschaft. Ausgehend vom politischen und wirtschaftlichen Hintergrund der Epoche, wird zunächst das grundsätzliche Verhältnis von Staat und Wirtschaft (einschließlich der Theorie-Diskussion) beschrieben, dann auf die Institutionen der Wirtschaftsverwaltung und der Finanzwirtschaft sowie auf die staatliche Unternehmertätigkeit eingegangen, hiernach das Ordnungsgefüge der Binnenwirtschaft einschließlich der autonomen wirtschaftlichen Organisationen, sodann das der Außenwirtschaft untersucht und schließlich der Zusammenhang von Wirtschaftsordnung und Gesellschaftsordnung behandelt. Gleichmäßige Proportionen der Kapitel ergeben sich auf diese Weise aber nicht, da die genannten Aspekte in einer Entwicklungsgeschichte der Wirtschaftsordnung nicht immer die gleiche Bedeutung aufweisen. Die Darstellung beschäftigt sich mit Deutschland in den Grenzen des Deutschen Bundes von 1815 und des Deutschen Reiches von 1871. Für den Zeitraum von 1945 bis 1985 werden die Bundesrepublik und die DDR in separaten Kapiteln behandelt.

Ziel des Buches ist es, die vielfältige Materie, die der Begriff der Wirtschaftsordnung zu umfassen vermag, mehr historisch als systematisch zu ordnen und abzuhandeln. Das Element der Kontinuität, der genetischen Zusammenhänge zwischen einander ablösenden Wirtschaftsepochen mit ihrem Inventar von Normen und Institutionen, wird dabei hoffentlich so deutlich werden, daß die Beschäftigung mit einer verhältnismäßig großen Zahl von Themen und Fragestellungen unter der einheitlichen Überschrift »Geschichte der Wirtschaftsordnung« gerechtfertigt erscheint.

# I. Spätmerkantilismus und Reformzeit

## 1. Die Erschütterung der alten Ordnung

Die Geschichte Deutschlands am Ausgang des 18. und zu Beginn des 19. Jahrhunderts stand im Zeichen tiefer politischer wie auch wirtschaftlicher und gesellschaftlicher Umbrüche. Die Französische Revolution von 1789 griff zwar nicht auf das Deutsche Reich mit seinen Hunderten von souveränen Territorien und mehr als 1000 Ritterschaften über, ihre Druckwellen bewirkten jedoch eine nachhaltige Erschütterung seiner ohnehin labil gewordenen Strukturen. Die folgenden zweieinhalb Jahrzehnte waren von militärischen Ereignissen geprägt: den vier Kriegen (1792–1807), in denen sich wechselnde Koalitionen deutscher Fürsten in zeitweiligem Bunde mit England und Rußland vergeblich den Armeen des revolutionären und napoleonischen Frankreich entgegenstellten, dem österreichisch-französischen Krieg von 1809, Napoleons Rußlandfeldzug (1812/13) unter Beteiligung umfangreicher deutscher Truppenkontingente und schließlich den »Befreiungskriegen« (1813–1815), die mit dem Sieg der österreichisch-preußisch-russisch-britischen Koalition und dem Zusammenbruch der napoleonischen Herrschaft über Deutschland und große Teile Europas endeten.

Als Folge der Niederlagen in den Kriegen mit Frankreich ergaben sich radikale Veränderungen des territorialen Bestandes und der Verfassungsstruktur des Deutschen Reiches. Schon die beiden ersten Koalitionskriege führten zum Verlust der linksrheinischen Gebiete, die im Frieden von Lunéville (1801) an Frankreich abgetreten werden mußten. Zur Entschädigung der dort »depossedierten« Fürsten wurde 1803 vom Reichstag der sog. Reichsdeputationshauptschluß angenommen, der den Staatsaufbau des alten Reiches weitgehend zerstörte. 112 Kleinstaaten und andere Reichsstände rechts des Rheins wurden aufgehoben und ihr Gebiet den größeren Territorien zugeschlagen, darunter fast alle geistlichen Herrschaften und die meisten Reichsstädte. Vor allem die Mittelstaaten Bayern, Württemberg, Baden und Hessen-Darmstadt erzielten auf diese Weise bedeutende Zugewinne, die ihrem Anspruch auf volle Souveränität gegenüber dem Reich eine noch festere Basis gaben. Die militärischen Niederlagen Österreichs und Preußens in den Kriegen von 1805 und 1806 führten zu großen Gebietsverlusten dieser beiden Mächte. Österreich mußte seine Besitzungen am Oberrhein und in Oberschwaben an Baden und Württemberg abtreten; Tirol und Vorarlberg gingen an Bayern verloren, dazu die oberitalienischen Gebiete. Preußen büßte seine Besitzungen westlich der Elbe ein, die zum größten Teil in dem von Napoleon geschaffenen Königreich Westphalen aufgingen. Schon einige Monate vorher waren 16 süd- und westdeutsche Fürsten aus dem Verband des Reiches ausgetreten und hatten unter dem Protektorat Napoleons den Rheinbund gegründet, dem sich bald weitere Staaten anschlossen. Am 6. August 1806 zwang ein Ultimatum Napoleons Franz II. zur Niederlegung der Kaiserkrone. Das »Heilige Römische Reich Deutscher Nation« hatte damit aufgehört zu bestehen.

Die weiteren militärischen Ereignisse interessieren hier nur im Ergebnis. Die Niederlage der »Grande Armée« im Rußlandfeldzug, das zögernde Umschwenken der deutschen Fürsten unter dem Eindruck der wachsenden Schwäche Napoleons, schließlich die »Befreiungskriege« und das Aufkommen einer patriotischen Bewegung, dies alles vermochte nicht zu bewirken, daß das untergegangene deutsche Reich wiedererstand. An seine Stelle mußte eine neue politische Ordnung in Deutschland treten, die einer Vielzahl von dynastischen Rechten, Ansprüchen und Machtinteressen Rechnung zu tragen hatte und deren Umrisse einstweilen noch kaum erkennbar waren.

Mit den politisch-revolutionären Tendenzen des Zeitalters gingen nicht minder bedeutsame wirtschaftliche und gesellschaftliche Umbrüche einher. Um das Jahr 1780 begannen die Errungenschaften der industriellen Revolution in England, Brückenköpfe auf dem europäischen Kontinent zu bilden, und zwar vor allem in den hochentwickelten, wachstumsfähigen Gewerberegionen, die z. T. ebenfalls an der Schwelle zur industriellen Revolution standen. Die von James Watt zur Praxisreife entwickelte Dampfmaschine wurde in ersten Exemplaren eingeführt und bald in deutschen Werkstätten nachgebaut. Auch englische Textilmaschinen gelangten in wachsender Zahl und Typenvielfalt nach Deutschland. 1783 gründete J. G. Brügelmann in Ratingen bei Düsseldorf die erste mechanische Baumwollspinnerei Kontinentaleuropas.

Die Keimzellen der ersten Industrialisierungsphase in Deutschland lagen im Rheinland, im Raum um Berlin, in Sachsen und in

Schlesien, also in klassischen Gewerbelandschaften oder in Regionen, die mit Bodenschätzen reich ausgestattet waren. Allerdings wurde das weitere Ausgreifen der Industrialisierung durch die kriegerischen Ereignisse und politischen Verwicklungen der Besatzungszeit gehemmt und konnte erst nach 1815 unbehindert erfolgen. Zwiespältig waren die Auswirkungen der von Napoleon Ende 1806 verhängten Handelsblockade (»Kontinentalsperre«) gegen Großbritannien, die zwar die britische Wirtschaft schädigte, aber auch auf dem Kontinent – etwa durch die Unterbindung der ostelbischen Agrarexporte – zu erheblichen Nachteilen führte. Durch den Ausfall der britischen Konkurrenz gedieh vor allem die Textilindustrie zunächst ausgezeichnet. Zahlreiche Unternehmen wurden neu gegründet, viele von ihnen gingen jedoch wieder zugrunde, als nach dem Ende dieses ersten großen Wirtschaftskrieges 1815 die überlegene britische Konkurrenz neuerlich die kontinentalen Märkte eroberte.

Nicht nur die außergewöhnlichen Zeitumstände verhinderten, daß die Industrialisierung Deutschlands einen zügigeren Verlauf nehmen konnte. Auch der staatsrechtlich komplizierte, vielfach gegliederte politische Aufbau des untergehenden Reiches stand der Herausbildung eines nach vernünftigen Kriterien organisierten, entwicklungsfähigen Wirtschaftsraumes im Wege. Was die Größe seines Territoriums und seiner Bevölkerung von fast 30 Millionen angeht, stand Deutschland (in den Grenzen des Deutschen Bundes von 1815) Frankreich nicht nach und übertraf Großbritannien bei weitem, aber die Versorgung der deutschen Märkte litt unter der territorialen Zersplitterung und den sich daraus ergebenden Handelshemmnissen. Die retardierende Auswirkung der politischen Verhältnisse muß um so stärker ins Gewicht gefallen sein, als viele sonstige Voraussetzungen für eine rasche Industrialisierung gegeben schienen: eine gute Ausstattung mit Bodenschätzen (insbesondere Kohle und Erzen), investitionsfähiges Kapital, Arbeitskräfte in genügender Zahl sowie die Traditionen einer vielseitigen gewerblichen Wirtschaft.

Allerdings war das wirtschaftliche Gesamtbild Deutschlands um 1800 noch durch ein starkes Übergewicht des Agrarsektors gekennzeichnet. 60 bis 75% aller arbeitenden Menschen waren in der Landwirtschaft tätig, auf die weit über die Hälfte des Sozialprodukts entfiel. Obwohl es auch hier Anzeichen einer beginnenden Modernisierung gab, verharrte das ländliche Deutschland noch weitgehend in traditionalen Arbeits- und Lebensformen. Die mit der Neugestaltung des staatlich-politischen Lebens einhergehenden Wandlungen der Wirtschafts- und Sozialordnung schienen den agrarischen Bereich auszusparen.

Der sich anbahnenden Revolutionierung der Wirtschaft entsprachen gewisse Ansätze zu einer Modernisierung der Gesellschaft. Der Begriff »Gesellschaft« ist als Gegenbegriff zu dem des Staates entstanden. Während dem 18. Jahrhundert beides noch im wesentlichen als eine unauflösliche Einheit erschien, begann man an der Wende zum 19. Jahrhundert, die Gesellschaft als etwas vom Staat Verschiedenes zu empfinden, als etwas Plastischeres, stärker den großen Veränderungstendenzen der Zeit Unterworfenes. In Deutschland geriet die vielerorts bereits unterminierte traditionelle, ständisch strukturierte Gesellschaftsordnung vor allem nach dem Einsetzen der Reformen der napoleonischen Zeit zusätzlich unter Druck, da die Wirtschafts- und Sozialverhältnisse sowohl auf dem Land als auch in den Städten verändert wurden. Dabei deuteten sich drei hauptsächliche Tendenzen an: eine allmähliche Einebnung der Ungleichheit und der Privilegien der ständischen Sozialordnung; die Ersetzung des Statusmerkmals der vornehmen oder unvornehmen Geburt durch berufliche Qualifikation und Leistung; die Umwandlung der ständisch gegliederten Gesellschaft in eine Klassengesellschaft, in der der jeweilige Sozialstatus mit der Rolle des Individuums im Produktionsprozeß eng korreliert.[1]

Die Reformen, zu denen es nach 1800 kam, richteten sich zunächst entschieden gegen die Privilegien des Adels. Das gilt vor allem für die Aufhebung der ständisch-feudalen Herrschaftsverhältnisse auf dem Lande. Insofern bedeutete die Modernisierung der Wirtschaftsordnung durch die Agrarreformen unmittelbar auch eine Modernisierung der Sozialordnung.

Die Neuordnung von Wirtschaft und Gesellschaft bot durch die Aufhebung ständischer Vorrechte und beruflicher Monopole grundsätzlich allen Ständen die Möglichkeit einer freieren Berufswahl und damit einer Ausnutzung der neuartigen Chancen und Karrierewege, die das beginnende Industriezeitalter eröffnete. Von diesen Chancen hat jedoch der Adel nur in relativ geringem Umfang Gebrauch gemacht; sein Beitrag zur Ingangsetzung der Industrialisierung beschränkte sich auf die meist unsystematische Aktivität einer kleinen Gruppe von Magnat-Unternehmern und Investoren.

Der aufsteigende Stand im Deutschland des frühen 19. Jahrhunderts war das Bürgertum, auch wenn es seine politischen Ansprüche auf Teilhabe an der Macht vorerst nicht durchsetzen konnte. Die politische Schwäche des bürgerlichen Liberalismus in den deutschen Staaten beruhte in erster Linie darauf, daß ihm die ökonomische Basis einer fortgeschrittenen Industriewirtschaft fehlte, wie sie in England bestand, oder auch – sozialhistorisch gesehen – der Rückhalt an einer modern strukturierten Großstadtgesellschaft ohne Loyalitätsempfinden gegenüber der Monarchie, wie sie in Paris die Revolution von 1789 getragen hatte. Dem deutschen Wirtschaftsbürgertum um 1800 schwebten jedoch durchaus schon diejenigen Ideale vor, die man heute als die unverzichtbaren Merkmale einer modernen, liberal verfaßten Wirtschaftsordnung ansieht: die Möglichkeit zu freier beruflicher Entfaltung, eine durch die Rechtsordnung garantierte Chancengleichheit und das Leistungsprinzip als Maßstab von Qualifikation und Erfolg.

Die im Zusammenhang mit den Reformen erfolgende formelle Beseitigung der sozialen Barrieren führte zunächst noch nicht zu einem massenhaften Aufrücken wirtschaftlich erfolgreicher Angehöriger der Bourgeoisie in den Adel. Eher bewährte sich die zunehmende Durchlässigkeit der Gesellschaft auf einem so begrenzten Gebiet wie dem der Emanzipation und Integration der jüdischen Bevölkerung, deren Anfänge schon im Absolutismus des 18. Jahrhunderts zu beobachten sind. Vor allem die den Fürsten als Geldbeschaffer unentbehrlichen jüdischen »Hoffaktoren« und »Münzentrepreneurs« hatten für sich und ihre Familien frühzeitig Privilegien und oft auch die staatsbürgerliche Gleichberechtigung erlangt. Nach 1800 setzte sich diese Entwicklung – wenn auch in den einzelnen deutschen Staaten mit unterschiedlichem Tempo – fort.

Den Theoretikern der Gesellschaft um 1800 galt das Bürgertum – nach Adel und Geistlichkeit – als der »dritte Stand«. Einen vierten nahm man noch kaum wahr, und doch war er bereits vorhanden. Eine nach Hunderttausenden zählende besitzlose Landarbeiterschaft, eine unübersehbar große Zahl von heimgewerblichen Verlagsarbeitern und solchen in den Manufakturen und ersten Fabriken bildeten ein frühes Proletariat, dessen Lebens- und Arbeitsbedingungen fast alles bereits vorwegnahmen, was man einige Jahrzehnte später als die »soziale Frage« bezeichnen sollte. Auch die Konstituierung dieser untersten Klassen der Gesellschaft erfolgte parallel zu signifikanten Veränderungen der Wirtschaftsordnung und ist in Relation zu diesen zu sehen.

Es bleibt festzuhalten, daß die großen Marksteine eines neuen Zeitalters außerhalb Deutschlands gesetzt wurden. Die Tendenz zu einer rationalen, aufgeklärten Sicht der Welt, zur Vermehrung der demokratischen Elemente im Aufbau des Staatswesens, zur Herausbildung einer liberalen, kapitalistischen Ordnung der Wirtschaft, griff zwar von Westeuropa aus auf die deutschen Staaten über, doch erwiesen sich hier die Kräfte der Tradition als so festverwurzelt, daß sich der Entfaltung des Neuen zunächst nur wenig Raum bot. Weil die Erschütterung der alten Ordnung von außen kam, nicht aber von einer inneren Destabilisierung der deutschen Gesellschaft herrührte, konnte sie aufgefangen und in einen Prozeß der Anpassung und Reform umgelenkt werden, der dem folgenden halben Jahrhundert deutscher Geschichte sein Gesicht verlieh.

## 2. Staat und Wirtschaft im Spätmerkantilismus

In Deutschland waren spätestens seit dem Westfälischen Frieden von 1648 die machtpolitischen Gewichte im Dualismus von Kaiser und Reichsständen so sehr zugunsten der letzteren verschoben, daß fortab auch die Entwicklung der Wirtschaftsordnung durch Tendenzen im Bereich der Territorialwirtschaften maßgeblich bestimmt wurde. Die im Zeitalter des fürstlichen Absolutismus vorherrschende Richtung des wirtschaftlichen Denkens wird als Merkantilismus, für Deutschland auch als Kameralismus bezeichnet. Kameralisten nannte man in den deutschen Staaten des 18. Jahrhunderts sowohl die Mitglieder der Kammerkollegien, d. h. die engeren Berater der Fürsten, als auch die Professoren, die Kameralistik lehrten. Die Kameralisten beschäftigten sich nicht nur mit wirtschaftlichen Fragen, sondern auch mit solchen der allgemeinen Politik, der Justiz, der Finanzverwaltung, der sonstigen Behördenorganisation (einschließlich der Polizei) und mit Sozialangelegenheiten. Insofern war ihr Tätigkeitsfeld ein weiteres als das der mit rein ökonomischen Problemen befaßten Merkantilisten, und man kann deshalb sagen, daß der Begriff des Kameralismus den des Merkantilismus in gewisser Weise in sich einschließt.[2]

Umgekehrt macht der Merkantilismus, dessen erste bedeutende Theoretiker Engländer und Franzosen waren, den speziell nationalökonomischen Gehalt einer neuen Auffassung vom Staat und seinen Funktionen aus. Den Merkantilisten ging es einmal um die Initiierung und Förderung des wirtschaftlichen Wachstums, das als Voraussetzung politischer und militärischer Machtentfaltung gesehen wurde. Zum zweiten beschäftigten sie sich mit dem Geld- und Kreditwesen. Geld sollte ihrer Meinung nach nicht gehortet werden; es sollte vielmehr ständig umlaufen und die Güterwirtschaft anregen. Zum dritten forderten die merkantilistischen Theoretiker eine aktive Handelsbilanz, um auf diese Weise Edelmetall ins Land zu holen. Viertens machten sie sich bereits Gedanken über die Fragen der Beschäftigung. Angestrebt wurde eine hohe Zahl aktiv arbeitender Untertanen, die jedoch möglichst geringe Lohnkosten verursachen sollten.

Der sich konsolidierende Staat des Absolutismus beanspruchte die Herrschaft über die Wirtschaft als Ganzes. Die Wirtschaftsordnung nahm damit tendenziell immer mehr den Charakter eines staatlich verordneten Reglements an. Die Hauptursache des zunehmenden Interesses der Herrscher an der Wirtschaft war vor allem ihr steigender Finanzbedarf. Die wachsenden Aufwendungen für Hofhaltung, Verwaltung und Heer erforderten ständig höhere Einnahmen. Der Ausbau des Steuerwesens erlaubte die Begründung einer Finanzwirtschaft im modernen Sinne. Die Durchsetzung einer solchen moderneren, leistungsfähigeren Staatswirtschaftsordnung hatte die politische Konsolidierung der Territorialherrschaft, d. h. die Ausschaltung der Stände von der zentralen Regierungsgewalt, zur Voraussetzung. Im Gegensatz zu diesen Modernisierungstendenzen blieben die Städte stärker wirtschaftlichen Traditionen verhaftet und bildeten im Gesamtprozeß der wirtschaftlichen Entwicklung jener Zeit eher statische Elemente.

Neben dem Aufbau einer leistungsfähigen Finanzwirtschaft versuchte der absolute Staat seine gewachsenen Finanzbedürfnisse auch durch die Ausweitung seines Kredits, vor allem aber durch die systematische Mobilisierung zusätzlicher produktiver Kräfte der Volkswirtschaft zu befriedigen. Mittel dazu waren Maßnahmen der Wirtschaftsförderung, z. B. Subventionen, Exportförderung, Zollschutz, Beschaffung billiger Arbeitskräfte, Begünstigung technologischer Innovationen und neuer Unternehmensformen.

Staatliche Betriebe sollten nicht nur der direkten Einkommenserzielung dienen, sondern auch die Rolle von Musteranstalten spielen. Am deutlichsten tritt die fiskalische Zielsetzung der merkantilistischen Wirtschaftspolitik in der Gestaltung der außenwirtschaftlichen Beziehungen zutage, deren Ziel es war, die fürstliche Kasse mit barem Geld zu füllen. Nur die universelle Verwendbarkeit des Edelmetalls erlaubte die Realisierung beliebiger ziviler oder militärischer Ambitionen des Herrschers.

Der Merkantilismus stellt eine neue Sicht der Wirtschaft als einer Gesamtheit von miteinander verbundenen Vorgängen dar, die bestimmten Gesetzmäßigkeiten unterliegen und deshalb einer wissenschaftlichen Analyse zugänglich sind. Zwar hat es auch in vormerkantilistischer Zeit schon eine systematische Beschäftigung mit Teilgebieten des wirtschaftlichen Lebens gegeben, doch die Einsicht in dessen Ganzheitlichkeit und Interdependenz bedeutet eine Stufe der Erkenntnis, auf die erst die Theoretiker des Merkantilismus gelangten. Das macht verständlich, warum sich erst jetzt eine Wirtschaftslehre (Ökonomie) als in sich geschlossene akademische Disziplin herausbilden konnte. Diese Lehre war eng mit derjenigen vom Staat und seinen Funktionen verknüpft, wie die zeitgenössischen Begriffsbildungen »Staatswirtschaft« und »Politische Ökonomie« zeigen.

Der erste wichtige Repräsentant des Merkantilismus und Kameralismus in Deutschland war Johann Joachim Becher, der an den Höfen in München und Wien tätig war und mit seinem *Politischen Diskurs* (1668) einen bedeutenden Einfluß ausübte – einem Werk, in dem er auf eine modern anmutende Weise den Staat als Wirtschaftsgemeinschaft interpretierte und schon marktwirtschaftliche Beziehungen innerhalb dieser Gemeinschaft untersuchte. Die Akademisierung der Wirtschaftswissenschaft setzte in Deutschland aber erst ein halbes Jahrhundert nach Becher ein. Ökonomisch-kameralistische Lehrstühle entstanden nun u. a. in Frankfurt/Oder (1727), Göttingen (1755), Erfurt (1763), Leipzig (1764), Erlangen und Kiel (beide 1770). Am Ende des Jahrhunderts hatten von 36 deutschen Universitäten 23 Professuren für ökonomische Fächer.[3] Der wichtigste Vertreter des deutschen Kameralismus im 18. Jahrhundert war Johann Heinrich Gottlob v. Justi, seit 1750 Professor der Beredsamkeit in Wien, der in seiner *Staatswirtschaft* (1755) den Reichtum eines Staates nicht so sehr in Bodenschätzen, Geld und Kredit als vielmehr in der Arbeitsfähigkeit seiner Bevölkerung erblickte. Justi, der später in Göttingen und Berlin wirkte, sah als letzten Zweck des Staates die Verwirklichung der »allgemeinen Glückseligkeit« an. Diesem Zweck sollte die Entwicklung eines von der Regierung kontrollierten und angeleiteten »blühenden Nahrungsstandes« dienen, wobei ihm das produzierende Gewerbe am förderungswürdigsten erschien. Als erster deutscher Nationalökonom legte Justi eine Theorie der Besteuerung vor, die als Mittel der Wirtschaftsgestaltung gezielt eingesetzt werden sollte, und forderte systematische staatliche Bemühungen um eine Erhöhung der Produktivität durch bessere Ausbildung, Prüfungen und Leistungskontrolle, wobei die Rolle der Zünfte eingeschränkt werden sollte. Die letzte Stufe der Entwicklung des deutschen Kameralismus spiegelt sich im Werk des Österreichers Joseph v. Sonnenfels wider. In seinen *Grundsätzen der Polizey, Handlung und Finanzwissenschaft* (1763–1767) klingen bereits Vorstellungen des Physiokratismus und des wirtschaftlichen Liberalismus an.

Institutionelle Voraussetzung für eine Ausweitung der wirtschaftsgestaltenden Staatstätigkeit war eine Modernisierung des Behördenapparats. Die bestehenden obersten Finanzbehörden (Hof- oder Rentkammern), die sich seit dem 16. Jahrhundert bei der Verwaltung der landesherrlichen Domänen und Regalien herausgebildet hatten, waren den weiter gesteckten Aufgaben der merkantilistisch-kameralistischen Wirtschaftsverwaltung nicht gewachsen. Neben sie traten seit dem letzten Drittel des 17. Jahrhunderts neue Einrichtungen einer dynamischen »Kommerzialverwaltung« (Facius), denen die aktive Förderung von Handel und Gewerbe oblag. Die älteren Rentkammern leisteten allenthalben Widerstand gegen die als fiskalisch riskant empfundenen neuen wirtschaftspolitischen Ideen.

Beispielhaft verlief die Entwicklung in Österreich, wo seit etwa 1500 die Hofkammer in allen finanziellen Angelegenheiten zuständig war. Auf Anregung Bechers wurde 1666 in Wien ein »Kommerzkollegium« eingerichtet, das die Hofkammer in Fragen des Handels, des Manufakturwesens und der Rohstoffwirtschaft beraten sollte. Entgegen Bechers Vorschlag setzte sich das Kollegium jedoch überwiegend aus Hofbeamten zusammen, gegen die sich die Minderheit der Wirtschaftssachverständigen (»Kommerzienräte«) nicht durchsetzen konnte. So blieb die Dominanz der von fiskalisch-konservativen Prinzipien geprägten Hofkammer bestehen, und das Kommerzkollegium wurde 1674 wieder aufgelöst. Nach seinem Vorbild entstanden in einer Reihe anderer deutscher Staaten ähnliche Behörden, in denen aber ebenfalls die beamteten Räte den Ton angaben und die zudem meist der Oberaufsicht der Rentkammern unterstanden. In Brandenburg-Preußen, Bayern, Sachsen und Hannover gab es solche Kollegien oder Deputationen, die sich mit Markt- und Messeangelegenheiten, Handels- und Wechselrecht, Bank- und Kreditwesen, Gewerbeförderung und Verkehrsfragen befaßten, doch bildete sich auf diese Weise noch keine dauerhafte Behördenorganisation.

Erst zu Beginn des 18. Jahrhunderts zeichnete sich eine neue Entwicklung ab. Zwar gerieten die nun eingerichteten Kommerzienkommissionen oder -deputationen in den deutschen Mittel- und Kleinstaaten über ein Experimentierstadium kaum hinaus, in Preußen und Österreich wurden jedoch Fortschritte bei der Begründung einer modernen Kommerzialverwaltung erzielt. Das preußische Generaldirektorium von 1723 war noch überwiegend Fiskalbehörde, aber sein 1740 von Friedrich II. geschaffenes »V. Departement« diente ausschließlich Zwecken der aktiven Wirtschaftsförderung und wurde zu einem wirksamen Instrument merkantilistischer Politik. In Österreich richtete Maria Theresia 1746 ein zentrales Kommerzdirektorium für die deutschen Erbländer ein, dem – wie seinem preußischen Gegenstück – weitere Behörden nachgeordnet waren. In anderen deutschen Staaten entstanden immerhin besondere Administrationszweige für einzelne Bereiche der Volkswirtschaft oder Kommerzialbehörden mit relativ weiter Zuständigkeit. Sachsen etwa hatte seit 1735 eine beratende Kommerzdeputation und seit 1764 eine mit vermehrten Kompetenzen ausgestattete »Landes-Ökonomie-, Manufaktur- und Kommerzdeputation«. Die Kommerzialverwaltungen der deutschen Fürstenstaaten des 18. Jahrhunderts hatten unterschiedliche Schicksale. Während sie in Österreich (1776) und Bayern (1788) relativ früh wieder aufgelöst wurden, bestanden sie in Hannover (1803), Württemberg (1805), Baden (1805) und Preußen (1807) bis zum Ende des Reiches und in Sachsen (1831) sogar bis in die Frühzeit der Industrialisierung fort.

An dieser Stelle ist nach dem Zustand der öffentlichen Finanzen in den deutschen Fürstenstaaten zu fragen, denn diese waren der eigentliche Gegenstand fast aller wirtschaftspolitischen Reformmaßnahmen des Merkantilismus. Beispielhaft seien wiederum vor allem Österreich und Preußen betrachtet. In diesen beiden größten deutschen Territorialstaaten traten im 18. Jahrhundert die modernen Entwicklungstendenzen der Finanzwirtschaft mit besonderer Deutlichkeit zutage. Beide Staaten waren überdies durch eine Folge kostspieliger Kriege finanziell in außergewöhnlichem Maße strapaziert.

Die Einnahmen der Staatskasse bzw. des Landesherren gliederten sich in zwei Typen: die Cameral- und die Contributional-Einnahmen. Die ersteren flossen automatisch und ohne einer Bewilligung zu unterliegen. Es handelte sich etwa um die Einkünfte aus Domänen und Bergrechten, aus dem Salzregal sowie aus einer Vielzahl von Zöllen, Verbrauchsteuern und Gebühren. Aus den Cameral-Einnahmen wurden die »normalen« Ausgaben für Verwaltung und Hofhaltung bestritten. Die Contributional-Einnahmen mußten durch die Stände jährlich neu bewilligt werden. Die Mittel stammten aus direkten Steuern auf Einkommen und Besitz und wurden im wesentlichen für den Militäretat verwendet. Bei besonderen finanziellen Schwierigkeiten wurden zusätzliche Steuern erhoben.

Österreich befand sich sozusagen von Haus aus in einer finanzwirtschaftlich schwierigen Lage. Die Habsburgermonarchie setzte sich aus Kronländern zusammen, die z. T. über weitgehende Autonomierechte verfügten. In diesen Ländern (etwa Böhmen und Ungarn) war der Kaiser auf das Wohlwollen der Stände angewiesen. Da er aber von diesen stets weniger erhielt als er benötigte, mußte er in zunehmendem Maße versuchen, durch Anleihen zu Geld zu kommen. Aus diesem Grunde wuchs die österreichische Staatsschuld während des ganzen 18. Jahrhunderts kontinuierlich. 1711 betrug sie 60 Millionen Gulden, 1765 – nach dem Siebenjährigen Krieg – 275 und im Jahr 1800 über 600 Millionen Gulden. Anzumerken ist, daß es in dieser Zeit noch keine klare Konzeption des Staatskredits gab. Staatsschulden und Fürstenschulden waren eins, d. h. die fürstliche Zahlungsverweigerung konnte einem Staatsbankrott gleichkommen.

Die zunehmende Höhe der Staatsschuld führte zu einer Vielzahl von Reformversuchen, die aber keine Besserung der Lage brachten, zumal der mit ihnen verbundene bürokratische Aufwand einen Großteil der erzielten Mehreinkünfte verzehrte. Vor allem Maria Theresia und Joseph II. unternahmen energische Versuche einer Finanzreform durch die Straffung der Behördenorganisation und Vereinheitlichung des Etats. Joseph II. vereinigte 1782 Hofkanzlei, Hofkammer und die 1765 errichtete Ministerialbankodeputation zu einer einzigen Behörde und rationalisierte die Finanzverwaltung. Die hohen Kosten der geführten Kriege verhinderten aber, daß eine tatsächliche Besserung eintreten konnte.

In Brandenburg-Preußen war die Ausgangslage günstiger, weil schon in der Regierungszeit Friedrich Wilhelms, des »Großen Kurfürsten« (1640–1688), die Landstände das Steuerbewilligungsrecht eingebüßt hatten und die Kontribution zur regelmäßigen Abgabe geworden war. Darüber hinaus entwickelte der preußische Staat ein außergewöhnliches Geschick, seine Einkünfte ständig zu erhöhen. Die Domänen wurden intensiver genutzt als in anderen Staaten, in den Städten wurde die Akzise – eine Verbrauchsteuer – erhoben, Sondersteuern kamen hinzu. Bei alledem kam man nicht ohne Anleihen aus, doch blieben die aufgenommenen Beträge vergleichsweise gering. Von den preußischen Herrschern des 18. Jahrhunderts unternahm Friedrich Wilhelm II. besonders intensive Anstrengungen zur Festigung der Finanzverhältnisse. Er verordnete äußerste Sparsamkeit, führte bindende Etatvoranschläge und genaue Rechnungskontrollen ein und vereinfachte die Behördenorganisation. Seit 1723 verwaltete das »Generaldirektorium« die gesamten Staatsfinanzen einschließlich des militärischen Bereichs.

Friedrich II. kamen die soliden Finanzverhältnisse zugute, als er mit den hohen Kosten der von ihm geführten Kriege fertig werden mußte. Nach dem Dritten Schlesischen Krieg setzte er eine ganze Serie von Finanzreformen ins Werk. Er führte eine Lotterie ein, errichtete 1765 ein staatliches Tabakmonopol und 1781 ein ebensolches Kaffeemonopol. Noch wichtiger war die Schaffung der »Administration générale des Accises et Péages« (1766), einer Steuer- und Zollpacht nach französischem Vorbild, die einem privaten Konsortium übertragen wurde und der königlichen Kasse in den folgenden Jahren regelmäßig etwa eine Million Taler zuführte. Erst die Koalitionskriege am Ende des Jahrhunderts erschöpften den preußischen Staatsschatz, so daß nun in größerem Umfang Anleihen aufgenommen werden mußten. Auf diese Weise ergab sich in der Regierungszeit Friedrich Wilhelms II. (1786–1797) zuletzt eine Verschuldung von knapp 50 Millionen Talern, viel, wenn man es mit der Finanzlage unter früheren preußischen Herrschern vergleicht, wenig, wenn man es den mehr als 600 Millionen Gulden gegenüberstellt, die Österreich seinen Gläubigern schuldete.

Nach dem Zusammenbruch von 1806 setzte sich die unterschiedliche finanzwirtschaftliche Entwicklung in den deutschen Staaten fort. Während in Österreich die unkontrollierte Geldvermehrung und eine weitere Zunahme der Anleihenschuld einen partiellen Staatsbankrott unvermeidlich machten (1809/11), gelang in Preußen eine allmähliche Sanierung der Finanzen vor allem durch steuer- und zollpolitische Reformen. Das Hardenbergsche Finanzedikt von 1810 führte eine Land- und Konsumtionssteuer ein. 1811 wurde diese Steuer auf die Städte beschränkt und auf dem Lande durch eine Kopfsteuer ersetzt. Eine Vielzahl weiterer Steuern und Abgaben kam in den folgenden Jahren hinzu und erhöhte in Verbindung mit Anleihen, höheren Domäneneinkünften und dem Erlös aus Landverkäufen die Einnahmen so sehr, daß zwar ein weiteres Anwachsen der Staatsschuld nicht vermieden, aber eine kritische Entwicklung verhindert werden konnte. Auch die deutschen Mittelstaaten wie Bayern und Sachsen vermochten durch die Ausschöpfung aller Mittel fiskalischer Einkommenserzielung ihre Finanzen in der Napoleonzeit einigermaßen intakt zu halten, obwohl ihre Verschuldung stark zunahm. Die Beseitigung von Steuerprivilegien und die Erhebung einer Vielzahl von neuen Steuern waren auch hier die Hauptmittel der Einkommenssteigerung, die durch Sparmaßnahmen ergänzt wurden.

Ein bedeutender Teil der territorialstaatlichen Einkünfte stammte auch in der Zeit des ausgehenden Merkantilismus noch aus Regalien, d.h. nutzbaren Hoheitsrechten, wie sie ursprünglich dem Kaiser oder König vorbehalten gewesen waren und im Mittelalter die Grundlage der Reichsfinanzen gebildet hatten. Später gelangten die Regalien in die Hand fürstlicher Landesherren und wurden von diesen intensiv für fiskalische Zwecke genutzt. Zoll-, Steuer-, Münz-, Markt-, Forst-, Jagd-, Fischerei-, Berg- und Salzregalien waren die wichtigsten der wirtschaftlich nutzbaren Rechte. Sie begründeten öffentliche Monopole, konnten jedoch auch durch Verpachtung in private Hände übergehen.

Bedeutende Einkünfte wurden aus Zöllen erzielt. Am Ende des 18. Jahrhunderts gab es im Deutschen Reich ein dichtes Netz aus etwa 2000 Zollinien, die den sich intensivierenden Handel behinderten. Das Ausmaß dieser Behinderung hatte keine Parallele in vergleichbaren Staaten Europas. In England waren solche Hemmnisse seit langem beseitigt, und auch in Frankreich, wo im 17. Jahrhundert eine einheitliche Außenzollinie geschaffen worden war, gab es keine Binnenzölle mehr. In Deutschland, wo schon seit dem Späten Mittelalter eine allmähliche Verlagerung von Zollhoheitsrechten vom Reich auf die Territorien erfolgt war, bauten die Fürstenstaaten des Absolutismus das Zollwesen zu einem wirkungsvollen Instrument ihrer auf Einnahmenmaximierung angelegten Wirtschaftspolitik aus. Bevor eine einheitliche Außenzollregelung durchgesetzt werden konnte, mußten alle Binnenzölle aufgehoben werden, was oft langwierige Auseinandersetzungen mit privaten Berechtigten erforderte. Größere Erfolge bei solchen Bemühungen waren zunächst selten. Zu einer Vereinfachung der Zollverhältnisse kam es durch eine neue Mautordnung 1765 in Kurbayern, während Preußen beim Versuch der Vereinheitlichung der Tarife vorerst scheiterte. Der Habsburgermonarchie gelang 1775 die Schaffung eines geschlossenen Zollgebiets der deutschen Erbländer mit Ausnahme Tirols und des schwäbisch-oberrheinischen Gebiets. Auch wenn in der Zollpolitik des Merkantilismus der fiskalische Ertrag noch Vorrang hatte vor der Gestaltung der außenwirtschaftlichen Beziehungen, wurde die Möglichkeit der Steuerung volkswirtschaftlicher Vorgänge schon gesehen. Schutzzölle und Akzisen dienten nicht nur der unmittelbaren Einkommenserzielung, sondern auch der Fernhaltung unerwünschter ausländischer Konkurrenz für die heimische gewerbliche Produktion und damit der Aktivierung der Handels- und Zahlungsbilanz.

Von den sonstigen Regalien war der Bergbau ein bevorzugtes Tätigkeitsfeld merkantilistischer Wirtschaftspolitik. In Deutschland zwang die Erschöpfung der meisten leicht abbaubaren Erzlager zu intensiveren Bemühungen unter höherem Kapitaleinsatz. Neue Vorkommen wurden erschlossen, und eine strengere staatliche Aufsicht über die Bergbaubetriebe sollte die Förderleistungen verbessern. Mit besonderem Nachdruck wurde diese Politik in Preußen verfolgt. Für die einzelnen Landesteile, in denen der Bergbau eine Rolle spielte, ergingen staatliche Bergordnungen und wurden besondere Behörden, die Bergämter, eingerichtet. Die preußische revidierte Bergordnung von 1776 führte das »Direktionsprinzip« ein, d. h. die staatliche Reglementierung bis in Einzelheiten der technischen und betriebswirtschaftlichen Leitung der Bergwerke. Die zunehmende wissenschaftliche Beschäftigung mit dem Bergbau belegt die Gründung von Bergakademien in Berlin (1770), Clausthal im Harz (1775) und Freiberg in Sachsen (1776).

Die gezielte preußische Förderung des Bergbaus konzentrierte sich nach dem Ende des Siebenjährigen Krieges zunächst auf Oberschlesien, wo sich ein modernes Montanrevier herausbildete. Vor allem zwei Namen verbinden sich mit dieser ersten Phase der Industrialisierung Schlesiens, die der Minister Friedrich v. Heinitz und Friedrich v. Reden. Heinitz, der zunächst das sächsische Bergwesen geleitet hatte, übernahm 1777 das preußische Bergwerks- und Hüttendepartement. Reden wirkte seit 1778 als Oberbergrat und dann als Direktor beim Oberbergamt in Breslau und wurde 1804 zum Staatsminister ernannt. Die führende Stellung Schlesiens belegt eine Produktionsstatistik für das Jahr 1800. Damals wurden dort 15 000 Tonnen Roheisen gewonnen, ebensoviel wie in allen übrigen Regionen Preußens zusammen. Unter der Leitung des Freiherrn v. Stein, der 1784 die Direktion der westfälischen Bergämter übernahm, setzte sich auch im Westen Preußens die Entwicklung zum zentralistischen Staatsbergbau fort und führte 1792 zur Einrichtung eines Oberbergamtes in Wetter an der Ruhr. Die Bergverwaltung wurde aus der allgemeinen Landesverwaltung herausgelöst und als eigenes Berg- und Hüttendepartement verselbständigt.

Der zentrale Bereich merkantilistischer Wirtschaftspolitik war die Gewerbepolitik. In den Schriften der kameralistischen Theoretiker wurde eine nachhaltige Gewerbeförderung propagiert, weil sich so der Wohlstand am raschesten mehren lasse. Bei der Durchsetzung modernerer gewerbepolitischer Konzeptionen kam es aber oft zu Spannungen zwischen dem Landesherren und den Zünften. Noch immer stand nämlich die Gewerbeverfassung weitgehend im Zeichen des Zunftwesens, einer aus dem Mittelalter herrührenden, ständischen Berufsordnung.

Zünfte können definiert werden als ständige, obrigkeitlich anerkannte Organisationen der selbständigen Handwerktreibenden, welche ihren Angehörigen die Ausübung eines bestimmten Gewerbes rechtlich gewährleisten, sie jedoch auch darauf beschränken.[4] Das zünftig organisierte Handwerk war Stadthandwerk. Die Zünfte waren niemals völlig autonome Korporationen, sondern sie unterstanden dem Stadtregiment. Ihre Rechtsgrundlage waren die von den Stadtobrigkeiten erlassenen Zunftordnungen. Um ihren Mitgliedern sichere und ausreichende Einkünfte zu gewährleisten, versuchten die Zünfte, den städtischen Wirtschaftsraum als ihren exklusiven Tätigkeitsbereich zu gestalten. Durch die strenge Begrenzung der Zahl der Meisterstellen glichen sie geschlossenen Gesellschaften.

Schon vor dem Dreißigjährigen Krieg war an den Zünften mitunter scharfe Kritik geübt worden, vor allem wegen der übermäßigen Privilegierung der Meister und des damit kontrastierenden Elends der Gesellen. Diese Kritik nahm im 18. Jahrhundert an Schärfe zu und führte zu Maßnahmen der Landesherren, die allenthalben die städtische Obrigkeit als Kontrollinstanz abgelöst hatten. Ein Reichstagsbeschluß von 1731, die sog. Reichshandwerksordnung, erlaubte es den Landesherren, unbotmäßige Zünfte aufzulösen oder die Zünfte (etwa durch die Neuregelung des Gesellenwesens) zu reformieren und stärker dem Wettbewerb auszusetzen. Das Gesetz wurde in den größeren Staaten wie Preußen und Österreich konsequent angewendet, in manch anderen jedoch gar nicht. Zu einer völligen Beseitigung der Zunftordnungen ist es im deutschen Absolutismus des 18. Jahrhunderts nirgends gekommen. Ihre zunehmende Liberalisierung hatte jedoch häufig ungünstige wirtschaftliche Auswirkungen für die Handwerker. In manchen Handwerken kam es zur »Übersetzung«, und die Gesellenzahlen nahmen ab. Man hat geschätzt, daß am Ende des Jahrhunderts mehr als die Hälfte aller Handwerksmeister in Deutschland »Alleinmeister« waren, d. h. keine Gesellen mehr beschäftigten.

Die charakteristische großgewerbliche Betriebsform des Merkantilismus war die Manufaktur. Ihr besonderes Kennzeichen war die Zusammenführung einer größeren Zahl von Lohnarbeitern in einer von einem Unternehmer zur Verfügung gestellten Arbeitsstätte. Die Manufaktur war also – im Gegensatz zum Verlag mit hausgewerblichen Arbeitskräften – ein zentralisierter Betrieb mit bereits weitgehender Arbeitsteilung. Von der Fabrik des nachfolgenden Industriezeitalters unterschied sie sich dadurch, daß in ihr nur Maschinen eingesetzt waren, die die Handarbeit erleichterten, nicht aber solche, die sie völlig ersetzten. Wenn man von den Umständen der Entstehung ausgeht, kann man zwei Typen von Manufakturen unterscheiden: solche, die auf privatunternehmerische Initiative zurückgingen, und solche, die von der Obrigkeit gegründet worden waren. Die von den Landesherren errichteten

Manufakturen stellten meist Luxusartikel für die Bedürfnisse der Hofhaltung her, etwa Glaswaren, Fayencen, Schmuck, kunsthandwerklich gefertigte Gegenstände sowie feine Tuche. Die stehenden Heere des Absolutismus wurden durch Manufakturen mit Uniformtuch und Lederzeug ausgestattet. Auch die Waffenherstellung hatte oft manufakturähnlichen Charakter. Um für die Manufakturen billige, leicht kontrollierbare Arbeitskräfte zu haben, schloß man sie mitunter an öffentlich überwachte Anstalten (Armen- und Waisenhäuser, Zuchthäuser und Gefängnisse) an. Unter den obrigkeitlichen Gründungen war der Typ der »Anstaltsmanufaktur« recht häufig.

Die Manufakturen erfreuten sich in Österreich, Preußen und Sachsen besonderer staatlicher Förderung. In Sachsen erfolgten zwischen 1763 und 1800 etwa 150 Neugründungen. Die Zahl der privaten Manufakturen wuchs rascher als die der staatlichen. Für das letzte Jahrzehnt des 18. Jahrhunderts hat man für »Deutschland« insgesamt (einschließlich Österreichs mit Böhmen) einen Bestand von mehr als 1000 Manufakturen geschätzt; von diesen soll ein Drittel Textilmanufakturen gewesen sein, aber nur 60 waren Staatsbetriebe.[5] Tatsächlich sind manche zunächst staatlichen Manufakturbetriebe später an private Unternehmer verpachtet oder von diesen käuflich erworben worden und florierten dann meist besser. Solche Beispiele sind charakteristisch für eine allmähliche Ersetzung öffentlich-fiskalischer durch privatunternehmerische Elemente in der Wirtschaftsordnung des ausgehenden 18. Jahrhunderts.

Die Gesamtauswirkung der merkantilistischen Politik auf die wirtschaftliche Entwicklung in den deutschen Staaten ist schwer zu beurteilen. Nicht zu verkennen ist, daß im 18. Jahrhundert trotz zahlreicher kriegerischer Verwicklungen vielerorts in Deutschland ein bemerkenswerter Aufstieg von rückständigen, agrarisch geprägten zu moderneren Wirtschaftsstrukturen mit leistungsfähigen Gewerben und vermehrtem Güteraustausch auf besser funktionierenden Märkten stattfand. Andererseits schufen die gewerbe- und handelspolitischen Maßnahmen des Merkantilismus häufig ein Treibhausklima, in dem zwar eine konkurrenzfreie Privilegienwirtschaft gedeihen konnte, das aber privater unternehmerischer Initiative meist nicht förderlich war und das keine günstige Ausgangsbasis für die Ingangsetzung des Prozesses der industriellen Revolution darstellte. Charakteristische Elemente der Wirtschaftsordnung des Merkantilismus sollten diese »Revolution« überdauern, als sie in Deutschland in der ersten Hälfte des 19. Jahrhunderts schließlich zustande kam.

## 3. Die großen Reformen

Die feudale Agrarverfassung und die merkantilistische Wirtschaftsordnung der deutschen Fürstenstaaten waren schon im 18. Jahrhundert häufig das Ziel von Modernisierungsbestrebungen. Sofern diese es unternahmen, die bestehenden Wirtschaftssysteme leistungsfähiger zu gestalten, ohne die Wirtschaftsordnung grundsätzlich in Frage zu stellen, wurden sie bereits im letzten Abschnitt behandelt. Es kam jedoch auch zu einer Vielzahl von Reformen, die auf eine grundsätzliche Neuorientierung des ökonomischen Denkens hindeuten und eine gesonderte Darstellung verdienen. Die Auflockerung der merkantilistisch-kameralistischen Wirtschaftsweise war ein Prozeß, der um die Mitte des 18. Jahrhunderts einsetzte und an dem die neuen Lehren des Physiokratismus und des wirtschaftlichen Liberalismus großen Anteil hatten.

Die in Frankreich vor allem von François Quesnay entwickelte Doktrin des Physiokratismus stellt ein System der ökonomischen Beziehungen dar, das – erstmals in der Geschichte der nationalökonomischen Theorie – eine regelrechte Kreislauflehre bietet. In der Wirtschaftspolitik der deutschen Fürstenstaaten fand der Physiokratismus einen gewissen Widerhall, weil er zur vermehrten Förderung der Land- und Forstwirtschaft sowie des Bergbaus anregte, wobei jedoch nicht sicher ist, inwieweit von seinen Adepten theoretische Prinzipien in der Praxis bewußt verwirklicht wurden. Bekannt ist, daß Markgraf Karl Friedrich von Baden, dessen Land in besonderem Maße französischen Einflüssen geöffnet war, mit den physiokratischen Ökonomen Victor de Mirabeau und Pierre Samuel Du Pont de Nemours korrespondierte, deren Steuerlehre sein Interesse erregt hatte.[6] Das von Mirabeau betonte Laissez-faire-Prinzip stellt das wichtigste Bindeglied zwischen Physiokratismus und Wirtschaftsliberalismus dar. Der Unterschied besteht vor allem in der besonderen Betonung des Produktionsfaktors Boden durch den ersteren, während letzterer die Bedeutung der Faktoren Kapital und Arbeit hervorhebt.

Der Hauptvertreter der Lehre des ökonomischen Liberalismus in ihrer klassischen Form ist der Schotte Adam Smith mit seinem Hauptwerk *Inquiry into the Nature and the Causes of the Wealth of Nations* (1776). Für Smith ist die Hauptquelle allen Wohlstandes die Arbeit. Eine verbesserte Organisation der Arbeit – etwa durch Arbeitsteilung in industriellen Herstellungsprozessen – bedeutet wirtschaftlichen Fortschritt durch Steigerung der Produktivität. Die freie Konkurrenz der Anbieter und Nachfrager bewirkt über den Preis wie eine »unsichtbare Hand« eine optimale Organisation des Marktes.

Der wichtigste Vermittler der Smithschen Lehren in Deutschland war der Königsberger Professor Christian Jacob Kraus, der den *Wealth of Nations* ins Deutsche übersetzte und seit etwa 1790 seinen staatswirtschaftlichen Vorlesungen zugrunde legte. Der Einfluß, den Kraus auf führende Vertreter der preußischen Reformbürokratie ausübte – etwa auf Steins Mitarbeiter Theodor v. Schön und auf Johann Gottfried Hoffmann, den ersten Inhaber des Berliner Lehrstuhls für Staatswissenschaften und langjährigen Leiter des Preußischen Statistischen Büros –, macht den inneren Zusammenhang von liberaler Wirtschaftslehre und politischem Aufbegehren gegen die überlebte Feudalordnung deutlich.

Vor 1800 sind jedoch die liberalen Einflüsse auf die Gestaltung der wirtschaftlichen Verhältnisse in den deutschen Staaten noch nicht besonders hoch zu veranschlagen. Das gilt auch für Österreich. Die Politik Josephs II. stellte keinen grundsätzlichen Bruch mit merkantilistischen Prinzipien dar.[7] Die von ihm nach dem Tode seiner Mutter Maria Theresia (1780) eingeleiteten Reformen verfolgten keine spezifisch wirtschaftspolitischen Ziele, sondern bezweckten eine umfassende Modernisierung des Staates aus aufklärerischem Geist. Der Hintergrund wirtschaftlicher Überlegungen ist aber bei manchen Maßnahmen unverkennbar, etwa bei der Aufhebung der Leibeigenschaft (1781/82), die nicht nur aus aufgeklärter Humanität erfolgte, sondern auch in der Hoffnung auf eine Steigerung der Bodenerträge, oder bei der Verbesserung der Rechtsstellung der Juden, die eine Assimilierung dieses wirtschaftlich aktiven Bevölkerungsteils ermöglichen sollte. Nachdrücklich bemühte sich Joseph um eine Sanierung der Staatsfinanzen. Er trennte das Staatsvermögen vom privaten Vermögen des Herrscherhauses. Die Förderung der Manufakturen und hohe Schutzzölle (Zollpatent von 1784) sollten die Einnahmen erhöhen.

Diesem Zweck diente auch eine große Steuerreform, deren Kern das Projekt einer nach physiokratischen Prinzipien gestalteten Grundsteuer war, die aber an politischen Widerständen scheiterte, als nach Josephs frühem Tod (1790) sein Nachfolger das Vorhaben nur noch halbherzig verfolgte.

Leopold II. hat in seiner kurzen Regierungszeit (1790–1792) die Reforminitiativen des Josephinismus nicht weiterzuführen vermocht. Er hat jedoch auch keine »reaktionäre« Gegenbewegung eingeleitet, wie oft behauptet worden ist. Seine eigenen bedeutenden staatsreformerischen Leistungen in der Toskana lassen keinen Zweifel an der fortschrittlich-aufgeklärten Richtung seines Denkens, nur pflegte er weniger radikal, dafür aber umsichtiger und »politischer« zu Werk zu gehen als sein Bruder.

Franz II., der seinem Vater Leopold 1792 auf den Thron folgte und sich 1804 als Kaiser von Österreich krönen ließ, trat wieder uneingeschränkt für die Prinzipien eines voraufklärerischen Gottesgnadentums ein. Das traumatische Erlebnis der Französischen Revolution und der nachfolgenden Niederlagen und Demütigungen ließ ihn nach 1815 gemeinsam mit Metternich zur Hauptstütze der restaurativen Ordnung Europas werden. Doch auch schon im vorangegangenen Jahrzehnt der napoleonischen Herrschaft waren die Reformimpulse in Staat und Gesellschaft der Habsburgermonarchie nicht sehr stark, und selbst die desolate Lage der Staatsfinanzen bewirkte kein entschiedenes Umdenken. Weder eine Steuerreform noch eine Weiterführung der Agrarreformen kam zustande. Trotz einer Abwertung des massenhaft umlaufenden Papiergeldes (1811) und der Errichtung einer von der Regierung unabhängigen Notenbank (1817) konnte die Inflation nicht unter Kontrolle gebracht werden. Die weitgehende wirtschaftspolitische Handlungsunfähigkeit Österreichs, die in den nachfolgenden Auseinandersetzungen mit Preußen um die Hegemonie im Deutschen Bund eine ausschlaggebende Rolle spielen sollte, hatte in diesem Unvermögen zu gründlichen Reformen eine Hauptursache.

Auch in der Entwicklung der Wirtschaftsordnung in Preußen hielten sich vor 1800 die Liberalisierungstendenzen in Grenzen. Zwar verstärkte sich nach dem Tode Friedrichs II. (1786) die Kritik an der merkantilistischen Wirtschaftspolitik, und der reformbewußten Beamtenschaft eröffneten sich bessere Wirkungsmöglichkeiten[8]; das »Allgemeine Landrecht« für die Preußischen

Staaten von 1794, das durchaus wirtschaftliche Materien – etwa im Handels-, Wechsel- und Versicherungsrecht – regelte, war jedoch noch stark von traditionell-ständischen Ordnungsvorstellungen beherrscht. Bald nach der Jahrhundertwende erhielten in Preußen diejenigen Kräfte, die eine nachhaltige Modernisierung von Staat und Gesellschaft anstrebten, durch die demütigende Niederlage gegen Napoleon solchen Auftrieb, daß eine Anzahl von großen Reformen eingeleitet und innerhalb weniger Jahre weit vorangebracht werden konnten. Diese Reformen, die vor allem mit den Namen der leitenden Minister Stein und Hardenberg verbunden werden, setzten Schwerpunkte in den Bereichen Agrarverfassung, Gewerbeordnung und Staatsbehörden, Städtewesen, Militär und Erziehungssystem. Für die Neugestaltung der Wirtschaftsordnung sind vor allem die Agrar- und Gewerbereformen bedeutend gewesen.

Die Agrarreformen reichen mit ihren Anfängen bis in die erste Hälfte des 18. Jahrhunderts zurück, aber erst nach 1800 wurden sie so nachdrücklich weitergeführt, daß man sich daran gewöhnt hat, für diese Zeit von »Bauernbefreiung« (ein irreführender Begriff, der viel später von G. F. Knapp geprägt wurde) zu sprechen. Zu Beginn des 19. Jahrhunderts waren in Deutschland die ländlichen Lebens- und Arbeitsverhältnisse noch überwiegend von feudalen Herrschaftsstrukturen geprägt, die aus der Lehnsordnung des Mittelalters herrührten. In die Vielzahl der regionalen Typen der feudalen Agrarverfassung kann man eine gewisse oberflächliche Ordnung bringen, indem man zwei große Zonen unterscheidet: die der Grundherrschaft und die der Gutsherrschaft. Grundherrschaft bedeutet Herrschaft über Grund und Boden mit der Folge von hoheitlichen Befugnissen und Ansprüchen gegenüber den darauf ansässigen Bauern. Die Grundherrschaft war vor allem im Westen und Süden Deutschlands verbreitet, aber auch die Agrarverfassung Mitteldeutschlands war grundherrschaftlich strukturiert. Es gab eine unübersehbare Vielfalt landschaftlicher Sonderformen, wobei die Vergleichbarkeit durch Unterschiede der Terminologie zusätzlich erschwert wird. So spricht man von einer südostdeutschen oder bayerischen Grundherrschaft mit oft umfangreicher Eigenwirtschaft der Herren und eher ungünstiger Rechtslage der Bauern, die hohe Abgaben zu leisten hatten. Im System der Grundherrschaft des deutschen Südwestens verfügten die Bauern meist über bessere Besitzrechte, doch waren auch hier die Abgaben hoch, und die Erbfolge im Wege der Realteilung hatte viele kleine Anwesen entstehen lassen. Günstiger war die Lage der Bauern im Westen und Nordwesten. Auch hier gab es hohe Abgaben, aber die Höfe waren größer und boten meist eine tragfähige Existenzgrundlage. Eine Übergangszone war der Bereich der mitteldeutschen Grundherrschaft (Thüringen und Sachsen), in dem es sowohl bäuerliche Anwesen mit guten Besitzrechten gab als auch solche, die der Herrschaft großer Güter unterworfen waren.

Die für den deutschen Osten und Nordosten typische Gutsherrschaft war keine gegenüber der Grundherrschaft völlig selbständige Erscheinung. Während bei der Grundherrschaft unterschiedliche Herren (oft weltliche und geistliche nebeneinander) Rechte am nämlichen Grund und Boden sowie den darauf lebenden und arbeitenden Menschen haben konnten, war für die Gutsherrschaft charakteristisch, daß alle diese Rechte in einer Hand zusammenfielen. Daneben kennzeichnet die Gutsherrschaft – und daher rührt ihr Name – das Vorliegen eines geschlossenen, zentral bewirtschafteten Gutsbetriebes. Für diese Eigenwirtschaft des Gutsherren wurden in der Regel die Bauern mit ihren Familienangehörigen weit stärker zu Dienstleistungen herangezogen, als das in der Grundherrschaft der Fall war. Die Bauern verfügten meist nur über ein schlechtes (d. h. nichterbliches) Besitzrecht, waren aber andererseits erblich an die Scholle gebunden. Als eine Ursache für die Herausbildung der Gutsherrschaft gerade im Osten Deutschlands vermutet man die hohe Rentabilität, die den dort vorherrschenden Getreideanbau lange Zeit auszeichnete und mehr und mehr Grundherren zur Aufnahme einer eigenen Gutswirtschaft veranlaßte.

Was die von den Bauern zu erbringenden Leistungen angeht, herrschten in West- und Mitteldeutschland Geldzahlungen vor, im Süden Naturalabgaben, und im Osten wurden vor allem persönliche Dienste geschuldet. Ein Vergleich dieser unterschiedlichen Leistungen ist nicht einfach, doch hat man versucht, »Feudalquoten« zu errechnen, d. h. den Gesamtanteil der bäuerlichen Lasten als Prozentsatz des Rohertrags des bewirtschafteten Landes. Die von F. W. Henning durchgeführten Berechnungen zeigen, daß die Feudalquote im Westen Deutschlands mit etwa 40% am höchsten und im Osten mit knapp 30% am niedrigsten war. Das ist kein Widerspruch zu der Annahme einer besonders drückenden Belastung der ostdeutschen Bauern, da im Osten die Bodenerträge weit geringer waren.[9]

Im Zeitalter der Aufklärung wurde die ländliche Feudalordnung mit zunehmender Schärfe kritisiert. Gefordert wurde die Aufhebung der feudalrechtlichen Zwangsbindungen der Bauern und damit die Herstellung ihrer staatsbürgerlichen Gleichberechtigung. Neben den ideell-geistesgeschichtlichen Wurzeln der Reformbestrebungen dürfen ihre rational-ökonomischen Ursachen nicht übersehen werden. Im ausgehenden 18. Jahrhundert waren die meisten Bauernhöfe nicht mehr rentabel, weil die Höhe der Abgaben und die Inanspruchnahme der Bauern zu Dienstleistungen die Erzielung von Gewinn unmöglich machten. Besonders in den preußischen Ostprovinzen und in Mecklenburg war das Elend der Bauern groß. Es lag daher für die Landesherren nahe, Reformen einzuleiten, zumal sie dadurch ihren Herrschaftsanspruch gegenüber der ständischen Opposition festigen konnten.

Erste Ansätze zu einer Reform der Agrarverfassung betrafen die auf den landesherrlichen Gütern ansässigen Domänenbauern. In den meisten preußischen Provinzen war schon vor 1800 die Erbuntertänigkeit dieser Bauern und ihre Verpflichtung zur Leistung von Zwangsdiensten abgeschafft worden. Die Leibeigenschaft als extremste Form der bäuerlichen Rechtlosigkeit wurde fast gleichzeitig in Preußen (1777), Österreich (1781) und Baden (1783) beseitigt. Dabei war der Widerstand feudal-aristokratischer Kräfte gegen jede Reform der Agrarverfassung zunächst noch sehr stark, so daß an eine gänzliche Umstürzung der überkommenen Ordnung nicht zu denken war.

Bald nach der Jahrhundertwende jedoch beschleunigte sich der Prozeß der Agrarreformen auf eine fast revolutionär anmutende Weise. Wirtschaftliches Ziel der Reforminitiativen war es, die landwirtschaftliche Produktion so zu steigern, daß eine Versorgung der rasch wachsenden Bevölkerung mit Nahrungsmitteln gewährleistet war. Die drei wesentlichen Punkte der preußischen Reformen z. B. waren die Verleihung der persönlichen Freiheit an die Bauern, die Übertragung des Eigentums an einem Teil des von ihnen bewirtschafteten Bodens auf sie und schließlich die Aufhebung der bisher von ihnen geschuldeten Dienste und Abgaben. Praktisch richteten sich die Reformpläne zuerst vor allem auf die gutsherrschaftliche Agrarverfassung der östlichen Provinzen, auf die das Staatsgebiet durch den Tilsiter Frieden (1807) bis 1815 geschrumpft war.

Die preußischen Reformen setzten ein mit einem durch den Freiherrn v. Stein als leitenden Minister veranlaßten Edikt vom 9. Oktober 1807, das für alle Bauern mit besserem Besitzrecht die Gutsuntertänigkeit mit sofortiger Wirkung aufhob, d.h. die Schollenpflichtigkeit und die Zwangsdienste für diese Bauern und ihre Familien abschaffte. Für die Bauern mit bloßem Nutzungsrecht, die sog. Laßbauern, wurde die Aufhebung der Untertänigkeit für das Jahr 1810 in Aussicht gestellt. Eine weitere wichtige Neuregelung des Edikts war die Aufhebung bestehender Standesvoraussetzungen für den Erwerb von Gütern, so daß diese fortan zunehmend auch in bürgerliche Hände übergingen.

Gegen die geplante Fortführung der »Bauernbefreiung« regte sich erbitterter Widerstand des Adels. Erst durch einen zweiten Erlaß, das »Regulierungsedikt« des neuen Ministers und Staatskanzlers v. Hardenberg vom 14. November 1811, konnten die Reformen fortgesetzt werden. Das Edikt zielte auf Eigentumsverleihung an die Bauern, und zwar auch an jene Mehrheit von ihnen, die nur über ein Nutzungsrecht am Boden verfügte. Die konservativ-standesherrliche Opposition schwächte sich erst allmählich während des folgenden Jahrzehnts ab, als sich zeigte, daß die »Regulierung« für die Gutsherren auch erhebliche Vorteile brachte. Das Hardenbergsche Edikt sah nämlich hohe Entschädigungen in Form von Geldzahlungen, Naturalleistungen und Landabtretungen vor.

Durch eine zusätzliche »Deklaration« (1816) verbesserte sich die Lage der Gutsbesitzer weiter. Die Landabtretung der regulierten Bauern sollte nun einen noch größeren Umfang haben (ein Drittel ihres Landes bei erblichem Besitzrecht, bei nichterblichem die Hälfte), und die »nichtspannfähigen« Bauern sowie einige weitere Kategorien von Kleinbauern wurden von der Regulierung generell ausgenommen. Der Inhalt der Deklaration bewies die wachsende Stärke der Reaktion, die sich auch während der folgenden Jahre und Jahrzehnte – im Bündnis mit der Bürokratie, die ihre anfängliche Progressivität revidierte – zu behaupten vermochte. Bis zur Mitte des Jahrhunderts wurde die »Bauernbefreiung« im wesentlichen aber abgeschlossen, der Rest der Aufgabe nach 1849 gelöst.

Neben der Agrarverfassung war die schon durch die Gewerbepolitik des Merkantilismus in Frage gestellte Zunftverfassung des Handwerks auch nach 1800 ein Hauptziel von Reforminitiativen, die sich jedoch in den meisten deutschen Territorien nicht mit der Radikalität ins Werk setzen ließen, die etwa die Gewerbepolitik des revolutionären Frankreichs auszeichnete. Die preußischen Reformer um Hardenberg wollten in der gewerblichen Wirtschaft unternehmerischen Kräften größeren Spielraum gewähren; wo immer möglich, sollte vermehrter Wettbewerb die Beschränkungen der Konkurrenz ablösen, die die alte Ordnung verhängte. Schon durch das Bauernbefreiungsedikt von 1807 war der Zugang zu gewerblichen Berufen auch für Adlige und Bauern eröffnet worden. Hardenbergs Gewerbesteueredikt vom 20. Oktober 1810 verkündete eine fast unbeschränkte Gewerbefreiheit. Mit Ausnahme weniger Berufe sollte fortan jedermann nach Lösung eines Gewerbescheins zur Aufnahme eines Gewerbes berechtigt sein und es so lange ausüben dürfen, wie er Gewerbesteuer zahlte. Seit 1811 war auch die Ausbildung von Lehrlingen und Gesellen keinen Beschränkungen mehr unterworfen. Alle Gewerbemonopole wurden aufgehoben; die Zünfte blieben zwar bestehen, hatten aber nicht mehr den Charakter von Zwangsverbänden. In Verbindung mit der 1812 verordneten Emanzipation der Juden bedeutete diese Neugestaltung des Gewerberechts eine weitgehende Unterstellung des wirtschaftlichen Lebens unter die Prinzipien wirtschaftlicher Freiheit und Gleichheit. Gänzlich aufgehoben wurden die merkantilistischen Regelungen in Preußen jedoch nicht, sondern sie bildeten mit den liberalen Neuerungen eine umstrittene Mischung.[10]

Die Verbindung von Elementen der alten und einer neuen Wirtschaftsordnung war auch für die Gewerbepolitik anderer deutscher Staaten kennzeichnend. In Österreich, wo durch die Reformen Maria Theresias und Josephs II. schon vor 1800 ein hoher Entwicklungsstand der gewerblichen Wirtschaft erreicht worden war, herrschte keine eindeutig liberale Tendenz vor. In Bayern hob 1804 eine Gewerbeverordnung die Polizeigewalt der Zünfte auf und beseitigte die »realen« oder »radizierten«, d. h. an Gebäuden haftenden Gewerberechte. Durch Verordnungen wurden Monopolrechte einzelner Meister wie auch Zunftzwangsmonopole (Mühlenzwang, Bierzwang) abgeschafft. Der Staat verlieh seither neue Gewerbekonzessionen auf Lebenszeit.

Die unmittelbaren Auswirkungen der Gewerbereformen waren –

allen düsteren Prognosen der Zünfte zum Trotz – in den Städten zunächst kaum fühlbar, dagegen sehr wohl auf dem Lande, das den Städten gewerberechtlich gleichgestellt wurde. Langfristig allerdings hatten die Reformen vielerorts negative Folgen für das wirtschaftliche Wohlergehen der Handwerker; diese führten teilweise zu einer Zurücknahme der Liberalisierung, z. B. in der preußischen Gewerbeordnung von 1845.

Die raschesten und radikalsten Reformen des wirtschaftsbezogenen Rechts erfolgten in den französisch besetzten westlichen Gebieten Deutschlands, die alsbald in den Sog der revolutionären Veränderungen gerieten, die den französischen Staat und die französische Gesellschaft seit 1789 erfaßt hatten. Im linksrheinischen Gebiet, das zu einem Teil Frankreichs erklärt worden war, wurde 1798 die volle Gewerbefreiheit eingeführt, und einige Jahre später geschah das auch im neugegründeten Königreich Westphalen und im Großherzogtum Berg – Gebiete, die Napoleon von seinem Bruder Jerôme bzw. seinem Schwager Murat regieren ließ. Der *Code Civil* wurde eingeführt, und die modernen, liberalen Regelungen des französischen Handels- und Gewerberechts (*Code de Commerce*, 1807) entfalteten eine günstige, das Wirtschaftsleben und besonders die Kräfte des privaten Unternehmertums stimulierende Wirkung.

Bei genauerem Hinsehen aber bieten die mannigfachen Reformen der Wirtschaftsordnung, die in den Staaten des Rheinbundes zustande kamen, ein eher unübersichtliches und zuweilen widersprüchliches Bild. Prinzipielle, »revolutionäre« Antriebe und politisch-taktische Momente wirkten in regional unterschiedlicher Weise zusammen. Durch die Übertragung der Errungenschaften der Revolution auf die annektierten oder in Abhängigkeit gezwungenen Territorien wollte sich Napoleon eine möglichst homogene Machtbasis schaffen, doch stand daneben das Interesse an wirtschaftlicher und finanzieller Ausbeutung der eroberten Gebiete, und das duldete keine allzu radikale Umgestaltung der vorgefundenen Wirtschaftsordnung. In den zu französischen Départements erklärten linksrheinischen Gebieten erfolgte eine völlig Assimilierung der Verwaltungsstruktur, aber auch in den Rheinbundstaaten war der Bereich der Behördenorganisation derjenige, in dem die entschiedensten Reformen stattfanden, wobei ein »etatistisch-bürokratischer Zug Vorrang vor der liberalen Modernisierung der Gesellschaft« (Nipperdey) hatte.

Auffällig ist, wie wenig nachdrücklich die Agrarreformen eingeleitet und wie halbherzig sie durchgeführt wurden. Nur links des Rheins kam es zu einer entschädigungslosen Ablösung der Grundrenten. In den Rheinbundstaaten wurden allenthalben noch bestehende Leibeigenschaften aufgehoben, und neue Gesetze regelten die Modalitäten der Grundentlastung, doch in der Praxis wurden die Bestimmungen restriktiv ausgelegt und führten kaum zu Konsequenzen. Selbst die napoleonischen Musterstaaten Westphalen und Berg wurden der ihnen zugedachten Rolle von Bahnbrechern der Reformen in Deutschland nicht gerecht. Die Ausbeutung durch das französische Militär und die von Napoleon verhängten hohen Kontributionen verhinderten hier die Verwirklichung moderner finanzwirtschaftlicher Ideen. Auch in den großen süddeutschen Rheinbundstaaten Baden, Württemberg und Bayern stand die rasch zunehmende öffentliche Verschuldung der praktischen Verwirklichung der Reformpläne im Wege.

Insgesamt blieben die Staaten des Rheinbundes noch stark unter dem Einfluß des Merkantilismus, verfolgten jedoch im Rahmen dieser Wirtschaftsordnung teilweise recht moderne Konzepte. Das gilt besonders für die größeren Territorien. In Bayern versuchte die Regierung Montgelas, ein einheitliches Wirtschaftsgebiet herzustellen. Produktion, Einnahmen und Ausgaben wurden statistisch erfaßt; staatliche Maßnahmen sollten gezielt dem wirtschaftlichen Fortschritt dienen, etwa der Schaffung eines geschlossenen Zollraumes.[11] In Bayern wie auch in einigen anderen Staaten erwies sich die seit 1803 erfolgende Arrondierung des Territoriums bei der Verfolgung solcher Ziele als hilfreich.

Tatsächlich gelangen die ersten gründlichen Modernisierungen des Zollwesens in Deutschland in den Rheinbund-Mittelstaaten. Bayern (1807), Württemberg (1808) und Baden (1812) gaben sich neue Zollordnungen ohne Binnenzollinien und mit einheitlichen Außenzöllen. Ebensolche Reformen erfolgten in Berg (1807) und Westphalen (1811). Die Zollreformen der Rheinbundstaaten führten jedoch wegen der von Napoleon verhängten Handelsbeschränkungen nicht zum angestrebten Erfolg.

Als es 1808/09 Verhandlungen über die Schaffung eines einheitlichen Rheinbund-Zollraums gab, opponierte vor allem Bayern erfolgreich, weil es seine wirtschaftlichen Interessen durch eine Dominanz Frankreichs gefährdet sah. Wie unsicher man aber in der Beurteilung der handelspolitischen Lage war, zeigen die

Schwankungen der Zollpolitik. So war der ursprüngliche bayerische Außenzolltarif nicht protektionistisch. Verboten war nur die Einfuhr des staatlich monopolisierten Salzes. Dagegen waren die meisten Importe von Rohstoffen und Lebensmitteln zollfrei. 1809 jedoch ging Bayern von Finanzzöllen zu einem Schutzzolltarif über und verhängte hohe Wertzölle. Mit der Zoll- und Mautordnung von 1811 erfolgten weitere Erhöhungen, zumal die neu eingerichtete Staatsschuldentilgungskasse hohe Einkünfte benötigte. Vor allem das Schwanken zwischen fiskalischen Überlegungen und Plänen einer gezielten Wirtschaftsförderung erklärt die Uneinheitlichkeit der Zollpolitik in dieser Zeit.

Ein dritter wichtiger Bereich der Reformen nach 1800, der Übergang vom abhängigen preußischen Städtewesen des Absolutismus zur kommunalen Selbstverwaltung, kann hier nur erwähnt werden, weil die Auswirkungen auf die Neugestaltung der Wirtschaftsordnung nur mittelbar waren. Die Steinsche Städteordnung von 1808 in Preußen, aber auch ähnliche Gesetze in Bayern (1818) und Württemberg (1822) markieren einen Neubeginn für das kommunale Wirtschaftsleben, das aber erst seit der zweiten Hälfte des Jahrhunderts eine wirklich bedeutende Rolle im Gesamtzusammenhang der öffentlichen Wirtschaft spielen sollte.

# II. Wirtschaftsordnungen im Zeitalter des Deutschen Bundes

## 1. Restauration und Industrialisierung

Die führenden monarchisch-konservativen Kräfte in Europa – Österreich, Rußland und Preußen – nahmen den endgültigen Sieg über Napoleon und das revolutionäre Frankreich zum Anlaß für die Wiedererrichtung einer restaurativen Staats- und Gesellschaftsordnung. Die Schlußakte des Wiener Kongresses war vom Geist der Restauration geprägt, welche die Gestalt des österreichischen Staatskanzlers Metternich zur beherrschenden politischen Erscheinung Europas in den Jahren von 1815 bis 1848 werden ließ. Der Kongreß brachte weitgehende territoriale Veränderungen in Deutschland. Österreich verlor Belgien an die Niederlande, erhielt aber Tirol und Vorarlberg zurück, die ein Jahrzehnt lang bayerisch gewesen waren, dazu Kärnten, Venetien und weitere Gebiete in Oberitalien. Preußen trat Ansbach und Bayreuth an Bayern ab und Ostfriesland an Hannover; es gewann aber weit mehr hinzu: Teile Pommerns, die seit dem Dreißigjährigen Krieg schwedisch gewesen waren, die Rheinprovinz, einen Teil Westfalens und rund die Hälfte des Königreichs Sachsen.

Das deutsche Reich wurde auf dem Wiener Kongreß nicht wiederhergestellt. An seine Stelle trat der Deutsche Bund, eine staatenbündische Vereinigung von 38 souveränen Fürstenstaaten und vier freien Städten. Sein oberstes Organ war der in Frankfurt am Main zusammentretende Bundesrat, eine Versammlung von Gesandten der Mitgliedsstaaten unter dem Vorsitz Österreichs. Den einzelnen Staaten war volle Souveränität zuerkannt, wenn auch mit der Einschränkung, daß sie nicht aus dem Bund austreten durften und daß Mehrheitsentscheidungen im Bundesrat für alle bindend sein sollten.

Der Artikel 13 der Bundesakte stellte allen deutschen Staaten Verfassungen in Aussicht. Die reformbewußten Kräfte der deutschen Gesellschaft konnten hoffen, daß die durch den Krieg bewirkte Erschütterung der politischen und sozialen Verhältnisse zu einer Ablösung der absolut regierten durch konstitutionelle Fürstenstaaten führen werde. Tatsächlich ergingen alsbald Verfassungen, und zwar zunächst in einigen kleineren Staaten wie Nassau, Schwarzburg-Rudolstadt, Schaumburg-Lippe, Waldeck, Sachsen-Weimar, Sachsen-Hildburghausen. 1818 erhielten auch Bayern und Baden Verfassungen, die parlamentarische Volksvertretungen mit zwei Kammern vorsahen, und 1819 folgte Württemberg. Alle diese Verfassungen wurden oktroyiert, d. h. durch die Landesherren erlassen, deren Regierungsgewalt sie nur in geringem Maße einschränkten. Die Funktionen und Befugnisse der Parlamente im deutschen Frühkonstitutionalismus entsprachen noch bei weitem nicht denjenigen heutiger Volksvertretungen. Ihre wichtigsten Prärogativen waren das Budget- und das Steuerbewilligungsrecht, im Falle eines Konflikts verfügten sie jedoch über keinerlei Machtmittel, um sich gegenüber dem Souveränitätsanspruch der Fürsten durchzusetzen. Keine Verfassungen wurden vor 1848 in Österreich und Preußen erlassen.

Die zaghaften Ansätze zu einer Liberalisierung der politischen Verhältnisse in den Staaten des Deutschen Bundes gingen mit den »Karlsbader Beschlüssen« des Jahres 1819 zu Ende. Diese brachten eine strenge Überwachung der Universitäten, ein Verbot der kurz zuvor gegründeten (national und liberal orientierten) studentischen Burschenschaften und eine scharfe Pressezensur. Eine Untersuchungskommission wurde eingesetzt, die radikal-demokratischen »Umtrieben« nachgehen sollte. Während der folgenden drei Jahrzehnte kam es in Deutschland zu keinem nennenswerten Aufbegehren des freiheitlich gesinnten Bürgertums, das etwa den französischen Ereignissen von 1830 vergleichbar gewesen wäre. Immerhin gab es nach den Pariser Juliaufständen auch in einigen deutschen Staaten (Hannover, Braunschweig, Kurhessen, Sachsen) Unruhen, die moderne Verfassungen als Konsequenz hatten. Das »Hambacher Fest« vom Mai 1832, eine Massenkundgebung der Liberalen, und der »Frankfurter Wachensturm« im folgenden Jahr beunruhigten die Regierungen, führten aber nur zu einer Verschärfung der politischen Zensur und zu Einschränkungen der in den Verfassungen gewährten Freiheiten.

In das scheinbar feste Gefüge von restaurativem Obrigkeitsstaat auf der einen und gehorsamer Untertanengesellschaft auf der anderen Seite brachte erst die Revolution von 1848 eine kräftige Turbulenz. Ausgangspunkt der »Märzrevolution« war Baden. Von dort breiteten sich die Unruhen rasch aus und veranlaßten die Regierungen zu Konzessionen. Die Zensur für Druckschriften wurde aufgehoben, die Farben Schwarz-Rot-Gold zu den deutschen Bundesfarben erklärt. In Baden, Württemberg, Bayern und Sachsen sowie etlichen kleineren Staaten wurden liberalere Ministerien eingesetzt. In Frankfurt, Berlin und Wien kam es jedoch zu regelrechten Volksaufständen. Der Wiener Aufstand bewirkte den Rücktritt des verhaßten Metternich. In München dankte nach den Unruhen Ludwig I. zugunsten seines Sohnes Maximilian ab. In Berlin erklärte sich Friedrich Wilhelm IV. zu Konzessionen bereit. Nachdem offener Bürgerkrieg geherrscht hatte und das Militär abgerückt war, sorgte eine Bürgerwehr für Ordnung in der Stadt. Der König versprach in einer Proklamation, er werde sich an die Spitze eines geeinten Deutschlands stellen.

Ende März verlagerte sich der Schwerpunkt der Ereignisse nach Frankfurt, wo ein Vorparlament zusammentrat, dessen Mitglieder von den Landtagen delegiert worden waren. Es beschloß die Wahl einer Deutschen Nationalversammlung, die eine Reichsverfassung ausarbeiten sollte. Eine solche Wahl wurde – weitgehend nach gleichem Wahlrecht – in den deutschen Staaten durchgeführt, und am 18. Mai wurde in der Frankfurter Paulskirche die Deutsche Nationalversammlung eröffnet, ein »Honoratiorenparlament«, in dem Männer in herausgehobener Stellung überwogen. Es zeichneten sich aber schon partei- und fraktionsähnliche Strukturen ab nach Maßgabe der Entschiedenheit oder Zurückhaltung, mit der nationale, liberale oder republikanische Positionen vertreten wurden. Zum Präsidenten des Parlaments wurde der liberale hessische Minister Heinrich v. Gagern gewählt und auf dessen Vorschlag Erzherzog Johann von Österreich zum »Reichsverweser«, d. h. zum Leiter einer vorläufigen Exekutive. Doch das von diesem ernannte Reichsministerium blieb ohne Macht und Einfluß.

Die Arbeit der Nationalversammlung kam – u. a. wegen des Gegensatzes zwischen den Befürwortern einer »großdeutschen« und denen einer »kleindeutschen«, Österreich ausschließenden Reichsbildung – kaum voran. Nach der Niederschlagung mehrerer von radikaldemokratischen Kräften getragener Aufstände u. a. in Baden und Wien formierte sich allmählich eine Abwehrfront der konservativen Regierungen. Im März 1849 lehnte der nach langen Debatten von der Nationalversammlung zum Deutschen Kaiser gewählte König Friedrich Wilhelm IV. von Preußen die Krone ab. Der immer entschiedenere Widerstand vor allem Preußens und Österreichs, die ihre Abgeordneten aus Frankfurt zurückbeorderten, führte schließlich zur Lähmung und Auflösung des Paulskirchen-Parlaments. Zwar erhielten nun auch Preußen und Österreich Verfassungen, doch im Mai 1851 wurde der vorübergehend aufgelöste Deutsche Bund in seiner früheren Form wiederhergestellt. Damit war entschieden, daß nicht die aufstrebenden gesellschaftlichen Formationen des Bürgertums das weitere politische Schicksal Deutschlands bestimmen würden, sondern die traditionell dominierenden Kräfte: die Monarchen und ihre Regierungen, der Adel und das Militär.

Die Begründung des Deutschen Bundes hatte Deutschland einer politischen Einigung nicht näher gebracht, und nennenswerter weiterer Fortschritt erschien kaum möglich, solange nicht die beiden Hauptmächte – Österreich und Preußen – ein Programm der allmählichen Zusammenführung der deutschen Staaten entschieden unterstützten. Indessen verschärfte sich gerade der Gegensatz zwischen diesen beiden Staaten seit der Jahrhundertmitte in auffälliger Weise. Dabei spielten divergierende wirtschaftliche Interessen ebenso eine Rolle wie der österreichische Versuch, die politische Hegemonie in Deutschland gegen das immer stärker werdende Preußen zu behaupten. 1864 standen beide im Krieg gegen Dänemark noch als Verbündete nebeneinander, schon zwei Jahre später kam es jedoch zwischen ihnen zur entscheidenden Auseinandersetzung um die Vormachtstellung in Deutschland. Anlaß waren Meinungsverschiedenheiten über das künftige Schicksal Schleswigs und Holsteins, die Preußen sich einverleiben wollte. Obwohl dieses nur die kleineren norddeutschen Staaten auf seiner Seite hatte, während Österreich sich mit den Mittelstaaten Bayern, Baden, Württemberg und Sachsen sowie mit Hannover, Kurhessen und etlichen weiteren Staaten verbünden konnte, besiegte das preußische Heer die Österreicher und Sachsen am 3. Juli 1866 bei Königgrätz entscheidend.

Dieser militärische Sieg setzte für eine künftige nationale Einigung Deutschlands neue Vorzeichen und ließ absehen, daß die Begründung eines deutschen Reiches nur zu Bedingungen erfolgen konnte, die die preußische Hegemonialmacht den übrigen Staaten diktieren würde. Im Prager Frieden mußte Österreich der Auflösung des Deutschen Bundes zustimmen. Preußen annektierte Hannover, Kurhessen, Nassau und die Stadt Frankfurt am Main. Schon vor dem Ende der militärischen Auseinandersetzungen hatte der preußische Ministerpräsident Bismarck mit 17 norddeutschen Kleinstaaten einen Bündnisvertrag geschlossen, der die

Gründung eines Bundesstaates mit eigenen Exekutivorganen (Bundesrat und Bundeskanzler) sowie einem Parlament vorsah. Dieser unter preußischer Führung stehende Norddeutsche Bund nahm charakteristische Merkmale der späteren nationalen Einigung vorweg. Der preußische König hatte ex officio das Amt des Bundespräsidenten inne, der preußische Ministerpräsident wurde Kanzler des Bundes. Im Februar 1867 wurde ein Reichstag des Norddeutschen Bundes gewählt, der eine Verfassung verabschiedete. Durch den Beitritt auch ehemaliger österreichischer Verbündeter – etwa Sachsens – prägte sich die preußische Vormachtstellung immer unangreifbarer aus, obwohl eine Ausdehnung des Bundes auf Süddeutschland unterblieb.

Es muß eine offene Frage bleiben, ob auch ohne den deutsch-französischen Krieg von 1870/71 die Reichseinigung innerhalb so kurzer Zeit zustande gekommen wäre. Die Vorbereitung des Deutschen Reiches durch den Norddeutschen Bund führte zu wichtigen Weichenstellungen, hätte aber allein kaum ausgereicht, um die einer nationalen Einigung entgegenstehenden partikularstaatlichen Widerstände so rasch und so gründlich aus dem Wege zu räumen, wie das durch den siegreich geführten Krieg schließlich geschah.

Die wirtschaftliche Entwicklung der Staaten des Deutschen Bundes wurde – trotz fortbestehender Dominanz der Agrarwirtschaft – geprägt vom Durchbruch der industriellen Revolution zwischen 1830 und 1850. Erst in dieser Phase beschleunigte sich der Prozeß des industriewirtschaftlichen Wachstums so sehr, daß man von einem dynamischen Start in ein neues Zeitalter, einem »take-off« nach der Definition des amerikanischen Wirtschaftshistorikers W. W. Rostow, sprechen kann. An dieser Stelle kann nicht in Einzelheiten erläutert werden, warum Deutschland trotz beachtlicher wissenschaftlich-technischer Leistungen und trotz einer großen frühkapitalistischen Unternehmer-Tradition erst relativ spät mit der Industrialisierung begann. Die beiden hauptsächlichen Hemmnisse waren wohl seine politisch-territoriale Zerrissenheit sowie die großen Entfernungen seiner wichtigsten Gewerbelandschaften von den maritimen Handelswegen. Hinzu kamen Nachwirkungen der Verwüstungen und Bevölkerungsverluste durch den Dreißigjährigen Krieg sowie die kriegerischen Verwicklungen des 18. Jahrhunderts und der Revolutionsepoche.

Zu Beginn der Industrialisierung der deutschen Staaten standen zwei Sektoren im Vordergrund: die Textilindustrie und der Komplex Eisenindustrie – Bergbau – Maschinenbau. Um 1800 waren mehr als 50% aller in der Warenproduktion beschäftigten Menschen in Deutschland in der Textilindustrie tätig, 1870 immerhin noch 38%. In der weiteren Rangfolge lag die Metallerzeugung und -verarbeitung um 1800 noch hinter der Nahrungsmittelerzeugung, dem Baugewerbe und der Papierherstellung, hatte aber bis 1875 schon den zweiten Platz erreicht. Die Zentren der neuen Textilindustrie mit vor allem Baumwolle verarbeitenden Spinnerei- und Weberei-Großbetrieben waren Sachsen, Westfalen, Baden sowie einige Regionen des bayerischen und schwäbischen Raums. Die moderne deutsche Eisen- und Stahlindustrie des 19. Jahrhunderts ging aus weitverstreuten Anfängen hervor, wobei anfangs das oberschlesische Industriegebiet führend war. Schon seit etwa 1820 schob sich aber immer mehr das Ruhrrevier in den Vordergrund, das seit der Jahrhundertmitte eindeutig dominierte. In dieser Zeit begann der eigentliche Aufschwung der deutschen Schwerindustrie. Während die Roheisenerzeugung in den Staaten des Deutschen Bundes 1850 erst 215000 Tonnen betragen hatte, erreichte sie 1870 1390000 Tonnen, eine Steigerung um mehr als 500% in nur zwei Jahrzehnten.[1] Etwa im gleichen Tempo nahm die Stahlerzeugung zu. Im Maschinenbau gab es in den dreißiger und vierziger Jahren des 19. Jahrhunderts eine Gründungswelle mit mehr als 50 neuen Unternehmen, die vor allem Textilmaschinen und Lokomotiven lieferten. Groß war die Zahl der für die verschiedensten Zwecke gebauten Dampfmaschinen. 1846 gab es im Gebiet des Deutschen Zollvereins 1500 Stück, 1861 waren es schon 8700 Stück mit 165000 PS Leistung.[2]

Die Jahrzehnte nach 1850 standen im Zeichen einer enormen Ausweitung der Steinkohlenförderung. Bald begann das Ruhrgebiet auch in diesem Bereich, das bis dahin führende oberschlesische Revier zu überflügeln. Die Steinkohlenförderung in Preußen hatte 1817 bei einer Million Tonnen gelegen, 1836 erreichte sie zwei und 1851 fünf Millionen Tonnen. Die Förderung in allen deutschen Staaten wuchs von sechs Millionen (1851) auf 26 Millionen (1870). War ursprünglich die Kohle zum Erz gewandert, begann nun die Erzverhüttung sich in der Nachbarschaft der Kohlenzechen an Ruhr und Niederrhein anzusiedeln. Auf diese Weise entstand das Zentrum der deutschen Schwerindustrie im Kohlenbergbaugebiet zwischen Duisburg und Dortmund.

Die am meisten beachtete Erscheinung im Zeitalter der industriellen Revolution war der Eisenbahnenbau. Die erste deutsche Eisenbahn verkehrte seit 1835 zwischen Nürnberg und Fürth. Zwischen 1837 und 1839 wurde als erste »Fernbahn« die Verbindung Leipzig–Dresden gebaut. Es folgten die Strecken Berlin–Potsdam, Düsseldorf–Elberfeld, Frankfurt–Wiesbaden und Mannheim–Heidelberg. In einer zweiten Phase des Eisenbahnbaus seit Beginn der vierziger Jahre bildete sich bereits das Grundmuster eines deutschen Netzes heraus, obwohl partikulare politische und wirtschaftliche Interessen die bestmögliche Trassenführung häufig verhinderten. Immerhin entstand eine Anzahl längerer Strecken, z. B. die Verbindungen Berlins mit Hamburg, Breslau, Köln, Dresden, München, Frankfurt am Main und Danzig. Bis 1850 hatten alle größeren Städte Bahnanschluß, bis 1870 wurden fast 25 000 km Eisenbahnstrecken fertiggestellt. Die meisten der frühen Eisenbahnen waren private Unternehmen in Form von Aktiengesellschaften, doch entstanden auch staatlich gebaute Linien. Die erste deutsche Staatsbahn verkehrte seit 1838 auf der Strecke Braunschweig–Wolfenbüttel.

Anders als für den Eisenbahnbau stellte sich für andere Bereiche der Industriefinanzierung privates Kapital oft nur zögernd zur Verfügung. Die Frage der Kapitalverfügbarkeit in der frühen deutschen Industrialisierung ist in neuerer Zeit ausgiebig diskutiert worden.[3] Dabei hat sich die Überzeugung durchgesetzt, daß von einem objektiven Mangel an investitionsfähigem Kapital nicht die Rede sein kann, daß es aber an der subjektiven Investitions- und Risikobereitschaft häufig gefehlt zu haben scheint. Dabei ist zu bedenken, daß es in Deutschland in der ersten Hälfte des 19. Jahrhunderts noch kein entwickeltes System von Kapitalsammelstellen (Banken) gab, das die Vermittlung zwischen potentiellen Kapitalgebern und einer kapitalsuchenden Industrie hätte besorgen können. Im Mittelpunkt der Aktivität der durchaus bedeutenden Bankhäuser jener Zeit stand nicht die Unternehmensfinanzierung, sondern der Staatskredit. Nicht Aktien, sondern »Staatspapiere« (Obligationen) beherrschten deshalb das Geschehen an den Börsenplätzen. Erst die massenhafte Emission von Eisenbahnaktien und -obligationen seit den vierziger Jahren änderte dieses Bild.

Neben Frankfurt und Wien entwickelten sich allmählich auch andere große deutsche Städte – etwa Berlin und Köln – zu wichtigen Finanzzentren. In Köln entstand 1848 durch die Umwandlung des Schaaffhausenschen Bankvereins in eine Aktiengesellschaft die erste große deutsche Industriekreditbank. In den fünfziger Jahren übernahm dann Berlin die Rolle des führenden deutschen Finanzplatzes. Weitere Großbanken entstanden als Aktiengesellschaften (Disconto-Gesellschaft 1851, Darmstädter Bank 1853), um Kapitalien in einer Größenordnung zu mobilisieren, die den Bedürfnissen der neuen industriellen Großunternehmen entsprach.

Das Umsichgreifen der industriellen Revolution in den deutschen Staaten wurde gefördert durch eine zwar von Rückschlägen nicht freie, alles in allem aber günstige konjunkturelle Entwicklung. Eine zyklische Bewegung der Konjunktur läßt sich in Deutschland in ersten Ansätzen seit den dreißiger Jahren nachweisen. Ein Aufschwung in den Jahren zwischen 1845 und 1847 scheint vorwiegend vom Eisenbahnbau ausgegangenen zu sein und dann die Eisenindustrie insgesamt sowie den Maschinenbau erfaßt zu haben. Auf ihn folgte jedoch ein Rückschlag mit zahlreichen Unternehmenszusammenbrüchen und hoher Arbeitslosigkeit, der bei der Beschäftigung mit den Ursachen der Revolution von 1848 nicht übersehen werden darf. Um 1850 setzte dann ein Prozeß anhaltenden wirtschaftlichen Wachstums ein. Dabei ergaben sich zuletzt in den Bereichen des Eisenbahnbaus, der gesamten Industrie und des Bankwesens Anzeichen einer hektischen Überhitzung. Ebenso international wie dieser Aufschwung war dann die Krise, die ihm 1857 ein jähes Ende setzte und bis 1859 währte. Auch die neuerliche Expansion in den sechziger Jahren war – allen kriegerischen Verwicklungen (deutsche Kriege 1864 und 1866, amerikanischer Sezessionskrieg) zum Trotz – von einer kräftigen internationalen Konjunktur getragen, deren Hauptkennzeichen eine bedeutende Ausweitung der Schwerindustrie war. Für den gesamten Zeitraum von 1850 bis 1873 gilt, daß das Wirtschaftswachstum vor allem durch den technischen Fortschritt bestimmt war. Die Unterstützung durch eine Folge bedeutender technischer Innovationen gab dem konjunkturellen Aufschwung eine besondere Nachhaltigkeit und Solidität.

Die Entwicklung des Nettosozialprodukts in den Staaten des Deutschen Bundes zwischen 1825 und 1870 erscheint mit einer nominalen Verdoppelung von 7,3 auf 14,2 Milliarden Mark eindrucksvoll; wegen des gleichzeitigen starken Bevölkerungswachstums betrug die Steigerung des Pro-Kopf-Einkommens allerdings nur etwa 35%.[4] Dabei ergaben sich seit 1850 mit Zuwachsraten des Sozialprodukts von jährlich durchschnittlich 2% deutlich höhere Werte als in den vorangegangenen Jahrzehnten. Die Beschleunigung der Industrialisierung nach der Jahrhundertmitte wird hier erkennbar. Am Vorabend der Reichsgründung hatte sich die wirtschaftliche Struktur Deutschlands – wenn auch mit regionalen Unterschieden – auffällig modernisiert. Die traditionelle, überwiegend agrarische und kleingewerbliche Wirtschaftsweise war zwar nicht völlig revolutioniert, doch der industriewirtschaftliche Sektor entwickelte sich mit einer Dynamik, die in Europa keine Parallele hatte. Die Konturen einer industriell geprägten Zukunft zeichneten sich ab.

## 2. Die Zolleinigung

Der eifersüchtig gehütete Souveränitätsanspruch der deutschen Fürstenstaaten umschloß ihre großen oder kleinen Wirtschaftskörper wie mit harten Schalen. Ein Aufbrechen dieser Schalen konnte nur allmählich vor allem durch Reformen der Handels- und Zollpolitik erfolgen. Schon bei den Verhandlungen vor der Begründung des Deutschen Bundes hatte Stein auf eine deutsche Zollunion hingearbeitet, doch der Widerstand namentlich Österreichs und Bayerns war zu stark gewesen. So stellte Artikel 19 der Bundesakte lediglich Bemühungen um eine Erleichterung des Handels in Aussicht. Die Lage blieb insofern kompliziert, als es auch nach 1815 in Deutschland noch immer Hunderte von Zollgrenzen gab. Zölle wurden nicht nur an den Außengrenzen der Territorien erhoben, sondern auch an zahlreichen Binnenzolllinien. Vor allem die Stromzölle, wie sie etwa an Rhein, Elbe und Donau fortbestanden, waren ein ärgerliches Relikt. Auf dem Wiener Kongreß war zwar eine Rheinschiffahrtskonvention verabschiedet worden, ihre Verwirklichung war jedoch zunächst am Widerstand partikularer Interessen gescheitert. Erst 1831, als längst Dampfschiffe den Rhein befuhren, nahmen die Anliegerstaaten die Mainzer Rheinschiffahrtsakte an, durch die alle Abgaben und Stapelrechte hinfällig wurden. Eine Donauschiffahrtsvereinbarung kam sogar erst 1851 für einen Teilbereich zustande.

Grundsätzlich stand einer handels- und zollpolitischen Einigung Deutschlands seine Gliederung in Zonen unterschiedlicher Wirtschaftsstruktur entgegen. Der Norden und Nordosten war überwiegend agrarisch strukturiert und arm an Großgewerben und Industrialisierungsansätzen. Demgegenüber war der mitteldeutsche Raum zwischen dem Rheinland und Schlesien teilweise gewerblich hochentwickelt und wies zahlreiche Keimzellen der sich anbahnenden Industrialisierung auf. Der Südwesten und der Süden schließlich waren agrarisch-kleingewerblich geprägt. Aus solchen Unterschieden resultierten divergierende handelspolitische Interessen. So hatte der Freihandel im getreideexportierenden Norden Deutschlands weit mehr Anhänger als im Süden.

Die Umstellung von einem gemischten Zollsystem auf ausschließliche Außenzölle erfolgte in den einzelnen Staaten zu unterschiedlichen Zeitpunkten, z. B. in Bayern, wie bereits dargestellt, schon 1807, dagegen im größten deutschen Territorium – Preußen – erst durch das sog. Maaßensche Gesetz von 1818. Dieses preußische Gesetz stellte einen wichtigen Schritt in Richtung auf eine großräumige deutsche Zollvereinheitlichung dar. Es brachte die Zusammenfassung aller preußischen Gebiete zu einem einheitlichen Zollbereich, der eine gemeinsame Außenzollgrenze und nur noch wenige verbleibende Binnenzollinien aufwies. Das Gesetz war im wesentlichen freihändlerisch ausgerichtet. Es enthielt keine Einfuhrverbote außer für die staatlichen Monopolgüter Salz und Spielkarten. Die Einfuhrzölle waren niedrig; Ausfuhrzölle gab es nur in unbedeutenden Ausnahmefällen. Ausländische Manufaktur- und Fabrikerzeugnisse wurden durchweg mit weniger als 10% belastet, nur Luxus- und Kolonialwaren mit 30% und mehr. Die Zollberechnung erfolgte aus praktischen Gründen nicht nach dem oft schwer zu ermittelnden Wert der Ware, sondern nach Gewicht, Maß oder Stückzahl. Der Maaßen-Tarif setzte die liberale wirtschaftspolitische Linie fort, die sich schon in den Agrarreformen und der Gewerbegesetzgebung abgezeichnet hatte. Er bot nur wenig Schutz vor der Konkurrenz ausländischer (vor allem britischer) Industrieerzeugnisse, scheint aber die Entwicklung des preußischen Binnenhandels sehr gefördert zu haben, der noch unmittelbar zuvor allein in den ostelbischen Landesteilen durch 57 verschiedene Zoll- und Akzisetarife behindert worden war.

Durch die preußische Zolleinheit gerieten zahlreiche deutsche Staaten, und zwar größere wie Bayern, Württemberg und Sachsen, aber auch und noch viel mehr die kleineren, zwischen dem geschlossenen preußischen Wirtschaftsraum im Norden und dem österreichischen im Süden in die Klemme. Preußen wiederum vermochte nun mit Hilfe seiner Zollpolitik, seine Nachbarstaaten »erheblichem Anpassungsdruck« (Hahn) auszusetzen und sie auf diese Weise an sich zu binden.[5]

Unabhängig von dieser Entwicklung gewann auch in Mittel- und Süddeutschland die Freihandelspartei rasch an Stärke. Auf der Frankfurter Ostermesse 1819 konstituierte sich der Deutsche Handels- und Gewerbeverein, der bald in »Verein deutscher Kaufleute und Fabrikanten« umbenannt wurde. An seiner Spitze standen der Publizist und Nationalökonom Friedrich List und der Nürnberger Kaufmann Johann Jakob Schnell. In einer von List verfaßten Eingabe an den Bundestag wurde die Aufhebung aller Binnenzölle und die Errichtung von wirksamen Außenzöllen gefordert, die so lange bestehen sollten, bis auch andere Staaten den Handel liberalisierten. Die Bundesversammlung lehnte es ab, sich mit der Eingabe zu befassen. Der Verein, der in Süd- und Mitteldeutschland Tausende von Anhängern hatte, agitierte bei den dortigen Regierungen weiter. In Berlin und Wien wurde List von Hardenberg, von Metternich und sogar von Kaiser Franz persönlich empfangen.

Die Listschen Zollunionspläne profitierten zweifellos von den in Süddeutschland zeitweilig sehr populären Plänen einer politischen »Trias«, d. h. einer dritten Kraft zwischen den Großmächten Preußen und Österreich. Auch hier standen jedoch ausgeprägte Interessengegensätze (etwa zwischen dem eher auf freien Handel bedachten Baden und dem schutzzollfreundlichen Württemberg) sowie Vorbehalte gegenüber dem nach Hegemonie strebenden Bayern einer Einigung im Wege. Immerhin kam es im Mai 1820 zwischen Bayern, Baden, Württemberg, Hessen und Nassau zur »Wiener Punktation« als Vorvertrag für einen geplanten gemeinsamen Zollverein. Die weiteren Verhandlungen führten aber in eine Sackgasse, und nach mehrfachen Konferenzen scheiterte das Projekt 1825 endgültig.

Mit dem Jahre 1827 begann eine neue Entwicklung. In Preußen hatte sich die Lage der Staatsfinanzen nach der Berufung von Friedrich v. Motz zum Finanzminister entscheidend gebessert. Damit ergab sich die Möglichkeit, unter Einsatz finanzieller Mittel die politische Initiative zu ergreifen. Motz gelang eine zollpolitische Einigung mit dem in wirtschaftlichen Schwierigkeiten befindlichen Großherzogtum Hessen. Im Februar 1828 wurde ein auf sechs Jahre befristeter Vertrag geschlossen. Weitere Teilnehmer konnten zunächst nicht gewonnen werden. Fast gleichzeitig mit dem preußisch-hessischen Abkommen wurde – nach einer Initiative König Wilhelms von Württemberg bei dem neuen bayerischen König Ludwig I. – im Januar 1828 eine bayerisch-württembergische Zollunion vereinbart. Der Vertrag begründete noch keine einheitliche Zollverwaltung; vorgesehen waren nur gegenseitige Kontrollen, gemeinsame Konferenzen und die Aufteilung der Einnahmen nach dem Verhältnis der Bevölkerungszahlen. Eine weitere Schwäche des süddeutschen Zollbündnisses war, daß sich ihm Österreich, das zwar 1827 die Zollinien zwischen den einzelnen Landesteilen, nicht aber die österreichisch-ungarische Zwischenzollinie aufgehoben hatte (sie bestand bis 1850), wegen der komplizierten Verhältnisse innerhalb seines weiträumigen Wirtschaftsgebiets nicht anzuschließen vermochte.

Dennoch spielten österreichische diplomatische Initiativen durchaus eine Rolle für den Abschluß eines dritten deutschen Handels- und Zollvereins, der im Mai 1828 mit der »Frankfurter Deklaration« der Staaten Sachsen, Hannover, Kurhessen, Nassau, einiger thüringischer Kleinstaaten und der Stadt Frankfurt seinen Anfang nahm. Wenig später traten auch Bremen, Oldenburg, Braunschweig, Hessen-Homburg und die restlichen thüringischen Staaten bei, und im September erfolgte in Kassel die Gründung des »Mitteldeutschen Handelsvereins«. Die Teilnehmer verpflichteten sich, mit keinem anderen Partner zu koalieren und die bestehenden Zolltarife nicht anzuheben. Eine wirkliche Liberalisierung des Handels wurde auf diese Weise nicht erreicht. Auch erwies sich das Fehlen eines gemeinsamen Außenzolltarifs als schwerer Mangel.

Bald zeigte sich, daß das preußisch geführte Zollsystem als einziges genug politisches und wirtschaftliches Gewicht besaß, um einer weitergehenden deutschen Zolleinigung als Kristallisationskern zu dienen. Durch großzügige handels- und verkehrspolitische Avancen verstand es Motz, Mitglieder des Mitteldeutschen Handelsvereins (Sachsen-Coburg-Gotha, Sachsen-Meiningen) abzuwerben sowie Kontakte mit dem süddeutschen Verein zu knüpfen, die schließlich im Mai 1829 zu einem Handelsvertrag mit bedeutenden gegenseitigen Zollermäßigungen führten. Spätestens zu diesem Zeitpunkt muß auf preußischer Seite – eine Denkschrift von Motz belegt das[6] – und auch bei den übrigen deutschen Regierungen eine klare Vorstellung von den politischen Konsequenzen einer deutschen Zolleinigung unter preußischer Führung bestanden haben.

Seit dem Sommer 1829 wurde eine innere Krise des Mitteldeutschen Handelsvereins erkennbar. Die sozialen Unruhen des Jahres 1830 verschärften diese Krise und vermehrten die Unzufriedenheit einiger Regierungen mit den wirtschaftlichen und finanziellen Ergebnissen ihrer Mitgliedschaft. Als erster Staat schied Kurhessen aus dem Verein aus und trat Anfang 1832 in den preußisch-hessischen Zollverein ein. Damit war der Mitteldeutsche Handelsverein in zwei Teile gespalten, zwischen denen keine territoriale Verbindung mehr bestand. Entscheidend für seinen Zerfall war, daß auch Sachsen unter dem Druck seiner industriellen Interessen seinen ursprünglichen Widerstand gegen eine Mitgliedschaft in einem preußisch geführten Zollverein aufgab. Bedenken gegen ein Zusammengehen mit dem ohne Verfassung regierten Preußen waren vor allem noch in den süddeutschen konstitutionellen Staaten verbreitet. 1830/31 entschieden sich jedoch auch der württembergische und der bayerische Landtag für eine über einen bloßen Handelsvertrag hinausgehende Zollunion mit Preußen.

Die sich anbahnende Zolleinigung geriet seit dem Frühjahr 1832 nochmals in Schwierigkeiten, als konservativere Kräfte die preußische Außenpolitik bestimmten, die die Verhandlungen mit weniger Nachdruck und geringerem Geschick führten. Die österreichische Diplomatie nutzte diese vorübergehende Schwäche zu einer Attacke vor dem Bundestag in Frankfurt, doch die Sache verlief im Sande. Alle Versuche Metternichs, die österreichische Handelspolitik stärker auf die Staaten des Deutschen Bundes hin zu orientieren und so die Attraktivität des preußisch-hessischen Zollvereins zu mindern, scheiterten an der mangelnden Flexibilität der österreichischen Wirtschaft, aber auch an der Sorge der Wiener Finanzbehörden, daß Zollsenkungen zu großen Einnahmeausfällen führen würden. Außer Österreich haben auch Frankreich, Großbritannien und Holland ihre Abneigung gegen den sich abzeichnenden größeren deutschen Zollverein erkennen lassen, eine nachdrückliche Intervention jedoch kam nicht zustande.

Anfang 1833 traten die Verhandlungen über eine allgemeine deutsche Zolleinigung in eine entscheidende Phase. Im März schlossen sich der preußisch-hessische und der bayerisch-württtembergische Verein zusammen, und das noch zögernde Sachsen trat nach Konzessionen an den Leipziger Messehandel und die Interessen seiner Textilindustrie ebenfalls dem neuen Bunde bei. Nachdem sich zuletzt auch die thüringischen Staaten zum Beitritt entschieden hatten, waren die Voraussetzungen für die Begründung eines umfassenden Deutschen Zollvereins erfüllt. In der Neujahrsnacht 1833/34 trat der Zollvereinsvertrag in Kraft.

Der Zollverein, der mit Ausnahme Österreichs und Badens (das sich 1836 anschloß) sowie Hannovers, Braunschweigs, Oldenburgs, Mecklenburgs und der Hansestädte Hamburg und Bremen alle wichtigen deutschen Staaten umfaßte, konnte zustande kommen, weil sich die handelspolitischen Interessen dieser Staaten zuletzt doch als miteinander vereinbar erwiesen. Insofern war er das Werk von Regierungen, aber die der Politik dieser Regierungen zugrundeliegende Doktrin von der wohltätigen Wirkung des wirtschaftlichen Liberalismus im allgemeinen und des Freihandels im besonderen konnte sich auch auf breite Zustimmung vor allem in der wirtschaftlich engagierten Bevölkerung, bei Kaufleuten, Unternehmern und Nationalökonomen, berufen.

Der Zollvereinsvertrag wurde zunächst auf eine Probezeit von acht Jahren geschlossen. Hauptorgan des Vereins war die Generalkonferenz, auf der die »Immediatstaaten« Preußen, Bayern, Württemberg, Sachsen, die beiden Hessen sowie der Verband der thüringischen Staaten Sitz und Stimme besaßen. Alle Fragen der inneren Struktur des Zollvereins wurden auf der Generalkonferenz beraten und mußten einstimmig entschieden werden. Es gab ein Zentralrechnungsbüro in Berlin, aber keinen eigenen Behördenapparat, keine Vereinsbeamten und keine gemeinsame Kasse der Mitglieder. Das Funktionieren der Organisation wurde vor allem dadurch ermöglicht, daß de facto Preußen durch seine politische und wirtschaftliche Dominanz die Zollvereinspolitik bestimmte. Alle Verträge mit auswärtigen Staaten wurden zunächst von Preußen geschlossen und dann auf der Generalkonferenz ratifiziert.

Von welcher Bedeutung der Zollverein kurzfristig für die wirtschaftliche Entwicklung in Deutschland gewesen ist, ist aus konjunkturgeschichtlichen Gründen nicht sicher zu sagen. Seine Anfangsjahre waren eine Zeit guter internationaler Konjunktur, die ein überdurchschnittliches Wirtschaftswachstum ermöglichte und den Druck der britischen Industriekonkurrenz abschwächte.

Der Zollverein brachte noch keinen einheitlichen deutschen Wirtschaftsraum. Für einige Güter (Salz, Spielkarten) bestanden einzelstaatliche Monopole fort, und der grenzüberschreitende Handel blieb verboten. Beim Handel mit Bier, Wein, Branntwein und Tabak wurden weiterhin Abgaben erhoben. Einheitlich erfolgte von Anfang an die Erhebung der Einfuhr-, Ausfuhr- und Transitzölle, wobei die Einkünfte entsprechend der Bevölkerungszahl auf die Mitgliedsstaaten verteilt wurden.

Der Anbahnung einer weitergehenden Wirtschaftsunion stand im Wege, daß es noch kein einheitliches wirtschaftsbezogenes Recht (Gewerbe-, Niederlassungs-, Handels- und Wechselrecht) gab. Auch eine Währungsvereinheitlichung kam einstweilen nicht zustande; allerdings erfolgte 1837/38 für alle Zollvereinsstaaten im »Dresdner Münzvertrag« eine einheitliche Münzwertregelung auf Silbergrundlage, wobei der norddeutsche Taler und der süddeutsche Gulden im Verhältnis 4:7 verrechnet wurden. Der Wiener Münzvertrag von 1857 brachte später sogar eine Einigung des Zollvereins mit Österreich auf einen »Vereinstaler«, neben dem aber die einzelnen Landeswährungen weiter ihre Gültigkeit behielten.

Die Auswirkungen der Zolleinigung auf den deutschen Binnenmärkten waren uneinheitlich. In vielen Fällen traten wegen der Angleichung der Zolltarife und Monopolpreise an die hohen preußischen Sätze Verteuerungen ein, die Unzufriedenheit erzeugten und den Schleichhandel begünstigten. Insgesamt überwog aber ein positives Urteil. Für die beteiligten Regierungen war ausschlaggebend, daß sich die Zolleinnahmen meist erhöhten und die oft angespannte Finanzlage freundlicher gestalteten.

Die erste Phase der Zollvereinsgeschichte war im wesentlichen mit dem Jahr 1854 abgeschlossen. Zu diesem Zeitpunkt waren mit Ausnahme der Hansestädte Hamburg und Bremen sowie Mecklenburgs alle deutschen Staaten Mitglieder geworden. Außerhalb blieb aber auch weiterhin Österreich. Der preußischen Diplomatie sind in der hegemonialen Auseinandersetzung mit Österreich auf dem Wege über den Zollverein entscheidende Weichenstellungen gelungen. Zu nennen sind die Handelsverträge mit einer Reihe von nichtdeutschen Staaten (z. B. den Niederlanden 1837 und England 1841), die Preußen im Namen des Zollvereins schloß und die die Wirtschaft der Mitgliedsstaaten noch stärker von derjenigen Österreichs abrücken ließen. Metternich und Handelsminister Karl

v. Bruck haben die wachsende Gefahr einer wirtschaftlichen und damit auch politischen Isolierung der Habsburgermonarchie in den vierziger und fünfziger Jahren deutlich erkannt und versucht, zu einem für ihr Land günstigeren Arrangement mit dem Zollverein zu gelangen. 1849 legte Bruck den Plan zur Gründung einer mitteleuropäischen Zollunion vor, in der der Zollverein, die Länder der Habsburgermonarchie und alle übrigen deutschen Staaten zusammengefaßt werden sollten. Auf diese Weise sollte im Zentrum Europas ein mächtiger geschlossener Wirtschaftskörper mit einer Bevölkerung von 70 Millionen Menschen entstehen, der der britischen Industriewirtschaft Paroli bieten konnte. Ein entscheidender Mangel des Plans war jedoch, daß die eigenen Schutzzollinteressen Österreichs zu stark waren, als daß es sich dem Handel mit dem industriell fortgeschritteneren Zollverein vorbehaltlos hätte öffnen können.

Hinzu kam, daß Preußen alles tat, um Österreich aus dem Zollverein herauszuhalten, und daß es mit dieser Politik Erfolg hatte, obwohl Österreich gleichzeitig im Vertrag von Olmütz (1850) seine politische Führungsrolle im Deutschen Bund behaupten konnte. Die wirtschaftliche Integration Deutschlands folgte offenbar eigenen, von der Sphäre des Politischen weitgehend unabhängigen Gesetzen, vermochte aber umgekehrt durchaus, diese zu beeinflussen. Spätestens mit dem Beitritt Hannovers zum Zollverein (1851) scheint der Kampf um die wirtschaftliche Führung zugunsten Preußens entschieden gewesen zu sein. Durch seine überwiegende wirtschaftliche Orientierung nach Osten und Südosten sah sich Österreich in einer Interessenlage gefangen, die nicht mehr derjenigen der meisten Zollvereinsstaaten entsprach. Wegen seiner relativen Rückständigkeit bei der Industrialisierung wäre es auch in einem wirtschaftlich geeinten »Großdeutschland« noch lange ein Fremdkörper geblieben.

Umgekehrt waren die Volkswirtschaften der kleinen und einiger der mittleren Zollvereinsstaaten bald so eng an die preußische Wirtschaftsmacht gekettet, daß eine Loslösung nicht mehr vorstellbar war. Durch den Besitz der drei wichtigsten deutschen Bergbaugebiete: des Ruhrgebiets, des Saarreviers und Oberschlesiens, kontrollierte Preußen die Rohstoffbasis der sich entwikkelnden Schwerindustrie. Nicht weniger als 95% der gesamten Rohstahlerzeugung des Zollvereinsgebiets stammten 1857 aus preußischen Werken. Für Sachsen, den höchstindustrialisierten deutschen Staat, war der Bezug preußischer Rohstoffe ebenso lebensnotwendig wie umgekehrt die Ausfuhr seiner Fabrikerzeugnisse auf den preußischen Markt. In den süddeutschen Staaten wurde die Abhängigkeit nicht so unmittelbar empfunden, doch auch hier spielten Verflechtungen der heimischen Industrie mit preußischem Kapital eine nicht zu unterschätzende Rolle, besonders seit Preußen 1866 den führenden deutschen Bank- und Börsenplatz Frankfurt in die Hand bekommen hatte.

Nachdem die Entscheidung zugunsten Preußens gefallen war, vermochte Österreich nur noch gelegentlich, handelspolitische Begünstigungen durch den Zollverein zu erreichen, z. B. 1852 in einem Präferenzzollabkommen. Die wachsende Stärke der Freihandelsbewegung in den fünfziger und sechziger Jahren erleichterte die Durchsetzung der preußischen Politik. 1862 schloß Preußen einen ausgesprochen freihändlerischen Vertrag mit Frankreich ab und erpreßte die teilweise widerstrebenden Partnerstaaten mit der Drohung der Nichterneuerung des Zollbündnisses, falls sie sich nicht anschlössen. Wie stark die politischen Befürchtungen vieler deutscher Staaten angesichts der wachsenden preußischen Macht waren, zeigte sich, als sich 1866 zwölf von ihnen (darunter die nach Preußen größten Zollvereinsstaaten) auf die Seite Österreichs schlugen. Der militärische Sieg Preußens beendete dann jede Opposition.

Während des preußisch-österreichischen Krieges wurden die Zollvereinsverträge formell ungültig, jedoch im Sommer 1867 in modifizierter Form erneuert. Vertragspartner waren der inzwischen durch Preußen geschaffene Norddeutsche Bund auf der einen und die süddeutschen Staaten Bayern, Württemberg und Baden auf der anderen Seite. Ein Zollparlament wurde einberufen, das aus Vertretern des Reichstags des Norddeutschen Bundes und solchen der süddeutschen Staaten bestand. In diesem Parlament hatte Preußen ein Vetorecht in allen Tariffragen. Der preußische Ministerpräsident Bismarck hat versucht, es zu einem Instrument der politischen Integration Deutschlands zu machen, kam aber mit solchen Bemühungen in der kurzen Zeit der Tätigkeit dieses Parlaments (1868–1870) nicht weit. Beraten wurden im wesentlichen rein wirtschaftliche Fragen, etwa solche der Gestaltung der auswärtigen Handelsbeziehungen und der Besteuerung.

Die Frage, ob die wirtschaftliche Integration Kleindeutschlands vor 1870 (zu der auch der Ausbau der Verkehrswege und speziell des Eisenbahnnetzes gehört) die nachfolgende politische Einigung unabwendbar gemacht habe, läßt sich pauschal nicht ohne weiteres positiv oder negativ beantworten. Sicher wäre ohne die vorangegangenen politisch-militärischen Entscheidungen die preußisch-deutsche Reichsbildung von 1871 nicht so rasch und reibungslos über die Bühne gegangen. Umgekehrt gilt aber auch, daß ohne die enge wirtschaftliche Verklammerung der zollvereinten Staaten die zentrifugalen Kräfte innerhalb des Deutschen Bundes während der Auseinandersetzung von 1866 durchaus noch einmal die Oberhand hätten gewinnen können.[7]

## 3. Staat und Wirtschaft in der liberalen Ära

Bei den Verhandlungen des Wiener Kongresses spielten wirtschaftliche Fragen keine bedeutende Rolle. Die weitreichenden territorialen Neuordnungen erfolgten kaum je unter Berücksichtigung wirtschaftlicher Aspekte. Artikel 19 der Bundesakte sah lediglich vor, daß der Bundestag Verhandlungen über Fragen des Handels, des Verkehrs und der Schiffahrt zwischen den Bundesstaaten führen sollte. Administrative oder gesetzgeberische Funktionen waren dem Bundestag aber nicht zugedacht. Die Gestaltung der künftigen Wirtschaftsordnung war vielmehr Sache der Einzelstaaten. Der Widerstand vieler dieser Staaten, die Souveränitätseinbußen befürchteten, machte bundeseinheitliche Festlegungen oder die Begründung von Bundeszuständigkeiten zunächst unmöglich.

Während der folgenden Jahrzehnte kam aber doch – teilweise im Zusammenhang mit der Zolleinigung – eine allmähliche Vereinheitlichung von wichtigen Teilbereichen der Wirtschaftsgesetzgebung zustande. So wurde 1847 auf einer Konferenz in Leipzig der Entwurf einer deutschen Wechselordnung vorgelegt und im folgenden Jahr von der Nationalversammlung angenommen. Die Ratifizierung und Inkraftsetzung durch die einzelnen Staaten bewies die zunehmende Stärke der auf wirtschaftliche Einheit drängenden Kräfte. In gleicher Weise erfolgte 1861 die Vorlage einer »Allgemeinen Deutschen Gewerbeordnung« und eines »Allgemeinen Deutschen Handelsgesetzbuches« (AHGB), die ebenfalls gemeinsames Recht der Staaten des Deutschen Bundes einschließlich Österreichs wurden. Einen entscheidenden Schritt in Richtung auf eine Vereinheitlichung des Wirtschaftsrechts bedeutete die Gründung des Norddeutschen Bundes (1867). Der Bundesgesetzgebung unterlagen Gewerbe, Verkehr, Handels- und Zollwesen, Maße, Gewichte, Münzwesen, Post- und Telegraphenwesen, Eisenbahn und Schiffahrt. Auch das AHGB wurde 1869 Gesetz des Norddeutschen Bundes.

Für das Verhältnis von Staat und Wirtschaft wurde eine weitgehende Erneuerung der Institutionen der staatlichen Wirtschaftsverwaltung bedeutsam. Dabei war die Ersetzung der Kommerzienkollegien und -deputationen des Merkantilismus durch modern konzipierte Fachministerien eine charakteristische Entwicklung, die freilich in den einzelnen Staaten mit sehr unterschiedlichem Tempo verlief und eine Vielzahl von Übergangsformen hervorbrachte. Die klassischen Fachministerien (Äußeres, Inneres, Justiz, Finanzen, Krieg) waren im revolutionären Frankreich entstanden und hatten sich seit 1808 über die Rheinbundstaaten auch in Deutschland auszubreiten begonnen, wobei es allerdings in den kleineren Staaten meist nur ein Staatsministerium mit einer Anzahl von Departements gab. Besondere Ministerien für Wirtschaft oder Handel entstanden zunächst nicht. Die spezifischen wirtschaftspolitischen Aufgaben wurden vom Innen- oder Finanzministerium und mitunter sogar vom Justizministerium wahrgenommen, eine Kompetenzzuweisung, in der man ein Fortwirken der historischen Vorherrschaft der Rentkammern über die Kommerzienkollegien erblicken kann.

Österreich war seit der Auflösung der selbständigen Kommerzialverwaltung 1776 nicht mehr führend in der Entwicklung moderner Wirtschaftsbehörden. Bis 1848 wurden wirtschaftspolitische Aufgaben von Hofkammer und Hofkanzlei wahrgenommen. In den Jahren zwischen 1816 und 1825 bestand zwar vorübergehend eine Kommerzienhofkommission als Sonderbehörde für Handels- und Gewerbeangelegenheiten, doch wurde diese wieder zugunsten der Hofkammer aufgelöst. Seit 1848 gab es dann ein neues Ministerium für Handel, Gewerbe und öffentliche Bauten, das zunächst der tüchtige, politisch weitblickende Bruck führte. 1859 wurde es aufgelöst, aber 1861 als vergrößertes Ministerium für Handel und Volkswirtschaft neu gegründet. Der österreichisch-ungarische »Ausgleich« von 1867 führte zur Entstehung eigener Ministerien für beide Landesteile. Als oberste Ordnungsmacht sicherte der Staat in den Jahrzehnten nach 1848 die Entfaltung privatunternehmerischer Aktivitäten, ohne indessen eine konsequent liberale wirtschaftspolitische Richtung einzuschlagen.

In Preußen entstanden 1808 durch Spaltung des Generaldirektoriums ein Innen- und ein Finanzministerium. Der wichtigste Befürworter modernerer Formen der Wirtschaftsverwaltung war Hardenberg, der schon seit längerer Zeit Sonderbehörden für das Bergwerks-, Manufaktur- und Kommerzwesen gefordert hatte. Als Staatskanzler richtete er 1817 ein besonderes Ministerium des Handels, der Gewerbe und des Bauwesens ein. Dieses erste echte Handelsministerium in Deutschland existierte bis 1825. 1830 entstand es neu als Ministerium des Innern für Handels- und Gewerbsangelegenheiten, doch wurden seine Kompetenzen in den folgenden Jahren immer mehr auf den Gewerbebereich reduziert. 1838 wurde es aufgelöst, und seine Funktionen wurden auf das Innen- und das Finanzministerium verteilt. Erst 1848 wurde wieder ein neues Ministerium für Handel und Gewerbe geschaffen.

In den meisten deutschen Staaten entstanden Fachministerien für wirtschaftliche Angelegenheiten erst im Zusammenhang mit der Revolution von 1848. Abgesehen von Preußen hatte nur Hannover vor diesem Zeitpunkt, nämlich schon 1832, ein besonderes Ministerium der Finanzen und des Handels eingerichtet. In Bayern, wo Handel und Gewerbe seit 1808 Sache des Innenministeriums waren, schuf man 1848 ein Staatsministerium des Handels und der öffentlichen Arbeiten, das auch für Landwirtschaft und Verkehr einschließlich der Eisenbahnen zuständig war. In Württemberg, wo es seit der Auflösung des Oberlandesökonomiekollegiums (1811) wechselnde Zuständigkeiten für Handels- und Gewerbeangelegenheiten gegeben hatte, nahm seit 1848 die Zentralstelle für Gewerbe und Handel unter Ferdinand v. Steinbeis, die dem Innenressort zugeordnet war, wichtige Funktionen der Wirtschaftsförderung wahr. Sie war das Vorbild für andere Staaten, etwa für Hessen, das 1867 eine ähnliche Zentralstelle einrichtete. In Baden gab es seit 1860 ein Handelsministerium mit weitgehenden Zuständigkeiten auch für die gewerbliche Wirtschaft, die Landwirtschaft und das Verkehrswesen. In den vier Stadtstaaten des Deutschen Bundes war die Entwicklung der Wirtschaftsverwaltung sehr unterschiedlich. Frankfurt verfügte seit 1816 mit der Handlungsdeputation über eine echte Wirtschaftsbehörde, ebenso Lübeck mit der Kommission für Handel und Schiffahrt. In Hamburg und Bremen dominierten demgegenüber autonome Organe der Kaufmannschaft. Erst seit 1848 trat auch hier eine klare Scheidung des öffentlichen und des privatwirtschaftlichen Bereichs durch die Bildung von Wirtschaftsbehörden bzw. Handelskammern ein.[8]

Ohne Wirksamkeit blieb das Reichshandelsministerium, das 1848/49 als Ressort des Ministeriums Gagern in Frankfurt bestand. Unter der Leitung des Bremer Kaufmanns und Senators Arnold Duckwitz arbeitete es eng mit dem liberal orientierten Ausschuß für Arbeiter-, Gewerbs-, Zoll- und Handelsverhältnisse (»Volkswirtschaftlicher Ausschuß«) des Paulskirchenparlaments zusammen. Duckwitz widmete sich besonders Verkehrs- und Schiffahrtsfragen, aber auch sozialen Angelegenheiten. Nach einjähriger Tätigkeit beendete der Rücktritt des Ministeriums Gagern diese Episode.

Die Modernisierung der staatlichen Wirtschaftsverwaltung war ein Teil der großen Reformen, zu denen es nach den napoleonischen Kriegen in allen Bereichen des Staatsaufbaus kam. Durch die Einbeziehung institutioneller Veränderungen verstärkte sich die Durchsetzungskraft der neuen wirtschaftspolitischen Konzeptionen, die aber in Deutschland nur teilweise von den Ideen des Liberalismus geprägt waren. In der auch weiterhin großen Bedeutung des Staates bei der Steuerung der wirtschaftlichen Entwicklung setzte sich die Tradition merkantilistischer Wirtschaftspolitik fort.

Das aus Domänen und Regalien hervorgegangene Staatseigentum an wirtschaftlichen Unternehmungen hatte auch zu Beginn des 19. Jahrhunderts noch beträchtlichen Umfang. Salinen, Berg- und Hüttenwerke, Manufakturen und Waffenfabriken wurden in staatlicher Regie betrieben; allerdings wurden viele dieser landwirtschaftlichen, gewerblichen und Handelsunternehmen bis etwa 1815 an Privatleute abgegeben, wie es den Prinzipien des wirtschaftlichen Liberalismus entsprach. Im Zeitalter des Deutschen Bundes spielte die staatliche Wirtschaftstätigkeit vor allem auf zwei Gebieten noch eine wichtige Rolle: im Verkehrswesen (speziell beim Bau und Betrieb von Eisenbahnen) sowie im Bergbau.

In Deutschland war der Staat an der Anlage und dem Ausbau wirtschaftlicher Infrastruktur von jeher stärker beteiligt als etwa in England. Das gilt besonders für den Straßenbau, der traditionell Aufgabe des Staates wie der Kommunen war. Im seit 1835 einsetzenden Eisenbahnbau, bei dem sich die Regierungen frühzeitig engagierten, bildete sich ein gemischtes System mit einem sich allmählich erhöhenden Staatsanteil heraus. Staatseisenbahnen entstanden vor allem dort, wo das private Unternehmertum keine lohnende Rendite erwartete und sich deshalb zurückhielt oder wieder zurückzog. So mußte die Strecke Berlin–Danzig–Königsberg als preußische Staatsbahn gebaut werden, und in Bayern wurde 1844 die ursprünglich privat gebaute, aber wenig einträgliche Strecke München–Augsburg verstaatlicht. Gerade der bayerische Staat hatte sich beim Eisenbahnbau anfangs zurückgehalten, 1843 wurde jedoch beschlossen, alle rechtsrheinischen Hauptstrecken zwischen Hof und Lindau in staatlicher Regie bauen zu lassen und die bestehenden privaten Konzessionen abzulösen. Seit 1850 entstanden allerdings in Bayern erneut Privatbahnen. In Preußen hatte die seit den fünfziger Jahren erkennbare Tendenz zu vermehrtem Staatsengagement im Eisenbahnbau – private Linien wurden aufgekauft – offenbar auch einen militärstrategischen Hintergrund.

Ähnlich wie im Eisenbahnwesen herrschte auch in der Binnenschiffahrt ein gemischtes, halb staatliches, halb privates System vor. Die Schiffahrt auf Rhein, Main und Bodensee wurde um 1850 teilweise von privaten Aktiengesellschaften, aber auch von staatlichen Gesellschaften betrieben. Im Postwesen waren private Konzessionen großenteils schon zu Beginn des Jahrhunderts abgelöst worden. Die Thurn und Taxisschen Postrechte gingen nach und nach auf die einzelnen Staaten über, so 1851 in Württemberg gegen eine Entschädigung von 1,3 Millionen Gulden und 1867 in Preußen für 3 Millionen Taler.

Neben dem Verkehr war der Bergbau der andere bedeutende Sektor der Wirtschaft, in dem das Staatseigentum auch im Zeitalter des Liberalismus einen großen Umfang hatte. In Preußen, wo 1810 die Gewerbefreiheit verkündet worden war, behielt der Staat die Kontrolle über den Bergbau noch jahrzehntelang in seinen Händen. Reformversuche, die seit 1826 unternommen wurden, blieben immer wieder stecken. Noch um die Jahrhundertmitte kamen mehr als 20% der Kohlenproduktion und mehr als 80% des in Kokshochöfen erzeugten Roheisens wie auch des Salzes aus staatlichen Werken. Erst das »Miteigentümergesetz« von 1851 machte die Bergwerksunternehmer bei ihren Entscheidungen unabhängig von der Kontrolle durch staatliche Kommissare, und das preußische

»Allgemeine Berggesetz« von 1865 führte zu einer gänzlichen Liberalisierung des Bergrechts und zur Wiederherstellung der privatunternehmerischen Struktur des Bergbaus. Damit wurde das »Direktionsprinzip« preisgegeben, das ursprünglich eine durchaus förderliche, zuletzt aber eher hemmende Wirkung ausgeübt hatte. Der weitere Ausbau des Bergwesens erfolgte seither – vor allem im rheinisch-westfälischen Revier – überwiegend durch private Unternehmen in der Rechtsform der Aktiengesellschaft.

Mitte des 19. Jahrhunderts herrschte allenthalben in Deutschland ein wirtschaftsliberales Klima, das die Entfaltung privatunternehmerischer Initiative begünstigte. Ausgehend von England hatte der Liberalismus als politische Strömung und wirtschaftspolitisches Konzept auch in Kontinentaleuropa zahlreiche Anhänger gewonnen. Die restaurative Tendenz der Jahrzehnte nach 1815 vermochte das Erstarken der liberalen Strömung in Grenzen zu halten, nicht aber es gänzlich zu verhindern.

Die Entwicklung des nationalökonomischen Denkens in Deutschland war freilich nicht eindeutig von liberalen Tendenzen bestimmt, auch wenn die erste eigenständige Leistung eines deutschen Nationalökonomen, Johann Heinrich v. Thünens *Der isolierte Staat in Bezug auf Landwirtschaft und Nationalökonomie* (1826), bei der Entwicklung einer modern anmutenden Markt- und Standortlehre von Adam Smith ausging. Neben dem aufkeimenden Liberalismus behauptete sich eine »organische«, auf »deutsche Eigenart« bedachte Staats- und Wirtschaftslehre, die in Fichtes *Der geschlossene Handelsstaat* (1800) und Adam Heinrich Müllers zwischen 1808 und 1815 erschienenen Schriften ihre früheste Dokumentation fand. So verwundert es nicht, daß noch bis in die vierziger Jahre sowohl an den Universitäten als auch in der Staatsverwaltung kameralistische Wirtschaftsauffassungen häufig anzutreffen waren. Um die Mitte des Jahrhunderts gewann dann John Stuart Mill, der letzte große Vertreter des klassischen britischen Liberalismus, in Deutschland an Einfluß. Auch der französische Liberalismus begann, auf das deutsche nationalökonomische Denken einzuwirken.

Die von England ausgehende liberale Theorie des Freihandels vermochte in den deutschen Staaten gegen die protektionistische Tradition der merkantilistischen Wirtschaft nur langsam Boden zu gewinnen und wurde meist nur mit Einschränkungen akzeptiert, die der besonderen Situation Deutschlands Rechnung zu tragen versuchten. Deutschland hatte, wie erwähnt, erst mit einiger Verspätung gegenüber England und auch später als Frankreich und Belgien die Anfänge der industriellen Revolution erlebt. Den meisten deutschen Nationalökonomen schien deshalb ein System angezeigt, das Freihandel im Innern mit Schutzzöllen gegenüber dem Ausland verband.

Klassisch spiegelt sich dieser Dualismus in den Schriften Friedrich Lists wider, des wichtigsten deutschen Nationalökonomen in der ersten Jahrhunderthälfte. List war zunächst ein kleiner württembergischer Beamter, dann erfolgreicher staatswissenschaftlicher und nationalökonomischer Schriftsteller, Professor an der Universität Tübingen, Zeitungsredakteur und radikaler Landtagsabgeordneter. Wegen seiner scharfen Kritik an den württembergischen Verhältnissen wurde er seines Landtagsmandats enthoben, zu Festungshaft verurteilt und nur gegen das Versprechen der Auswanderung nach Amerika freigelassen. In den USA arbeitete List schriftstellerisch sowie praktisch als Unternehmer. 1832 kehrte er nach Deutschland zurück und wandte sich den beiden Gebieten zu, mit denen sein Name vor allem verbunden geblieben ist: der Zolleinigung und dem Eisenbahnbau. 1841 veröffentlichte List sein Hauptwerk *Das nationale System der politischen Ökonomie*. Darin lieferte er eine dynamische Theorie der wirtschaftlichen Entwicklung unter dem Gesichtspunkt der Entfaltung aller produktiven Kräfte einer Volkswirtschaft, und zwar sowohl durch liberale, marktwirtschaftliche Mechanismen als auch durch politische Abschirmung, etwa in Gestalt von »Erziehungszöllen«, die eine ungestörte Entwicklung der nationalen Wirtschaft sichern sollten, bevor sich diese ungeschützt ausländischer Konkurrenz stellen konnte. List war nicht nur im Hinblick auf die Handels- und Zollpolitik Staatswirtschaftler, sondern trat generell für eine staatliche Lenkung der Industrialisierung ein. Der Erfolg seiner Lehre lag in ihrer Zeitgemäßheit begründet. Seine Wirtschaftstheorie mit ihren Elementen von Staatsinterventionismus und »Wohlfahrtsökonomie« mutet heute moderner an als die reine Lehre des Laissez-faire, die in der ersten Hälfte des 19. Jahrhunderts gewiß nicht den Interessen der deutschen Volkswirtschaft entsprach.

Auch die Historische Schule der Nationalökonomie, die über ein halbes Jahrhundert lang das wirtschaftswissenschaftliche Denken in Deutschland prägen sollte, entwickelte sich aus der Kritik am

Liberalismus. Sie wandte ihre Aufmerksamkeit den konkreten historischen Entwicklungen zu und betonte – im Gegensatz zu universell-abstraktem Modelldenken – die Bedeutung »organischer« Zusammenhänge und nationaler Besonderheiten. Dem Staat wies sie die entscheidende Funktion für die Lenkung der Wirtschaft zu. Wilhelm Roschers *Staatswirtschaft nach geschichtlicher Methode* (1843) wurde bahnbrechend für diese aus der deutschen Hochschätzung staatlich gesetzter Ordnung erwachsene Richtung des ökonomischen Denkens. Weitere wichtige Vertreter der »älteren« Historischen Schule waren Bruno Hildebrand und Karl Knies, deren ideengeschichtliche Einordnung jedoch insofern nicht einfach ist, als sie – wie Roscher – mit politischer Kritik an der zeitgenössischen absolutistisch-frühkonstitutionellen Staatsform durchaus nicht zurückhielten.[9] Der für das vormärzliche Deutschland charakteristische Widerspruch zwischen rational-liberaler und historisch-institutionalistischer Orientierung tritt bei diesen Nationalökonomen jedenfalls noch deutlich zutage, während er einige Jahrzehnte später bei den Vertretern der »jüngeren« Historischen Schule wie Gustav Schmoller, Lujo Brentano, Karl Bücher und Georg Friedrich Knapp, in deren Arbeit das empirisch-induktive Element vorherrscht, keine bedeutende Rolle mehr spielt.

In der Praxis schien sich der wirtschaftliche Liberalismus und insbesondere der Freihandelsgedanke Ende der sechziger Jahre in Deutschland endgültig durchgesetzt zu haben. Niemand dachte mehr an eine Wiederbelebung der Innungen. »Fabrikgesetzgebung galt als eine empörende Preisgebung der staatsbürgerlichen Freiheit... Gewerkvereine als eine Rückkehr zum Zunftwesen« (L. Brentano).[10] Der Merkantilismus schien endgültig überwunden.

Ein auffälliges Merkmal der liberalen Ära war das allmähliche Hervortreten autonomer Organisationen des Wirtschaftsbürgertums zur Vertretung seiner Interessen. Den Elementen der staatlichen Wirtschaftsordnung gesellte sich damit ein ganz neuer Bereich hinzu, wobei im Zentrum der Entwicklung bis 1848 vorwiegend Institutionen standen, die man als »Kammern« oder »Korporationen« bezeichnen kann, während sich danach zunehmend solche bildeten, die den Anfängen des Verbandswesens zugerechnet werden können.

In der Institution der Handelskammer, hervorgegangen aus französischen Reformen der Napoleonzeit, aber auch aus älteren deutschen Korporationsformen der Kaufleute und Gewerbetreibenden (Kollegien, Handlungsvorstände), begegneten sich Staat und Unternehmertum in Fragen der praktischen Gestaltung der Wirtschaftspolitik. Die Kammern vermittelten zwischen beiden Sphären und stellten insofern in einer Zeit sich wandelnder Wirtschaftsordnungen neuralgische Punkte dar. Die Geschichte der deutschen Handelskammern im 19. Jahrhundert hat deshalb auch in der wirtschaftsgeschichtlichen Forschung besondere Aufmerksamkeit gefunden.[11]

Die moderne Form der Handelskammer entwickelte sich in Deutschland zuerst in den französisch besetzten Gebieten am Rhein. In Mainz gab es seit 1802 und in Köln seit 1803 eine Handelskammer. Weitere Kammern entstanden in Krefeld, Aachen und Trier. Bei diesen Gründungen nach französischem Vorbild handelte es sich jedoch um behördenähnliche Hilfsorgane oder – genauer – um kaufmännische Institutionen zur Unterstützung der staatlichen Tätigkeit. Insofern konnte sich in ihnen die Tradition der Kommerzkollegien des Absolutismus fortsetzen. Nach 1815 blieben in Preußen die in der napoleonischen Zeit entstandenen Kammern zwar bestehen, ihr Charakter als halbstaatliche Institutionen mit Zwangsmitgliedschaft paßte jedoch nicht zum Geist der sich anbahnenden liberalen Ära. Im Kontrast zu ihnen entstanden deshalb seit 1820 in den östlichen Provinzen kaufmännische »Korporationen« mit eigener Rechtspersönlichkeit als Selbstverwaltungsorgane der Wirtschaft. Auch in den westlichen Provinzen verlief die weitere Entwicklung so, daß vom französischen Institut der *chambres de commerce* nurmehr der Name entlehnt wurde. Vor allem in der Rheinprovinz bildete sich ein spezifisch preußisches Kammersystem heraus mit der Wahl der Mitglieder und des Präsidenten durch die Kaufmannschaft und einem bestimmten Steuersatz als Zulassungsvoraussetzung. Dieses System wurde erstmals 1830 für die mit königlicher Genehmigung gegründete Kammer für Barmen und Elberfeld und im darauffolgenden Jahr für diejenige in Düsseldorf praktiziert. Ganz ähnlich aufgebaut waren die von »Ältesten« geleiteten Korporationen oder Kaufmannschaften in den mittleren und östlichen Provinzen, wie sie etwa in Berlin, Magdeburg, Stettin, Danzig und Königsberg entstanden. Eine einheitliche Regelung für ganz Preußen erfolgte erst durch das Kammergesetz von 1848.

Eine Vereinheitlichung der Kammergesetze im Deutschen Bund kam nicht zustande, doch wurden die einzelstaatlichen Regelungen einander mit der Zeit ähnlicher. In Bayern ging bei der Bildung von Handelskammern die französisch beeinflußte Pfalz voraus. 1842 wurde durch eine Verordnung die Gründung von Kammern allgemein verfügt, die beratende Vertretungen von Gewerbe, Industrie und Handel auf der Ebene der Regierungsbezirke sein sollten. Sie setzten sich aus je sechs Repräsentanten dieser drei Bereiche zusammen, die von der Kaufmannschaft gewählt wurden, bedurften aber einer königlichen Bestätigung. Fast gleichzeitig wurde 1843 auch in Württemberg die Gründung von Handelskammern gesetzlich geregelt, während in Gebieten mit einer besonders langen Tradition unabhängiger Kaufmannsgremien wie etwa den Hansestädten mit ihren Commerzdeputationen moderne Handelskammern erst relativ spät entstanden (Bremen 1849, Lübeck 1853, Hamburg 1869).

Nachdrücklicher und wirkungsvoller als die Kammern und ihre Spitzenorganisationen haben die Wirtschaftsverbände die Interessen des Unternehmertums gegenüber der Öffentlichkeit und den politischen Gremien zu fördern versucht. Die große Zeit der Verbände begann in Deutschland erst nach der Reichsgründung von 1871, schon sehr viel früher hat es jedoch mannigfache Ansätze zu verbandsartigen Zusammenschlüssen gegeben.[12] Dabei standen anfangs meist regional operierende Organisationen der Agrarwirtschaft (Landwirtschaftsgesellschaften), des Handwerks und des Handels im Vordergrund. Der wohl erste wirtschaftliche Interessenverband, der nach Umfang und Intensität seines Wirkens diesen Namen verdient, war der u. a. von Friedrich List gegründete »Deutsche Handels- und Gewerbeverein«, der von 1819 bis 1821 bestand und für eine Liberalisierung der Handels- und Zollverhältnisse eintrat. Er hatte lange Zeit keine Nachfolger. Der »Verein für die Rübenzuckerindustrie im Zollverein« (1850) stand der Agrarwirtschaft noch ebenso nahe wie der »Verein der Spiritusfabrikanten in Deutschland« (1857). Schon anders sah es mit dem »Industrie-Börsenverein zu Augsburg« (1859) und dem »Verein süddeutscher Baumwolltextilindustrieller« (1870) aus, die eine entschieden schutzzöllnerische Agitation zugunsten der Textilindustrie entfachten. Dabei galt die Hauptsorge des letzteren Verbandes von Anfang an den Folgen einer Annexion Elsaß-Lothringens mit seiner hochentwickelten Textilindustrie. Als eine solche

Annexion nach dem Sieg über Frankreich 1871 tatsächlich erfolgte, erreichte der Verband eine zusätzliche Übereinkunft zum Friedensvertrag, derzufolge elsaß-lothringische Textilien auch weiterhin zollfrei und später zu einem ermäßigten Tarif nach Frankreich exportiert werden durften und so bis zu einem gewissen Grade vom deutschen Markt abgelenkt wurden.[13]

Der erste nennenswerte Interessenverband der deutschen Schwerindustrie war der »Zollvereinsländische Eisenhütten- und Bergwerksverein«, der 1852 in Halle gegründet wurde und seinen Sitz später nach Düsseldorf verlegte. Weit größere Bedeutung erlangte der »Verein für die bergbaulichen Interessen im Oberbergamtsbezirk Dortmund« von 1858, der über ein Drittel der deutschen Steinkohlenförderung repräsentierte. Das Ziel des Vereins war eine Verbesserung der aufgrund von Überproduktion, schlechten Transportverhältnissen und zunehmender britischer Konkurrenz ungünstig gewordenen Absatzlage. Schutzzöllnerische Ziele verfolgte auch der 1868/69 gegründete »Verein Deutscher Eisengießereien«.

Entgegen dem Anschein dieser Beispiele und obwohl das Scheitern der Revolution von 1848 eine vorübergehende Abschwächung der liberalen Komponente in der Wirtschaftspolitik der deutschen Regierungen zur Folge hatte, blieb im Unternehmertum liberales Wirtschaftsdenken vorherrschend. Es kennzeichnete die Aktivität des 1858 gegründeten »Kongresses Deutscher Volkswirte«, der für die Grundsätze einer »freien wirtschaftlichen Tätigkeit« (Gewerbefreiheit, Zollermäßigungen) eintrat, ebenso wie die des 1861 ins Leben gerufenen »Deutschen Handelstages« (DHT) als Spitzenorganisation der Handelskammern und Gesamtvertretung des Handels- und Fabrikantenstandes. Der »Kongreß Deutscher Volkswirte«, dem so hervorragende Mitglieder wie Adolf Lette, Hermann Schulze-Delitzsch, Victor Böhmert und Otto Michaelis angehörten, setzte sich auf seinen Jahrestagungen unentwegt für die Prinzipien des Freihandels und der Gewerbefreiheit ein. Vorläufer des Kongresses war der 1846 in Berlin von dem gebürtigen Engländer John Prince-Smith gegründete »Deutsche Freihandelsverein«, dem sich prominente Praktiker wie Ludwig Bamberger und Nationalökonomen wie Adolf Soetbeer anschlossen. Maßgebliches Organ der Freihandelspartei war die 1858–1863 von Max Wirth herausgegebene Zeitschrift *Der Arbeitgeber* und anschließend die von Julius Faucher begründete *Vierteljahreszeitschrift für Volkswirtschaft und Kulturgeschichte*.

Der DHT trat in den Jahren zwischen 1861 und 1872 fünfmal zusammen. Bei seinen Beratungen standen Bemühungen um Handelserleichterungen im Vordergrund, wobei auch Fragen des Verkehrswesens und der Maß-, Gewichts- und Münzvereinheitlichung einbezogen wurden. Der DHT war sehr erfolgreich. Seine Resolutionen und Adressen an Regierungen und Parlamente wurden durchaus beachtet. Besonders beim Abschluß des deutsch-französischen Handelsvertrages von 1862 war seine positive, wenn auch umkämpfte Stellungnahme wegweisend für die nachfolgende Annahme des Vertrages durch alle Zollvereinsstaaten. Ohnehin nahm in den sechziger Jahren vor allem die Wirtschaftspolitik Preußens und der später mit ihm im Norddeutschen Bund zusammengeschlossenen Staaten eine Wendung in die liberale Richtung. Belegt wird dies durch mehrere Gesetze: das Gesetz über die Freizügigkeit von 1862, die Gewerbeordnung von 1869 und das im selben Jahr abgeschlossene Handelsgesetzbuch. Dem Bundeskanzleramt des Norddeutschen Bundes stand seit seiner Gründung 1867 mit Rudolf v. Delbrück ein Beamter vor, dessen liberale handels- und gewerbepolitischen Vorstellungen über die Reichsgründung hinaus fortwirkten. Eine außerwirtschaftliche Absicherung der Liberalisierung der deutschen Volkswirtschaft erfolgte durch die Herausbildung eines internationalen Freihandelssystems, in das mit dem Abschluß des Handelsvertrages zwischen England und Frankreich 1860 das Meistbegünstigungsprinzip Einzug hielt. Auch die Vereinszolltarifgesetze von 1865 und 1870, die Ermäßigungen der Roheisenzölle brachten, entsprachen dieser Linie.

Zusammenfassend läßt sich sagen, daß die Wirtschaftsverbände auch in dieser frühen Phase ihrer Entwicklung durchaus Erfolg bei der Geltendmachung und Durchsetzung ihrer besonderen Interessen haben konnten. Das Überwiegen wirtschaftsliberaler Anschauungen in den fünfziger und sechziger Jahren des 19. Jahrhunderts bestimmte noch weitgehend ihre Forderungen. Erst als nach der Reichsgründung im Zusammenhang mit der Weltwirtschaftskrise von 1873 »neomerkantilistische« Tendenzen an Boden gewannen, konnten auch protektionistische Forderungen über die Verbände bedeutenden Einfluß auf die wirtschaftspolitischen Entscheidungen gewinnen.

## 4. Die Modernisierung der Wirtschaftssysteme

Sieht man von der Zolleinigung ab, war die Schaffung der wirtschaftlichen Voraussetzungen für eine zukünftige politische Verbindung der deutschen Staaten ein langwieriger und komplizierter Prozeß der Assimilation, dessen Fortschritt weniger von der ideellen Kraft des Nationalismus herrührte als von der zunehmenden Einsicht in die praktischen Vorzüge einer Modernisierung und Liberalisierung der Wirtschaftsordnungen.

Ein wesentliches Hindernis für einen rascheren Abbau von Restriktionen lag in der ungünstigen Finanzsituation vieler Staaten. Fiskalische Überlegungen bestimmten deshalb häufig Maßnahmen der Wirtschaftspolitik mehr als langfristige Erwägungen etwa der Gewerbeförderung oder »Strukturverbesserung«. Auffällig war, daß zwar in den meisten frühen deutschen Verfassungen der Grundsatz der Steuerpflicht der Staatsbürger niedergelegt war, daß jedoch eine gründliche Modernisierung des Steuerwesens zunächst meist nicht gelang. Eine Untersuchung der Struktur der Staatseinnahmen in Bayern, Baden und Preußen für die Jahre 1800 und 1850 zeigt, daß nur in Preußen der Anteil der direkten Steuern erhöht werden konnte, während in Bayern und Baden auch um die Mitte des 19. Jahrhunderts indirekte Steuern sowie Einkünfte aus Domänen und Regalien im Vordergrund standen.[14]

In Preußen hatte Hardenbergs Finanzedikt von 1810 eine Umwandlung der Staats- und Provinzialschulden in eine einheitliche Nationalschuld gebracht, doch war die Einführung einer allgemeinen Grundsteuer an dem Widerstand gegen die Aufhebung der Grundsteuerfreiheit des Adels gescheitert. Obwohl Preußen 1815 eine französische Kontribution von 158 Millionen Francs erhalten hatte, wuchs seine Staatsschuld weiter und erreichte 1823 den Betrag von annähernd 230 Millionen Talern. Um einen Bankrott abzuwenden, mußten mehrere Rothschild-Anleihen aufgenommen werden. Die prekäre Finanzlage war auch das Hauptmotiv der Zollreform von 1818. Zusätzlich wurden 1819/20 Erhöhungen der Abgaben auf alkoholische Getränke und der Verbrauchsteuern vorgenommen.

Erstmals wurde 1820 in Preußen eine Einkommensteuer mit einer Einteilung der Steuerpflichtigen in Steuerklassen und geringer Progression eingeführt. Die Reform änderte jedoch noch nichts an der unterschiedlichen Besteuerung von Stadt und Land.

Auf dem Lande wurde eine nach dem Einkommen gestaffelte Personensteuer erhoben, dagegen in den Städten, wo die Verhältnisse unübersichtlicher waren, eine Mahl- und Schlachtsteuer (Konsumtionssteuer). Die schon 1810 eingeführte Gewerbesteuer wurde gleichmäßig in Stadt und Land erhoben. Erst 1851 kam eine neue Steuerreform in Preußen zustande, die jedoch die Steuerfreiheit der Güter wiederum nicht antastete (sie bestand bis 1861) und die Bezieher hoher Einkommen nur wenig stärker belastete als die Klassensteuer von 1820. Die preußischen Besteuerungsformen wurden z. T. von den anderen Zollvereinsstaaten übernommen, so daß sich aus einer Gemeinschaft der Grenzzölle eine Gemeinschaft der inneren Verbrauchsbesteuerung entwickelte (Gerloff).[15]

Österreich hat – mit mäßigem Erfolg – versucht, seine Finanzprobleme durch die Erstellung von Staatshaushaltsplänen (seit 1817), die Verbesserung der Grundsteuererhebung und die Einführung neuer Steuern (Gebäudesteuer, Konsumsteuern) zu mindern, mußte jedoch weiter hohe Anleihen aufnehmen. Von 1856 bis 1858 mußte es sogar seine Staatsbahnen privatisieren, erzielte aber mit 165 Millionen Gulden nur einen Erlös, der gerade ausreichte, um daraus für ein Jahr die Zinsen der Staatsschuld zu bestreiten.

In den süddeutschen Mittelstaaten gewannen modernere Formen der Besteuerung nur langsam an Bedeutung. In Bayern erbrachte die traditionelle Grundsteuer auf das liegende Vermögen um 1820 noch mehr als zwei Drittel der direkten Steuereinnahmen. Demgegenüber betrug der Anteil der neuen Gewerbesteuer weniger als 10%. Die wichtigste indirekte Steuer war der Malzaufschlag, der seit 1807 das Bier verteuerte. Auch nachdem 1850 eine allgemeine Vermögensteuer, eine Kapitalrentensteuer und eine spezielle Einkommensteuer eingeführt worden waren, hatte die Grundsteuer noch immer einen Anteil von 70% am Aufkommen aller direkten Steuern, während das Gewerbesteueraufkommen nur 12,5% ausmachte.

Für die Finanzwirtschaft der meisten deutschen Kleinstaaten hatten auch um 1850 die Einkünfte aus Domänen und anderem Staatsbesitz noch eine überragende Bedeutung, und die Zölle waren häufig eine ergiebigere Einnahmequelle als die Steuern. In fast allen Mittel- und Kleinstaaten nahm zwischen 1825 und 1850 die Verschuldung drastisch zu, und zwar in Bayern, Sachsen, Württemberg und Baden vom durchschnittlich Zwei- bis Dreifachen der Jahreseinkünfte auf das Vier- bis Fünffache. Nur in Preußen und Schaumburg-Lippe gelang in dieser Zeit eine Verringerung der Staatsschuld.[16]

Von entscheidender Bedeutung für die weitere Modernisierung der Wirtschaftssysteme war der – wenn auch häufig stockende – Fortgang der Reformen der agrarischen und gewerblichen Wirtschaft. Über die wirtschaftlichen und sozialen Auswirkungen der Agrarreformen in Preußen, die durch die Revolution von 1848 ihren letzten Impuls erhielten, gehen die Meinungen auseinander. Es steht außer Zweifel, daß die Bauern die neugewonnene Freiheit mit wirtschaftlichen Einbußen zu bezahlen hatten. Die Verluste traten zunächst durch die Landabtretung ein, die Bestandteil der Regulierung selber waren; sie ergaben sich aber auch dadurch, daß Zehntausende von unabhängig gewordenen Bauern ihren zu kleinen Besitz verkaufen oder – hochverschuldet – ohne Gegenleistung hergeben mußten. Insgesamt sollen bis 1850 rund eine Million Hektar Bauernland an die Güter zurückgefallen sein. Die gesamten von den Bauern im Zuge der preußischen Agrarreformen zu erbringenden Entschädigungsleistungen betrugen – neben Abtretungen von etwa 420000 Hektar Land – über 220 Millionen Mark in bar und fast 20 Millionen Mark in Renten; dazu kamen Naturalleistungen von fast 400000 Scheffel Roggen.[17] Diese Belastungen erwiesen sich als zu hoch und ließen in vielen Fällen eine selbständige Existenz nicht mehr zu. Hinzu kam, daß die zwanziger Jahre sehr niedrige Agrarpreise und damit geringe bäuerliche Einkommen brachten. Besonders die zahlreich entstandenen kleinen und kleinsten Bauernstellen wurden rasch von einem Prozeß der Auszehrung erfaßt und fielen zu billigsten Preisen an die Güter zurück.

Friedrich Lütge hat geurteilt, erst durch die Regulierung sei Ostdeutschland weitgehend Gutsland geworden. Bei genauer Betrachtung ergibt sich freilich ein differenziertes Bild. Untersuchungen von DDR-Historikern (die über das ergiebigste Archivmaterial verfügen) für den Zeitraum von 1816 bis 1867 zeigen einen Rückgang der Zahl der Bauernwirtschaften in Sachsen, Brandenburg und Pommern um bis zu 10%. In Brandenburg fiel dabei ihr Flächenanteil um 13%, während der der Güter um den gleichen Prozentsatz zunahm. Die durchschnittliche Betriebsgröße ging aber in allen drei Gebieten deutlich zurück, weil zahlreiche kleinere Betriebe neu entstanden. Daß in der Endabrechnung die Gutsherren die Gewinner der Agrarreformen waren, ist auch nach diesen Untersuchungen nicht zu bestreiten.[18]

Nachteiliger für die Bauern als von den Reformern erwartet war der Fortfall des Bauernschutzes, d.h. der herrschaftlichen Obhutspflicht. Viele frei gewordene Bauern, die über keine ausreichende Erfahrung im selbständigen Wirtschaften verfügten, gingen in den schlechten Jahren nach 1820 zugrunde, als die »Präbenden« ihrer vormaligen Herren ausfielen. Hierzu gehörten Geld- und Naturalleistungen, die »Beköstigung« und Anteile an der auf dem Gut eingebrachten Ernte. Der Wert dieser Leistungen war oft nicht hoch zu veranschlagen, doch stellten sie stets eine letzte Absicherung in schlechten Zeiten dar.

Auch in anderen deutschen Regionen – in Österreich und den Mittel- und Kleinstaaten – wurden die Agrarreformen nach 1815 in einer Weise fortgeführt, die von den spezifischen Wirtschafts- und Herrschaftsverhältnissen in diesen Territorien bestimmt war. Nach der meist frühzeitig erfolgten Aufhebung noch bestehender Leibeigenschaften war die Beseitigung der vielfältigen sonstigen Bindungen und Dienstpflichten ein Prozeß, der sich bis zu seinem völligen Abschluß über viele Jahrzehnte hinziehen konnte. Allgemein gilt, daß in den Gebieten der alten »Rentengrundherrschaft«, d.h. vor allem im Südwesten Deutschlands und in Österreich, die Entschädigung der Grundherren nicht durch Landabtretung, sondern durch Geldzahlung (speziell in Form von Renten) erfolgte. Die Gesetze, die zur endgültigen Aufhebung der Feudalordnung führten, ergingen in der Regel zwischen 1820 und 1850, wobei zuletzt die Revolution von 1848 eine beschleunigende Wirkung ausübte. Letzte Reste einer feudalen Agrarverfassung hielten sich aber in einigen Gebieten noch erheblich länger. So büßte der ostelbische Großgrundbesitz die Polizeigewalt erst 1872 ein, und in Mecklenburg wurden die letzten Überbleibsel der alten Gutsherrschaft erst nach dem Ersten Weltkrieg beseitigt.

Die realpolitischen Grundlagen der Bauernbefreiung lagen im zunehmenden Absolutheitsanspruch der deutschen Fürstenstaaten gegenüber der adlig-ständischen Partikularherrschaft auf dem Lande. Hinzu kamen die konkreten ökonomischen Zwänge einer neuen Epoche der Wirtschaftsgeschichte. Insgesamt gilt das Urteil, daß durch die Reformen der alten Agrarordnung in Deutschland nach und nach lebensfähige Bauernklassen geschaffen wurden und die Landwirtschaft in das liberal verfaßte System der Gesamtwirtschaft voll eingegliedert werden konnte.

Welche Bedeutung die allmähliche Liberalisierung des Gewerberechts hatte, wird daraus ersichtlich, daß durch sie die traditionsgeheiligte Zunftverfassung in Frage gestellt wurde, die seit dem Mittelalter das Erscheinungsbild des Handwerks bestimmte. In der ersten Hälfte des 19. Jahrhunderts war noch immer das Handwerk die vorherrschende Form der gewerblichen Gütererzeugung. Der Anteil des Handwerks an der Wirtschaftsleistung hatte eine heute kaum vorstellbare Höhe. Um 1800 stellten die Handwerker und ihre Familien etwa 17% der Bevölkerung, und bis zur Mitte des Jahrhunderts sank dieser Anteil nur allmählich auf 16% ab. Wie weit und divers das Betätigungsfeld des Handwerks war, geht daraus hervor, daß man zu Beginn des Jahrhunderts in Nürnberg nicht weniger als 142 handwerkliche Berufsrichtungen zählte.

Recht genaue Handwerksstatistiken gibt es für Preußen. Sie zeigen, daß die Gesamtzahl der in Handwerksberufen tätigen Personen zwischen 1816 und 1861 von 404000 auf 1093000 zunahm, wobei die Zahl der Meister anfangs fast doppelt so hoch war wie die der Gesellen, zuletzt jedoch fast ein Gleichstand erreicht wurde. Daher stieg die durchschnittliche Betriebsgröße des preußischen Handwerksbetriebs in diesen knapp 50 Jahren von 1,6 auf zwei Beschäftigte. Zwischen den einzelnen Branchen gab es in dieser Beziehung kaum Unterschiede. Nur die Betriebe des Bauhandwerks waren größer und beschäftigten 1850 durchschnittlich fünf und 1860 schon acht Personen.[19]

Nimmt man die von Frankreich okkupierten linksrheinischen Gebiete und die neuen napoleonischen Staaten Westphalen und Berg aus, so war die uneingeschränkte Gewerbefreiheit nur in Preußen – durch das Edikt von 1810 – angestrebt worden. In den übrigen deutschen Staaten waren die Reformen weit weniger radikal, und nach 1815 wurde manche Liberalisierung der Reformzeit wieder rückgängig gemacht. Die weitere Entwicklung kennzeichneten mannigfache Kompromisse zwischen liberalen und konservativen Prinzipien. Einen solchen Kompromiß stellte auch die Allgemeine Preußische Gewerbeordnung von 1845 dar, die zwar das Prinzip der Gewerbefreiheit aufrechterhielt, jedoch auch Forderungen der Zünfte berücksichtigte. Sie ließ die Innungen unangetastet und räumte ihnen sogar ein Vorrecht bei der Lehrlingsausbildung ein. Systematisch faßte sie diejenigen Berufe zusammen, deren Ausübung weiterhin von besonderen Zulassungsvoraussetzungen abhängig blieb. Ärzte und Apotheker bedurften einer solchen besonderen Zulassung, Schiffskapitäne mußten einen Befähigungsnachweis erbringen, Gastwirte benötigten eine polizeiliche Erlaubnis, Schauspieler und Pfandleiher mußten ihre persönliche Zuverlässigkeit nachweisen. Eine weitere Novelle von 1849 stellte sogar für einige Gewerbe den Innungszwang wieder her.

Noch weniger liberal entwickelten sich die Verhältnisse in Bayern, wenn man von der Pfalz absieht, wo die Gewerbefreiheit auch nach 1815 fortbestand. In Bayern wurden Gewerbekonzessionen zunächst durch Polizeidirektionen und Landgerichte erteilt; die Konzessionierung größerer Fabriken behielt sich der Staat vor. 1818 wurde das Gewerbekonzessionsrecht grundsätzlich auf die Gemeinden übertragen, was zu einer restriktiveren Praxis führte. Der Staat konnte im Einzelfall nachprüfen, ob die Voraussetzungen für eine Konzessionserteilung vorlagen. Die Gemeinden wiederum hatten seit 1834 ein Einspruchsrecht gegen Konzessionserteilungen.

Erst nach der Jahrhundertmitte setzte sich die Gewerbefreiheit fast überall durch. Die österreichische Gewerbeordnung von 1859 kannte ausschließlich freie Gewerbe, die nur angemeldet werden mußten. Das Staatsgrundgesetz von 1867 sicherte nochmals ausdrücklich das Recht der Freizügigkeit, der freien Niederlassung und der Erwerbsfreiheit. Grundsätzlich wurde die Gewerbefreiheit auch in Nassau (1860), Bremen und Oldenburg (1861), Baden, Sachsen und Württemberg (1862), einer Anzahl von thüringischen Staaten (1863), Braunschweig und Frankfurt am Main (1864), Hamburg (1865) und Bayern (1868) eingeführt. In Bayern wurde der Zunftzwang ganz aufgehoben und die Konzessionspflicht auf wenige Sondergewerbe (Kreditinstitute, Verkehrsbetriebe, Apotheken, Gaststätten) beschränkt. Seit 1869 galt die Gewerbefreiheit im Norddeutschen Bund und durch die Übernahme von dessen Gewerbeordnung seit 1871 auch im Deutschen Reich.

Die beiden wichtigsten Ursachen für die Schwierigkeiten bei der Durchsetzung der Gewerbefreiheit in Deutschland waren einmal der Widerstand des gewerbetreibenden »alten« Mittelstandes, der durchaus allgemeine politische Liberalisierungsbestrebungen unterstützte, jedoch seine eigenen Privilegien nicht in Frage stellen lassen mochte, zum anderen die zunehmende Einsicht, daß die Auswirkungen der Gewerbefreiheit nicht nur positiv waren. Viele der sich rasch vermehrenden zunftunabhängigen Handwerker sanken wirtschaftlich ab. Die Verschärfung dieser ungünstigen Entwicklung in den vierziger Jahren erklärt die Rückschläge bei der gewerberechtlichen Liberalisierung in dieser Zeit.

Stärker noch als im allgemeinen Gewerberecht prägte sich die konservative Komponente der Wirtschaftspolitik im Zeitalter des Deutschen Bundes in der Behandlung der modernen Unternehmensform der Aktiengesellschaft aus. Für die Gründung von Aktiengesellschaften bestand allenthalben im Bund eine Konzessionspflicht, die zwar unterschiedlich gehandhabt wurde, sich aber insgesamt für den Fortgang der Industrialisierung als hinderlich erwies. Ein spezielles Aktiengesetz, das 1843 in Preußen erging, erklärte – wie schon das Eisenbahngesetz von 1838 – die Gründung von Aktiengesellschaften generell für zulässig, erhielt aber die Konzessionierung aufrecht.[20] Auch das Handelsgesetzbuch von 1861 änderte noch nichts an dieser Regelung, die erst im Sommer 1870 aufgehoben wurde.

Die Gewerbe- und Industriepolitik der deutschen Staaten folgte keiner einheitlichen Konzeption. Liberale und konservative Prinzipien hielten einander die Waage. Das Ergebnis war eine Wirtschaftsordnung, in der sich traditionelle und moderne Gestaltungen zu einem unübersichtlichen Gesamtbilde vereinten. Anders als in England, wo eine vielfältige wirtschaftliche, soziale und politische Evolution der industriellen Revolution vorangegangen war, traf diese Revolution in Deutschland auf eine nicht ausreichend vorbereitete Staats- und Gesellschaftsordnung, was nicht sogleich lösbare Widersprüche hervorrief. Dabei war die Situation in den einzelnen Staaten durchaus unterschiedlich. Man hat das zugespitzt so beschrieben, daß Preußen politisch konservativ, aber wirtschaftlich liberal gewesen sei, während es sich in den süddeutschen Staaten umgekehrt verhalten habe. Andere betonen demgegenüber, daß sich auch in Süddeutschland die Verhältnisse mit der Zeit an diejenigen in Preußen angeglichen hätten, d. h. man sei hier ebenfalls politisch recht konservativ gewesen, aber wirtschaftlich immer liberaler geworden.[21]

Fest steht, daß die Einflußnahme der Staaten des Deutschen Bundes auf die wirtschaftliche Entwicklung insgesamt intensiv war und sich einer Vielzahl von Mitteln bediente. Zwar wurde in der liberalen Ära die direkte Privilegierung und Subventionierung einzelner Unternehmen, wie sie für den Merkantilismus charakteristisch war, kaum noch praktiziert, doch gab es ein breites Spektrum von Fördermaßnahmen: Kreditvermittlung, Zinsgarantien, technische Beratung und Beschaffung von Maschinen, Vermittlung ausländischer Facharbeiter, selbst die Unterstützung von Industriespionage im Ausland.

Ein nicht zu unterschätzender Beitrag des Staates zur gesellschaftlichen Modernisierung lag in der Anpassung des Schulwesens an die Erfordernisse des sich anbahnenden Industriezeitalters. Wichtig für die Fortentwicklung und Ausbreitung von technischen Kenntnissen wurde in der ersten Hälfte des 19. Jahrhunderts ein ganz neuer Schultyp: die Polytechnische Schule. Prototyp war die »École Polytechnique« in Paris. Nach ihrem Vorbild wurde 1806 in Prag ein Polytechnisches Institut gegründet und 1815 ein ebensolches Institut in Wien. In den folgenden Jahrzehnten breitete sich das polytechnische Schulwesen in ganz Deutschland aus. In Karlsruhe gründete 1825 der Ingenieur J. G. Tulla eine Schule für Bauingenieure, die wenig später durch Angliederung einer Abteilung für Maschinenbau die Entwicklung zur Polytechnischen Schule einschlug. Die übrigen Gründungen dieser Zeit waren zunächst noch eher wissenschaftliche Fachschulen für alle Arten von technischen, aber auch handwerklichen Berufen. Dies gilt für die 1821 gegründete Technische Gewerbeschule in Berlin ebenso wie für die Schulen in Dresden (1822), Stuttgart (1825), München (1827), Kassel (1830), Hannover (1831), Braunschweig (1835) und Darmstadt (1836). Trotz ihrer bescheidenen Anfänge wurden fast alle diese Institute zu Vorläufern später bedeutender Technischer Hochschulen.

Der eigentliche Ausbau der technischen Bildung in den deutschen Staaten begann erst um 1840. Vor allem Theorie und Praxis des Maschinenbaus wurden an den deutschen Hochschulen von führenden Vertretern des Faches gelehrt: von F. Redtenbacher in Karlsruhe, K. Karmarsch in Hannover, G. Zeuner in Dresden und F. Reuleaux in Berlin. 1855 kam die mit hervorragenden Lehrern ausgestattete Eidgenössische Polytechnische Hochschule in Zürich, die spätere ETH, hinzu. 1850 studierten aber erst knapp über 1000 künftige Ingenieure ihr Fach an den deutschen Hochschulen, und auch 1865 waren es nur etwa 2000. Ein starker

Anstieg der Zahl der Ingenieurstudenten erfolgte erst nach der Reichsgründung.[22]

Einige der neuen Institutionen verbanden die technische Schulung mit unmittelbarer Gewerbe- und Industrieförderung. Das gilt vor allem für die Württembergische Zentralstelle für Handel und Gewerbe in Stuttgart unter Steinbeis und die 1821 von C. P. Beuth gegründete Technische Gewerbeschule in Berlin (seit 1827: Gewerbeinstitut). Man gab jungen Unternehmen Hilfestellung, schickte Techniker zur Ausbildung ins Ausland, organisierte Ausstellungen und ließ Erfindungen auf ihren Wert prüfen. Beuth war zweifellos die herausragende Gestalt unter den preußischen Beamten in der Zeit des Überganges von der staatlichen Bevormundung der Wirtschaft zu einer freieren unternehmerischen Entfaltung.

Ein weiteres erfolgreiches Instrument staatlicher Industrie- und Gewerbeförderung war die preußische »Seehandlung«. 1772 durch Friedrich II. als Staatsschuldenverwaltungsanstalt gegründet, mußte die Seehandlung in der napoleonischen Zeit bei der Aufbringung der Kriegskosten mitwirken und erhielt erst danach die Funktion einer Entwicklungsbank zugewiesen. Sie führte Straßenbauarbeiten durch, übernahm Eisenbahnen, richtete Warenhäuser ein, trieb Überseehandel und widmete sich vor allem der Förderung der Fabrikindustrie. Christian v. Rother, der Präsident der Seehandlung, leitete eine Bankreform ein, die zur Gründung der Preußischen Bank führte, einer Aktiengesellschaft mit Filialen in den einzelnen preußischen Provinzen. 1846 wurde sie von Rother in die Bank von Preußen umgewandelt, eine »moderne Zentralbank«, aus der 1875 die Reichsbank hervorgehen sollte.[23]

Auch in anderen deutschen Staaten spielten staatliche Initiativen bei der Gründung und dem Ausbau eines leistungsfähigen Bankensystems eine wichtige Rolle. Ludwig I. regte 1834 die Gründung der Bayerischen Hypotheken- und Wechselbank an und übernahm selber 400000 Gulden des Aktienkapitals. Zwischen der »Hypobank« und der von Nürnberg aus tätigen Bayerischen Staatsbank (einer zunächst preußischen Bank, die 1806 mit dem Fürstentum Ansbach übernommen worden war) bildete sich die sog. staatliche bayerische Bankgeometrie aus, d. h. die Aktivitäten beider Banken wurden durch die Donau säuberlich getrennt.

Weitere Bereiche staatlicher Wirtschaftsförderung, die vor allem den Interessen des Großgewerbes und der Industrie dienten, waren das Ausstellungs- und das Patentwesen. Die erste Allgemeine Deutsche Gewerbeausstellung wurde 1844 in Berlin veranstaltet. Ähnlich großangelegte Ausstellungen, die einen Überblick über die gesamte gewerbliche Erzeugung vermittelten, folgten 1850 in Leipzig und 1854 in München. Das ältere Patentwesen unterschied nicht zwischen technischen und kommerziellen Privilegien. Es wurde zunächst nur in Preußen, Österreich und Sachsen durch modernere Regelungen abgelöst, die geistiges Eigentum an technischen Neuerungen schützten. Dabei war in Preußen, das 1815 die erste Patentordnung in Deutschland erließ, die Rolle des Staates als entscheidender Instanz am stärksten ausgeprägt.[24] Preußen hatte ein so strenges Vorprüfungsverfahren, daß nur wenige Patente erteilt wurden. Eine Übereinkunft der Zollvereinsstaaten von 1842 stellte alle Bürger dieser Staaten in bezug auf die Patenterteilung Inländern gleich.

Die Bedeutung des Staates für die Industrialisierung des 19. Jahrhunderts in Deutschland ist – besonders im Hinblick auf Preußen – trotz vieler Einzelbelege für gezielte Wirtschaftsförderung sehr umstritten. Marxistische Wirtschaftshistoriker betrachten den vormärzlichen Staat grundsätzlich als Herrschaftsinstrument der Feudalklasse und folgern hieraus, daß die neue, vom Vorrükken des Industriekapitalismus geprägte Wirtschaftsordnung gegen den Staat erkämpft werden mußte.[25] Als Hauptbeleg gilt ihnen die reaktionäre Phase der Wirtschaftspolitik nach 1820. Auch einige nichtmarxistische Wirtschaftshistoriker – etwa R. Tilly – haben für die Zeit bis etwa 1840 ähnliche Auffassungen vertreten.[26] Trotz aller Einwände ist jedoch angesichts des breiten Spektrums von Reformen im Agrar-, Handels- und Gewerbebereich, im Verwaltungssystem und im Städtewesen die Rolle des Staates beim Übergang zu einer moderneren Wirtschafts- und Gesellschaftsordnung in Deutschland insgesamt als positiv zu beurteilen.[27]

## 5. Die Neuordnung der Gesellschaft

Die industrielle Revolution verwandelte die Lebensbedingungen und Lebensformen der Menschen radikaler als jeder andere Ereigniszusammenhang der neueren Geschichte. Bevölkerungsexplosion, Verstädterung, die neuen Verkehrsmittel, eine Vielzahl von Erfindungen und Neuerungen, vor allem aber die fabrikindustrielle Massenproduktion von Wirtschaftsgütern und die damit verbundene Technisierung der Arbeit trugen zu dieser Verwandlung bei. Das Umsichgreifen eines derart revolutionären Prozesses erschütterte auch die traditionelle Gesellschaftsordnung.

Die Arbeits- und Berufsstruktur der deutschen Gesellschaft hatte vor 1850 noch überwiegend vorindustriellen Charakter. Wegen der dominierenden Rolle der Landwirtschaft war die Arbeit im Familienverband weit verbreitet. Die große Mehrheit der Bevölkerung war noch nicht den Schwankungen und Gefahren anonymer Märkte ausgesetzt. Überwiegend traditionellen Mustern entsprach auch die Schichtung der Gesellschaft. Die restaurative Tendenz der Zeit nach 1820 ließ den Elan der gegen die Adelsprivilegien gerichteten Reformbegehren erlahmen, und die Komplikationen bei der Durchführung der Agrarreformen erlaubten es dem Adel, seine Stellung nicht nur zu behaupten, sondern in vielen Fällen sogar zu festigen.

Die statistisch-demographischen Auswirkungen der Agrarreformen sind nicht ohne weiteres auf einen eindeutigen Nenner zu bringen, da die Bevölkerungsvermehrung und die Ausweitung der bewirtschafteten Flächen das Bild komplizieren. Auffällig war in der ersten Jahrhunderthälfte die Zunahme der ländlichen Unterschichten – vor allem der Tagelöhner und des Gesindes –, die viel rascher wuchsen als die Zahl der selbständigen Bauern. Ein Ausweichen dieser Schicht von lohnabhängigen Arbeitskräften in den städtischen Wirtschafts- und Erwerbsbereich war vor 1850 nur in geringem Umfange möglich. Knapp hat in seiner Darstellung der »Bauernbefreiung« in Preußen die Agrarreformen und die Entstehung einer Schicht von abhängigen Landarbeitern in einen direkten Zusammenhang gestellt, dabei aber nicht berücksichtigt, daß es auch schon vor den Reformedikten breite unterbäuerliche Schichten gab, die um 1800 bereits die Mehrheit der Landbevölkerung ausmachten.

Aber nicht nur der Vermehrung der besitzlosen Landbevölkerung galten die Sorgen der Regierenden, sondern vor allem der neuen Welt des aufsässigen liberalen Bürgertums und des Stadtproletariats. Die sich hier abzeichnende Neuordnung der Gesellschaft war eine unmittelbare Folge der revolutionären Verwandlung des wirtschaftlichen Lebens. Dabei formierte sich in Deutschland durchaus nicht von heute auf morgen eine moderne, in kommerziellen Dingen aufgeschlossene Bürgergesellschaft, wie sie in England oder den Niederlanden schon lange existierte. Vielmehr war der Übergang in die Lebensformen einer neuen Zeit gerade für das deutsche Bürgertum ein oft schmerzhafter Prozeß der Anpassung. Man hat darauf hingewiesen, wie sehr die Individualisierung der bürgerlichen Existenz seit 1800 zugleich auch Merkmale einer »Entwurzelung« aufwies, einer Herauslösung aus den vormals stabilen, Geborgenheit vermittelnden kollektiven Ordnungen der örtlichen Gemeinschaft, des Standes oder der Zunft.[28]

Von der sozialen Konstituierung der durchaus nicht neuen, aber im Zusammenhang mit der industriellen Revolution doch in neue Funktionen eintretenden Schicht der Unternehmer ist hier nicht ausführlich zu sprechen. Die Unternehmer kamen in ihrer Mehrzahl aus einem bereits wirtschaftlich vorgeprägten Milieu. Viele von ihnen hatten kaufmännische oder gewerbliche Tätigkeiten ausgeübt, ehe sie eigene Firmen gründeten. Natürlich führten auch andere Karrierewege zum Unternehmertum, aber sie waren weniger typisch.[29] Das neue Wirtschaftsbürgertum bildete eine Hauptstütze des Liberalismus, des ökonomischen wie des politischen. In Preußen hatte dieser Liberalismus seine stärksten Wurzeln in der Rheinprovinz. Unternehmer wie Ludolf Camphausen, David Hansemann und Gustav Mevissen waren auch politische Führer des Bürgertums. Auf dem Vereinigten Landtag von 1847 traten sie mit entschieden liberalen Forderungen hervor; z. B. verlangten sie die Ersetzung der unsozialen Verbrauchsteuern durch eine Einkommensteuer, die Beseitigung der Adelsprivilegien und die volle Emanzipation der Juden. Das Scheitern der Revolution von 1848 warf das Bürgertum als wichtigste Triebkraft der nationalen Bewegung zeitweilig zurück. Die gute Konjunktur der fünfziger und sechziger Jahre hat es dieses Scheitern bis zu einem gewissen Grade verschmerzen lassen. Wirtschaftliche Erfolge konnten weitgehend ersetzen, was man den alten Gewalten politisch nicht hatte abringen können.

Wenn man nach den Ursachen der relativen Ruhe fragt, die das halbe Jahrhundert des Deutschen Bundes prägte, ist neben der politischen Modernisierung auch auf die Verbesserung der wirtschaftlichen Verhältnisse hinzuweisen. Die Realeinkommen stiegen – wenn auch unter Rückschlägen – insgesamt an. Andererseits wies diese Entwicklung bedenkliche Disparitäten auf. Die Einkommen der Handwerker klafften vielerorts weit auseinander; die

Reallöhne der Fabrik- und Heimarbeiter fielen zumeist bis über die Mitte des Jahrhunderts und begannen erst seit etwa 1860 mit dem Fortschreiten der Industrialisierung und der Zunahme der Arbeitsproduktivität wieder zu steigen. Vor allem in den vierziger Jahren und Anfang der fünfziger Jahre war die Einkommensentwicklung ungünstig, als die Nominallöhne bei steigenden Lebenshaltungskosten stagnierten oder sogar rückläufig waren. Soziale Unruhen und steigende Auswandererzahlen belegen die verbreitete Not dieser Jahre.

Die zunehmende Konzentration der Armen in den wachsenden Städten bewirkte, daß das Massenelend auch denen auffiel, die selber davon nicht betroffen waren. Man sprach vom »Pauperismus«, ohne sich diese auf dem Land wie in der Stadt auftretende Erscheinung erklären zu können. Marxistische Analytiker neigen dazu, den Pauperismus als eine Folge der industriellen Revolution zu interpretieren, doch spricht alles dafür, daß die primäre Ursache der Verelendung in der außergewöhnlichen Zunahme der Bevölkerung gesucht werden muß, für die weder Beschäftigung noch Nahrung in ausreichendem Umfange zu finden war. Die Industrialisierung verursachte nicht die Armut, sie verschärfte sie aber für eine Minderheit der Bevölkerung: für die unter Konkurrenzdruck stehende abhängige Lohnarbeiterschaft einschließlich der Heimarbeiter und für einen Teil der Handwerker.

Der zunehmend manchesterlich geprägten Wirtschaftsordnung entsprach eine Vernachlässigung der sozialen Probleme der sich beschleunigenden Industrialisierung. Dennoch begann man von der »sozialen Frage« oder der »Arbeiterfrage« zu sprechen und verstand allmählich darunter die Gesamtheit der Probleme, die durch die Herausbildung der neuen Klasse der Industriearbeiter für die Gesellschaft entstanden waren. Bei der Beschreibung und Analyse der Arbeits- und Lebensverhältnisse des neuen Proletariats durch Zeitgenossen gibt es stark differierende Versionen. Generell aber wird man für die Zeit vor 1870 den eher düsteren Schilderungen, die in großer Zahl überliefert sind, glauben dürfen. Verglichen mit heutigen Verhältnissen war das Los der meisten Arbeiter und ihrer Familien unvorstellbar hart. Außer den Männern arbeiteten auch Frauen und Kinder in großer Zahl in den Fabriken; die Arbeitszeit betrug oft 14 und mehr Stunden pro Tag, die Arbeitsverhältnisse waren extrem gesundheitsschädlich, die Entlohnung war niedrig, sie genügte kaum zur Bestreitung der notwendigsten Lebensbedürfnisse. Dies vor allem erklärt, warum so viele Frauen und Kinder in den Fabriken arbeiteten; der Lohn des Familienvaters allein hätte zum Unterhalt der Familie bei weitem nicht ausgereicht. Die Fabrikanten wiederum nutzten diese Tatsache aus, um besonders die Löhne der Frauen und Kinder niedrig zu halten. Das Überangebot an Arbeitskräften machte es der Fabrikarbeiterschaft vorerst unmöglich, ihre Interessen wirkungsvoll in organisierter Weise zu vertreten.

Kritik an den sozialen Mißständen der Fabrikarbeiter war schon vor 1850 in Deutschland verbreitet, wenngleich sie auch aus anderen Wurzeln als aus Mitleid oder christlicher Verantwortung erwuchs, etwa aus der Erkenntnis, daß die Militärtauglichkeit der in den Fabriken beschäftigten Jugendlichen wegen gesundheitlicher Schädigungen meist erheblich unter dem Durchschnitt lag. Solche Überlegungen waren eine Triebfeder der frühen Fabrikgesetzgebung. Die Initiative beim Schutz jugendlicher Arbeiter in Fabriken ergriff Preußen mit zwei Gesetzen, die in den Jahren 1839 und 1853 ergingen. Das »Regulativ« von 1839 hatte englische Vorbilder. Es verbot jede Beschäftigung von Kindern unter neun Jahren und setzte für Jugendliche unter 16 Jahren eine maximale tägliche Arbeitszeit von 8,5 Stunden fest. Im Gesetz von 1853 wurde das Mindestalter für die Fabrikarbeit von Kindern auf zwölf Jahre heraufgesetzt und die tägliche Arbeitszeit der unter 14jährigen auf sechs Stunden beschränkt. Eine effektive Kontrolle der Einhaltung dieser Bestimmungen fand allerdings nicht statt. Seit 1853 war eine fakultative Fabrikinspektion vorgesehen, aber die Arbeit der kleinen Zahl von Inspektoren wurde u. a. dadurch erschwert, daß die Fabrikanten häufig auf das Einverständnis der Eltern rechnen konnten, wenn sie die Vorschriften sabotierten, da diese auf den zusätzlichen Verdienst ihrer Kinder angewiesen waren. Immerhin ging die Kinderarbeit um die Mitte des 19. Jahrhunderts drastisch zurück, was jedoch durch eine entsprechende Zunahme der Frauenarbeit meist wieder ausgeglichen wurde.

Auch in anderen deutschen Staaten gab es beachtliche Ansätze einer Schutzgesetzgebung für jugendliche Arbeiter in Fabriken. Wenig später als Preußen erließen Bayern (1840 und 1854) und Baden (1840) Kinderschutzverordnungen, die nicht ganz so weitgehend waren wie die preußischen Regelungen, während industriell durchaus fortgeschrittene Staaten wie Sachsen und Württemberg erst 1861 bzw. 1862 ähnliche Schutzmaßnahmen trafen. In den meisten der kleineren deutschen Staaten gab es vor der Einführung der Gewerbeordnung des Norddeutschen Bundes als Reichsgesetz Anfang der siebziger Jahre keine vergleichbaren Schutzgesetze.

Es gibt eine Anzahl von Beispielen früher akademischer und politischer Kritik an den sozialen Mißständen des beginnenden Industriezeitalters. Als einer der ersten deutschen Wissenschaftler forderte Robert v. Mohl schon 1835 »eine gleichberechtigte Beteiligung der Arbeiter an der Planung und Beschlußfassung von Angelegenheiten der Belegschaft«[30], und im Volkswirtschaftlichen Ausschuß der Frankfurter Nationalversammlung legte eine Minderheit den Entwurf einer Gewerbeordnung vor, der nicht nur Arbeiterausschüsse als Mitbestimmungsorgane vorsah, sondern auch eine überbetriebliche Mitbestimmung in Gewerbekammern.

An den deutschen Universitäten führte die zunehmende Beschäftigung mit der Arbeiterfrage seit den sechziger Jahren zur Bewegung des »Kathedersozialismus«. Die Kathedersozialisten waren eine Gruppe von sozial fortschrittlich gesinnten Professoren – meist Nationalökonomen –, die die Schattenseiten einer von rigoros liberalen Prinzipien geprägten Entwicklung erkannten und sich bemühten, die sich abzeichnenden Klassengegensätze durch den Aufbau eines Systems von sozialen Sicherungen abzumildern. 1872 schlossen sie sich unter der Führung des Straßburger (und späteren Berliner) Professors Gustav Schmoller zum »Verein für Sozialpolitik« zusammen. Die Diskussionen auf den Tagungen dieses Vereins, an denen auch Praktiker aus Verwaltung und Wirtschaft teilnahmen, bildeten fortan Kristallisationspunkte des sozialpolitischen Fortschritts und übten einen bedeutenden Einfluß auf die staatliche Sozialgesetzgebung und die Praxis der betrieblichen Sozialpolitik aus.[31]

Durch die wenigen und halbherzigen Maßnahmen sozialer Reform war eine Entschärfung der Arbeiterfrage als gesamtgesellschaftliches Problem nicht möglich. Nachdem militante Organisationen der politischen Linken wegen der Unterdrückungspolitik in den Staaten des Deutschen Bundes zunächst nur im Ausland entstehen konnten, bildeten sich im Revolutionsjahr 1848 Ansätze einer Arbeiterbewegung in Deutschland selbst. Das im Frühjahr desselben Jahres von Karl Marx und Friedrich Engels im Auftrag des »Bundes der Kommunisten« veröffentlichte *Kommunistische*

*Manifest* faßte die Grundthesen der marxistischen Lehre von der Ausbeutung der Lohnarbeiter und von der Geschichte als einer Folge von Klassenkämpfen zusammen. In Berlin tagte unter der Leitung von Stephan Born der »Allgemeine Deutsche Arbeiterkongreß«. Gefordert wurden der Zehn-Stunden-Tag und der Aufbau gewerkschaftlicher Organisationen. Die von Born geführte »Allgemeine Deutsche Arbeiterverbrüderung«, die schon nach wenigen Monaten 80 Vereine mit 15- bis 18000 Mitgliedern umfaßte, war die erste bedeutende Organisation der Arbeiterbewegung in Deutschland. Nach dem Scheitern der Revolution wurde sie verboten, und Born mußte in die Schweiz fliehen.

Ein Verbot von Arbeiterkoalitionen erfolgte 1849 zunächst in Preußen, Sachsen und Bayern, 1854 dann generell durch den Bundestag. Erst Ende der fünfziger Jahre, als die Entwicklung der Reallöhne gerade ihren Tiefpunkt durchschritten hatte und andererseits die Fabrikarbeiterschaft so zahlreich geworden war, daß sie in den Städten massiert in Erscheinung treten konnte, wendete sich das Blatt. Es kam zur Wiederherstellung der Koalitionsfreiheit zunächst in Sachsen (1861), dann in Baden (1862) und Preußen (1868) und schließlich auch durch die Gewerbeordnung des Norddeutschen Bundes (1869). In Österreich-Ungarn war ein entsprechender Schritt 1867 erfolgt. Der damit wieder mögliche Aufbau von Gewerkschaften folgte zunächst einer vorsichtig-pragmatischen Linie. Seit 1866 bildeten sich in den deutschen Staaten allgemeine überlokale Fachgewerkschaften, z.B. diejenigen der Zigarrenarbeiter, Buchdrucker, Schneider, Bäcker und Textilarbeiter. Es kam zu zahlreichen organisierten Streiks, bei denen es meist um Lohnforderungen ging. Allein für das Jahr 1869 zählt man über 100 solcher Streiks in Deutschland.

Die im engeren Sinne politische Arbeiterbewegung nahm ihren eigentlichen Anfang mit der Gründung des »Allgemeinen Deutschen Arbeitervereins« (ADAV) durch Ferdinand Lassalle in Leipzig (1863). Nach dessen Duelltod schon im folgenden Jahr ging die Führung der deutschen Arbeiterbewegung auf eine von August Bebel und Wilhelm Liebknecht geleitete Gruppe über. Bebel und Liebknecht gründeten 1869 in Eisenach die »Sozialdemokratische Arbeiterpartei«, und 1875 vereinigten sich Lassalleaner und Sozialdemokraten in Gotha zur »Sozialistischen Arbeiterpartei Deutschlands« (SAP).

Trotz einiger Besonderheiten standen die Vorstellungen beider

Richtungen über die anzustrebende politische Zukunft, wie auch die damit verbundene Wirtschafts- und Sozialordnung, der Programmatik des Marxismus näher, als meist angenommen wird. Für Marx, von dessen Hauptwerk *Das Kapital* erst 1867 der erste Band erschien, stand frühzeitig fest, daß die durch den bürgerlich-demokratischen Staat etablierte kapitalistische Wirtschaftsordnung durch eine vom Proletariat getragene Revolution überwunden werden müsse. Mit dieser letzten Revolution in der Geschichte sollte zugleich die Klassengliederung der Gesellschaft beseitigt werden. Durch die Vergesellschaftung der Produktionsmittel sollte eine egalitäre Eigentumsordnung entstehen als Voraussetzung für eine freie Entfaltung aller Individuen innerhalb einer privilegienlosen Gesellschaft. Politisch sollte auf die proletarische Revolution eine Übergangsphase der »Diktatur des Proletariats« folgen und der Staat als zunehmend überflüssiger Herrschaftsapparat zuletzt »absterben«.

Lassalleaner wie Sozialdemokraten sind der Marxschen Betrachtungsweise im wesentlichen gefolgt. Zwar hat Lassalle dem Staat und seinen Institutionen eine höhere Bedeutung beigemessen, damit jedoch keineswegs die Prognose eines friedlich-evolutionären Überganges der kapitalistischen Wirtschafts- und Sozialordnung in den Sozialismus verbunden. Auch in seiner Analyse sollte eine »Erziehungsdiktatur« einer revolutionären Elite schließlich Staat und Rechtsordnung überflüssig machen. Insofern war Lassalles Politikverständnis durchaus antiliberal und antiparlamentarisch.[32]

Auf die wirtschafts- und sozialpolitischen Inhalte der sozialdemokratischen Parteiprogramme kann hier nicht im Detail eingegangen werden. Der Marxismus bildete in der Frühzeit die nahezu unangefochtene theoretische Grundlage der Bebel-Liebknechtschen Richtung. Das Eisenacher Programm von 1869 verfocht vorbehaltlos den Gedanken des Klassenkampfes. Andererseits begünstigten die schon bei den Wahlen zum Norddeutschen Reichstag 1867 einsetzenden Wahlerfolge der Partei eine zunehmende Neigung zu evolutionär-pragmatischen Strategien und begrenzten Zielsetzungen, die weitgehend mit denen der Gewerkschaften übereinstimmten. Damit bahnte sich eine zwiespältige Einstellung gegenüber dem Staat und seinen Institutionen und eine allmähliche Infragestellung der Marxschen Revolutionsvorstellungen an, die aber erst Jahrzehnte später im »Revisionismusstreit« mit Entschiedenheit zum Austrag kommen sollte, als sich zeigte, daß sich Funktionssystem und Ordnungsrahmen der kapitalistischen Wirtschaft im Widerspruch zu zentralen Annahmen der Marxschen Theorie entwickelten.

Die Entwicklung der Wirtschafts- und Sozialordnung in den Staaten des Deutschen Bundes belegt, daß forcierte Industrialisierung nicht notwendig mit einer ebenso intensiven politisch-gesellschaftlichen Liberalisierung einhergehen muß. Ähnlich wie später in Rußland und Japan kontrastierte im sich industrialisierenden Deutschland die Dynamik des ökonomischen Grundprozesses auffällig mit der Trägheit der gesellschaftlichen und institutionellen Folgeentwicklungen. Diese Diskrepanz halb-progressiver und halb-reaktionärer Verhältnisse sollte auch die folgenden fünf Jahrzehnte des Deutschen Kaiserreichs prägen.

# III. Der »Organisierte Kapitalismus« des Kaiserreichs

## 1. Weltmacht und Industrienation

Die nationale Einigung der deutschen Staaten und die Gründung des Deutschen Reiches am 18. Januar 1871 durch die Proklamation des preußischen Königs Wilhelm I. zum Deutschen Kaiser erfolgten nach einem militärischen Triumph. Vorangegangen war der dreifache Sieg der preußischen Armeen in kriegerischen Auseinandersetzungen mit mitteleuropäischen Nachbarstaaten (1864 Dänemark, 1866 Österreich, 1870/71 Frankreich). Durch diese militärischen Erfolge hatte sich die ohnehin schon festgefügte Dominanz Preußens innerhalb des deutschen Staatenverbandes zu einer nicht mehr anfechtbaren Hegemonie gesteigert. Preußen wurde die alles überschattende Vormacht im neuen Reich, von dessen Territorium seine Provinzen nicht weniger als zwei Drittel bedeckten. Die Reichsgründung unter preußischer Führung verlieh dem neuen europäischen Nationalstaat von Anfang an einen Zug von Expansivität. Die politischen und gesellschaftlichen Führungspositionen im Reich übernahmen weitgehend die bisher in Preußen tonangebenden feudal-großagrarischen Kreise samt dem durch sie geprägten Militär sowie daneben – wenn auch erst in zweiter Linie – der neue Reichtum des aufsteigenden Wirtschaftsbürgertums. Diese Entwicklung bedeutete einen Rückschlag für die alten Träger der nationalen Bewegung in Deutschland, die liberal-mittelbürgerlichen Kräfte, die sich schon seit der gescheiterten Revolution von 1848 mit schweren Problemen konfrontiert sahen.

Die auffälligste staatsrechtliche Besonderheit des Deutschen Kaiserreichs von 1871 war die fortbestehende Souveränität der Einzelstaaten, aus denen es sich zusammensetzte: der Königreiche Preußen, Bayern, Sachsen und Württemberg, der Großherzogtümer Baden, Hessen-Darmstadt, Mecklenburg-Schwerin, Mecklenburg-Strelitz, Sachsen-Weimar und Oldenburg, eines weiteren runden Dutzends Herzog- und Fürstentümer, der Freien Städte Bremen, Hamburg und Lübeck sowie des annektierten »Reichslandes« Elsaß-Lothringen. Trotz der großen Zahl der Einzelstaaten und trotz deren souveräner Rechte war das Deutsche Reich aber kein Staatenbund, sondern ein konstitutionell-monarchischer Bundesstaat. Die völlige Beseitigung der einzelstaatlichen Souveränität erfolgte erst im Zusammenhang mit dem Untergang des Kaiserreichs nach dem Ersten Weltkrieg. Allerdings kann man auch schon lange vorher auf vielen Gebieten eine sich verstärkende Tendenz zu einer ausgeprägteren Einheitsstaatlichkeit feststellen.

Die Reichsverfassung war im Entwurf unter dem Einfluß des preußischen Ministerpräsidenten Bismarck weitgehend aus derjenigen des Norddeutschen Bundes abgeleitet worden, hatte dann aber wegen des Widerstandes der übrigen deutschen Fürsten insofern eine Modifizierung erfahren, als die partikulare Souveränität der kleinen Staaten gegenüber dem preußischen Hegemonieanspruch stärker als ursprünglich vorgesehen in Schutz genommen wurde. Zwar wurde der preußische König Deutscher Kaiser, und der preußische Ministerpräsident übernahm ex officio das Amt des Reichskanzlers. Der Träger der Souveränität war jedoch der Bundesrat, der von den »Verbündeten Regierungen« beschickt wurde.

Das Deutsche Kaiserreich war keine parlamentarische Monarchie. Zwar gab es eine Volksvertretung, den aus allgemeinen und gleichen Wahlen hervorgegangenen Reichstag; die Reichsregierung – der Kanzler und die Staatssekretäre der Reichsämter (Minister gab es noch nicht) – waren diesem Parlament jedoch nicht verantwortlich. Allerdings übte der Reichstag gemeinsam mit dem Bundesrat die Reichsgesetzgebung aus und beschloß daher auch über die Etatvorlagen der Regierung. In dieser Funktion hatte er – vor allem beim jährlich zu verabschiedenden Heeresetat – die Möglichkeit, politischen Einfluß auszuüben.

In seiner inneren politischen Struktur wurde das Kaiserreich bald zu einem voll entwickelten Parteienstaat. Die relativ große Zahl der existierenden Parteien führte zu einem häufigen Wechsel in der Zusammensetzung der im Reichstag die Regierung unterstützenden bzw. in der Opposition stehenden Gruppierungen. Loyal zu Kaiser und Regierung standen in der Regel die beiden konservativen Parteien (Deutschkonservative und Freikonservative), die vor allem die Interessen der Großagrarier, teilweise aber auch die der Industrie vertraten. Die Liberalen, die seit einer Auseinandersetzung im preußischen Abgeordnetenhaus Mitte der sechziger Jahre (»Indemnitätsvorlage«) in einen rechten und einen linken Flügel gespalten waren, erlebten ein wechselvolles Schicksal. Die rechten Nationalliberalen waren zunächst die wichtigste parlamentarische Stütze Bismarcks im Reichstag, verloren aber Ende der siebziger Jahre an Einfluß, als Gegensätze über wirtschafts- und speziell handelspolitische Fragen aufbrachen und die Partei nicht mehr zu einer einheitlichen Linie fand. Die Linksliberalen, die unter wechselnden Namen auftraten (Fortschritt, Freisinn), verfolgten eine Linie maßvoller Opposition. Wie die Nationalliberalen verloren sie in den Jahrzehnten vor 1900 an Einfluß, gewannen aber vor dem Ersten Weltkrieg insgesamt wieder an Bedeutung. Eine Schlüsselstellung nahm seit etwa 1878 das katholische Zentrum ein, das im Zeichen der Auseinandersetzung des preußischen Staates mit der katholischen Kirche (Kulturkampf) entstanden war, mit der Zeit aber von einer oppositionellen zu einer mitregierenden oder die Regierungen stützenden Partei wurde. Die vierte große Partei, die Sozialdemokraten, hatten sich auf dem Gothaer Kongreß 1875 unter dem Namen »Sozialistische Arbeiterpartei« endgültig konsolidiert. Zwischen 1878 und 1890 war die Partei durch das »Sozialistengesetz« scharfen Restriktionen unterworfen, die aber ihren weiteren Aufstieg nicht entscheidend behindern konnten. Die 1890 unter dem Namen »Sozialdemokratische Partei Deutschlands« (SPD) neugegründete Partei verharrte in grundsätzlicher Opposition, gelangte aber nach der Jahrhundertwende unter dem Einfluß des »Revisionismus« und »Reformismus« zu einer allmählichen Versöhnung mit dem Staat.

Das Parteienspektrum des Deutschen Kaiserreichs spiegelt die Grundzüge des gesellschaftlichen Aufbaus wider: die agrarisch-konservative, die bürgerlich-liberale und die proletarisch-sozialistische Komponente, dazu die in diesen Kategorien nur bedingt erfaßbare politische Orientierung des katholischen Deutschlands. Die durchaus bedeutende Rolle, die das Parlament und die Parteien bereits zu spielen vermochten, änderte aber nichts daran, daß die eigentliche politische Macht im Kaiserreich informell und anonym ausgeübt wurde und daß sich die maßgeblichen politischen Entscheidungen – vor allem die außenpolitischen – in der unmittelbaren Umgebung der monarchischen Staatsspitze vollzogen, die der Kontrolle durch den Reichstag und die Parteien weitgehend entzogen war.

Dies gilt für den ersten der beiden großen Zeitabschnitte, in die man die Vorkriegsgeschichte des Kaiserreichs einteilen kann, die

Ära Bismarck (1871–1890), ebenso wie für die Jahre des persönlichen Regiments Kaiser Wilhelms II. (1890–1914). In der außenpolitischen Orientierung brachte die »Wilhelminische« Politik aber deutliche Veränderungen. Das Deutsche Reich gebärdete sich nun immer auffälliger als imperialistische Macht. Die kontinentale Bündnispolitik Bismarcks wurde aufgegeben, der verstärkte Flottenbau intensivierte den Gegensatz zu England, die ehrgeizige Verfolgung wirtschaftlicher Auslandsinteressen schuf eine Vielzahl internationaler Spannungsherde. Die Frage des Zusammenhanges zwischen dem wirtschaftlichen Vorkriegsimperialismus und dem Ausbruch des Ersten Weltkriegs ist für den Wirtschaftshistoriker von besonderem Interesse, während den Sozialhistoriker eher der »innere Reflex« dieser imperialistischen Politik beschäftigt, ihr Widerhall in der deutschen Gesellschaft und der wachsende Einfluß aggressiv-nationalistischer Gruppen und Bewegungen.

Das neue Kaiserreich war mit einer Bevölkerung von 41 Millionen das nach Rußland einwohnerreichste Land Europas. Das ohnehin kräftige Bevölkerungswachstum erfuhr nach 1871 eine weitere Beschleunigung. Im Jahre 1910 erreichte die Bevölkerungszahl 65 Millionen, eine Steigerung um mehr als 50% in knapp 40 Jahren. Die von einer zweiten Phase forcierter Industrialisierung geprägte wirtschaftliche Entwicklung verlief insgesamt günstig. Zwischen 1871 und 1913 kam es zu einer annähernden Vervierfachung (nominal) des Sozialprodukts und einer Verdoppelung des Pro-Kopf-Einkommens (real plus 80%).[1]

Die Entwicklung der deutschen Volkswirtschaft in dieser Zeit kennzeichnen weitreichende Umstrukturierungen. 1870 war noch rund die Hälfte aller Erwerbstätigen in der Landwirtschaft beschäftigt, 1910 dagegen nur noch ein knappes Drittel. In der Wertschöpfung überholte der industriell-gewerbliche Sektor 1890 den agrarischen und hatte 1913 schon einen nahezu doppelt so hohen Anteil. Dabei nahm aber auch die Agrarproduktion absolut gesehen stark zu, eine notwendige Konsequenz des Bevölkerungswachstums. Autarkie war im Agrarbereich jedoch nicht zu erzielen, und Nahrungsmittel mußten in immer größerem Umfang importiert werden. Die Verwandlung Deutschlands von einem überwiegenden Agrar- in einen überwiegenden Industriestaat war ein sich durch viele Jahrzehnte hinziehender Prozeß, der durch die Reichsgründung einen zusätzlichen Impuls erhalten hatte.

Zweifellos verliehen die politische Einigung von 1871 und die hieran geknüpften weitreichenden Zukunftserwartungen der deutschen Wirtschaft enormen Auftrieb. Die Annexion des Elsaß und Lothringens, zweier der reichsten und höchstindustrialisierten Regionen Frankreichs, bedeutete eine erhebliche Ausweitung des nationalen Wirtschaftsraumes. Auch monetäre Impulse begünstigten die Konjunktur. Eine französische Kriegsentschädigung von umgerechnet 4 Milliarden Mark ließ neue Kaufkraft entstehen. Ein spekulatives Fieber griff um sich, und es kam zu einer Welle von Unternehmensgründungen, die typischerweise in der Form von Aktiengesellschaften erfolgten, nachdem erst wenige Monate zuvor der Konzessionszwang für solche Gründungen aufgehoben worden war. Die Hektik der Ereignisse belegt eine Statistik für Preußen, wo in den 80 Jahren zwischen 1790 und 1870 nur 276 Aktiengesellschaften gegründet worden waren, nun aber in nur zwei weiteren Jahren mehr als 700 neu entstanden. Zentrum des Gründertaumels war Berlin, die Hauptstadt des Reiches, das als Börsenplatz das altetablierte Frankfurt rasch überflügelte.

Die Gründerhausse endete ebenso abrupt wie sie begonnen hatte. Schon im Herbst 1873 setzte eine scharfe Börsen-Baisse ein. In kurzer Zeit halbierte sich das Kursniveau, und man begann zu erkennen, auf welch schwachen Füßen viele der neugegründeten Unternehmen standen. Auf den Börsensturz folgte ein allgemeiner konjunktureller Rückschlag. Es zeigte sich, daß allenthalben Überkapazitäten entstanden waren, denen keine dauerhafte Nachfrage gegenüberstand. Vor allem galt das für die Bauwirtschaft, den Bergbau und die Eisenbahnen. In der deutschen Eisenbahngeschichte markieren die Gründerkrise und die ihr folgende sechsjährige Depression einen scharfen Einschnitt. Es kam zu einer umfangreichen Verstaatlichung von in finanzielle Schwierigkeiten geratenen Gesellschaften: Schon bis zum Jahre 1879 waren die meisten deutschen Linien in den Besitz der Einzelstaaten – nicht des Reiches – übergegangen.

Weil der konjunkturelle Einbruch von 1873 nur vordergründig eine Überspekulationskrise war, in Wahrheit aber weniger mit der Börse als mit strukturellen Schwächen der deutschen Volkswirtschaft zusammenhing, konnte er nur sehr allmählich überwunden werden. Man hat für den nachfolgenden langen Zeitraum bis 1895 sogar von einer »Großen Depression« gesprochen[2], doch ist diese Kennzeichnung umstritten geblieben, weil in dieser Periode eine

Verlangsamung des Wirtschaftswachstums, jedoch keine durchgängige Depression festgestellt werden kann. Sozialpsychologisch führte die Gründerkrise zu einer nachhaltigen Dämpfung der überschäumenden Euphorie, zu der es im Gefolge der Reichsgründung gekommen war, zu einer Ernüchterung, die gerade für die weitere Entwicklung der Wirtschaftsordnung folgenreich werden sollte.

In den Jahren zwischen 1896 und 1913 war erneut eine insgesamt von Aufschwungkräften geprägte konjunkturelle Phase zu verzeichnen, die nur 1901/02 und 1908/09 von zwei kurzen Einschnitten unterbrochen wurde. In dieser Zeit erhielt das wirtschaftliche Wachstum Auftrieb durch die neuen Führungssektoren des modernen Maschinenbaus, der Elektroindustrie und der Chemie. Noch größeres Gewicht für die Entwicklung der deutschen Industriewirtschaft vor dem Ersten Weltkrieg hatte aber die Schwerindustrie. Die Steinkohlenförderung konnte zwischen 1875 und 1913 auf das Sechsfache gesteigert werden, die Eisen- und Stahlindustrie erlebte seit den achtziger Jahren ein spektakuläres Wachstum. Am Vorabend des Krieges stand das Deutsche Reich als Stahlerzeuger mit weitem Vorsprung vor Großbritannien hinter den USA an zweiter Stelle in der Welt. In einzelnen Bereichen, etwa in der Erzeugung von Kali und Zink, hatte es sogar eine absolut führende Stellung erreicht. Auch im Außenhandel nahm es 1913 – zusammen mit den USA – den zweiten Rang hinter Großbritannien ein.

Daß Deutschland nach 1871 so rasch eine moderne Industriestruktur erlangte, war auch eine Folge seines relativ späten Eintritts in den Prozeß der industriellen Revolution. Am Ende des 19. Jahrhunderts waren die deutschen Industriebetriebe in der Regel größer dimensioniert und moderner ausgerüstet als die der ausländischen Konkurrenz und insbesondere diejenigen in Großbritannien. Nur die USA verfügten über noch größere und moderner ausgebaute industrielle Kapazitäten. Zudem zeichnete sich die deutsche Großindustrie schon vor dem Ersten Weltkrieg durch ein modernes Management aus; die Entwicklung zum straff gegliederten, wissenschaftlich organisierten Konzern war schon weit vorangeschritten. Deutschland wurde ebenso verspätet zu einer Industrienation, wie das Deutsche Reich politisch und militärisch den Status einer Weltmacht erlangte. Die zeitliche Parallelität dieser beiden Errungenschaften und ihre anhaltende Problematisierung durch nur halb überwundene ältere politische und Wirtschaftszustände machen den Wandel der Wirtschaftsordnung im Deutschen Kaiserreich zu einem für unterschiedliche Richtungen der historischen Betrachtung interessanten Gegenstand.

## 2. Staat und Wirtschaft im Kaiserreich

Die wirtschaftlichen Regelungen der Verfassung des Deutschen Reiches vom 16. April 1871 hatten einen durchaus zentralistischen Zug. Das Reich erhielt die legislative und administrative Zuständigkeit in den Bereichen Handel, Zoll, Gewerbe, Banken und Versicherungen, Münzwesen, Maße und Gewichte, Patentwesen, Seeschiffahrt und Überseehandel, Eisenbahnen, Post- und Telegraphenwesen. Auch die Übernahme der wirtschaftsrechtlichen Regelungen des Deutschen Bundes bzw. des Norddeutschen Bundes (Handelsgesetzbuch von 1861, Gewerbeordnung von 1869, Aktiennovelle von 1870) sowie die reichseinheitliche Kodifizierung des Zivilrechts durch das »Bürgerliche Gesetzbuch« (BGB), das 1900 in Kraft trat und eine Vielzahl einzelstaatlicher Gesetze ablöste, gehören in diesen Zusammenhang.

Insgesamt hatte die Reichsgründung eine spürbare Liberalisierung der wirtschaftlichen und gesellschaftlichen Verhältnisse zur Folge. Alle Deutschen genossen Freizügigkeit im Reichsgebiet; desgleichen wurde eine völlige Freiheit des Güterverkehrs eingeführt. Die liberalen Prinzipien der Binnen- und Außenwirtschaftsordnung, die schon in der Gesetzgebung des Zollvereins und des Norddeutschen Bundes vorgebildet gewesen waren, wurden aber im Gefolge der Gründerkrise teilweise eingeschränkt. Die neomerkantilistische Neuorientierung der Handels- und Zollpolitik seit 1879 belegt das ebenso wie das Aktiengesetz von 1884 und das Börsengesetz von 1896, die der Spekulation vorbeugen sollten, und das Reichshandwerkerschutzgesetz von 1897, das den Wettbewerb im Handwerk einschränkte.

Auch in der Entwicklung der Volkswirtschaftslehre trat die neuerliche Infragestellung der Grundsätze einer liberalen Wirtschaftsordnung schon bald nach der Reichsgründung unübersehbar in Erscheinung. Nicht erst die Diskreditierung des Manchester-Liberalismus durch die Exzesse der Gründerzeit, vielmehr schon das immer massivere Hervortreten der sozialen Frage seit den sechziger Jahren dürfte den Anstoß zu einer Neuorientierung gegeben haben. Im »Verein für Sozialpolitik« war die Frontstellung gegen den Liberalismus als »abstrakte« Richtung der Volkswirtschaft sehr auffällig. Gleiches gilt für die Jüngere Historische Schule der Nationalökonomie mit ihren Führern Gustav Schmoller und Adolph Wagner, die nach der Reichsgründung in Deutschland maßgeblich wurde. Diese Schule leistete keine bedeutenden Beiträge zur Theoriebildung, wenn man von ihrer Beschäftigung mit der Rolle des Staates in der Wirtschaft absieht. Für diesen Teilbereich ist immerhin Wagners schon 1863 formuliertes »Gesetz« der wachsenden öffentlichen Ausgaben zu nennen. Wagner und der Journalist und kurzzeitige österreichische Minister Albert Schäffle gelten als die Väter des Gedankens der »Gemeinwirtschaft«, einer für die weitere Entwicklung des deutschen Wirtschaftsdenkens charakteristischen, definitorisch schwer faßbaren Idee einer staatsregulierten, genossenschaftsähnlichen Wirtschaftsordnung, der wir noch mehrfach wiederbegegnen werden. Der gleichen Vorstellungswelt entstammt Georg Friedrich Knapps *Staatliche Theorie des Geldes* (1905). Geld ist für Knapp grundsätzlich Geschöpf der Rechtsordnung. Die Geldordnung und die Ordnung der Güter- und Leistungswirtschaft sollen sinnvoll miteinander verbunden sein, und der Staat soll diese Verbindung durch wohlkalkulierte Geldschöpfung funktionsfähig erhalten.

Die Hochschätzung des Staates als ordnungsstiftender Instanz ist charakteristisch für die Jüngere Historische Schule, die häufig in die Gefahr geriet, einer unkritisch-apologetischen Staatsverherrlichung zu verfallen. Das gilt auch für Schmollers Hervorhebung der wirtschaftspolitischen Leistungen der preußischen Herrscher, die einer »im Grunde Hegelischen Anerkennung positiver Herrschafts- und Entwicklungsergebnisse« (Brinkmann) entsprang.[3] Wie wenig in sich geschlossen die Historische Schule freilich war, zeigte sich, als Ende der siebziger Jahre im Zusammenhang mit dem Sozialistengesetz und der protektionistischen Wende der deutschen Handelspolitik eine Krise des »Vereins für Sozialpolitik« erkennbar wurde. Dem konservativen, neomerkantilistischen Flügel um Schmoller und Wagner stellte sich eine »linke«, liberale Fraktion entgegen, der Lujo Brentano, Karl Bücher, Walter Lotz und Ignatz Jastrow zuzurechnen sind. Die Richtungskämpfe im »Verein für Sozialpolitik« setzten sich bis zum Ersten Weltkrieg fort und erfaßten drei Generationen von Wissenschaftlern mit so prominenten Vertretern wie Georg Gothein, Friedrich Naumann, Eugen v. Böhm-Bawerk und Max Weber.[4] Für eine Analyse der wirtschaftlichen Entwicklungstendenzen im Kaiserreich und speziell der Rolle des Staates als Mitgestalter des wirtschaftlichen Geschehens haben die Vertreter der kritischen Richtung der bürgerlichen Nationalökonomie, der neben Brentano und Weber auch Gelehrte wie Schumpeter und Schulze-Gaevernitz zuzurechnen sind, weitaus bedeutendere Beiträge geleistet als ihre rechtsbürgerlichen Kollegen, deren Neigung zum Detail zwar die Theoriebildung nicht ausschloß, sie aber doch stark hinter einer empirisch-anschaulichen Beschäftigung mit der Wirklichkeit zurücktreten ließ. Die Fragestellungen der ersteren wiesen durchaus Berührungspunkte mit marxistischen Analytikern wie Rudolf Hilferding und Karl Kautsky auf, auf die noch zurückzukommen sein wird. Gemeinsam war beiden Gruppen auch der prinzipiell historische Charakter ihrer Studien, der sie von Carl Menger und anderen zeitgenössischen Pionieren der »Exakten Theorie« unterschied. Der für die Geschichte der Volkswirtschaftslehre bedeutende Methodenstreit zwischen der Historischen Schule und der Exakten Theorie betrifft nicht unmittelbar Fragen der Wirtschaftsordnung und braucht deshalb nicht referiert zu werden.

Die Jahrzehnte des Kaiserreichs brachten eine bedeutende Vermehrung der staatlichen Einflußnahme auf die Wirtschaft. Die Institutionen der Wirtschaftsverwaltung wurden ausgebaut, die eigene unternehmerische Betätigung des Reiches und anderer öffentlicher Körperschaften (Staaten, Gemeinden) nahm zu. Der wachsende Umfang der Staatsausgaben erhöhte die Bedeutung der öffentlichen Haushalte für die Wirtschaft im ganzen. Es ist deshalb angezeigt, die Finanzierung dieser Ausgaben durch Steuern, Zölle und andere Einkünfte genauer zu untersuchen.

Die Reichsverfassung von 1871 ließ die einzelstaatliche Finanzhoheit im wesentlichen unangetastet, d.h. die direkten Steuern verblieben den Staaten, während das Reich die Zölle, die meisten Verbrauchsteuern (etwa auf Salz, Zucker, Bier, Branntwein, Tabak, Spielkarten) und die Verkehrsteuern (Wechselsteuer, Stempelsteuer von 1884) erhielt. Die wichtigsten direkten Steuern waren die Einkommen-, die Ertrag- und die Erbschaftsteuer. In den deutschen Staaten hatte es vor der Reichsgründung eine ganz unterschiedliche Verteilung zwischen diesen Steuerarten gegeben, wobei das Hauptgewicht in Süddeutschland auf den Ertragsteuern, in Nord- und Mitteldeutschland auf den Einkommensteuern gelegen hatte.

Die für das Reich ungünstige Zuweisung der Steuern war begründet durch eine entsprechende überwiegende Verwaltungskompetenz der Staaten. Deren Sache war nämlich die gesamte innere Verwaltung, d.h. ihnen oblagen die Polizeiangelegenheiten ebenso wie die Finanzverwaltung, das Schul- und das Gerichtswesen. Eine Reichsverwaltung gab es im wesentlichen nur für die Bereiche der äußeren Hoheitsentfaltung: für Heer und Marine, den Auswärtigen Dienst, das Kolonialwesen (das erst seit den achtziger Jahren eine Rolle spielte) und den Zoll. Nicht hergestellt werden konnte 1871 eine ausschließliche Posthoheit des Reiches. Eine Reichspost kam zwar zustande, aber Bayern und Württemberg, die beiden größten süddeutschen Staaten, behielten separate Postverwaltungen (Bayern sicherte sich überdies die Biersteuer).

Alsbald zeigte sich, daß die Einkünfte des Reiches aus Steuern, Zöllen und den Erträgen öffentlicher Betriebe nicht ausreichten, um ein ausgeglichenes Budget zu erzielen. Es war deshalb vorgesehen, daß »Matrikularbeiträge« der Staaten Unterdeckungen bei den Ausgaben verhindern sollten. Diese Beiträge sollten jährlich durch Reichstag und Bundesrat neu festgelegt werden. Die Höhe der auf die Staaten entsprechend ihrer Bevölkerungszahl umgelegten Matrikularbeiträge betrug anfangs 50 bis 80 Millionen Mark. Diese Ausgleichszahlungen, die das Reich als »Kostgänger« der Einzelstaaten erscheinen ließen, nahmen in ihrer finanzwirtschaftlichen Bedeutung allmählich ab. Hatten sie zunächst über 10% des Finanzbedarfs des Reiches gedeckt, machten sie 1910 nur noch 2,5% aus.

Seit dem Beginn der Schutzzollpolitik (1879) und der Erhöhung einiger Verbrauchsteuern erfolgte durch die »Franckensteinsche Klausel« eine Begrenzung der Reichseinnahmen auf zunächst 130 Millionen Mark. Höhere Einnahmen mußten an die Staaten weitergegeben bzw. gegen deren Matrikularbeiträge verrechnet werden. Zu etwa diesem Zeitpunkt begannen sich gravierende Finanzprobleme des Reiches abzuzeichnen. Als die Haushaltsdefizite größer wurden, mußten zunehmend Anleihen aufgelegt werden. 1890 erreichte die Reichsschuld mit einer Milliarde Mark etwa das Volumen des Haushalts. Auch nach 1900 blieb es bei großen Defiziten, und der steile Anstieg der Reichsschuld setzte sich fort. Als sie 1904 den Betrag von 3 Milliarden Mark überschritt, wurde die

Franckensteinsche Klausel für Zolleinnahmen aufgehoben, aber gleichzeitig wurden auch die Matrikularbeiträge gesenkt. Die Stengelsche Finanzreform hob 1906 die Franckensteinsche Klausel auch für Verbrauchsteuern auf und brachte eine Ausdehnung der Erbschaftsteuer. Dennoch wuchs die Reichsschuld unaufhaltsam weiter und erreichte 1909 fast 5 Milliarden Mark. Die Sydowsche Finanzreform von 1908/09 mit dem Ziel einer Steigerung der Einnahmen um 20% vor allem durch eine Ausdehnung der Erbschaftsteuer scheiterte im Reichstag am Widerstand der konservativ-agrarischen Interessen und führte zum Auseinanderbrechen des Bülow-Blocks. Die nun zu Lasten der Konsumenten und des mobilen Kapitals modifizierte Reform brachte enttäuschende fiskalische Ergebnisse.[5]

Trotz mancher finanzpolitischer Ungeschicklichkeiten ist die ungünstige Entwicklung des Reichshaushalts nicht ohne weiteres von der Einnahmenseite her zu erklären. Der Anteil des Reiches an den Gesamteinnahmen der öffentlichen Hand erhöhte sich nämlich kontinuierlich. Waren 1885 nur 17,5% dieser Einnahmen auf das Reich entfallen, aber 57,1% auf die Staaten und 25,4% auf die Gemeinden, so betrug das Verhältnis 1913 30,0:30,6:39,4, d.h. die Reichseinnahmen hatten sich – vor allem zu Lasten der Staaten – fast verdoppelt.[6] Tatsächlich war das chronische Budgetdefizit eine Folge der enormen Steigerung der Ausgaben des Reiches, für die wiederum in erster Linie der wachsende Militäretat verantwortlich war. Dessen Anteil erreichte regelmäßig 75 bis 80% der Gesamtausgaben. Als Anteil aller öffentlichen Ausgaben machten die Militärausgaben 1891 25,7%, 1910 21% und 1913, nach einer Heeresreform, 25,2% aus. 1913/14 wurde zusätzlich zu den regulären Steuern ein Wehrbeitrag als Vermögensabgabe erhoben, der noch einmal 1 Milliarde Mark einbrachte.

Eine kritische Würdigung der Ausgabenverteilung in den öffentlichen Haushalten des Kaiserreichs und insbesondere des hohen Prozentanteils der Militärausgaben muß den insgesamt geringen Umfang dieser Haushalte in Rechnung stellen. 1913 betrug ihr Anteil am Nettosozialprodukt weniger als 19% und sogar weniger als 16%, wenn man Transferzahlungen (Rentenzuschüsse, Wohlfahrt, Subventionen) abzieht. Das geringe Volumen der Budgets, in denen kaum disponible Reserven vorhanden waren, machte sie freilich auch ungeeignet als Instrumente einer gezielten Wirtschaftspolitik. Mit der Zeit wurden neben dem Reich und sogar noch stärker als dieses auch die Staaten und die Kommunen von dem Prozeß zunehmender öffentlicher Verschuldung erfaßt. 1913 lag die Verschuldung der Kommunen mehr als doppelt so hoch, die der Staaten sogar mehr als dreimal so hoch wie diejenige des Reiches.

Die Steuerpolitik im Kaiserreich war das Ergebnis einer Vielzahl einander widerstrebender Interessen und trug deshalb stets Kompromißcharakter. Große Reformen waren sowohl im Reich als auch in den Einzelstaaten nur schwer durchführbar. Für die Beurteilung des Stellenwertes der Steuerpolitik innerhalb der Wirtschaftsordnung ist es aufschlußreich, daß die durchschnittliche steuerliche Belastung pro Kopf der Bevölkerung zwischen 1890 und 1913 mit rund 10% vom Einkommen unverändert blieb.

In einer Anzahl von deutschen Staaten gab es vor 1920 noch keine allgemeine Einkommensteuer. In Württemberg, wo eine solche Steuer 1905, und in Bayern, wo sie 1910 eingeführt wurde, waren lange Zeit Ertragsteuern die Hauptquelle des Steueraufkommens. In Preußen wurde die traditionell unterschiedliche Besteuerung von Stadt und Land erst 1873 aufgehoben. Alle Einkommen oberhalb von 420 Mark unterlagen nun einer Klassensteuer. Die ungünstige Entwicklung der Einnahmen seit etwa 1880 und der rasche Anstieg der Staatsschuld von 1,4 auf 6 Milliarden Mark bis 1892 machten jedoch eine gründliche Steuerreform erforderlich. Die Miquelsche Reform von 1891/93 ließ Einkommen von weniger als 900 Mark unbesteuert. Höhere Einkommen unterlagen einem progressiven Tarif von 0,6 bis 4%; letzterer Satz wurde bei einem Jahreseinkommen von 100 000 Mark erreicht. Die Veranlagung erfolgte nach den eigenen Angaben des zu Besteuernden. Einkommen von weniger als 9500 Mark wurden nach dem neuen Tarif geringer besteuert als bisher. Dennoch wurden höhere Steuereinnahmen erzielt, weil die Deklarationspflicht und angedrohte Sanktionen die Steuermoral verbesserten.

Trotz dieser Mehreinnahmen blieb eine Haushaltslücke bestehen, weil gleichzeitig durch das Kommunalabgabengesetz von 1893 die Ertragsteuern aus Gewerbe und Grundbesitz auf die Gemeinden übertragen wurden. Die Rittergüter wurden auf diese Weise praktisch von der Grundsteuer befreit. Die Miquelsche Neuregelung blieb im wesentlichen bis 1918 gültig. Die preußische Staatsschuld erreichte 1910 mit 9,4 Milliarden Mark die doppelte Höhe derjenigen des Reiches.[7]

Vor dem Ersten Weltkrieg war der Anteil der Einkünfte aus erwerbswirtschaftlicher Tätigkeit an den Gesamteinnahmen des Staates noch sehr hoch. In einigen deutschen Staaten, so in Preußen und Bayern, übertrafen diese Einkünfte auch nach 1900 die Steuereinnahmen. Der geschichtliche Ursprung der öffentlichen Betriebe des Reiches und seiner Gliedstaaten lag ja in den fürstlichen Regalien und Besitzungen sowie den staatlichen Unternehmungen des Merkantilismus. Eine Ausnahme hiervon bildeten die erst im 19. Jahrhundert entstandenen Eisenbahnen, bei denen sich in Deutschland von Anfang an ein gemischtes System von Staats- und Privatlinien entwickelt hatte. Nach der Reichsgründung blieben die meisten öffentlichen Betriebe im Besitz der Einzelstaaten. Reichsunternehmen entstanden nur in wenigen Bereichen. Zu nennen sind das Post-, Telegraphen- und Telephonwesen, die Eisenbahnen des Reichslandes Elsaß-Lothringen, einige Werften und Militärwerkstätten, die Reichsdruckerei und die Reichsbank.

Finanziell am einträglichsten war die Reichspost, die 1871 aus der Post des Norddeutschen Bundes (und damit indirekt aus der preußischen Post) hervorgegangen war und bei der 1907 etwa 80% aller in Reichsbetrieben beschäftigten Personen tätig waren.[8] Das florierende und rasch expandierende Unternehmen steigerte zwischen 1872 und 1913 seine Leistung im Briefverkehr auf das 14fache, und die Zahl der Postämter versechsfachte sich in dieser Zeit. Hinzu kam seit den achtziger Jahren der Telephonverkehr, für den – wie für das Telegraphenwesen – nicht nur aus finanziellen, sondern auch aus militärischen Erwägungen ein Staatsmonopol geschaffen wurde. Der Anteil der Reichspost an den Überschüssen aller Reichsbetriebe betrug vor dem Krieg rund 50%, das waren etwa 4% der gesamten Reichseinnahmen.

Weit größer war die Bedeutung der öffentlichen Unternehmen für die Finanzen der Einzelstaaten. Dabei wurden häufig die höchsten Einkünfte aus dem Betrieb der Eisenbahnen erzielt, obwohl es gerade hier große Unterschiede gab. Während etwa in Preußen der Anteil der Eisenbahnen an den Einkünften aus öffentlichen Betrieben nach 1890 zeitweilig 50% überschritt, erbrachte in anderen Staaten (z.B. Württemberg) der Betrieb der Eisenbahnen Defizite. Dennoch wurde die Verstaatlichung der Bahnen seit der Gründerkrise allenthalben in Deutschland konsequent weitergeführt. Bayern verstaatlichte 1875 die Ostbahn, Sachsen 1876 die Linie Leipzig–Dresden. In Preußen wurden zwischen 1880 und

1912 insgesamt 57 Eisenbahngesellschaften mit einer Streckenlänge von fast 11 000 km vom Staat übernommen. Der Anteil der Staatsbahnen am Streckennetz stieg zwischen 1870 und 1890 von 56 auf 92%.

Von unterschiedlicher Bedeutung waren in den einzelnen Staaten die Einkünfte aus dem Bergbau. Vor allem in Preußen war der Staatsbergbau auch nach 1871 bedeutend. An der Saar umfaßte er noch fast 100% der Gruben, in Oberschlesien 15% und an der Ruhr 11% (1912). Der Anteil des preußischen Staates an der gesamten Erzgewinnung in Deutschland betrug 1913 11%, an der Kaligewinnung 13%. Staatliche Salinen in Preußen und Bayern erzeugten 21% des in Deutschland gewonnenen Salzes. Weitere Wirtschaftsbereiche, in denen Staatsbetriebe eine Rolle spielten, waren die Elektrizitätswirtschaft, bestimmte kriegswichtige Industrien (Gewehr- und Munitionsfabriken) sowie landwirtschaftliche Domänen, deren Anteil an den staatlichen Einkünften aber insgesamt im 19. Jahrhundert stark zurückgegangen war. In Preußen und Mecklenburg erreichte er um 1900 noch etwa 10%.

Seit der Reichsgründung weitete sich die wirtschaftliche Betätigung der Gemeinden und Gemeindeverbände aus. Als frühe kommunale Einrichtungen im Finanzsektor waren schon in der ersten Hälfte des Jahrhunderts vielerorts Sparkassen entstanden. Seit den achtziger Jahren wurde die Kommunalisierung der Verkehrs- und vor allem der Versorgungsbetriebe (Wasser-, Gas- und Elektrizitätswerke, Straßenbahnen, Schlachthäuser) vorangetrieben. Bis 1914 waren Wasserwerke zu 93% und Gaswerke zu 82% kommunalisiert. Elektrizität wurde zu 38% in städtischen und zu 36% in gemischtwirtschaftlichen Werken erzeugt, und 50% der Straßenbahngesellschaften waren städtisch. Etwa 15% der Gemeindeeinnahmen entstammten Überschüssen kommunaler Betriebe.[9]

Institutionelle Voraussetzung für die aktive Verfolgung wirtschaftspolitischer Ziele durch das Reich war die Bildung zentraler Wirtschaftsbehörden, zu der es aber nicht sogleich kam. Man hat die These aufgestellt, daß vor allem die zunehmende Beschäftigung mit der sozialen Frage und eine entsprechende Konzentration staatlicher Bemühungen auf Fragen der Sozialpolitik einer solchen Bildung zentraler Behörden im Wege gestanden habe. Auch Bismarck persönlich habe solche Pläne wegen seiner Fixierung auf die Sozialpolitik nicht gefördert. So erfolgte eine zentrale Koordinierung wirtschaftspolitischer Maßnahmen durch das

Reichskanzleramt, das Bismarck wie ein kombiniertes Handels- und Finanzministerium leitete. Durch seinen Präsidenten v. Delbrück wurde das Amt zunächst in ausgesprochen liberal-freihändlerischer Weise geprägt.

Aus dem Reichskanzleramt wurden mit der Zeit spezielle Ämter ausgegliedert, so die Reichsämter für Eisenbahnen (1873), Post (1876), Justiz (1877) sowie das Reichsschatzamt (1879). Bismarck scheint mit dem Gedanken gespielt zu haben, auch ein Handelsamt zu schaffen, doch verfolgte er solche Pläne nicht mit Nachdruck. Statt dessen kam es 1880, unmittelbar nach der Übernahme des preußischen Handelsministeriums durch Bismarck, zur Gründung einer Abteilung für wirtschaftliche Angelegenheiten im Reichsamt des Innern, die mit Gewerbe-, Aktien- und Genossenschaftswesen, Sparkassen und Versicherungen und der neuen Sozialversicherung befaßt war, während Handel und Bankwesen in die Zuständigkeit der ebenfalls neugeschaffenen Zentralabteilung fielen. Klare wirtschaftspolitische Zuständigkeiten wurden auf diese Weise nicht geschaffen. In den folgenden Jahren scheint Bismarck noch mehrfach die Gründung eines Reichswirtschaftsressorts erwogen zu haben, das entweder aus dem preußischen Handelsministerium hervorgehen oder vom Reichsamt des Innern abgespalten werden sollte, doch traten solche Pläne hinter der die achtziger Jahre beherrschenden sozialen Frage zurück, und auch die zu erwartenden organisatorischen Probleme bei einer gründlichen Umgestaltung der zentralen Behördenorganisation des Reiches dürften abschreckend gewirkt haben.[10]

So blieb das Reichsamt des Innern auch weiterhin federführend in Fragen der Wirtschaftspolitik. Seit 1894 verfügte es über eine III. Abteilung, die speziell für wirtschaftspolitische Fragen zuständig war. Von ihr wurde 1900 die Abteilung IV für Handelsangelegenheiten sowie Bank- und Börsenwesen abgetrennt. Zudem bildete Staatssekretär v. Posadowsky-Wehner (1897–1907) einen dreißigköpfigen Beirat, der als »Wirtschaftspolitischer Ausschuß zur Vorbereitung und Begutachtung handelspolitischer Maßnahmen« firmierte und einen neuen Zolltarif erarbeiten sollte. Die Abteilung IV wurde zwar weiter ausgebaut – 1910 erhielt sie die Aufsicht über das Kalisyndikat –, es fehlte jedoch insgesamt an zuverlässigen Kontakten zur Wirtschaft, über die die Landesministerien in der Regel (etwa auf dem Wege über die Handelskammern) verfügten.

Diese Landesministerien hatten nach 1871 ein unterschiedliches Schicksal. Einige von ihnen wurden zugunsten der Reichsbehörden aufgelöst, so das bayerische und das württembergische Handelsministerium (1871, 1881). Andere jedoch vermochten sich nicht nur zu behaupten, sondern erlangten innerhalb der Wirtschaftsordnung des neuen Reiches eine dominierende Stellung. So stand die Wirtschaftspolitische Abteilung im Reichsamt des Innern durchaus im Schatten des Preußischen Handelsministeriums, und zwar nicht nur während dieses von Bismarck geleitet wurde, sondern auch in der Folgezeit unter den Ministern Hans v. Berlepsch (1890–1896), Theodor v. Möller (1901–1905) und Clemens Delbrück (1905–1909). Seit 1880 beriet ein »Preußischer Volkswirtschaftsrat« als Sachverständigenbeirat das Handelsministerium bei der Vorbereitung von Gesetzen, seine praktische Bedeutung war jedoch gering. Bismarck plante auch zeitweilig die Einrichtung eines »Deutschen Volkswirtschaftsrats« mit Beteiligung der Wirtschaftsverbände, der Reichstag lehnte jedoch dieses modern anmutende Vorhaben ab, weil er die Entstehung eines der Regierung willfährigen Konkurrenzorgans fürchtete.

Neben den Reichsämtern und einzelstaatlichen Ministerien hatte auch die 1875 gegründete Reichsbank einen – wenn auch begrenzten – Einfluß auf die Gestaltung der Wirtschaftspolitik.[11] Die Reichsbank, die aus der bisherigen Preußischen Bank hervorgegangen war, hatte die Funktion einer Zentralnotenbank, d. h. sie hatte den Wert und die Funktionsfähigkeit der Währung zu sichern. Sie war der Rechtsform nach Aktiengesellschaft, beschäftigte jedoch Beamte des Reiches.

Nachdem bis dahin das Silber als Währungsmetall vorgeherrscht hatte, führte das Deutsche Reich durch Gesetz vom 4. Dezember 1871 als erstes großes Land nach Großbritannien die Goldwährung ein. Neue Währungseinheit war die Mark, die ⅓ Taler oder 35 süddeutschen Kreuzern entsprach. Versuche der Agrarier, eine Silber- oder eine Doppelwährung durchzusetzen, um durch Abwertung den Export zu begünstigen, waren fehlgeschlagen. Genau besehen war die neue Währung eine Goldkern- und Goldumlaufwährung mit zusätzlichem kontingentiertem Notenumlauf. Die über das (flexible) Kontingent hinaus ausgegebenen Banknoten mußten von der Reichsbank versteuert werden. Goldmünzen zirkulierten in großem Umfange als Zahlungsmittel, und die Reichsbank war zu jederzeitigem Umtausch von Papiergeld in

Goldmünzen verpflichtet. Außer den Reichsgoldmünzen liefen allerdings auch weiterhin Silbermünzen der Einzelstaaten um. Das Wertverhältnis zwischen Gold und Silber war mit 15,5:1 festgesetzt. Wie wichtig die Währungsvereinheitlichung war, geht daraus hervor, daß es vor 1871 in Deutschland nicht weniger als 33 selbständig operierende Notenbanken gegeben hatte. Nach der Gründung der Reichsbank stellten die meisten davon ihre Tätigkeit ein. Nur die Badische, die Bayerische, die Sächsische und die Württembergische Notenbank blieben weiterhin bestehen, hatten aber keine große Bedeutung mehr.

Geld- und konjunkturpolitisch waren der Reichsbank die Hände noch weitgehend gebunden. An eine Zentralbankpolitik im modernen Sinne war jedenfalls nicht zu denken, weil das notwendige Instrumentarium fehlte. Das einzige Mittel einer wirtschaftspolitischen Steuerung, über das die Reichsbank verfügte, war die Diskontpolitik, und von ihr hat sie nur in geringem Umfange Gebrauch gemacht. Bei der Anhebung des Diskontsatzes bestand das Ziel regelmäßig in einer Dämpfung der Geldnachfrage in Boom-Zeiten; dagegen wurde nur selten eine Korrektur des Wechselkurses angestrebt. Die Möglichkeiten der Reichsbank, durch währungspolitische Maßnahmen gestaltend in die außenwirtschaftlichen Beziehungen einzugreifen, wurden durch die Regeln des Goldautomatismus eingeschränkt, d.h. Zahlungsbilanzungleichgewichte sollten automatisch zu ausgleichenden Goldbewegungen mit Veränderungen der Goldreserven und entsprechenden Anpassungen der Wechselkurse führen. In der Praxis spielten solche Vorgänge aber eine geringere Rolle, als die Theorie erwarten ließ.

## 3. Strukturen des »Organisierten Kapitalismus«

Die wirtschaftliche Struktur Deutschlands und die Gestaltung seiner Wirtschaftsordnung waren in den Jahrzehnten des Kaiserreichs weitreichenden Transformationen unterworfen, die in mannigfacher Weise das Verhältnis von Staat und Wirtschaft beeinflußten. Die dabei vor allem zutage tretende Tendenz bestand in der zunehmenden Ablösung einer liberal-marktgesetzlich und atomistisch verfaßten Wirtschaftsordnung durch ein komplexes System der Interessenabstimmung. Für diese charakteristische Verschränkung wirtschaftlicher, sozialer und politischer Interessen ist neuerdings wieder der auf den sozialistischen Theoretiker Rudolf Hilferding zurückgehende Begriff »Organisierter Kapitalismus« oder die Doppelcharakterisierung »Organisierter Kapitalismus und Interventionsstaat« verwendet worden.[12]

Die historischen Wurzeln des »Organisierten Kapitalismus« sind in der Krise der siebziger Jahre des 19. Jahrhunderts zu suchen, als die Regelmechanismen der liberalen Wirtschaftsordnung zu versagen schienen. Seither erfolgte eine doppelte Verwandlung des volkswirtschaftlichen Systemaufbaus durch außenwirtschaftliche Abschirmung und binnenwirtschaftliche Staatsintervention auf den verschiedensten Gebieten von der Kartell- bis zur Sozialpolitik. Der Begriff des »Organisierten Kapitalismus« ähnelt zweifellos dem in der marxistischen Geschichtsanalyse verwendeten des »Staatsmonopolistischen Kapitalismus« (Stamokap) insofern, als beide in einem Prozeß immer engerer Verknüpfung von Ökonomie und Politik ein Hauptkennzeichen der Entwicklung fortgeschrittener kapitalistischer Wirtschaftssysteme erblicken.[13] Beide verbindet auch die Annahme, daß diese Verknüpfung den Zweck verfolge, das politisch-ökonomisch-soziale System des Kapitalismus im Zeichen einer zunehmenden Instabilität und Krisenanfälligkeit zu festigen und zu legitimieren. Das Konzept des »Organisierten Kapitalismus« hat jedoch gegenüber dem des Stamokap den Vorzug größerer Flexibilität und Realitätsnähe bei der Analyse der untersuchten Wirkungszusammenhänge; die Zwangsläufigkeit eines politischen Systemwandels durch Revolution lehnt es ab.

Auch wenn gegen eine extensive Verwendung des Begriffs »Organisierter Kapitalismus« zur Kennzeichnung einer Haupttendenz der Wirtschaftsentwicklung im Kaiserreich bedenkenswerte Einwände erhoben worden sind[14], soll er doch im folgenden als Generalüberschrift einige charakteristische Phänomene sowohl im wirtschaftsautonomen Bereich als auch in dem der Überschneidung der staatlich-politischen und der ökonomischen Sphäre zusammenfassen: die zunehmende Unternehmenskonzentration und die damit einhergehenden inneren Verwandlungen der Unternehmensstruktur, die ausgeprägte Kartellierungstendenz, die wachsende Bedeutung wirtschaftlicher Interessenverbände und schließlich das planvolle Zusammenwirken von staatlicher Politik und privater Interessenwahrnehmung zur Verteidigung und Legitimation der bestehenden Wirtschaftsordnung.

Wirtschaftliche Konzentration ist ein verhältnismäßig weiter, auf jeden Fall unterschiedlich interpretierbarer Begriff. In der allgemeinen Definition als »Ballung ökonomischer Größen« kann er sowohl Betriebs- und Unternehmens- wie auch Einkommens- und Vermögenskonzentration und selbst Konzentration wirtschaftlicher Verfügungsmacht bedeuten. In einem engeren Sinne bedeutet Konzentration die »Zunahme des Leistungsanteils der oberen Unternehmensgrößenklasse gegenüber den kleineren Größenklassen«.[15] Speziell im Hinblick auf die Entstehung von Großunternehmen der Industrie spricht man von »horizontaler«, d.h. mehrere Betriebe derselben Produktionsstufe umfassender, sowie von »vertikaler« Konzentration, bei der Betriebe auf unterschiedlichen Stufen der Produktion und des Absatzes unter einem Firmendach vereint sind.

Für historische Untersuchungen der Konzentration im ausgehenden 19. und in der ersten Hälfte des 20. Jahrhunderts kommt aus praktischen Gründen eigentlich nur der Vergleich von Beschäftigtenzahlen in Betracht, denn für systematische Zeitreihen der Umsatz- oder Vermögensentwicklung großer Unternehmen reichen die Statistiken meist nicht aus. Aussagekräftige Zahlen über die Zunahme der Konzentration in einigen Sektoren der deutschen Industrie über einen längeren Zeitraum kann man erst gewinnen, wenn man die Jahrzehnte nach dem Ersten Weltkrieg miteinbezieht. Es wird dann eine starke Zunahme des Anteils der jeweils größten Unternehmen an der Gesamtbeschäftigung ihrer Branchen erkennbar. Für die Vorkriegszeit ist es wegen fehlenden statistischen Materials nicht möglich, entsprechende Zeitreihen zu konstruieren. Möglich ist jedoch ein Vergleich zwischen einzelnen Branchen in einem bestimmten Stichjahr. Dabei zeigen sich eine besonders ausgeprägte vertikale Konzentration in der Eisen- und Stahlindustrie sowie allgemein hohe Konzentrationsgrade auch in der Elektroindustrie, der Glas- und der Zementindustrie sowie der chemischen Industrie. Umgekehrt ist die Konzentration besonders gering im Bergbau und in der Textilindustrie und überraschend niedrig (verglichen mit heutigen Verhältnissen) auch in der Fahrzeugindustrie.

Über das Fortschreiten der Konzentrationstendenz geben Betriebsgrößenvergleiche Auskunft. 1907 gab es im Deutschen Reich 478 Industriebetriebe mit mehr als 1000 Beschäftigten, viermal mehr als 1882. Sie hatten zusammen 880000 Beschäftigte; das waren 8,1% aller Erwerbstätigen in Industrie und Handwerk. 272 dieser Großbetriebe fanden sich in Rheinland/Westfalen, Lothringen und Oberschlesien; die meisten gehörten dem Montanbereich an. Demgegenüber hatten Betriebe mit 200 bis 1000 Beschäftigten 1907 einen Anteil an der Gesamtbeschäftigung von 17,2%.[16] Diese Zahlen lassen eine kräftige Zunahme der Konzentration um die Jahrhundertwende erkennen, sie zeigen aber auch, daß die relative Bedeutung der Großbetriebe, jedenfalls was ihren Anteil an der Beschäftigung betrifft, nicht überschätzt werden sollte.

Der außergewöhnliche Aufstieg der Großindustrie im Kaiserreich wäre nicht möglich gewesen ohne die Unterstützung der Banken, die bei der Finanzierung der Industrialisierung in Deutschland eine bedeutendere Rolle gespielt haben als in fast allen vergleichbaren Ländern. Die neuen Großbanken wie die Deutsche Bank (gegründet 1870) und die Dresdner Bank (1872) fanden von Anfang an ihr Hauptbetätigungsfeld in der Industriefinanzierung, wobei zuerst das Montanrevier an der Ruhr einen Schwerpunkt bildete. Dort mußten auch ursprünglich unabhängige Unternehmen wie Krupp und Thyssen mit der Zeit finanzielle Bindungen an die Großbanken eingehen. Auf diese Weise bildete sich eine für Deutschland charakteristische Verflechtung von Industrie- und Bankkapital heraus und damit eine dominierende Stellung insbesondere der Großbanken auf der Ebene der Großunternehmen, die bis in unsere Gegenwart fortbesteht.

Die Bedeutung der Banken für die deutsche Industrialisierung ist vor allem von Alexander Gerschenkron in seiner Analyse ökonomischer Rückständigkeit und der Möglichkeiten zu ihrer Überwindung herausgearbeitet worden. In Fortführung der Überlegungen Gerschenkrons hat man das Merkmal einer »privatwirtschaftlichen Ersatzplanung« bei der Steuerung der industriewirtschaftlichen Entwicklung durch die Großbanken betont.[17] Tatsächlich rückte der universale Charakter des Großbankengeschäfts zwischen dem privaten Kapital- und dem staatlichen Anleihenmarkt das hochkonzentrierte Bankensystem in eine Art universaler Vermittlerposition in einem strategisch wichtigen Bereich der Wirtschaftsordnung.

So sehr Hilferdings Analyse der vermeintlich letzten Stufe der Entwicklung des Kapitalismus im Zeitalter des »Finanzkapitals« und des »Organisierten Kapitalismus« der Korrektur bedarf, so richtig hat sie doch den Sachverhalt des »Kapitals in der Verfügung der Banken und der Verwendung der Industrie« beschrieben. Auch wenn man davon ausgeht, daß zwischen Banken und Industrie ein Verhältnis gegenseitiger Abhängigkeit bestand, befanden sich doch die Banken in der Regel in der stärkeren Position, weil sie einen noch höheren Grad der Konzentration des Kapitals und damit der wirtschaftlichen Macht repräsentierten als ihre industrielle Kundschaft.

Nach Gerschenkron besteht ein funktioneller Zusammenhang auch zwischen der Bankenkonzentration und der besonderen Bedeutung, die die Kartellbewegung in Deutschland vor dem Ersten Weltkrieg hatte. Da die Großbanken oft mehrere miteinander konkurrierende Unternehmen kontrolliert hätten, hätten sie es abgelehnt, »Brudermord« unter ihren Schützlingen zu dulden.[18] Überdies hätten sich gerade die Großbanken in einer strategisch besonders günstigen Position befunden, um die Chancen zur Bildung gewinnträchtiger Kartelle zu erkennen. Sie hätten deshalb die industrielle Kartellierung nicht nur begünstigt, sondern oft sogar erst ausgelöst.

Die schon vor der Jahrhundertwende stark in Gang gekommene Kartellbewegung stellt einen der auffälligsten und international am meisten beachteten Aspekte der industriellen Entwicklung Deutschlands dar. Eine wichtige außenwirtschaftliche Voraussetzung der zunehmenden Kartellierung schufen die protektionistischen Zolltarife, die seit 1879 die Handelspolitik des Kaiserreichs prägten. Erst nach der Abschottung des deutschen Marktes gegen ausländische Konkurrenz war eine ungestörte Aufteilung durch nationale Kartelle möglich. Die Anfänge der Kartellierung gehen allerdings weit vor die Reichsgründung zurück. So gab es seit etwa 1850 eine Vielzahl von Absprachen im Umkreis der Eisenindustrie, z. B. Absatzkartelle für Kohle, Eisen, Schienen und Draht. Diese Vereinbarungen waren jedoch meist nur regional wirksam und auch zeitlich begrenzt. In der ersten Phase der langen Stagnation nach der Krise der siebziger Jahre dürften die Kartellbildungen vor allem Schutzmaßnahmen gegen Schwankungen der Konjunktur dargestellt haben. Friedrich Kleinwächter empfahl die Kartelle in einer vielbeachteten Schrift 1883 als Elemente der Ordnung im Chaos der Wirtschaft und als Instrumente zur Entschärfung sozialer Probleme.

Die eigentliche Blütezeit der Kartelle lag zwischen 1890 und 1914. Nun wurden weite Bereiche der deutschen Wirtschaft kartelliert, und zwar mit Billigung und häufig aktiver Unterstützung durch Reichsbehörden und Rechtsprechung. Die genaue Zahl der Kartelle ist nicht exakt anzugeben. Das Reichsamt des Innern zählte 1905 385 Kartelle, und 1910 soll es 673 gegeben haben. 1890 und 1897 ergingen Urteile des Reichsgerichts, die Kartelle als mit dem Prinzip der Gewerbefreiheit vereinbar und die in den Preis- oder sonstigen Absprachen eingegangenen Verpflichtungen für verbindlich erklärten. Im zweiten dieser Urteile stellte das Reichsgericht ausdrücklich fest, daß Kartelle dem öffentlichen Interesse dienten und deshalb Rechtsschutz genössen. Auch die öffentliche Meinung in Deutschland hatte – abgesehen von gelegentlicher akademischer Kritik seit den neunziger Jahren – gegen Kartelle kaum etwas einzuwenden. Man erblickte in ihnen (wie schon Kleinwächter) ein ordnungsstiftendes Element, durch das ein »ruinöser Wettbewerb« verhindert wurde.[19]

Eines der bekanntesten deutschen Kartelle war das der Kaliindustrie. Wegen der weltweit führenden Rolle der deutschen Produzenten hatte es auch internationale Bedeutung. Ein erstes Kalikartell wurde schon 1881 etabliert, konnte sich aber noch nicht durchsetzen. 1910 erfolgte dann eine staatliche Zwangskartellierung der Kaliindustrie durch Gesetz, die das Ziel verfolgte, die Exportpreise unter Kontrolle zu halten, und wohl auch verhindern sollte, daß deutsche Kaligruben in ausländischen Besitz gelangten.[20]

Versuche, die Kohleindustrie zu kartellieren, hatte es wegen der stark schwankenden Preise schon früh – seit den sechziger Jahren – gegeben. Seit der Gründerkrise nahmen die Bemühungen um ein solches Kartell zu, und 1893 gelang es, die wichtigsten Kohleproduzenten im Westen Deutschlands im »Rheinisch-Westfälischen Kohlensyndikat« (RWK) zu vereinen. Ähnliche Kohlekartelle entstanden auch in anderen Fördergebieten des Reiches. Weitere wichtige schwerindustrielle Kartelle waren das Roheisensyndikat (1897) und der Stahlwerksverband (1904). In der Chemieindustrie gab es seit 1905 zwei große Interessengemeinschaften – zum einen die Firmen Hoechst und Cassella, zum anderen die BASF, die Farbenfabrik Bayer und die Agfa. Zwischen diesen beiden Gruppen, die 80% der Welt-Farbenproduktion auf sich vereinigten, bestanden Kartellvereinbarungen. Ein Zusammenschluß aller führenden deutschen Chemiefirmen kam vor dem Ersten Weltkrieg nicht mehr zustande. In der Elektroindustrie waren um 1900 nach einer Reihe von Fusionen und Liquidationen nur noch Siemens und AEG als bedeutende Unternehmen übriggeblieben. Die Konzernbildung verlief hier so stürmisch, daß sich eine Kartellierung erübrigte.

Die Marktanteile der Kartelle waren von Industrie zu Industrie unterschiedlich. Für das Jahr 1907 hat man sie wie folgt geschätzt: Papierindustrie 90%, Bergbau 74% (Steinkohlenbergbau 82%), Rohstahl 50%, Zement 48%, Glas 36%, Waggonbau 23%, Elektroindustrie 9%. Nach der Gründung des Roheisenverbandes 1910 erreichte der Kartellierungsgrad in der Eisenindustrie nahezu 100%. Der Gesamtanteil der Kartelle am Produktionswert der deutschen Industrie im Jahre 1907 dürfte etwa 25% betragen haben.[21] Der Vergleich mit anderen Ländern zeigt, daß in Deutschland wie dort auch sozusagen »klassische« Kartellbranchen im Vordergrund standen, daß jedoch sonst nirgendwo so hohe Kartellierungsgrade erreicht wurden wie im Deutschen Reich.

Die tatsächliche Marktmacht der Kartelle im Kaiserreich ist möglicherweise bisher überschätzt worden. Von allen Kartellen hat es angeblich nur das RWK vermocht, eine vom allgemeinen Konjunkturverlauf weitgehend unabhängige Absatzgestaltung durchzusetzen und dabei sogar die Preise stetig anzuheben. Viele Kartelle zerbrachen – namentlich in Krisenzeiten – so rasch, wie sie entstanden waren. Neben den drei Montankartellen brachten es nur das Zuckerkartell und das Spritussyndikat für längere Zeit zu marktbeherrschenden Quoten.[22] Auch die Zusammenarbeit von Staat und kartellierter Wirtschaft verlief keineswegs immer ungetrübt. Symptomatisch war der Versuch des preußischen Fiskus, sich durch den Erwerb der Ruhrzeche »Hibernia« beim Kohlebezug vom RWK-Kartell unabhängig zu machen. Dieser Versuch scheiterte 1904/05 am Widerstand des Syndikats und einer Bankengruppe.

Eine auffällige Parallele zur Kartellierung in der Industrie zeigte sich in der Gewerbepolitik. Vor der Jahrhundertwende wurden im Handwerksrecht Liberalisierungen zurückgenommen, die man schon für endgültig gehalten hatte. 1897 wurden durch Gesetz für die meisten Handwerke Zwangsinnungen vorgeschrieben, die das alleinige Recht hatten, Lehrlinge auszubilden, und die sogar – hier ist die Ähnlichkeit zum Kartell am größten – Preisfestsetzungen vornehmen durften. Die breite Wirksamkeit des Prinzips des »Organisierten Kapitalismus« wird in dieser Parallelität der Entwicklungen erkennbar.

Ein weiteres Merkmal der Herausbildung eines in mannigfacher Weise »organisierten« Kapitalismus im Kaiserreich war die Blüte des Verbandswesens. Die Rolle der Interessenverbände zwischen Staat und Wirtschaft und damit ihre Funktion innerhalb der Wirtschaftsordnung wird unterschiedlich bewertet. Ihre historische Entstehung in einer Zeit, die von starken wirtschaftsliberalen Impulsen geprägt war, hat zu einer Einordnung unter die Kräfte der demokratischen Bewegung des 19. Jahrhunderts geführt, des unternehmerischen Aufbegehrens gegen Trägheit und Uneinsichtigkeit der Obrigkeit in Fragen der Wirtschaftsgestaltung. Dagegen steht jedoch die Meinung, daß die Verbandsgeschichte eher unter dem Gesichtspunkt des Zusammenspiels von Staat und Wirtschaft und der zunehmenden Verflechtung unternehmerischer und obrigkeitlicher Interessen untersucht werden sollte. Statt einer ungeregelten Auseinandersetzung in wirtschafts- und sozialpolitischen Fragen kommt es durch die Verbände zu einem geordneten, quasi kolonnenartigen Aufmarsch der wirtschaftlichen Interessen und einer fast militärischen Strategie zur Erreichung der angestrebten Ziele. Daß sich die Wirtschaftsverbände gerade im Kaiserreich so kräftig entwickeln konnten, zeigt, daß trotz der Breite und Vielfalt des Parteienspektrums Bedarf an zusätzlichen spezialisierten Vermittlungsinstanzen im politischen Prozeß bestand. Ihr Erfolg rührt auch von der Tatsache her, daß sich den organisierten Produzenteninteressen keine gleichwertige Organisation der Masse der Konsumenten, derjenigen der Arbeitgeber noch keine gleich starke der Arbeitnehmer entgegenstellte. Die zeitweilig vom Staat unterdrückten Gewerkschaften verfügten über keinen vergleichbaren Zugang zu den Schaltstellen der Politik, und die SPD als einzige politische Vertretung der Arbeiterklasse und anderer Unterschichten wurde erst unmittelbar vor dem Ersten Weltkrieg zu einem Machtfaktor.

Einen Markstein in der Geschichte des Verbandswesens in Deutschland bildete die Gründung des »Vereins zur Wahrung der gemeinsamen wirtschaftlichen Interessen in Rheinland und Westfalen«, des sog. »Langnamvereins«, im November 1871. Dieser zwar nicht einer bestimmten Branche verpflichtete, aber doch von schwerindustriellen Interessen beherrschte Verband versuchte seine Ziele zu erreichen »durch publizistische Tätigkeit, durch Vorstellungen bei den Behörden ..., durch das Gewicht der von ihm aufzustellenden Resolutionen ..., durch die Sammlung statistischen Materials«.[23] Im Langnamverein und in der 1874 gegründeten »Nordwestlichen Gruppe des Vereins Deutscher Eisen- und Stahlindustrieller« formierten sich erstmals diejenigen schwerindustriellen Interessen, die die Geschichte der Wirtschaftsverbände vor dem Ersten Weltkrieg in besonderem Maße prägen sollten.

Seit der Gründerkrise von 1873 gab es intensive Bemühungen zur Schaffung eines Unternehmerverbandes mit schutzzöllnerischer Zielsetzung für das ganze Deutsche Reich. Diese Bemühungen führten 1876 zur Gründung des »Centralverbandes Deutscher Industrieller« (CDI), der hauptsächlich von Repräsentanten der Schwer- und der Textilindustrie geführt wurde und der in den folgenden Jahren und Jahrzehnten zur einflußreichsten Unternehmerorganisation im Deutschen Reich wurde.[24] Der CDI, der mit der Zollschutzgesetzgebung von 1879 seinen ersten großen politischen Erfolg errang, blieb seiner sozialkonservativen Linie und den Grundsätzen einer Wirtschaftspolitik unter »nationalen« Vorzeichen bis in den Ersten Weltkrieg hinein treu.

Mit den Vorstellungen des CDI vermochten sich die meisten Repräsentanten der exportorientierten Fertigwarenindustrie, des Handels und der Banken nicht anzufreunden. Sie gründeten 1895 als eigene Interessenvertretung den »Bund der Industriellen« (BdI), der aber nie das politische Gewicht des CDI erreichte. Versuche einer Zusammenführung der beiden Verbände blieben ohne Erfolg. Bestrebungen des BdI, gemeinsam mit dem CDI und dem Chemieverein einen Deutschen Industrierat zu bilden, wurden vom CDI 1900 abgelehnt. An mangelnder Kooperations- und Kompromißbereitschaft des CDI scheiterten auch wiederholte Versuche zur Gründung eines einheitlichen deutschen Arbeitgeberverbandes. Statt dessen bestanden seit 1904 zwei selbständige Arbeitgeberzentralen, die dem CDI verbundene »Hauptstelle« und der »Verein Deutscher Arbeitgeberverbände«, der dem BdI und dem Chemieverein nahestand. Erst 1913 erfolgte die Fusion der beiden Organisationen in der »Vereinigung Deutscher Arbeitgeberverbände« (VDA).

Trotz einer mehrfach erfolgreich erprobten Politik des taktischen Koalierens zeichnete sich mit dem Übergang des Deutschen Reiches vom Agrar- zum Industriestaat immer deutlicher auch eine grundsätzliche Rivalität zwischen landwirtschaftlichen und industriewirtschaftlichen Interessen ab. Diese Rivalität trat besonders im Zeichen der Handelsvertragspolitik der Ära Caprivi (von der im nächsten Abschnitt zu sprechen ist) in ein akutes Stadium ein. Zur führenden Kampforganisation der Agrarier wurde der 1893 gegründete »Bund der Landwirte« (BdL). Erklärtes Ziel dieser Organisation war es, der Landwirtschaft eine ihrer Bedeutung entsprechende Vertretung in den parlamentarischen Körperschaften zu verschaffen. Der BdL erwies sich als eine der erfolgreichsten Verbandsbildungen im Wilhelminischen Deutschland. Schon im Jahr seiner Gründung erreichte er eine Mitgliederzahl von mehr als 150000, bei Ausbruch des Ersten Weltkriegs hatte er sogar 330000 Mitglieder – eine erstaunliche Tatsache, wenn man bedenkt, daß der BdL im wesentlichen auf Preußen beschränkt blieb und einseitig die Interessen der getreideerzeugenden Großagrarier der östlichen Provinzen vertrat. Bei der Verfolgung konkreter wirtschaftlicher Ziele scheuten diese keineswegs den Konflikt mit der Industrie oder sogar mit der Staatsführung, etwa in der Auseinandersetzung um den vom Kaiser persönlich geförderten Bau des Mittellandkanals, weil sie durch ihn eine Begünstigung der Getreideimporte befürchteten. Erst nach mehrjährigem erbittertem Widerstand der Agrarier konnte 1905 mit dem Bau des Kanals begonnen werden.

Die starke politische Stellung der ostelbischen Agrarier spiegelt zum einen die dominierende Rolle Preußens innerhalb des Reiches wider und zum anderen den überragenden Einfluß, den Repräsentanten des Großagrariertums in hohen Staatsämtern ausübten. Die Opposition, die sich auch innerhalb der Landwirtschaft gegen die Dominanz der Junker bildete, erlangte nie bedeutendes Gewicht. Der 1909 gegründete »Deutsche Bauernbund« machte zwar Front gegen die einseitige Begünstigung des Großgrundbesitzes, brachte es aber bis 1914 nur auf 50000 Mitglieder. Eine wirksame Interessenvertretung der kleinen Landwirte stellte er nicht dar.

Neben den Verbänden der Industrie und der Landwirtschaft vermochten sich Vertretungen anderer Zweige der gewerblichen Wirtschaft nicht mit gleicher Effektivität in Szene zu setzen. Eine spezifische Mittelstandsideologie bildete sich erst in den neunziger Jahren heraus, wobei der »neue« Mittelstand der Beamten und Angestellten noch kaum einbezogen wurde. Für das Handwerk trat seit 1883 der »Allgemeine Deutsche Handwerkerbund« auf, der sich gegen eine weitere Ausdehnung der Gewerbefreiheit wandte und dessen zünftlerische Vorstellungen das Handwerkergesetz von 1897 beeinflußten. Die Interessen des Großhandels vertrat der 1900 gegründete »Handelsvertragsverein«, der eine wirtschaftsliberale Linie verfolgte. 1904 wurde die »Deutsche Mittelstandsvereinigung« gegründet, die außer dem mittelständischen Gewerbe auch Haus- und Grundbesitzer sowie das mittlere und kleine Beamtentum zu erfassen versuchte, deren Politik jedoch im wesentlichen von den Vorstellungen und Existenzängsten ihrer gewerblichen Klientele geprägt wurde.

Die Interessenorganisationen der deutschen Wirtschaft vor 1914 lassen sich grob in zwei antagonistische Gruppen einteilen. Konservativ-nationalwirtschaftliche Positionen vertraten der CDI, der BdL und die »Deutsche Mittelstandsvereinigung«, liberalere der BdI und der DHT. Als schließlich 1909 auf Initiative des Bankiers Jacob Riesser der Versuch unternommen wurde, die wichtigsten Verbände der industriellen und gewerblichen Wirtschaft im Zeichen der Unzufriedenheit über die von großagrarischen Interessen geprägte Reichsfinanzreform in einer Gemeinschaftsorganisation zusammenzuschließen, gelang dies nur vorübergehend. Der »Hansabund für Handel, Gewerbe und Industrie« vermochte trotz der Beteiligung breiter Kreise der Wirtschaft seine steuerpolitischen Vorstellungen nicht durchzusetzen. Ein »Parlament des erwerbstätigen Bürgertums«[25] konnte er nicht werden, weil die wirtschafts- und sozialpolitischen Vorstellungen der in ihm vertretenen Gruppen sich als unvereinbar erwiesen. Schon bald begann die Schwerindustrie von ihm abzurücken. 1909 schied die Mittelstandsvereinigung und 1912 der CDI aus. Der Hansabund war danach nur noch eine Vertretung der Banken und der verarbeitenden Industrie.

Der »Organisierte Kapitalismus« hat in seinen hauptsächlichen Erscheinungsweisen (Konzentration, Kartellierung, Verbandsbildung) keineswegs die wirtschaftliche Entwicklung Deutschlands vor dem Ersten Weltkrieg insgesamt geprägt, er hat aber für wesentliche Gestaltungsformen der deutschen Industriewirtschaft des 20. Jahrhunderts die Richtung vorgegeben und zugleich charakteristische Muster des Zusammenspiels von Wirtschaft und Politik entwickelt. Zunehmende Konzentration und Trustbildung waren keine ausschließlich deutschen Erscheinungen, sondern prägten auch andere entwickelte Industriewirtschaften jener Zeit. Wahrscheinlich haben sie aber Struktur und Leistungsfähigkeit der deutschen Wirtschaft nachhaltiger beeinflußt als die für Deutschland »typischen« Kartelle. Der im einzelnen oft schwer zu belegende Einfluß der Verbände auf die wirtschaftspolitischen Entscheidungen spielte insgesamt gewiß eine wichtige Rolle für die Entwicklung der Wirtschaftsordnung im Kaiserreich. Bei allen Interessengegensätzen im Lager der Wirtschaft ergaben sich dabei unter »nationalen« Vorzeichen und in der Abwehr des als bedrohlich empfundenen politischen Sozialismus so viele Gemeinsamkeiten, daß jener Grundkonsens möglich wurde, der in der »Sammlungspolitik« der konservativen Kräfte bis hin zur Zusammenarbeit von BdL, CDI und »Reichsdeutschem Mittelstandsverband« im »Kartell der schaffenden Stände« von 1913 immer wieder unübersehbar zutage trat.

## 4. Imperialismus und Außenwirtschaftspolitik

Die Außenpolitik des Deutschen Reiches war zunächst eher zurückhaltend und auf Verständigung angelegt, nahm aber schon vor der Jahrhundertwende im Zeichen des Großmachtanspruchs mehr und mehr einen expansiven Zug an. Das durch den ersten Reichskanzler, Otto v. Bismarck, geknüpfte komplizierte Bündnissystem, dessen Hauptziel eine Isolierung Frankreichs war, wurde von seinen Nachfolgern zugunsten einer unsteten, die eigenen Kräfte häufig überschätzenden Politik preisgegeben. Allmählich zeichnete sich daher eine Entente Englands und Frankreichs gegen das Deutsche Reich ab, die sich durch die Addition zahlreicher Gegensätze z. T. wirtschaftlicher Natur festigte. Damit war die im Jahre 1914 bestehende Bündniskonstellation gewiß nicht unwiderruflich vorgegeben. Vielmehr ist der zum Kriegsausbruch hinführende Prozeß zu kompliziert, als daß er auf eine so knappe Formel gebracht werden könnte. Der Wirtschafts- und Sozialhistoriker wird seine Aufmerksamkeit speziell solchen Ursachen der wachsenden internationalen Spannungen vor 1914 zuwenden, die in ökonomischen und gesellschaftlichen Gegensätzen begründet liegen könnten.

Die Jahre von 1880 bis 1914 gelten der Geschichtsforschung als die klassische Epoche des Imperialismus. Der Begriff wird durchaus unterschiedlich gedeutet, wobei die verschiedenen Imperialismustheorien eine Vielzahl von Aspekten in den Vordergrund stellen. Grob gesehen bezeichnet »Imperialismus« zwei Dinge: die Ausdehnung der Gebietsherrschaft durch einen Staat, insbesondere die territoriale Expansion durch den Erwerb von Kolonien, zum anderen alle sonstigen Formen der ökonomischen oder politischen Herrschaft eines Staates außerhalb seiner angestammten Grenzen.

Die bis heute einflußreichste Interpretation des Imperialismus ist die wirtschaftliche. Ökonomische Imperialismustheorien, wie sie vor allem von marxistischen Analytikern vorgetragen worden sind, interpretieren den Imperialismus als Krisenstadium in der Entwicklungsgeschichte des Kapitalismus. Dabei gehen sie von der Annahme aus, daß sich von einem bestimmten Zeitpunkt ab die Absatz-, Profit- und Wachstumschancen einer kapitalistischen Wirtschaft auf den nationalen Binnenmärkten zu erschöpfen beginnen und daß aus diesem Grunde fortan die Eroberung von Auslandsmärkten zunehmend interessant wird. Angestrebt wird eine radikale Umgestaltung der außenwirtschaftlichen Beziehungen durch die Inbesitznahme oder Beherrschung fremder Märkte und Ressourcen und damit eine entsprechende Veränderung der internationalen Wirtschaftsordnung zum eigenen Vorteil.

Die offensichtlichste Form imperialistischer Politik der Großmächte war der Erwerb von Kolonien. Von einer Kolonialpolitik des Deutschen Reiches im eigentlichen Sinne kann erst seit den achtziger Jahren die Rede sein. Bismarck stand der Idee deutscher Kolonien zunächst reserviert gegenüber, weil er darin keinen realpolitischen Gewinn zu erblicken vermochte, vielmehr eine Verschlechterung der Beziehungen zu den etablierten Kolonialmächten England und Frankreich befürchtete. Er änderte seine Einstellung aber, als sich zunehmender innenpolitischer Druck bemerkbar machte, die inzwischen erfolgten privaten Erwerbungen von afrikanischen Küstenregionen unter den Schutz des Reiches zu stellen. 1884 wurde Togo zum deutschen Schutzgebiet erklärt, an der Küste Kameruns die deutsche Flagge gehißt und die Lüderitzsche Erwerbung in Südwestafrika vom Deutschen Reich übernommen. 1885 erhielten die Deutsch-Ostafrikanische Gesellschaft und die Neuguinea-Compagnie Schutzbriefe. Schließlich wurde 1898 Kiautschau in Pacht genommen und 1899 ein Teil Samoas annektiert. Insgesamt erreichte der deutsche Kolonialbesitz bis zur Jahrhundertwende einen Gebietsumfang von mehr als 2,5 Millionen km$^2$, das Fünffache des Reichsgebiets.

Wirtschaftlich und finanziell schlugen die Kolonien zu keinem Zeitpunkt positiv zu Buche, auch dann nicht, als 1906 die bisherige Kolonialabteilung des Auswärtigen Amtes in ein selbständiges Ressort, das Reichskolonialamt, umgewandelt wurde. Alle Kolonien mit Ausnahme Togos blieben auf Zuschüsse aus dem Reichshaushalt angewiesen. Der Handel des Reiches mit den Kolonien machte weniger als 1% des gesamten Außenhandelsvolumens aus. Auch eine nennenswerte Besiedlung kam nicht zustande. Weniger als 30000 Deutsche lebten 1914 in den Kolonien, die Hälfte davon in Deutsch-Südwestafrika.

Eine weniger auffällige Spielart des wirtschaftlichen Imperialismus als die Inbesitznahme von Kolonien ist die Expansion einer nationalen Wirtschaft mit dem Mittel des Kapitalexports. Sie tangiert nicht den Geltungsbereich des Völkerrechts und bedeutet keine Veränderung der internationalen Wirtschaftsordnung als Normensystem, vermag aber den tatsächlichen Zustand der internationalen wirtschaftlichen Beziehungen nachhaltig zu beeinflussen.

Der Umfang der deutschen Auslandsinvestitionen nahm in den Jahrzehnten vor 1914 stark zu, weil die anhaltend gute Konjunktur einen Überschuß an anlagesuchendem Kapital freisetzte. Bei der Nutzbarmachung dieser Mittel spielten die Großbanken eine entscheidende Rolle. Sie sorgten dafür, daß ausländische Wertpapieremissionen auf dem deutschen Kapitalmarkt untergebracht wurden, daß also deutsches Kapital in industriellen Anlagen in anderen Ländern investiert oder der Wirtschaft dieser Länder durch Anleihen zur Verfügung gestellt wurde. Neben solchen »Portefeuille-Investitionen« standen Direktinvestitionen im Ausland durch den Erwerb von Unternehmensbeteiligungen oder die Errichtung von Zweigbetrieben deutscher Firmen. Diese Direktinvestitionen erreichten auch schon vor dem Ersten Weltkrieg – im beginnenden Zeitalter der multinationalen Unternehmen – einen beachtlichen Umfang.

Deutsche Kapitalinteressen bestanden in vielen Teilen der Welt in einer Größenordnung, die weit über das in den Kolonien angelegte Kapital hinausging. Vor dem Ersten Weltkrieg war das Deutsche Reich der drittgrößte Kapitalexporteur nach Großbritannien und Frankreich; der Gesamtbestand der deutschen Auslandsanlagen soll 1914 rund 30 Milliarden Mark entsprochen haben, während umgekehrt nur etwa 5 Milliarden Mark an ausländischem Kapital im Deutschen Reich angelegt gewesen sein sollen.[26] Die politische Dimension des Kapitalexports wurde zunächst nur gelegentlich sichtbar, etwa bei dem 1887 deutscherseits verhängten Lombardverbot für russische Wertpapiere.

Ein Schwerpunkt der deutschen Wirtschaftsinteressen lag im südosteuropäischen und kleinasiatischen Raum. Unter der Regie der Großbanken strömte hier in großem Umfang deutsches Kapital ein und leistete einen wichtigen Beitrag zur infrastrukturellen Entwicklung einer Anzahl von Ländern. Ein bekanntes Beispiel ist die rumänische Erdölindustrie, deren Expansion weitgehend durch den Berliner Kapitalmarkt finanziert wurde. In der Türkei finanzierten seit 1889 deutsche Banken – in Rivalität zu britischen und französischen Konsortien – den Bau der Anatolischen Eisenbahn von Istanbul nach Ankara. Die daran anschließende Bagdad-Bahn, die bis zum Persischen Golf geführt werden sollte, kam bis zum Ausbruch des Ersten Weltkriegs nicht mehr allzu weit voran. Von vergleichbarer Bedeutung waren die Aktivitäten der »Deutschen Überseeischen Elektrizitätsgesellschaft« (DUEG), einer Gründung mehrerer deutscher Industrieunternehmen und Banken. Die DUEG wurde vor allem in Südamerika tätig und war geschäftlich sehr erfolgreich.

Das Engagement deutscher Unternehmen im Ausland erhielt häufig diplomatische Hilfestellung durch das Reich mit dem Ergebnis, daß sich wirtschaftliche Interessengegensätze in politische Konflikte verwandeln konnten. Ein Beispiel hierfür ist der deutsch-französische Streit um die Unternehmungen der Brüder Mannesmann in Marokko zwischen 1907 und 1910, bei dem das Auswärtige Amt allerdings eine bemerkenswerte Zurückhaltung an den Tag legte, ein Umstand, der damit erklärt worden ist, daß auch in dem mit den Mannesmanns rivalisierenden französischen Syndikat deutsche Kapitalinteressen eine Rolle gespielt haben.[27]

In seinem vieldiskutierten Buch über die deutschen Kriegsziele im Ersten Weltkrieg[28] hat Fritz Fischer die These vertreten, daß Deutschlands wirtschaftlicher Imperialismus vor 1914 in eine Sackgasse geraten sei, daß einflußreiche Kreise in Wirtschaft und Politik sich dieser Situation bewußt gewesen seien und daß diese Kräfte nun versucht hätten, die Einfluß- und Machtsphäre des Deutschen Reiches mit aggressiven Mitteln weiter auszudehnen, wobei sie auch die Auslösung eines Krieges zwischen den Großmächten in Kauf genommen hätten. Seit dem Erscheinen von Fischers Buch ist über diese These eine sich über mehr als zwei

Jahrzehnte hinziehende hitzige Auseinandersetzung geführt worden, auf die an dieser Stelle nicht eingegangen werden kann. Wichtig ist hier nur die Überlegung, daß in den wirtschaftlich motivierten Richtungen des deutschen Vorkriegsimperialismus – unabhängig von der Frage der Kolonialpolitik – der Gedanke einer Ausdehnung des von Deutschland beherrschten Wirtschaftsraumes in Mitteleuropa zunehmend diskutiert wurde und daß damit die Gestaltung der Wirtschaftsordnung im Deutschen Reich einen zusätzlichen Aspekt möglicher außenpolitischer Relevanz gewann.

Bei der Propagierung der Mitteleuropa-Idee, deren genetischer Zusammenhang mit der nationalsozialistischen »Lebensraum«-Ideologie kaum zu bestreiten sein dürfte[29], haben von Anfang an Nationalökonomen eine führende Stellung eingenommen. Selbst liberale Gelehrte wie Schmoller, Wagner und Brentano traten für die Schaffung einer Zone wirtschaftlicher Hegemonie Deutschlands ein, wobei sie vor allem an Österreich-Ungarn und die Türkei dachten. Im 1904 gegründeten »Mitteleuropäischen Wirtschaftsverein« befürwortete Schmoller einen militärisch abgesicherten kontinentaleuropäischen Wirtschaftsblock unter deutscher Führung mit ausgewogen industriell-agrarischer Wirtschaftsordnung. Die Anknüpfung an ältere Ideen z. B. Lists und Schäffles ist bei solchen Projekten ebenso unübersehbar wie die Ähnlichkeit mit den sozialdarwinistischen Vorstellungen Friedrich Ratzels, der schon 1901 einen Aufsatz mit dem Titel »Lebensraum« veröffentlichte, und den geopolitischen Überlegungen Karl Haushofers.

Der Anklang, den solche heute eher naiv erscheinenden Ideen in der deutschen Öffentlichkeit fanden, korrespondierte mit einer tiefgreifenden substantiellen Wandlung der Außenwirtschaftspolitik des Deutschen Reiches, in der seit der Gründerkrise das liberale Element im Rückzug begriffen war. Nachdem noch 1873 die Importzölle für Eisenwaren, Stahl, Maschinen, Bleche und Lokomotiven mit Wirkung ab 1877 ganz aufgehoben worden waren, erfolgte binnen kürzester Zeit eine abrupte Wendung zu einer protektionistischen Handelspolitik. Dabei setzten sich neben den Interessen der Schwerindustrie vor allem diejenigen der Großagrarier durch.

Bis in die Zeit der Reichsgründung war die deutsche Landwirtschaft in den Genuß weltweit steigender Agrarpreise gekommen, die ihren Höhepunkt 1873 erreichten. Danach aber kehrte sich dieser Trend um, und zwar vor allem im Zusammenhang mit einer starken Ausweitung der überseeischen Getreideerzeugung. In rasch wachsenden Mengen wurde Getreide aus den USA, Kanada und Argentinien zu konkurrenzlos niedrigen Preisen auf den europäischen Märkten angeboten. Die Tonne Weizen, die 1873 in Berlin 250 Mark gekostet hatte, brachte Mitte der achtziger Jahre noch 160 und Mitte der neunziger Jahre nur noch 140 Mark.[30] Dieser Preisverfall war der Anlaß einer grundsätzlichen Umorientierung der bis dahin freihändlerisch eingestellten Agrarier, die bald lautstark Schutzzölle verlangten. Für ihre Forderungen fanden sie eine politische Basis, nachdem sich Bismarck ihrer Sache angenommen hatte und der freihändlerisch orientierte Präsident des Reichskanzleramtes v. Delbrück 1876 zurückgetreten war. Im Reichstag bildete sich aus den konservativen Fraktionen sowie Teilen der Nationalliberalen und des Zentrums 1878 die »Wirtschaftliche Vereinigung«, die für Schutzzölle eintrat. Im Mai 1879 wurden mit großer Mehrheit Zolltarife für Getreide und für eine Anzahl von Industrieerzeugnissen, darunter besonders Eisen, eingeführt. In der Folgezeit wurden wegen der weiter ungünstigen Preisentwicklung die Getreidezölle noch mehrfach erhöht. 1879 betrug die Zollbelastung je Doppelzentner 1 Mark, 1885 3 Mark und 1887 5 Mark; je nach Preis entsprach dies einer Belastung bis zu 30%.

Zu einer gewissen Handelsliberalisierung kam es in der Ära Caprivi (1891–1894). Das Deutsche Reich schloß in diesen Jahren mit einer Reihe von Staaten – Österreich-Ungarn, Italien, der Schweiz, Belgien – bilaterale Verträge, die eine Herabsetzung der Zolltarife um durchschnittlich ein Drittel brachten. Mit dem getreideexportierenden Rußland wurde 1893/94 ein regelrechter Zollkrieg geführt, bis auch hier ein Vertrag mit beiderseitigen Zollermäßigungen zustande kam, der eine starke Ausweitung des deutsch-russischen Handels zur Folge hatte. Die Caprivische Revision der Zollpolitik erfolgte vor allem im Interesse der exportierenden Industrie und zur Vermeidung eines weiteren Anstiegs der Nahrungsmittelpreise. Außerdem mögen außen- und bündnispolitische Rücksichtnahmen eine Rolle gespielt haben. Im Reichstag waren die Zollsenkungen zunächst nicht umstritten, sondern konnten sich auf einen breiten Konsens bis in die Reihen der Konservativen und der Sozialdemokraten stützen. Doch schon seit Ende 1892 zeigte sich eine entschiedene Opposition der Agrarier, als die Getreidepreise neuerlich verfielen. Die Gründung des »Bundes der Landwirte« (1893) war ein Ausdruck der Verhärtung der Fronten. 1894 brachte der konservative Abgeordnete Kanitz im Reichstag den Antrag ein, ein staatliches Getreideimportmonopol zu begründen, um so den Inlandpreis über dem Weltmarktpreis zu halten. Der Antrag wurde als »Brotwucher« bekämpft und scheiterte.

Während der folgenden Jahre nahm jedoch der Druck der Agrarier stetig zu, und es konnte nur als eine Frage der Zeit erscheinen, wann die Caprivi-Tarife durch eine wieder protektionistischere zollpolitische Linie abgelöst werden würden. 1897 konstituierte sich ein Handelspolitischer Beirat beim Reichsamt des Innern, bestehend aus je fünf Vertretern des CDI, des »Deutschen Landwirtschaftsrats« und des »Deutschen Handelstages« sowie 15 Regierungsbeamten. Den protektionistischen Empfehlungen dieses Gremiums stellte sich der »Handelsvertragsverein« entgegen, der 1900 gegründet worden war und unter der Führung von Georg v. Siemens von der Deutschen Bank stand.

Mit dem Bülow-Tarif von 1902 kehrte das Deutsche Reich zu einem Zoll von 5 Mark für den Doppelzentner Getreide zurück. Den Agrariern brachte dieser Tarif bedeutende Vorteile, der Industrie hingegen wohl so gut wie nichts. So ergab sich bei Eisen- und Stahlerzeugnissen zwar ein gewisser Schutz vor Importen, doch bei Textilien war eher das Gegenteil der Fall. Ungünstig wirkten sich die Zollerhöhungen auf die Nahrungsmittelpreise aus. Vor allem in Verbindung mit den gleichzeitigen Erhöhungen der Verbrauchsteuern (Salz, Zucker, Tabak, Branntwein, Bier, Kaffee) führte die Brotpreisverteuerung aufgrund der Anhebung der Getreidezölle zu einer empfindlichen Steigerung der Lebenshaltungskosten.[31]

Die neue Erhöhung der Getreidezölle nach der Jahrhundertwende mag auch einen fiskalpolitischen Hintergrund gehabt haben. Immerhin hatte sich der Anteil der Agrarzölle an den gesamten Einnahmen des Reiches von zunächst 10% (1880) während der folgenden Jahre sprunghaft erhöht und vor der Caprivischen Revision fast 45% erreicht. Durch den Bülow-Tarif wurde dieser Anteil wiederhergestellt und sogar noch übertroffen, ein Sachverhalt, den Wilhelm Gerloff, einer der bedeutendsten deutschen Finanzwissenschaftler, als »sozialpolitisch wenig erfreulich« bezeichnet hat.[32]

Wie die Zollerhöhungen die Entwicklung des deutschen Außenhandels insgesamt beeinflußt haben, ist wegen der Bedeutung anderer, z.B. konjunktureller, Faktoren quantitativ kaum zu schätzen. Bereits seit den achtziger Jahren wurde die wachsende außenwirtschaftliche Stärke Deutschlands international beachtet. Vor allem die neuen, dynamisch wachsenden Industrien spielten eine bedeutende, durch die Schwankungen der Zollpolitik nur wenig beeinflußte Rolle auf den Exportmärkten. Umgekehrt wurde den deutschen Schutzzöllen vor allem in Großbritannien eine negative Wirkung auf die Konkurrenzfähigkeit der eigenen Industrie zugeschrieben. Die britische Stahl-, Elektro-, Chemie- und Maschinenbauindustrie fühlte sich durch die deutsche Konkurrenz angegriffen, ohne wegen des deutschen Zollschutzes zurückschlagen zu können. Hinzu kam, daß manche deutsche Hersteller (z.B. von Eisen- und Stahlerzeugnissen) ihre Produkte im Ausland billiger anboten als auf dem durch Zölle geschützten und kartellierten deutschen Markt. So erscheint doch fraglich, ob das Urteil zutrifft, Umfang, Struktur und Richtung des deutschen Außenhandels, der bis unmittelbar vor dem Ersten Weltkrieg im Defizit verharrte, seien durch die Handels- und Zollpolitik nicht entscheidend beeinflußt worden, obwohl sicher richtig ist, daß hier die Beschäftigung mit der sich wandelnden Wirtschaftsordnung der Ergänzung durch Überlegungen zur Binnenkonjunktur und zur Weltmarktentwicklung bedarf.[33]

## 5. Gesellschaftsordnung und Sozialreform

Die innere Geschichte des Deutschen Kaiserreichs von 1871 zeigt mit besonderer Prägnanz die Komplementarität von Wirtschafts- und Gesellschaftsordnung. Wie die vom agrarisch-schwerindustriellen Konservativismus geprägte, aber dennoch dynamisch expandierende Wirtschaft wies auch die deutsche Gesellschaft im Kaiserreich einerseits in noch sehr auffälliger Weise die Merkmale einer historisch gewachsenen, mit ständischen Relikten befrachteten, von scharfen Klassenlinien durchzogenen Sozialordnung auf, war aber andererseits gekennzeichnet durch eine kräftige Modernisierungstendenz, die in den Jahrzehnten vor dem Ersten Weltkrieg immer mehr an Dynamik gewann.

Der auffälligste Hinweis auf das Fortbestehen einer feudal überkrusteten gesellschaftlichen Ordnung in Deutschland war die ungebrochene Herrschaft des Adels über die Schaltzentren politischer Macht. Unter dieser Kruste nahm jedoch allmählich die Bedeutung zweier Schichten zu, deren ökonomische Existenz eng mit der Entwicklung des Deutschen Reiches zu einem Industriestaat verbunden war: des Unternehmer-Bürgertums und der Fabrikarbeiterschaft. Die materielle Grundlage für die noch immer intakte Adelsherrschaft lieferte der Großgrundbesitz mit einer leistungsfähigen, modernisierten, durch Zollbarrieren protegierten Landwirtschaft. Durch die Agrarreformen der ersten Jahrhunderthälfte hatte sich im Endergebnis eine für die Großagrarwirtschaft günstigere Besitzstruktur ergeben. Zwischen 1811 und 1890 vergrößerte sich in Ostelbien das Areal der Gutswirtschaften um nicht weniger als zwei Drittel. Man hat geurteilt, daß ohne die Begünstigung durch die Agrarreformen dem grundbesitzenden Adel die Behauptung seiner exklusiven politischen Stellung kaum möglich gewesen wäre.[34]

Auch die Bourgeoisie hat in den Jahrzehnten des Kaiserreichs ihre Positionen in Staat und Gesellschaft zu konsolidieren vermocht. Die herausragende Stellung vor allem des Wirtschaftsbürgertums – der Fabrikanten, Großkaufleute und Bankiers – hängt mit der Bedeutung dieser Schicht für die Industrialisierung zusammen. Zu Recht empfand man die wirtschaftliche Stärke des Deutschen Reiches als die wichtigste Grundlage seiner politischen und militärischen Macht, und die Begründung dieser wirtschaftlichen Stärke galt als überwiegendes Verdienst der Bourgeoisie, von der in der Tat die entscheidenden unternehmerischen Anstöße gekommen waren.

Der ökonomischen Bedeutung des Bürgertums entsprach durchaus nicht die politische Rolle, die es im Kaiserreich zu spielen vermochte. Immer weniger Unternehmer fanden sich unter den Abgeordneten der deutschen Parlamente oder in den Führungsrängen der politischen Parteien. Hier bestätigt sich der Eindruck, daß in dem Augenblick, als die wichtigsten wirtschaftlichen Ziele des Bürgertums (Zolleinigung, Gewerbefreiheit) verwirklicht waren, der weitergehende politische Reformwille erlahmte. Der Niedergang der liberalen Parteien seit etwa 1880 paßt in dieses Bild. Umgekehrt kam es zu einer forcierten Annäherung zwischen Wirtschaftsbürgertum und Adel, die sich schon in der Zollkoalition von 1879 abzeichnete. Die zwischen beiden Gruppen kontroverse

Frage, ob das Deutsche Reich auf dem Wege zum Industriestaat zügig weiter voranschreiten oder stärker seinen ursprünglichen Charakter als Agrarstaat konservieren sollte, konnte intern in der Schwebe gehalten werden.

Umstritten ist, inwieweit die Modernisierung von Wirtschaftsordnung und Wirtschaftsstruktur seit der Reichsgründung die Chancen zu sozialem Aufstieg vermehrt hat. Geht man von den wirtschaftlichen Daten aus, ist eine eher günstige Entwicklung zu vermuten. Die Statistik zeigt eine fast ununterbrochene Zunahme des Volkseinkommens zwischen 1871 und 1914, und der reale Jahresverdienst von Arbeitnehmern in Industrie, Handel und Verkehr verdoppelte sich nahezu im selben Zeitraum. Zahlen über die Einkommens- und Vermögensverteilung sind weniger leicht zu ermitteln. Differenzierende Einkommensstatistiken für Preußen zeigen, daß zwischen 1896 und 1912 der Anteil derjenigen, die weniger als 900 Mark pro Jahr verdienten, von 75 auf 52% zurückging, während der der Bezieher von Einkommen zwischen 900 und 3000 Mark von 22 auf 43% anstieg. Abgesehen davon, daß es sich hierbei um Nominalbeträge handelt, erscheint aber eine solche Verschiebung als notwendige Folge der Zunahme des Volkseinkommens insgesamt und sagt kaum etwas über die Verteilung aus. Es gibt aber Hinweise auf differenzierte Einkommensentwicklungen bei bestimmten Gruppen. So scheinen seit etwa 1890 die Löhne der schlechter verdienenden Arbeiter etwas schneller gestiegen zu sein als die der besser verdienenden, und auch bei einem Vergleich von Beamtenkategorien in Preußen deutet sich eine entsprechende Tendenz an. Daraus kann aber noch nicht eine generelle Abnahme der Ungleichheit der Einkommensverteilung gefolgert werden, denn es ist auch zu beobachten, daß Einkommen aus selbständiger wirtschaftlicher Tätigkeit noch schneller stiegen als die Arbeitnehmereinkommen.

Eine optimistische These lautet, die Industrialisierung habe zu einem wachsenden Bedarf an qualifizierten Arbeitskräften geführt und damit zu einer »Woge des sozialen Aufstiegs«. Diese vor allem von Soziologen vertretene Auffassung ist von Historikern nur in eingeschränkter Form akzeptiert worden. Wolfgang Köllmann z. B. unterscheidet drei Sektoren: den agrarischen, den industriellen und den öffentlichen, und urteilt, nur der industrielle Sektor habe als »Aufstiegsschleuse« für Angehörige der Mittel- und Unterschichten dienen können. Verhältnismäßig häufig haben Angehörige des gewerbetreibenden Mittelstandes den Aufstieg in die Schicht der Unternehmer geschafft, doch auch die Gangbarkeit dieses Weges wird in der Regel überschätzt. Eine Untersuchung der sozialen Herkunft von knapp 300 wichtigeren Unternehmern für den Zeitraum von 1871 bis 1914[35] zeigt, daß in 67% der Fälle die Väter dieser Unternehmer bereits der Oberschicht angehörten, in 33% der Mittelschicht, aber in keinem einzigen Falle der Unterschicht. Am ehesten noch kam die Gruppe der kleinen und mittleren Selbständigen als »Drehscheibe des sozialen Aufstiegs« (Kaelble) in Betracht, alles in allem jedoch scheinen die Auswirkungen der Industrialisierung auf die Chancen zu gesellschaftlichem Aufstieg im Deutschen Reich vor 1914 bisher eher überschätzt worden zu sein.

Indessen bestimmten die außerhalb des Bereichs der sozialen Mobilität stehenden Unterschichten und vor allem das städtische Proletariat in zunehmendem Maße das Gesicht der deutschen Gesellschaft. In den Jahrzehnten nach der Reichsgründung nahm die Zahl der Fabrikarbeiter sprunghaft zu; für 1882 hat man sie auf 1,6 Millionen geschätzt, für 1895 auf 3,4 Millionen und für 1907 auf 5,8 Millionen. Hiermit und mit dem Aufstieg der politischen Arbeiterbewegung hing es zusammen, daß seit dem Ende der siebziger Jahre die Auseinandersetzung des Staates mit der sozialen Frage in doppelter Weise erfolgte: in einer repressiven und in einer konstruktiv-reformerischen. Beide stehen in einem inneren Zusammenhang, den Bismarck klar gesehen hat. Das Ziel des Kanzlers war einerseits eine Unterdrückung der Arbeiterbewegung in allen ihren Erscheinungsformen, andererseits die Gewinnung der Arbeiterschaft für den Staat durch sozialpolitische Maßnahmen.

Der Unterdrückung der Sozialdemokratie und der Freien Gewerkschaften diente das Ende 1878 erlassene »Sozialistengesetz«. Es ordnete die Auflösung aller Vereinigungen an, die sozialdemokratische, sozialistische oder kommunistische Bestrebungen verfolgten. Weiter verordnete es Einschränkungen der Freizügigkeit und der freien Wahl des Wohnorts für sozialistische Politiker. Verboten wurden Versammlungen, auf denen sozialistische Ziele propagiert wurden, und alle Publikationen sozialistischen Inhalts. Das von einer Mehrheit des Reichstags als befristete Maßnahme verabschiedete Gesetz war insgesamt ein Mißerfolg. Sozialdemokratische und gewerkschaftliche Organisationen bestanden im

Untergrund weiter oder tarnten sich als Bildungs- und Fachvereine. 1881 wurden zwölf sozialdemokratische Abgeordnete in den Reichstag gewählt, drei mehr als vor dem Erlaß des Gesetzes. Bei den darauffolgenden Wahlen konnten die Sozialdemokraten ihr Ergebnis weiter verbessern und steigerten bei der Reichstagswahl 1890 die Zahl ihrer Mandate auf 30. Kaiser Wilhelm II., der kurz zuvor Bismarck entlassen hatte, war einsichtig genug, keine Erneuerung des Sozialistengesetzes durch den Reichstag mehr zu beantragen.

Das Zuckerbrot zur Peitsche des Sozialistengesetzes war die Sozialversicherungsgesetzgebung der achtziger Jahre. Sie war freilich nicht nur taktisch motiviert, sondern kam auf der Grundlage eines prinzipiell reformbereiten öffentlichen Bewußtseins zustande. Zwar bestand für Bismarck selber die »Quintessenz der Sozialpolitik« in der »Förderung der augenblicklichen Unternehmerinteressen«[36], und an der Absicht, die Arbeiter durch eine Art Rentner-Loyalität an den Staat zu binden, hat er keinen Zweifel gelassen. Doch die »ethische Nationalökonomie« der Kathedersozialisten – Schmollers etwa, für den »jeder Fortschritt in der volkswirtschaftlichen Organisation ... ein Sieg sittlicher Ideen« war[37] – und des Vereins für Sozialpolitik war gewiß nicht ohne Einfluß auf den Gang der Reformen.

Das erste wichtige Sozialversicherungsgesetz erging 1883. Es führte eine obligatorische Versicherung der gewerblichen Arbeitnehmer im Krankheitsfall ein. 1884 folgte eine Arbeiter-Unfallversicherung und 1889 eine Alters- und Invaliditätsversicherung. Damit bestand im Prinzip ein Versicherungsschutz für drei von vier denkbaren Hauptfällen des Verdienstausfalls. Nur eine Arbeitslosenversicherung kam noch nicht zustande. Die Kosten des Versicherungsschutzes wurden in unterschiedlicher Weise aufgebracht: für die Unfallversicherung ausschließlich durch die Arbeitgeber, für die Krankenversicherung zu einem Drittel durch die Arbeitgeber und zu zwei Dritteln durch die Arbeitnehmer, für die Altersversicherung von beiden je zur Hälfte, wobei jedoch Staatszuschüsse dafür sorgten, daß hier praktisch Arbeitgeber und Arbeitnehmer nur je ein Drittel der Kosten zu tragen hatten.

Bis zum Jahre 1900 waren versichert: 71% aller Erwerbstätigen in der Unfallversicherung, 39% in der Krankenversicherung und 53% in der Rentenversicherung.[38] Die Leistungen der Sozialversicherung waren zunächst knapp bemessen und sicherten denen, die sie in Anspruch nehmen mußten, kaum das Existenzminimum. Durch die Krankenversicherung wurden die Heil- und Pflegekosten getragen und bis zu maximal 13 (seit 1903 26) Wochen ein Krankengeld gezahlt, das 50% des Lohns betragen, jedoch 12 Mark pro Woche nicht übersteigen sollte. Die Leistungen der Altersversicherung setzten erst nach dem 70. Lebensjahr ein; überdies war normalerweise eine Beitragszeit von mindestens 20 Jahren Voraussetzung für die Gewährung einer Rente. Aus diesen Gründen und wegen der noch geringeren Lebenserwartung erhielten 1911 erst 100000 Personen eine Altersrente, 0,2% der Bevölkerung des Deutschen Reiches.

Einige wichtige Änderungen des Arbeiterschutzes erfolgten, als der junge Kaiser Wilhelm II. vorübergehend ein persönliches Interesse an der Arbeiterfrage zu nehmen schien. 1890 tagte in Berlin eine Internationale Arbeiterschutzkonferenz; 1891 legte eine Novelle zur Gewerbeordnung eine maximale Arbeitszeit von elf Stunden für Frauen und von zehn Stunden für Kinder fest; die Nachtarbeit von Frauen und Kindern wurde ebenso verboten wie überhaupt jede Arbeit von Kindern unter 14 Jahren. Die Novelle ermöglichte auch die Einrichtung von fakultativen Arbeiterausschüssen. Bis 1905 gab es solche Ausschüsse in etwa 10% aller Betriebe mit mehr als 20 Beschäftigten.[39] Obligatorische Arbeiterausschüsse brachten erstmals die Bergrechtsnovellen von 1905/09. Weitere gesetzliche Verbesserungen betrafen den obligatorischen Erlaß von Fabrikordnungen und die seit 1897 ebenfalls obligatorischen Gewerbegerichte. 1911 wurden die Versicherungsgesetze für Krankheit, Unfall, Invalidität und Alter zu einer einheitlichen Reichsversicherungsordnung zusammengefaßt. Gleichzeitig wurden auch die Angestellten in die staatliche Sozialversicherung einbezogen.

Die Politik des »Neuen Kurses« nach dem Sturz Bismarcks (1890) rückte von der Linie extremer Repression ab. Politiker wie Berlepsch und Posadowsky wollten die Arbeiterschaft mit dem Staat versöhnen. Zur Gewährung der vollen Koalitionsfreiheit fand man sich aus Sozialismusfurcht aber nicht bereit. Tatsächlich setzte sich der Aufstieg der politischen Arbeiterbewegung und der Gewerkschaften in den Jahrzehnten vor dem Ersten Weltkrieg ungebrochen fort. Die Freien Gewerkschaften, die vor dem Inkrafttreten des Sozialistengesetzes 1878 immerhin 29 Verbände mit 1300 Zweigvereinen und 58000 Mitgliedern umfaßt hatten, gründeten nach dem Auslaufen des Gesetzes 1890 eine zentrale Dachorganisation, die von Carl Legien geleitete »Generalkommission der Gewerkschaften Deutschlands«. Zu diesem Zeitpunkt hatten sie bereits 300000 Mitglieder. 1910 überschritt die Mitgliederzahl die Grenze von zwei Millionen. Damit war freilich noch immer erst jeder neunte Arbeiter gewerkschaftlich organisiert, allerdings schon jeder dritte in der Industrie und weit über die Hälfte aller Beschäftigten im Bergbau.

Durch die Organisation und Unterstützung von Streiks wurden die Freien Gewerkschaften immer mehr zu einem Machtfaktor im politischen System des Kaiserreichs. Besonders seit Mitte der neunziger Jahre nahmen Zahl und Ausmaß der Arbeitskämpfe rasch zu. 1895 wurden 204 Streiks registriert, 1900 852, 1905 2323 und 1910 3194. Aufsehen erregten vor allem die großen Streiks der Ruhrbergarbeiter von 1889, 1905 und 1912. Beim ersten dieser Streiks traten fast 100000 Arbeiter in den Ausstand – 80% aller Belegschaften der Ruhrzechen. Sie nahmen erst nach mehreren Wochen die Arbeit wieder auf, nachdem ihnen Verbesserungen der Löhne und Arbeitsbedingungen zugestanden worden waren. Zechenstillegungen und Arbeitszeitverlängerung lösten den noch größeren Streik vom Januar 1905 aus, an dem sich über 200000 Bergarbeiter beteiligten. Dieser Streik brach zwar zusammen, weil die Gewerkschaften keine ausreichende Streikentschädigung zu zahlen vermochten, er brachte aber einen Teilerfolg in Gestalt einer Novellierung des Berggesetzes und stellte insofern eine eindrucksvolle Demonstration von Solidarität dar, als sich an ihm alle gewerkschaftlichen Richtungen – sozialistische, christliche, liberale – einhellig beteiligten. Beim letzten großen Streik von 1912 bestand eine solche Einigkeit der Gewerkschaften nicht, und der Ausstand mußte erfolglos abgebrochen werden. Der Staat wahrte in solchen Arbeitskämpfen nur halbherzig die Neutralität, wobei die preußische Ministerialbürokratie in der Regel noch weniger arbeiterfreundlich war als die Reichsbehörden.[40]

Ebensowenig wie die Sozialdemokratische Partei war die deutsche Gewerkschaftsbewegung radikal-sozialistisch geprägt. Vielmehr herrschte in ihr eine pragmatische Einstellung vor, die dem Revisionismus verwandt war. Diese vor allem von Eduard Bernstein theoretisch begründete Richtung beeinflußte seit den neunziger Jahren die ideologische Entwicklung in der deutschen Sozialdemokratie. Aufgrund der historischen Erfahrung des neuen wirtschaftlichen Aufschwunges nach dem Ende der sog. »Großen Depression« rückten Bernstein und andere sozialistische Theoretiker wie Kautsky und Hilferding von Marx' These ab, daß der Kapitalismus aufgrund innerer Widersprüche zusammenbrechen müsse; sie setzten statt dessen auf Reformen der bestehenden Wirtschaftsordnung und das Ziel einer politischen Eroberung der Staatsmacht mit den Mitteln der parlamentarischen Demokratie.

Das von Kautsky entworfene Erfurter Programm der SPD von 1891 war noch prinzipiell marxistisch, indessen schrieb Kautsky schon 1893, zwar könne nur eine Revolution die Ziele des Sozialismus verwirklichen, eine solche Revolution könne jedoch nicht ohne weiteres vorbereitet und aktiv durchgeführt werden. Man wisse nur, daß sie kommen werde, nicht aber wann und in welcher Form. Durch das theoretische Festhalten am Endziel einer Revolution bei gleichzeitiger zunehmend reformistischer Praxis vermochte die SPD bis 1914 die auseinanderstrebenden Kräfte des Revisionismus und des linken Aktionismus halbwegs miteinander zu versöhnen und eine Spaltung der Partei zu verhindern.

Trotz des Übergewichts der gemäßigten Richtung im deutschen Sozialismus begegneten die konservativen Kräfte in Staat und Gesellschaft der SPD und den Gewerkschaften weiterhin mit Mißtrauen und Revolutionsfurcht. Nach der Jahrhundertwende nahm die Zusammenarbeit von Junkern und Bourgeoisie die Form einer gegen die Kräfte der politischen Linken gerichteten Front an. Damit intensivierte sich eine schon seit den siebziger Jahren nachweisbare »Sammlungspolitik«, deren wichtigste Träger die Großagrarier und die Schwerindustrie waren. Im Zeichen dieser zunächst gegen den politischen Liberalismus und dann vor allem gegen die Sozialdemokratie gewandten Politik trat an die Stelle der »gesinnungs- und verfassungspolitischen Antriebskräfte« zunehmend der »uneingeschränkte sozialökonomische Interessenkampf«[41], wobei sich die Auseinandersetzungen immer mehr aus dem Felde der politischen Ordnung in dasjenige der Wirtschaftsordnung verlagerten.

In Preußen versuchte Finanzminister v. Miquel die Sammlungspolitik in der Zeit der Kanzlerschaft Bülows im Zeichen von Agrarprotektionismus und Schlachtflottenbau zu konsolidieren, durch die die Interessen der Agrarier und des Groß- und Mittelbürgertums zusammengehalten werden sollten. Das Bündnis geriet jedoch in Schwierigkeiten, als sich 1909 angesichts der Reichsfinanzreform die Gegensätze verschärften. Im Wahlkampf 1912 wurde das Sammlungskonzept letztmalig erprobt, doch ohne Erfolg.

Gewiß diente die Wirtschafts- und Sozialordnung des kaiserlichen Deutschlands nicht zuletzt der Konservierung und Privilegierung feudal-agrarischer und industriell-unternehmerischer Besitzstände, doch war diese Ordnung auch geprägt von durchaus modernen Entwicklungstendenzen, und zwar in doppelter Weise: zum einen durch die – von Adolph Wagner in seinem »Entwicklungsgesetz« festgehaltene – auffällige Zunahme staatlicher Aktivität im wirtschaftlichen Bereich, zum anderen durch Konzessionen an die Realität des sich wandelnden Aufbaus der Gesellschaft, etwa in Gestalt der Sozialgesetzgebung. Schon um die Jahrhundertwende haben phantasievolle Nationalökonomen und Sozialwissenschaftler versucht, diese beiden Tendenzen zu synthetisieren. Friedrich Naumann etwa nahm die Forderung nach Verstaatlichung der Großindustrien schon 1896 in seinen »National-sozialen Katechismus« auf[42], auch Wagner erwartete zunehmende Verstaatlichungen, und Gerhart v. Schulze-Gaevernitz, der entschiedenste Befürworter staatssozialistischer Ideen im »Verein für Sozialpolitik«, der glaubte, das deutsche Beamtentum sei der »bessere Treuhänder der deutschen Zukunft« als das Großkapital, erwartete eine »Gesamtwirtschaft ... mit zentralistischer Organisation ... und Vergesellschaftung der Produktionsmittel«.[43]

Wie weit solche und ähnliche Visionen von der Realität entfernt waren, erwies sich 1918/19, als nicht einmal der völlige Zusammenbruch des diskreditierten politischen Systems eine echte Revolution auszulösen vermochte. Zwar deutet manches darauf hin, daß sich Deutschland schon vor dem Kriege auf dem Wege zu moderneren gesellschaftlichen Verhältnissen befand, für eine grundsätzliche Revision der überkommenen festgefügten Wirtschafts- und Sozialordnung fehlten jedoch so gut wie alle Voraussetzungen.

## 6. Der Erste Weltkrieg

In den Jahrzehnten nach dem Krieg von 1870/71 waren das Deutsche Reich und Österreich-Ungarn in eine zunehmende politische Isolierung geraten. Der wegen Elsaß-Lothringens nicht aufhebbare deutsch-französische Gegensatz, die russisch-österreichischen Reibereien auf dem Balkan und die deutsch-britische Flottenrivalität bildeten die hauptsächlichen Verursachungsfaktoren der Bündniskonstellation von 1914. Der durch die Ermordung des Thronfolgers Franz Ferdinand in Sarajewo ausgelöste österreichisch-serbische Konflikt weitete sich Anfang August innerhalb weniger Tage durch die Parteinahme der Großmächte zu einem allgemeinen europäischen Krieg aus, der durch die Einbeziehung überseeischer Territorien und schließlich die Beteiligung der USA (1917) zum Weltkrieg wurde.

Der nicht unerhebliche Anteil wirtschaftlicher Interessendifferenzen an der Verschärfung der politischen Gegensätze zwischen den Großmächten vor dem Krieg ist unbestritten. Auffällig ist, daß schon bald nach dem Kriegsausbruch und den anfänglichen Erfolgen der deutschen Armeen eine weitgehend von wirtschaftlichen Überlegungen bestimmte Kriegszieldiskussion einsetzte, die auf die Erzwingung einer grundlegend neuen Wirtschaftsordnung in Europa unter deutscher Führung hinauslief. An der Formulierung solcher Kriegsziele waren vor allem Vertreter der Industrie führend beteiligt. Fritz Fischer hat zeigen können, daß schon im Herbst 1914 und dann fast ununterbrochen bis in die letzten Kriegswochen hinein deutsche Unternehmer Kriegsziele vortrugen, die denen der militärischen Führung oder des Alldeutschen Verbandes an Radikalität nicht nachstanden. Industrielle wie Kirdorf, Stinnes und Thyssen legten der Reichsregierung Denkschriften vor, in denen territoriale Annexionen besonders auf Kosten Frankreichs und darüber hinaus die Beherrschung der wichtigsten Rohstofflager und Industriewerke Belgiens durch Deutschland gefordert wurden. Ähnliche Annexionspläne im Osten aktualisierten den Mitteleuropa-Gedanken. Größere Zurückhaltung zeigten diejenigen Führer der deutschen Wirtschaft, deren internationale Geschäftsbeziehungen in besonderem Maße unter dem Krieg litten. Persönlichkeiten wie der Reeder Albert Ballin (Hapag), der Industrielle Walther Rathenau (AEG) und der Bankier Arthur v. Gwinner (Deutsche Bank) erkannten zudem bald, daß eine militärische Entscheidung zugunsten Deutschlands nicht ohne weiteres zu erzwingen sein würde. Die unterschiedlichen Positionen der Wirtschaft in der Kriegszielfrage spiegeln den schon vor 1914 immer wieder zutage tretenden Gegensatz zwischen der national und protektionistisch gesinnten Schwerindustrie und liberal orientierten Kreisen vor allem des Handels, der verarbeitenden Industrie und der Banken wider.

Eine Konsequenz des Kriegsausbruchs war im Deutschen Reich – wie auch in anderen kriegführenden Staaten – eine rasch zunehmende Verflechtung der Strukturen von Staat und Wirtschaft. Weite Bereiche der unmittelbar oder mittelbar für den militärischen Bedarf produzierenden Industrie wurden in staatliche Regie genommen. Das sich herausbildende System wirtschaftlicher Lenkung tastete den privaten Besitz an den Produktionsmitteln nicht an, verschärfte aber immer mehr die Kontrolle über Produktion und Absatz, Preise und Löhne, Rohstoffe und Arbeitskräfte.

Schon vor dem Kriege waren gelegentlich organisatorische Fragen der Kriegswirtschaft diskutiert worden. So hatte 1906 der Bankier Jakob Riesser die Idee eines »Finanziellen Generalstabes« vorgetragen und 1912 der Kaufmann Emil Possehl die Schaffung eines »Wirtschaftlichen Kriegsrates« angeregt.[44] Regierung und Heeresleitung hatten sich jedoch uninteressiert gezeigt. Im Herbst 1914 erwies sich dann bald, daß die Probleme der Kriegswirtschaft mit den zur Verfügung stehenden Mitteln nicht zu meistern waren. Zwar wurde eine Reihe grundsätzlicher Regelungen getroffen – etwa die Aufhebung der Goldeinlösungspflicht der Reichsbank oder die Ermächtigung des Bundesrates durch den Reichstag, »während der Dauer des Krieges diejenigen gesetzlichen Maßnahmen anzuwenden, welche sich zur Abwendung wirtschaftlicher Schädigungen als notwendig erweisen«. Der Nachteil des Fehlens einer zentralen Wirtschaftsbehörde konnte aber auch durch das konzertierte Zusammenwirken einer Vielzahl von Instanzen nicht ausgeglichen werden.

Von den Behörden des Reiches war für wirtschaftliche Fragen in erster Linie das Reichsamt des Innern zuständig. Daran änderte sich im Prinzip nichts; seit der Erklärung des Belagerungszustandes Anfang August 1914 kontrollierten jedoch militärische Stellen, d.h. vor allem Kommandierende Generäle und Abteilungen des preußischen Kriegsministeriums, die Kriegsproduktion. Beim Kriegsministerium wurde auch als wohl wichtigste neue Behörde am 13. August 1914 eine Kriegsrohstoffabteilung (KRA) eingerichtet. Die Rohstoffwirtschaft war ein kritischer Bereich der Kriegswirtschaft, weil das Deutsche Reich bei einer Anzahl von wichtigen Rohstoffen wie Erdöl, Kautschuk, Salpeter, Kupfer, Wolle und Baumwolle in hohem Maße importabhängig war und die britische Seeblockade die Einfuhr dieser Rohstoffe unterbrochen hatte.

Die zentrale Bewirtschaftung kriegswichtiger Rohstoffe, eine Idee Walther Rathenaus und seines Mitarbeiters Wichard v. Moellendorff, wurde nach einer Unterredung Rathenaus mit dem preußischen Kriegsminister Falkenhayn eingeleitet. Rathenau selbst übernahm die Leitung der KRA, die für das ganze Reichsgebiet zuständig war. Ihre Rechtsgrundlage war zunächst das preußische Belagerungsgesetz von 1851[45]; später wurden verschiedene Verordnungen über die Sicherstellung von Kriegsbedarf erlassen. Auf Initiative der KRA wurden – dies war eine weitere Idee Rathenaus – besondere Kriegsrohstoffgesellschaften als Aktiengesellschaften gegründet, an deren Kapital einschlägig tätige Firmen beteiligt waren, die jedoch als gemeinnützige Unternehmen keine Gewinne ausschütten durften. Diese Gesellschaften wurden aber ihrer Aufgabe nicht gerecht und nutzten dennoch ihre Monopolstellung häufig zur Erzielung hoher Gewinne. Auf Proteste aus der Wirtschaft hin wurden sie zu gemischtwirtschaftlichen Unternehmen umgestaltet, die dem Kriegsministerium unterstellt und scharf kontrolliert wurden. Rathenaus Nachfolger in der Leitung der KRA wurde 1915 Major Joseph Koeth, der die Behörde in den folgenden Jahren systematisch ausbaute. In 25 Sektionen gegliedert, beschäftigte sie bei Kriegsende 2500 Personen. Zu ihren Aufgaben gehörte auch die Verwertung von Altmaterial und die Entwicklung von Ersatzstoffen. Die KRA war die erfolgreichste Organisation der deutschen Kriegswirtschaft.

Große Probleme ergaben sich auch bei der Versorgung der Bevölkerung mit Lebensmitteln. 1914 war das Deutsche Reich bei Brotgetreide nahezu Selbstversorger, die Landwirtschaft vermochte jedoch während des Krieges ihr Produktionsniveau nicht zu halten. Hierfür gab es vor allem zwei Gründe. Zum einen wurden durch die Einberufungen Hunderttausende Arbeitskräfte abgezogen, zum anderen zeigte sich bald ein empfindlicher Mangel an Düngemitteln. Stickstoff, der wichtigste mineralische Dünger, wurde für die Sprengstoffherstellung benötigt und vorrangig der Rüstungsindustrie zur Verfügung gestellt. Auch die Entwicklung des Haber-Bosch-Verfahrens zur Gewinnung von Stickstoff aus der Luft konnte keine grundsätzliche Wende zum Besseren bewirken.

Schon Anfang August 1914 wurde in Hamburg unter maßgeblicher Mitwirkung des Reeders Albert Ballin die »Reichs-Einkauf-GmbH« gegründet, deren Hauptaufgabe die Beschaffung von Lebensmitteln im neutralen Ausland war. Ballin stellte anfangs Personal und Einrichtung der Hapag zur Verfügung, doch schon bald wurde die zunehmend bürokratisierte Organisation nach Berlin verlegt, wo sie unter dem Namen »Zentral-Einkauf-GmbH« (ZEG) ihre Tätigkeit fortsetzte; Ballin schied Anfang 1915 aus der Leitung aus.

Zu diesem Zeitpunkt verschlechterte sich die Versorgungslage. Lebensmittel mußten rationiert werden. Zunächst wurden Brotkarten ausgegeben, dann Fleischkarten, schließlich war eine Vielzahl von Lebensmitteln betroffen. Wo möglich, wurde Getreide durch Kartoffeln ersetzt, z. B. Mehl durch Kartoffelmehl; Gerste trat an die Stelle von Weizen und Roggen, Surrogate ersetzten Kaffee und Tabak. Im Mai 1916 wurde als oberste Reichsbehörde ein Kriegsernährungsamt geschaffen, das alle einschlägig tätigen Stellen mit Ausnahme der ZEG in sich aufnahm. Sein Leiter, Staatssekretär v. Waldow, war gleichzeitig preußischer Staatskommisar für Volksernährung. Die Planungs- und Organisationstätigkeit des Amtes konnte jedoch den Hungerwinter 1916/17 nicht verhindern.

Unter den Problemen der Kriegswirtschaft trat das der Finanzierung zunächst nicht offen in Erscheinung. Nach der Bewilligung der Kriegskredite durch den Reichstag am 4. August 1914, dem Übergang zu einem auf Papiergeld beruhenden Geldsystem durch die Aufhebung der Goldeinlösungspflicht und durch die grundsätzliche Ermächtigung der Reichsbank, Reichsschatzwechsel als Währungsdeckung zu verwenden, schienen alle grundsätzlichen Schwierigkeiten aus dem Wege geräumt.

Die Gesamtkosten der Kriegführung über mehr als vier Jahre beliefen sich auf deutscher Seite auf mindestens 150 Milliarden Mark – ein Mehrfaches des Sozialprodukts des Deutschen Reiches im letzten Friedensjahr 1913. Der größte Teil dieser Kosten wurde durch Kreditaufnahme gedeckt. Der Bevölkerung wurden insgesamt neun (meist 5%ige) Kriegsanleihen zur Zeichnung angeboten. Etwa zwei Drittel der Kriegskosten konnten auf diese Weise gedeckt werden. Der Restbedarf wurde je etwa zur Hälfte durch Steuern und durch eine Vermehrung des Geldumlaufs aufgebracht, wobei die Deckung durch Schatzanweisungen erfolgte. Man betätigte die Geld-Druckpresse schließlich so unbedenklich, daß bei Kriegsende der Banknotenumlauf 13mal so hoch wie in Friedenszeiten war. Auf dem Anleihenmarkt sicherte sich das Reich ein Monopol. Bei Kriegsende erreichte die Reichsschuld den Betrag von 150 Milliarden Mark. Angesichts des Vorkriegshaushaltsvolumens von etwa 4 Milliarden Mark mußte eine Verzinsung oder gar Tilgung dieser Schuld utopisch erscheinen.

Die sich anbahnende Geldentwertung war zunächst kaum bemerkbar, da für viele Güter Höchst- oder Richtpreise verordnet worden waren. Auch die Wertpapierkurse konnten keine Hinweise geben, da die Börsen geschlossen waren, und ebenso verhielt es sich mit den Devisenmärkten. Nur die steigenden Preise für Lebensmittel, Brennstoffe und andere knappe Güter auf den allmählich entstehenden Schwarzmärkten ließen gewisse Schlüsse zu. Der weitgehende Verzicht auf Steuererhöhungen ermöglichte hohe Kriegsgewinne der Wirtschaft. Erst 1916 wurde eine Kriegsgewinnsteuer (Vermögenszuwachssteuer) eingeführt, die 1917 fast 5 Milliarden und 1918 nochmals 2,5 Milliarden Mark einbrachte. Steuern deckten bis 1918 nur 16% der Kriegskosten. Die inflationären Auswirkungen dieser Kriegsfinanzierung traten erst nach der Revolution offen zutage.

Während des Krieges nahm der Einfluß der Wirtschaftsverbände, aber auch der der Gewerkschaften zu, ohne deren Kooperation der Erfolg der kriegswirtschaftlichen Programme nicht zu gewährleisten war. Die Regierung förderte die Gründung eines »Kriegsausschusses der Deutschen Industrie«, der am 8. August 1914 durch CDI und BdI gebildet wurde. Dieser Zusammenschluß erleichterte es der Industrie, ihre Interessen gegenüber der Öffentlichkeit und den politischen Gremien erfolgreich zu vertreten. Hauptaufgabe des Ausschusses, dem ein Reichskommissar und ein preußischer Regierungskommissar als Mitglieder angehörten, war die Planung auf dem Rohstoff- und Arbeitskräftesektor. Im Oktober 1916 wurde zusätzlich ein »Deutscher Industrierat« als beratendes Organ für Fragen des künftigen Überganges zur Friedenswirtschaft gegründet.

Unter dem Druck der Regierung und der Militärs erfolgte auch eine Annäherung zwischen Unternehmerorganisationen und Gewerkschaften. Dahinter stand die Erkenntnis, daß nur bessere Beziehungen zwischen Arbeitgebern und Arbeitnehmern Streiks zu vermeiden und sicherzustellen vermochten, daß die kriegswirtschaftlichen Produktionsziele erreicht werden konnten. Schon bald nach Kriegsausbruch war auch zwischen Unternehmerverbänden und Gewerkschaften eine Art »Burgfrieden« vereinbart worden, d. h. man war übereingekommen, Arbeitskämpfe durch friedliche Vereinbarungen zu ersetzen. Dieses Ziel wurde in der ersten Phase des Krieges auch erreicht, und die Gewerkschaften hatten großen Anteil daran, daß die kriegswirtschaftliche Planung weitgehend realisiert werden konnte.

Nach der Übernahme der Obersten Heeresleitung (OHL) durch Hindenburg und Ludendorff trat die deutsche Kriegswirtschaft im August 1916 mit dem »Hindenburg-Programm« in eine neue Phase ein. Die Durchführung des in Abstimmung mit der Industrie, aber ohne Beteiligung des Kriegsministeriums ausgearbeiteten Programms lag in den Händen der Militärbehörden.[46] Hauptziel war eine gewaltige Steigerung der Produktion von Kriegsgerät und Munition, doch scheiterte das Programm bereits im Winter 1916/17, als es zu Engpässen in der Rohstoffversorgung (speziell einer Kohlenknappheit) kam. Um die Durchführung des Hindenburg-Programms zu ermöglichen, war zwischen Regierung, Parlament, OHL, Industrie und Gewerkschaften das »Gesetz über den Vaterländischen Hilfsdienst« ausgehandelt worden. Das am 5. Dezember 1916 erlassene Gesetz versuchte, dem Arbeitskräftemangel durch die Dienstverpflichtung aller nicht eingezogenen männlichen Personen zwischen dem 17. und dem 60. Lebensjahr abzuhelfen, und sah die Zwangsrekrutierung von Arbeitskräften für die Rüstungsindustrie vor. Den Gewerkschaften wurden für ihre Zustimmung zu diesem Gesetz bedeutende Konzessionen gemacht. Das Koalitionsrecht der Arbeiter wurde gesetzlich festgestellt und die Gewerkschaften als ihre rechtmäßigen Vertretungen anerkannt. Außerdem wurden für Betriebe mit mindestens 50 Beschäftigten Arbeiter- und Angestelltenausschüsse obligatorisch, die paritätisch mit Vertretern der Arbeitgeber und der Arbeitnehmer besetzt waren und bei Meinungsverschiedenheiten in Fragen des Lohns und der Arbeitsgestaltung tätig wurden.

Von konservativen Wirtschaftsführern wurde das Hilfsdienstgesetz mit seiner Aufwertung der Gewerkschaften als bloß temporäre Regelung angesehen, jedoch geriet vor allem die Schwerindustrie mit dieser Auffassung in Gegensatz zu Regierung, Parteien und Öffentlichkeit. Andererseits vermochten die Gewerkschaften nicht mehr, die »vaterländische Solidarität« ihrer Mitglieder zu garantieren. 1916 gab es 240, 1917 schon 562 Streiks. Die zunehmende Streikhäufigkeit deutete auf eine Polarisierung in der politischen und sozialen Auseinandersetzung hin. Die Gegensätze zwischen den »vaterländischen« und den auf ein möglichst baldiges Kriegsende bedachten Kräfte verschärften sich.

Gleichzeitig mit der Einleitung des Hindenburg-Programms erfolgte eine Straffung des mit kriegswirtschaftlichen Fragen befaßten Behördenapparats. Seit Ende September 1916 waren die Beschaffungsstellen des Heeres in einem Waffen- und Munitionsbeschaffungsamt (Wumba) zusammengefaßt. Zwei Monate später wurde (ohne Beteiligung der Wirtschaft) ein Kriegsamt gegründet. Das dem Kriegsministerium unterstellte Amt hatte sechs Hauptabteilungen: Kriegsersatz- und Arbeitsdepartement, Waffen- und Munitionsbeschaffungsamt, Kriegsrohstoffabteilung, Bekleidungsbeschaffungsamt, Ein- und Ausfuhrstelle, Abteilung für Volksernährung. Chef des Kriegsamtes, das alle Produktionsreserven ausschöpfen sollte, wurde General Wilhelm Groener. Dieser leitete im Zusammenwirken mit Behörden, Wirtschaftsverbänden und Gewerkschaften die Durchführung des Hilfsdienstgesetzes. Das Kriegsamt und der Kriegsausschuß der Deutschen Industrie bildeten gemeinsam einen »Ständigen Ausschuß für Zusammenlegung von Betrieben« (SAZ), der Zwangssyndizierungen und Betriebsstillegungen anordnen konnte. Groener wurde im September 1917 als Leiter des Kriegsamtes entlassen, vor allem weil seine Bereitschaft zur Verständigung mit den Gewerkschaften von der OHL mißbilligt wurde.[47]

Der Schaffung einer wirtschaftlichen Zentralbehörde des Reiches ging die Bildung mehrerer Reichkommissariate voraus, von denen dasjenige für Übergangswirtschaft (1916) am wichtigsten war. Die Forderungen der Wirtschaft nach einer Ausgliederung der Wirtschaftsverwaltung aus dem Reichsamt des Innern widersetzte sich Staatssekretär Helfferich lange erfolgreich. Erst nach dem Kanzlerwechsel von Bethmann Hollweg zu Michaelis im Juli 1917 wurde durch die Herausnahme der entsprechenden Abteilungen aus dem Innenressort ein Reichswirtschaftsamt geschaffen. Erster Leiter des Amtes wurde der ehemalige Bürgermeister von Straßburg, Rudolf Schwander, nach dessen Rücktritt schon im November folgte Karl v. Stein.

Nach dem Geschäftsverteilungsplan vom Dezember 1917 gliederte sich das neue Reichsamt in eine wirtschaftspolitische und eine sozialpolitische Hauptabteilung. Erstere wiederum bestand aus

Abteilungen für Handels- und Wirtschaftspolitik, Schiffahrt und Verkehr, Wirtschaftliches Informationswesen und Statistik. In den folgenden Monaten kamen noch Abteilungen für Geld- und Kreditwirtschaft sowie für Gewerbe- und Genossenschaftswesen hinzu. Die Sozialpolitische Hauptabteilung wurde im Oktober 1918 selbständiges Reichsarbeitsamt.[48] Mit der Bildung des Reichswirtschaftsamtes erfolgte erst unter dem Druck kriegswirtschaftlicher Erfordernisse die längst überfällige Zentralisierung der Wirtschaftsverwaltung. Die Wirkungsmöglichkeiten der neuen Behörde in der verbleibenden kurzen Frist bis zum Kriegsende waren naturgemäß eng begrenzt.

Im Verhältnis von Unternehmern und Gewerkschaften bahnte sich im letzten Kriegsjahr, trotz immer wieder aufbrechender heftiger Gegensätze, dadurch eine gewisse Entspannung an, daß einige einflußreiche Wirtschaftsführer mit der Möglichkeit eines ungünstigen Kriegsausganges zu rechnen begannen und zunehmende Kooperationsbereitschaft zeigten. Dabei ergriffen überraschenderweise Vertreter der Schwerindustrie die Initiative. Schon seit August 1917 bestanden Kontakte zwischen Industriellen wie Hugenberg, Stinnes, Kirdorf und Fritz Winkhaus und Gewerkschaftsvertretern um Theodor Leipart. Seit dem Winter 1917/18 war auf der Gewerkschaftsseite auch Carl Legien, der Leiter der Generalkommission, an den Gesprächen beteiligt. Zu konkreten Vereinbarungen gelangte man aber erst wenige Tage vor Kriegsende, als die letzten Hoffnungen auf einen Siegfrieden geschwunden waren. Am 5. November 1918 wurde die Gründung einer Arbeitsgemeinschaft beschlossen, die als »Zentrale Arbeitsgemeinschaft« (ZAG) von Unternehmerverbänden und Gewerkschaften am 15. November zustande kam. In ihrem Abkommen einigten sich beide Seiten auf die Grundlagen ihrer künftigen Zusammenarbeit. Die Hauptpunkte waren: Anerkennung der Gewerkschaften als Vertretungen der Arbeitnehmer, Bestätigung der Koalitionsfreiheit, Einrichtung von Schlichtungsstellen, kollektive Lohnverhandlungen und -vereinbarungen, Einführung des Achtstundentages als Normalarbeitstag bei gleichem Lohn. Wichtigstes Zugeständnis der Gewerkschaften war die unangefochtene Betriebsherrschaft der Arbeitgeber. Für die Unternehmer war dieses Abkommen in der potentiell revolutionären Situation bei Kriegsende ein Erfolg, weil es die Grundlagen der privatkapitalistischen Wirtschaftsordnung nicht antastete.

Wie die Ordnung einer künftigen Friedenswirtschaft aussehen solle, war während des Krieges eine heftig diskutierte Frage. Die Auseinandersetzung hierüber war in starkem Maße von der Erfahrung der Kriegswirtschaft geprägt, in der Staatsintervention und staatliche Kontrolle eine immer wichtigere Rolle spielten. Die wirtschaftliche Zukunftsplanung der OHL ging auch für die Nachkriegszeit von einem Primat der militärischen Kontrollen aus. Das kriegswirtschaftliche System sollte in den Frieden übertragen werden, um auch künftig die Machtstellung des Reiches ökonomisch zu sichern.

Demgegenüber forderten die meisten Unternehmer, daß der krisenbedingte »Staatssozialismus« das Ende des Krieges nicht überdauern dürfe. So wandte sich Gustav Stresemann schon 1916 – damals noch für den BdI tätig – gegen den Gedanken, daß Deutschland auch nach dem Kriege »eine einzige ZEG« bleiben könnte.[49] Vor allem die Zunahme gemeinwirtschaftlicher Ideen und Vorschläge wurde von der Wirtschaft als bedrohlich empfunden. Besorgt konstatierte man die verbesserten Beziehungen zwischen Regierung, militärischer Führung und Gewerkschaften. Tatsächlich sahen SPD-Reformisten wie Heinrich Cunow in der Kriegswirtschaft Ansätze einer Sozialisierung, die nach Kriegsende fortgesetzt und ausgebaut werden konnten. Besonders in der letzten Kriegsphase wurden an das Reichswirtschaftsamt zahlreiche besorgte Eingaben aus Kreisen der Industrie und des Handels gerichtet, die sich gegen eine Fortsetzung der – von Ballin so genannten – »Kasernenhofwirtschaft« im Frieden wandten. Entschiedener noch als die Industrie forderten Handel und gewerblicher Mittelstand während des Krieges eine Einschränkung des »Staatssozialismus«, der den Großunternehmen hohe Gewinne ermöglichte, während kleine und mittlere Firmen leer ausgingen.

Schon bald nach Kriegsausbruch hatte eine akademische Diskussion über dauerhafte Reformen der Wirtschaftsordnung im staatssozialistischen Sinne eingesetzt.[50] Professoren wie Werner Sombart, Johann Plenge, Edgar Jaffé, Georg v. Mayr und Eduard Heimann waren sich einig in der Kritik des wirtschaftlichen Liberalismus und der Forderung nach vermehrter Staatsintervention. Sombart stellte dem britischen »Händler« den deutschen »Helden« gegenüber, Plenge propagierte eine neue »Volksgenossenschaft des nationalen Sozialismus«, Jaffé lehnte wie Sombart das aus England kommende System des freien Wettbewerbs als für Deutschland ungeeignet ab und forderte, »Wirtschaftsdienst« müsse »Staatsdienst« und »Volksdienst« werden. Wichard v. Moellendorff publizierte im Sommer 1916 die Schrift *Deutsche Gemeinwirtschaft*. Seine Gedanken griff der Theologe Adolf v. Harnack auf, der einen Eklat hervorrief, als er das rücksichtslose Gewinnstreben der Kriegsindustrie vor dem »Nationalausschuß für einen ehrenvollen Frieden« anprangerte. Schließlich hat Rathenau in seinen Schriften *Von kommenden Dingen* und *Die neue Wirtschaft* (1917) eine sittlich bestimmte neue Wirtschaftsordnung zwischen Kapitalismus und Sozialismus beschrieben, die das Ende der »proletarischen Gebundenheit« bringen würde.

Auf die tatsächliche Gestaltung der Wirtschaftsordnung haben solche gemeinwirtschaftlich geprägten Vorstellungen, die Max Weber als Träume von »Tintenfaß-Ideologen« abgetan hat[51], keinen nennenswerten Einfluß gehabt. Moellendorffs Vorschlag der Bildung eines berufsständisch gegliederten »Wirtschaftsrates« wurde zeitweilig von General Groener unterstützt, die Reichsleitung hielt jedoch nichts von der Idee, zumal sie Widerstand im Reichstag befürchtete. So scheiterte das Gemeinwirtschaftskonzept schon vor der Revolution, weil weder die Behörden noch Unternehmer und Gewerkschaften es förderten und ebensowenig das Militär. Die SPD blieb selbst angesichts des Zusammenbruchs bei der Kautskyschen These, daß zuerst die politischen Voraussetzungen des Sozialismus zu schaffen seien, ehe die Wirtschaft revolutioniert werden könne, und selbst in der USPD fehlte es an klaren Vorstellungen zur wirtschaftlichen Struktur der geforderten sozialistischen Republik.

Weniger noch als die Wirtschaftsordnung, die immerhin institutionelle Modifikationen erfuhr, wurde die Ordnung der deutschen Gesellschaft durch den Krieg verändert. Zu einem nennenswerten Abbau der Klassenschranken kam es jedenfalls nicht[52], und auch das vielbeschworene Erlebnis der »Schützengrabengemeinschaft«, das Soldaten aus allen Volksschichten miteinander verbinden sollte, ist in seiner zivilen Tragfähigkeit maßlos überschätzt worden. Diese Erkenntnis und die allmähliche Desillusionierung durch das Ausbleiben militärischer Erfolge, durch den millionenfachen Tod an der Front und die Entbehrungen in der Heimat verbanden sich zu einem schmerzhaften Prozeß der Annäherung an die Realität des Krieges.

Auch am politischen Bilde des Kaiserreichs änderte der Krieg so gut wie nichts. Eine fortschrittlichere Reichsverfassung kam nicht zustande, und in den Einzelstaaten blieb die Diskussion über eine mögliche Modernisierung in den Anfängen stecken. In Preußen waren Großagrarier, Schwerindustrie und Teile des Mittelstandes, also diejenigen Kräfte, die das Kartell der schaffenden Stände gebildet hatten, die entschiedensten Verteidiger des Dreiklassenwahlrechts. Im Dezember 1917 sprachen sich BdL, CDI und »Reichsdeutscher Mittelstandsverband« scharf gegen jede Demokratisierung des Wahlrechts aus und forderten eine »Wertung der einzelnen Berufsschichten entsprechend ihrer volkswirtschaftlichen Bedeutung«.[53] Die politische Halsstarrigkeit erscheint hier als Abziehbild konservativer Wirtschaftsgesinnung. Erst die militärische Katastrophe vom November 1918 ebnete den Weg für eine gründliche Reform des Staates und der Gesellschaft.

# IV. Die wirtschaftliche und soziale Neuordnung von Weimar

## 1. Hypotheken und Komplikationen

Mit Einschränkungen kann man die turbulenten Ereignisse in Deutschland am Ende des Ersten Weltkriegs eine Revolution nennen. Zwar wurde das nicht einmal 50 Jahre alt gewordene Kaiserreich unter dramatischen Umständen durch eine Republik abgelöst, aber die Umwälzung der Verhältnisse erwies sich am Ende in vieler Beziehung als keine sonderlich radikale. Am 8. November 1918 verkündete Reichskanzler Max von Baden die Abdankung Kaiser Wilhelms II., und am folgenden Tag rief der sozialdemokratische Reichstagsabgeordnete Philipp Scheidemann – der radikalen Linken knapp zuvorkommend – die Republik aus. In einer Anzahl von Städten übernahmen Arbeiter- und Soldatenräte die öffentliche Gewalt. Am 12. November, einen Tag nach dem Waffenstillstand von Compiègne, trat in Berlin ein »Rat der Volksbeauftragten« zusammen, der sich als »aus der Revolution hervorgegangene Regierung« bezeichnete und ein »sozialistisches Programm« in Aussicht stellte. Innerhalb des Rates gewannen jedoch bald gemäßigte Kräfte die Oberhand. Gegen den Widerstand der USPD und der Kommunisten setzte diese Mehrheit die Überleitung der Räteherrschaft in konventionell-parlamentarische Formen durch; am 19. Januar 1919 wurde eine Verfassunggebende Nationalversammlung gewählt.

Der Wahlausgang zeigte, daß es in Deutschland kein so starkes revolutionäres Potential gab, wie man aufgrund des ruhmlosen Endes des Kaiserreichs hätte erwarten können. Die bürgerlichen Parteien (Deutschnationale Volkspartei, Deutsche Volkspartei, Deutsche Demokratische Partei, Zentrum) erzielten einen klaren Sieg. Nach der Wahl löste sich der Rat der Volksbeauftragten auf. Seine Funktionen übernahm eine Regierung, die von einer Koalition der linken Mitte (SPD, Deutsche Demokratische Partei, Zentrum) gebildet wurde. Die politischen Organe der neuen Republik waren zunächst schweren Belastungen ausgesetzt. Die Unruhen in verschiedenen Gebieten des Reiches dauerten an. Im April 1919 kam es in München zur Ausrufung einer Räterepublik, die aber von Freikorps blutig niedergeworfen wurde. Innerhalb der Koalition bestanden Meinungsgegensätze im Hinblick auf die Unterzeichnung eines Friedensvertrages. Eine Mehrheit aus SPD, USPD und Zentrum ermächtigte schließlich die Regierung zur Unterzeichnung, die am 28. Juni 1919 in Versailles erfolgte.

Schon wenig später konnte die Nationalversammlung eine Verfassung verabschieden, die am 14. August 1919 in Kraft trat. Diese Weimarer Reichsverfassung (WRV) kann man – im Unterschied zu der des Kaiserreichs – als »demokratisch« und »unitarisch« bezeichnen[1], weil sie auf dem Prinzip der Volkssouveränität beruhte und weil durch sie wesentliche Elemente der bisherigen föderativ-dynastischen Gliederung des Reiches beseitigt wurden. Sowohl in der Gesetzgebung als auch in der Verwaltung galt der Grundsatz der Prärogative des Reiches gegenüber den Ländern. Der Reichstag wie auch der Reichspräsident – das neue Staatsoberhaupt – wurden direkt vom Volk gewählt. Erstmals wurde auch Frauen das Wahlrecht zuerkannt.

Der Aufgabenbereich des Weimarer Reichstags war weit umfangreicher als der seines Vorgängers. Das ergab sich vor allem aus der konsequenten Durchführung des für Deutschland neuen »parlamentarischen Systems«, d.h. der Verantwortlichkeit der Regierung gegenüber dem Parlament, aber auch unabhängig hiervon erfolgte eine bedeutende Aufgabenvermehrung für die Legislative durch den rasch steigenden »Normbedarf« eines modernisierten Staatswesens und einer stärker differenzierten Gesellschaft. Der Reichspräsident verfügte über eine starke Stellung. Er nahm nicht nur die repräsentativen Funktionen eines Staatsoberhauptes wahr, sondern ernannte und entließ auch den Reichskanzler und die Minister und konnte nach Artikel 25 der Verfassung sogar den Reichstag auflösen, um die Regierung vor einem Mißtrauensvotum zu bewahren. Der berühmt-berüchtigte Artikel 48 der WRV ermächtigte ihn überdies zum Erlaß von Notverordnungen mit der Geltungskraft von Reichsgesetzen. Von den sonstigen Merkmalen der Verfassung ist hier der Katalog der »Grundrechte und Grundpflichten« (Artikel 109–165) zu nennen, der weit über die klassischen, liberal geprägten Grundrechtskataloge etwa der französischen und der amerikanischen Verfassung hinausging und auffällig sozialstaatlich geprägte Vorschriften enthielt, auf die später noch einzugehen ist.

Man kann die wirtschaftliche Entwicklung in der Weimarer Republik auf eine naheliegende Weise in drei Zeitabschnitte einteilen.

Der erste reicht vom Ende des Krieges bis zur wirtschaftlichen Stabilisierung Ende 1923 oder Anfang 1924. Der zweite umfaßt das konjunkturell begünstigte Jahrfünft zwischen 1924 und 1929 bis zum Ausbruch der Weltwirtschaftskrise. Den dritten Abschnitt bilden die Jahre von 1929 bis zur nationalsozialistischen Machtergreifung 1933.

Der Zeitraum zwischen 1919 und 1924 war zunächst vor allem durch die Probleme des Überganges von der Kriegs- zur Friedenswirtschaft geprägt. Die nachteiligen Folgen des verlorenen Krieges für die deutsche Wirtschaft lagen weniger in der Zerstörung produktiver Kapazitäten als in der Zerrüttung der Währung und der Staatsfinanzen sowie den Sanktionen des Versailler Vertrages. Von diesen fiel der Verlust der Kolonien am wenigsten ins Gewicht. Schwerer wog, daß das Deutsche Reich der sofortigen Abtrennung Elsaß-Lothringens und – nach einer umstrittenen Abstimmung – Ostoberschlesiens zustimmen mußte. Hinzu kam die Ausgliederung des Saarlandes. Der Verlust dieser Gebiete bedeutete für die deutsche Volkswirtschaft eine schwere Einbuße. Zwar handelte es sich nur um etwa 13% des bisherigen Staatsgebiets, doch gingen damit eine Bevölkerung von mehr als sieben Millionen Menschen und ein bedeutendes Industriepotential verloren: 75% der Eisenerzvorkommen, 44% der Produktionskapazität für Roheisen und 26% der Förderkapazität für Steinkohle. Überdies zerbrach durch den Verlust Elsaß-Lothringens das deutsche Kalimonopol.

Zu einer schweren wirtschaftlichen und politischen Belastung wurde die Frage der Reparationen. Die Reparationsbestimmungen des Versailler Vertrages forderten zusätzlich zu der Erstattung der eigentlichen Kriegskosten einen finanziellen Ausgleich aller zivilen Schäden und den Ersatz der aufgenommenen Kriegsanleihen sowie der Pensionen der Kriegsopfer. Die unterschiedliche Einstellung zur Frage der deutschen Kriegsschuld und damit zur Verbindlichkeit des Versailler Vertrages sollte fortan die Frontstellung der zentralen innenpolitischen Kontroverse im Weimarer Deutschland bestimmen.

Im Versailler Vertrag, der durch die Einsetzung einer Interalliierten Reparationskommission mit weitgehenden Kontrollbefugnissen die Wirtschaftshoheit des Reiches einschränkte, wurde die Höhe der deutschen Reparationsschuld nicht festgelegt. Während der folgenden Jahre waren je etwa ein Dutzend deutsch-alliierte und interalliierte Konferenzen dieser Frage gewidmet, ohne daß eine Einigung über den Gesamtumfang und die technischen Modalitäten der zu leistenden Zahlungen erzielt worden wäre. Auf der Londoner Reparationskonferenz im April 1921 legten sich die Alliierten schließlich auf einen Betrag von 132 Milliarden Goldmark fest, der von deutscher Seite akzeptiert wurde. Damit begann die von den oppositionellen Rechtsparteien so genannte »Erfüllungspolitik«.

Bei der Festsetzung der zu zahlenden Raten – 2 Milliarden Mark pro Jahr – hatten die Alliierten verkannt, daß die deutsche Wirtschaft nicht mehr die Leistungsfähigkeit der Vorkriegszeit besaß. Tatsächlich zeigte sich, daß das Deutsche Reich nur die ersten Raten pünklich aufzubringen vermochte, seit dem Sommer 1922 aber in Rückstand geriet. Frankreich nahm die eintretenden Verzögerungen zum Anlaß für scharfe Sanktionen. Anfang Januar 1923 marschierten französische und belgische Truppen in das Ruhrgebiet ein. Es folgte eine Phase heftiger Spannungen und Auseinandersetzungen. Der geleistete passive Widerstand wurde von allen politischen Kräften in Deutschland unterstützt, mußte aber zusammenbrechen, weil aufgrund der Besetzung des industriellen Kerngebiets des Reiches ein wirtschaftliches Chaos drohte. Ende 1923 wurde der »Ruhrkampf« auch von seiten der Besatzungstruppen abgebrochen.

Die Interalliierte Reparationskommission beschloß nun, die Frage der finanziellen Leistungsfähigkeit Deutschlands erneut prüfen zu lassen. Im April 1924 legte eine von dem amerikanischen Bankier Charles Dawes geleitete Kommission ein Gutachten vor, das von dem Grundsatz ausging, Voraussetzung für weitere hohe Reparationszahlungen des Deutschen Reiches sei eine wirtschaftliche Konsolidierung und vor allem die Erzielung einer aktiven Handelsbilanz. Die Annahme des Dawes-Plans im August 1924 führte zu einer realistischeren Zahlungsregelung mit ansteigenden Jahresraten von zunächst 200 Millionen auf schließlich 2,5 Milliarden Mark, wobei die Beschaffung der erforderlichen Mittel durch eine internationale Anleihe von 800 Millionen Goldmark erleichtert werden sollte. Ein Nachteil des Plans war, daß er keine zeitliche Begrenzung der Zahlungen vorsah. Die rechte Opposition in Deutschland hat ihn vor allem aus diesem Grunde immer wieder angegriffen, nachdem er – mit Zustimmung des Reichstags – am 1. September 1924 in Kraft getreten war.

Ein die deutsche Wirtschaft noch stärker belastendes Problem als die Reparationen war die nach Kriegsende offen zutage tretende Inflation. Schon Ende 1918 hatte die Mark weniger als die Hälfte und 1920 nur noch ein Zehntel ihrer Vorkriegskaufkraft. In der abschließenden hyperinflationären Phase 1923 entwertete sie sich dann auf eine kaum vorstellbare Weise, wobei ihr Außenwert noch schneller verfiel, als es dem Absinken der Binnenkaufkraft entsprochen hätte. Für Stützungsaktionen fehlte es an Devisen. Erst die völlige Zerrüttung der Reichsfinanzen im Ruhrkampf scheint den maßgeblichen Politikern die volle Problematik bewußt gemacht zu haben. Man erkannte, daß nur eine rigorose Sanierung einen währungspolitischen Neuanfang ermöglichen konnte. Als Übergangswährung wurde am 15. November 1923 die »Rentenmark« eingeführt, die durch ein Kapital aus landwirtschaftlichen Grundschulden und Industrieobligationen gedeckt war. Einen mobilisierbaren Wert stellte diese Deckung nicht dar. Sie war aber psychologisch wirksam in Verbindung mit der konsequenten Durchführung währungspolitischer Sicherungsmaßnahmen (Beschränkung des Geldumlaufs und des Kreditvolumens). Die Währungsumstellung erfolgte im Verhältnis von einer Billion zu eins, d.h. einer Billion alter Reichsmark entsprach eine neue Rentenmark. Bereits ein Jahr später konnte die Übergangswährung durch eine neue, wieder goldgedeckte »Reichsmark« abgelöst werden.

Über die Ursache der Inflation hat es lange Zeit eine erbitterte, weithin ideologisch geprägte Auseinandersetzung gegeben. Während die in Deutschland zunächst vorherrschende Anschauung davon ausging, daß externe Faktoren, d.h. die Reparationszahlungen, über eine Verschlechterung des Wechselkurses die Inflation verursacht hätten, besteht eine gegenteilige Auffassung darauf, daß die wichtigste Ursache der Inflation die unkontrollierte Vermehrung des Geldumlaufs und der Kreditschöpfung schon seit Kriegsbeginn gewesen sei. Diese argumentativ weit überlegene Ansicht hat sich im wesentlichen durchgesetzt. Der einleuchtendste Beweis für die Unrichtigkeit der »Wechselkurstheorie« liegt in der Tatsache, daß schließlich eine Stabilisierung der deutschen Währungsverhältnisse gelang, ohne daß die Reparationen beendet wurden.

Das Jahrfünft von 1924 bis 1929 ist politisch durch eine fortschreitende Normalisierung der Stellung Deutschlands zu seinen ehemaligen Kriegsgegnern gekennzeichnet. Auf der Konferenz von Locarno im Oktober 1925 wurde ein Sicherheitspakt zwischen dem Deutschen Reich, Großbritannien, Frankreich, Belgien und Italien geschlossen, der die nach dem Krieg festgelegten Grenzen garantierte. Unmittelbar zuvor war das Deutsche Reich in den Völkerbund aufgenommen worden. Wirtschaftlich standen die »goldenen« Weimarer Jahre im Zeichen eines kräftigen Aufschwungs. Das reale Sozialprodukt pro Kopf der Bevölkerung überschritt 1927 den Wert des Jahres 1913.[2] Die konjunkturelle Erholung erfolgte in zwei Phasen. Einer ersten kräftigen Belebung folgte 1925/26 ein Rückschlag mit hoher Arbeitslosigkeit. Der Höhepunkt der zweiten Aufschwungphase wurde 1928 erreicht. Für kurze Zeit übertraf nun die Industrieproduktion das Niveau des besten Vorkriegsjahres. Dann setzte eine Abschwächung ein, die in manchen Bereichen Erscheinungen der Weltwirtschaftskrise des folgenden Jahres vorwegnahm. Das Wirtschaftswachstum in dieser Zeit entsprach insgesamt demjenigen anderer Industrienationen, erreichte aber nicht eine Dynamik, die der deutschen Wirtschaft wieder eine international führende Position eingebracht hätte, sondern führte nur zu einem Ausgleich des durch den Krieg verursachten Rückschlags. Die Schwerpunkte der industriellen Entwicklung lagen in denselben Bereichen wie vor 1914, d. h. vor allem beim Maschinenbau sowie der Chemie und der Elektroindustrie, während – anders als in den USA und Frankreich – der Fahrzeugbau noch keine überragende Bedeutung hatte.[3]

Die für die mittleren zwanziger Jahre charakteristische Rationalisierung der Industrieproduktion ging in Deutschland weiter und verlief erfolgreicher als in den meisten anderen Ländern. Die Tatsache, daß viele Produktionsanlagen infolge kriegsbedingter Investitionsausfälle veraltet waren, erlaubte eine gründliche Erneuerung. Träger der Rationalisierung waren vor allem die Unternehmen selbst, doch gab es auch öffentliche Institutionen, die fördernd Einfluß nahmen. Zu nennen sind Forschungsgesellschaften wie die »Kaiser-Wilhelm-Gesellschaft« (die spätere »Max-Planck-Gesellschaft«), die 1920 gegründete »Notgemeinschaft der Deutschen Wissenschaft« oder der »Verein Deutscher Ingenieure« (VDI). Der Gedanke der Rationalisierung entwickelte sich in Deutschland in jenen Jahren zu einer Art Ideologie.[4] Nicht selten ging man bei der Ersetzung menschlicher Arbeitskraft durch teure Maschinen zu weit, und es kam zu einer »Übermodernisierung«. Insgesamt aber hat die konsequente Rationalisierung die internationale Wettbewerbsfähigkeit der deutschen Industrie positiv beeinflußt.

In engem Zusammenhang mit der Rationalisierung steht das Phänomen einer weiter zunehmenden Unternehmenskonzentration. Die spektakulärsten Trustbildungen waren die Entstehung der IG Farben als Zusammenschluß der führenden Chemieunternehmen Bayer, Hoechst und BASF (1925) und die Bildung der Vereinigten Stahlwerke durch die Fusion der wichtigsten deutschen Stahlproduzenten mit Ausnahme von Krupp (1926). Für eine exakte Messung des Konzentrationsvorganges fehlen die Daten. Der Vergleich der Beschäftigungsanteile der jeweils größten Betriebe in einigen Industriebranchen zeigt aber, daß die säkulare Konzentrationstendenz durch den Ersten Weltkrieg nicht unterbrochen wurde, sondern sich nach 1918 sogar verstärkt fortsetzte.

Eine im ganzen ungünstige Entwicklung der Handelsbilanz erlaubte es der Weimarer Republik auch in den Jahren besserer Konjunktur nicht, durch Exporte diejenigen Devisenbeträge zu verdienen, die für die Bezahlung der Reparationen erforderlich waren. Dennoch konnten die vorgesehenen Zahlungen regelmäßig geleistet werden, während gleichzeitig der Gold- und Devisenbestand der Reichsbank sogar zunahm. Das scheinbare Paradox erklärt sich dadurch, daß hohe Auslandskredite die Zahlungsbilanz positiv gestalteten. Daß dem Reich sowie seinen Ländern und Kommunen hohe Kredite gewährt wurden, zeigt, daß das internationale Vertrauen in die wirtschaftliche Zukunft Deutschlands gewachsen war.

## 2. Staat und Wirtschaft nach der Revolution von 1918/19

Die wirtschaftspolitische Auseinandersetzung nach Kriegsende entsprach weitgehend der allgemeinpolitischen. Analog dem ideologischen Frontverlauf zwischen der extremen Rechten, gemäßigt konservativen Gruppen, kompromißbereiter Mitte, liberalen Reformern sowie gemäßigten und radikalen Sozialisten entwickelten sich auch die Vorstellungen über die künftige Gestaltung der Wirtschaftsordnung. Dabei schien in den ersten Wochen nur die Alternative zwischen einer sofortigen weitgehenden Sozialisierung und einem System planwirtschaftlicher Lenkung durch den Staat zu bestehen. Der Spartakusbund hatte schon auf seiner Reichskonferenz am 7. Oktober 1918 die Enteignung von Banken, Bergwerken, Hüttenbetrieben sowie des Groß- und Mittelgrundbesitzes gefordert, und auch die nach dem Waffenstillstand in einem Aufruf des Rates der Volksbeauftragten vom 12. November entwickelten Sozialisierungspläne gingen sehr weit.

Angesichts dieser für sie bedrohlichen Lage zeigten die Vertreter der Wirtschaft taktisches Geschick. Sie entschieden sich, nicht unbedingt Opposition gegen das geringere Übel einer vermehrten staatlichen Wirtschaftplanung und -lenkung zu machen, wobei sie wohl davon ausgingen, daß wegen der Unerfahrenheit der staatlichen Bürokratie eine solche Planwirtschaft bald in Schwierigkeiten geraten würde. Durch die ZAG hielten die Verbände Kontakt zu den Gewerkschaften und indirekt auch zur Mehrheitssozialdemokratie, deren Vertreter wenig Ehrgeiz zeigten, Planwirtschafts- und Sozialisierungskonzepte zu erproben, jedoch eine vermehrte Staatsintervention in vielen Bereichen der Wirtschafts- und Gesellschaftsordnung wünschten. Als sich das Unternehmertum nicht mehr akut durch eine Revolution bedroht fühlte, wurde seine Opposition auch gegen jede Form staatlicher Planung und Wirtschaftslenkung wieder ohne taktische Rücksichtnahme geäußert. So polemisierte der 1919 gegründete »Reichsverband der Deutschen Industrie« (RDI) scharf gegen Planwirtschaft, Betriebsräte, steigende Soziallasten und vor allem gegen jede Sozialisierung bisher privater Unternehmen.

Der Rat der Volksbeauftragten hatte im Dezember 1918 eine Sozialisierungskommission eingesetzt, die bis April 1919 bestand. Sie empfahl eine Enteignung des Kohlenbergbaus, die Reichsregierung war jedoch nur noch zu einer gemeinwirtschaftlichen Regelung mit Kontrolle von Förderung, Absatz, Preisen, Löhnen und Arbeitsverhältnissen bereit. Das war der Inhalt des Gesetzes über die Regelung der Kohlenwirtschaft vom 23. März 1919 und des Gesetzes über die Regelung der Kaliwirtschaft vom 24. April. Für den Kohlen- und den Kalibergbau (und später auch für die Stahlindustrie) wurden »Selbstverwaltungskörper« eingerichtet. An der Spitze des gesamten deutschen Kohlenbergbaus stand ein Reichskohlenrat, dem Vertreter der Unternehmen und der Gewerkschaften sowie unabhängige Sachverständige angehörten. Der Kohlenrat plante Produktionsmengen und Preise und richtete entsprechende Empfehlungen an die Reichsregierung.

Wichtigster Befürworter einer Ausdehnung des Rätesystems auf die Gesamtwirtschaft war der sozialdemokratische Reichswirtschaftsminister Rudolf Wissell. Gemeinsam mit seinem Unterstaatssekretär Moellendorff verfocht er eine gemeinwirtschaftlich gestaltete Wirtschaftsordnung. Darüber kam es im Juli 1919 zu heftigen Spannungen im Kabinett, die zum Rücktritt Wissells und Moellendorffs führten. Seither nahm die Unterstützung für Sozialisierungspläne generell ab; eine zweite Sozialisierungskommission, die im folgenden Jahr zusammentrat, erlangte keine Bedeutung mehr. Der Kohlen- und der Kalirat bestanden bis zum Ende der Weimarer Republik, verloren jedoch bald die ihnen zugedachte Funktion als Sprungbretter zur Sozialisierung dieser Industrien.

Konzessionen an den Rätegedanken finden sich noch in der Weimarer Verfassung vom August 1919. Diese enthält in den Artikeln 151–165 Grundsätze für die Ordnung des Wirtschaftslebens. Artikel 151 sichert die wirtschaftliche Freiheit des einzelnen, und Artikel 153 gewährleistet das Privateigentum, das nur auf gesetzlicher Grundlage zum Wohle der Allgemeinheit enteignet werden kann. Artikel 156 sieht eine »Vergesellschaftung« durch Zwangssyndikate und Zwangskartelle vor, aber nur bei »dringendem Bedürfnis« und gegen Entschädigung. Gemeinwirtschaft wird als Selbstverwaltung unter Mitwirkung aller schaffenden Volksteile, also der Arbeitgeber wie der Arbeitnehmer, definiert. Artikel 159 garantiert die Koalitionsfreiheit und das Recht der Gewerkschaften zur Tarifgestaltung. Aufgrund von Artikel 165 wurde im Mai 1920 durch Verordnung ein »Vorläufiger Reichswirtschaftsrat« gebildet, der sich aus 326 Vertretern von Arbeitgebern und Arbeitnehmern aus allen Sparten der Wirtschaft zusammensetzte. Dieses Mammutgremium bildete eine Anzahl von Ausschüssen, die von den Ministerien konsultiert wurden. Der Rat trat gelegentlich zu Plenarsitzungen zusammen, letztmals im Juni 1923, ohne daß er bedeutende Anstöße hätte geben können. Die Interessengegensätze seiner Mitglieder erwiesen sich als zu groß.

Der Aufbau der Wirtschaftsverwaltung des Reiches und der Länder in der Weimarer Republik knüpfte unmittelbar an die entsprechenden Institutionen des Kaiserreichs an. Schon vor dem Waffenstillstand war als Nachfolgebehörde des Kriegsamtes ein Demobilmachungsamt gegründet worden. Seit Februar 1919 hieß es »Reichsministerium für wirtschaftliche Demobilmachung«. Mit fast diktatorischen Vollmachten ausgestattet, sollte es einen wirtschaftlichen Zusammenbruch verhindern, die Nahrungsmittelversorgung der Bevölkerung sichern und eine große Arbeitslosigkeit beim Übergang zur Friedenswirtschaft vermeiden helfen. Als Leiter des Amtes bzw. als Staatssekretär des Ministeriums wurde vom Rat der Volksbeauftragten der Chef der KRA, Koeth, eingesetzt, auf den sich Unternehmer und Gewerkschaften verständigt hatten. Die Behörde bestand bis zum 30. April 1919.

Das Reichswirtschaftsamt wurde von der Revolutionsregierung beibehalten. Anfang 1919 in »Reichswirtschaftsministerium« umbenannt, übernahm es auch die Funktionen des Ministeriums für Demobilmachung. Dem Wirtschaftsministerium waren in den folgenden Jahren schwer lösbare Aufgaben der Wirtschaftsgestaltung in einer Zeit raschen strukturellen Wandels gestellt, die häufige Veränderungen des organisatorischen Aufbaus der Behörde erforderlich machten. Eine fortdauernde Rivalität bestand zwischen dem Wirtschaftsministerium und dem Auswärtigen Amt, das sich ebenfalls mit Fragen der Außenwirtschaft beschäftigte. Die Einheit der wirtschaftspolitischen Zuständigkeit wurde von zahlreichen Politikern von Wissell bis zu Julius Curtius, dem Wirtschaftsminister seit 1926, gefordert, in der Praxis jedoch nicht verwirklicht.[5]

Weitere Ministerien mit wirtschaftlichen Aufgabenstellungen waren das aus dem Kriegsernährungsamt hervorgegangene Reichsernährungsministerium (seit April 1920 Reichsministerium für Ernährung und Landwirtschaft), das Reichsministerium für Wiederaufbau, das für die Entwicklung der Reparationslieferungen zuständig war und zudem Aufgaben des aufgelösten Kolonialamtes übernahm, und das im Juni 1919 neugeschaffene Reichsverkehrsministerium. Das Wiederaufbauministerium wurde 1924 aufgelöst und seine Funktionen auf das Finanzministerium übertragen. Das Verkehrsministerium löste auch das bisherige Reichseisenbahnamt ab. Alle staatlichen Eisenbahnen wurden am 1. April 1920 auf das Reich übertragen, ein Jahr später geschah das auch mit den Wasserstraßen.

Der Bereich der Wirtschaftsverwaltung des Reiches wurde durch die Weimarer Verfassung generell ausgedehnt, und zwar auf den Gebieten Post, Verkehrswesen, Eisenbahnen, Schiffahrt, Zölle und Finanzwesen. Doch bestanden neben den Reichsbehörden weiterhin auch in den Ländern Einrichtungen der Wirtschaftsverwaltung, wobei besonders die preußischen Behörden durchaus ein

Gegengewicht bildeten. Das Fortbestehen von Länderkompetenzen wurde durch einen zunehmenden Verwaltungsbedarf angesichts der immer komplexeren Wirtschaftsstrukturen begünstigt. Handel und Gewerbe, Landwirtschaft und Verkehr waren die hauptsächlichen Gebiete einer konkurrierenden Wirtschaftsverwaltung. Nur Post und Eisenbahnen waren durch die Verfassung zur ausschließlichen Sache des Reiches erklärt worden.

Neben den Ministerien des Reiches und der Länder hatte auch die Reichsbank Möglichkeiten zu wirtschaftsgestaltendem Eingreifen. Allerdings verfügte sie auch in der Weimarer Zeit noch nicht über ein komplettes währungs- und geldpolitisch nutzbares Instrumentarium. Sie konnte Diskontpolitik treiben, nicht aber Mindestreserven- und Offenmarktpolitik. Durch Gesetz vom Mai 1922 war sie in ihren Entscheidungen von der Regierung unabhängig geworden, im August 1924 wurde ihre Autonomie im Zusammenhang mit dem Wunsch der Alliierten nach einer besseren Sicherung der Reparationszahlungen nochmals gesetzlich bestätigt (Reichsbankgesetz). Es wurde jedoch ein internationaler Generalrat eingesetzt, der die Tätigkeit des Reichsbankdirektoriums überwachte. Diese Aufsicht wurde erst 1930 beendet.

Obwohl die ursprünglichen weitgehenden Verstaatlichungspläne nicht verwirklicht wurden, war die wirtschaftliche Rolle des Staates und der Kommunen in der Weimarer Republik weit bedeutender als im Kaiserreich. Schwerpunkte staatlicher Aktivität lagen in der Agrar- und Sozialpolitik. Die öffentlichen Ausgaben pro Kopf der Bevölkerung verdoppelten sich real zwischen 1913 und 1932. Vor allem Mitte der zwanziger Jahre erfolgten hohe Investitionen durch die Gebietskörperschaften. Teilweise durch Auslandskredite finanziert, entstanden Wohnungen, Straßen, Krankenhäuser, Schulen, Sportplätze und Schwimmbäder, also nicht unmittelbar gewinnträchtige Einrichtungen. Eine vermehrte staatliche Förderung des Wohnungsbaus wurde nötig, weil die im Krieg eingeführten Mietpreiskontrollen nicht aufgehoben worden waren, so daß eine ausreichende private Bautätigkeit ohne öffentliche Zuschüsse nicht erwartet werden konnte. Die Mittel für solche Zuschüsse wurden über eine Hauszinssteuer aufgebracht, die man den Hypothekenschuldnern auferlegte. Zwischen 1925 und 1930 wurden 6,6% aller öffentlichen Ausgaben (einschließlich der Sozialversicherung) für den Wohnungsbau verwendet. Jede zehnte Wohnung wurde vom Staat oder von den Gemeinden gebaut, weitere 40%

aller Neubauwohnungen waren durch öffentliche Zuschüsse gefördert.

Auffällig war die Zunahme der Zahl und der Bedeutung der öffentlichen Unternehmen. Vor allem im Verkehrswesen sowie in der Versorgung mit Wasser (Anteil 96,7% im Jahre 1925), Gas (92,6%) und Elektrizität (92,1%) dominierten nun die öffentlichen Betriebe. Der Gesamtanteil der öffentlichen Wirtschaft am Volkseinkommen erreichte 1927 10,1%.[6] Durch eine »Rekameralisierung der öffentlichen Betriebe« versuchten die Kommunen, deren Ertragskraft zu steigern und dadurch Steuerausfälle in Zeiten schlechter Konjunktur auszugleichen. Überdies waren den öffentlichen Unternehmen regulierende fiskal-, versorgungs- und strukturpolitische Funktionen zugedacht. Sie sollten den Mißbrauch privater Marktmacht vermeiden helfen und eine sozialpolitische Vorreiterrolle spielen.

Nach einer Betriebszählung von 1925 gab es über 22000 öffentliche Unternehmen, davon fast 70% im Besitz von Kommunen und Kommunalverbänden. Dem Reich gehörten nur 2,4% dieser Unternehmen mit allerdings 22,2% der Beschäftigten (Bahn, Post). Der vielfältige Industriebesitz des Reiches wurde 1923 in den Vereinigten Industrieunternehmungen AG (VIAG) zusammengefaßt. In gleicher Weise unterstellte das Land Preußen seine montanindustriellen Beteiligungen einer Holding, der Preußischen Bergwerks- und Hütten AG (Preussag). 1929 kam in Preußen die Vereinigte Elektrizitäts- und Bergwerks AG (Veba) hinzu.[7] Das Reich und die Länder gründeten auch Banken, die vor allem auf den Gebieten des landwirtschaftlichen Kredits und des Hypothekarkredits mit den privaten Finanzinstituten konkurrierten.

Nach der Stabilisierung verschärfte sich die Opposition des Unternehmertums und speziell der Großindustrie gegen die zunehmende staatliche Beteiligung an der Gestaltung des wirtschaftlichen Lebens. Den wachsenden Umfang der kommunalen Wirtschaftstätigkeit kritisierte man als »kalte Sozialisierung«.[8] Insgesamt aber galt die Kritik mehr dem Ausbau des Sozialstaats als der Umgestaltung der Wirtschaftsordnung im engeren Sinne. Das erscheint plausibel, da zahlreiche Unternehmen besonders seit der Krise von 1925/26 in den Genuß staatlicher Subventionen kamen. Das häufig wenig durchdacht erscheinende System der Förderung notleidender Branchen und Betriebe ist zwar auch heftig kritisiert worden, insgesamt dürfte jedoch die Zustimmung überwogen haben.[9]

Im Bereich der autonomen Gestaltungsformen der Wirtschaftsordnung setzte sich die Vorkriegstendenz zu vermehrter Konzentration und Kartellierung fort, wie sie schon durch die Anforderungen der Kriegswirtschaft begünstigt worden war. Die Wiederanknüpfung an das etablierte System der Konzerne, Kartelle und Verbände erleichterte 1918/19 den Neuanfang. Die Zahl der Kartelle nahm in der Weimarer Zeit gegenüber dem Kaiserreich noch erheblich zu. Vor allem während der Inflationsjahre verstärkte sich die Kartellierungstendenz. 1925 gab es 1539 Kartelle, verglichen mit 367 im Jahre 1910. Diese Zunahme erscheint erstaunlich, weil 1923 ein Gesetz ergangen war, das die Bildung von Kartellen erschweren sollte. Die »Kartellverordnung« führte zur Verhinderung des Mißbrauchs wirtschaftlicher Macht eine staatliche Kartellaufsicht ein. Kartellvereinbarungen konnten nicht mehr durch mündliche Absprache beschlossen werden, sondern bedurften der Schriftform; jedes Mitglied eines Kartells hatte zudem das Recht, aus zwingenden Gründen zu kündigen. Bei einer Gefährdung der Gesamtwirtschaft oder des Gemeinwohls konnte das Wirtschaftsministerium im Zusammenwirken mit einem Kartellgericht Kartelle auflösen. Praktisch bedeutsam wurde diese Regelung aber nicht.

Die industriewirtschaftlichen Verbände hatten sich durch die Gründung des »Reichsverbandes der Deutschen Industrie« (RDI) im Februar 1919 eine Spitzenorganisation gegeben, die an die Zusammenarbeit im Kriegsausschuß von 1914 anknüpfen konnte. Der traditionelle Gegensatz zwischen der Schwerindustrie und anderen industriellen Gruppen konnte im RDI nur überdeckt, nicht jedoch aufgehoben werden. Mitglieder waren 28 Fachgruppen mit 1500 Fachverbänden sowie die Mehrzahl der Industrie- und Handelskammern. Dem RDI stand die 1913 gebildete »Vereinigung der Deutschen Arbeitgeberverbände« (VDA) gegenüber, die sich ausschließlich mit Fragen des Tarif- und Arbeitsrechts und der Sozialversicherung beschäftigte und als Organ wirtschaftlicher Interessenvertretung keine vergleichbare Bedeutung erreichte. Der zentrale Spitzenverband des Handels war der »Deutsche Industrie- und Handelstag« (DIHT), der auf den »Deutschen Handelstag« von 1861 zurückging, und die Banken wurden durch den 1901 gegründeten »Centralverband des Deutschen Bank- und Bankiersgewerbes« vertreten. Die Interessen der Landwirtschaft repräsentierte eine ganze Anzahl von Verbänden, von denen der

1921 aus dem BdL hervorgegangene, großagrarisch geprägte »Reichslandbund« (RLB) der einflußreichste war.

Es erscheint bemerkenswert, daß trotz der sich fortsetzenden strukturellen Umgestaltung der deutschen Wirtschaft auch nach 1918 die Agrarinteressen ihren überragenden politischen Einfluß behaupten konnten.[10] So gab die anhaltende Krise der Landwirtschaft aufgrund der ungünstigen Agrarpreisentwicklung und die damit verbundene Überschuldung des landwirtschaftlichen Besitzes Anlaß zu vielfältigen Hilfsmaßnahmen bis hin zur 1928 einsetzenden »Ostpreußenhilfe«. Daß die industriell-gewerbliche Wirtschaft jedenfalls seit der Stabilisierung – anders als die Landwirtschaft – von konjunkturellem Aufwind begünstigt schien, ließ ihre Verbände zeitweilig weniger militant agieren, an ihrer weiterhin kritischen Einstellung zum Weimarer Staat und seiner reformierten Wirtschaftsordnung besteht jedoch auch in dieser Phase kein Zweifel.

Das zunehmende Gewicht des Staates im Gefüge der Volkswirtschaft macht die Verwendung des Sozialprodukts deutlich. Der Anteil der öffentlichen Ausgaben am Volkseinkommen hatte 1913 nur 14,5% betragen, ging aber in den zwanziger Jahren nach einem kriegsbedingten Anstieg auf mehr als 75% (1917) nicht mehr unter 25% zurück. Zur Finanzierung dieser Ausgabenhöhe war eine entsprechende Einnahmensteigerung erforderlich, die nur durch eine Steuerreform erzielt werden konnte. Tatsächlich ist auch in der Entwicklung der Steuerlastquote ein Anstieg von 9% (1913) auf 17% (1925) zu verzeichnen.[11]

Unmittelbar nach Kriegsende befand sich der Fiskus freilich in solchen Nöten, daß nur langfristig wirksame Reformen Abhilfe versprachen. Als scheinbar einzigen Ausweg betrieb man eine Geldschöpfung in großem Maßstab, um den Schuldendienst leisten, die Beamtengehälter zahlen und die gesetzlich festgelegten Sozialleistungen erbringen zu können. Eine Finanzierung dieser Leistungen aus den regulären Einnahmen kam nicht in Betracht. Dennoch wäre eine Besserung der Finanzlage durch Steuererhöhungen im Prinzip möglich gewesen, doch erfolgten solche Erhöhungen nur zögernd. Eine neue Einnahmequelle war das »Reichsnotopfer«, eine Vermögensabgabe, die seit 1919 erhoben wurde.

Nach der Finanzverfassung der Weimarer Republik konnte das Reich Einnahmequellen beanspruchen, die vorher den Ländern zugestanden hatten. So wies die Reichsabgabenordnung vom Dezember 1919 dem Reich alle direkten Steuern (Einkommen- und Vermögensteuern) zu. Zum Ausgleich hierfür übernahm das Reich die Schulden der Länder. Der Erzielung höherer Steuereinnahmen dienten Maßnahmen der organisatorischen Verbesserung und Vereinheitlichung der Finanzverwaltung. Das »Gesetz über die Reichsfinanzverwaltung« vom September 1919 ermöglichte den Aufbau eines einheitlichen Systems von Finanzämtern. Im Hinblick auf Steuerrecht und Steuerverwaltung wurde Deutschland erst jetzt zu einem Einheitsstaat.

Die wichtigsten institutionellen Ansätze zu einer Finanzreform in dieser Zeit sind mit dem Namen des Finanzministers Matthias Erzberger verbunden. Der Zentrumspolitiker übernahm das Reichsfinanzministerium im Mai 1919. Die von ihm eingeleiteten Reformen umfaßten auch Steuererhöhungen vor allem bei der Umsatz- und der Einkommensteuer. Per Saldo fand eine Verschiebung von den indirekten zu den direkten Steuern statt. Erzberger konnte sein Reformwerk nicht vollenden, im August 1921 wurde er von Nationalisten ermordet. Das neue Steuersystem vermochte sich wegen der Inflation erst seit 1924 positiv auf die Einnahmen auszuwirken.

Zwischen 1924 und 1929 konnten die Reichsfinanzen einigermaßen stabil gehalten werden. Da der Schuldendienst nach der Währungsreform bedeutungslos wurde und die Transferzahlungen zurückgingen, verminderte sich das Volumen der Ausgaben beträchtlich. Die Reparationszahlungen waren nach der Regelung des Dawes-Plans zunächst nur zu einem Viertel aus dem Reichshaushalt zu leisten, ein weiteres Viertel erbrachte eine Verkehrsteuer, die der Reichsbahn auferlegt wurde, die restliche Hälfte stammte aus Zinsen von Anleihen der Bahn und der Industrie. Seit 1925 hatte das Reich mit 37,6% den höchsten Anteil am Gesamtfinanzaufkommen gegenüber 26% der Länder und 36,4% der Gemeinden. Aus der Einkommen- und Körperschaftsteuer konnte es im Wege des Finanzausgleichs Rückzahlungen an die Länder leisten. Verglichen mit den öffentlichen Finanzen im Kaiserreich bilden die Staatshaushalte der Weimarer Zeit mit einem scharfen Rückgang der Militärausgaben und einer entsprechenden Zunahme des Sozialtransfers auf einprägsame Weise den Übergang vom Ordnungs- und Obrigkeitsstaat zum aufkommenden Wohlfahrtsstaat ab.[12]

Die Neugestaltung der Wirtschaftsordnung im Weimarer Staat spiegelt sich nur unvollkommen in der Entwicklung der zeitgenössischen Nationalökonomie und der Sozialwissenschaften wider. Weder mit den analytischen Mitteln der Klassik noch mit denen der Historischen Schule waren die komplexen Probleme einer neuen Zeit zu meistern, deren wirtschaftspolitische Bewältigung in Deutschland durch die Hypothek des verlorenen Krieges zusätzlich erschwert wurde. Im Zusammenhang mit der Revolution von 1918/19 und dem Einrücken sozialdemokratischer Politiker in Staatsämter gewann zeitweilig ein revisionistischer Marxismus an Einfluß, etwa durch Hilferding, der 1923 und 1928/29 Reichsfinanzminister war. Zeittypischer erscheinen die Anschauungen von Repräsentanten der »konservativen Revolution« (A. Mohler)[13], die mit Johann Plenge und Paul Lensch sogar im sozialdemokratischen Lager Fuß faßte. Führende Vertreter dieser »nationalen«, historisierenden Richtung in Volkswirtschaft und Staatstheorie waren Werner Sombart in Berlin und Othmar Spann in Wien. Der Unterschied von Sombarts Eintreten für den autoritären Staat und Spanns ständestaatlichen Vorstellungen ist im Zusammenhang mit den ideologischen Wurzeln des Nationalsozialismus zu analysieren. Hier sei nur festgehalten, daß beide als Vertreter eines charakteristischen Antimodernismus und Antiliberalismus dieselbe Denktendenz ihrer Zeit verkörpern wie Oswald Spengler, Arthur Moeller van den Bruck, Hans Freyer und Ernst Jünger.

Sombart glaubte, der Kapitalismus sei in das Stadium der »Vergreisung« eingetreten, seit das Kalkulatorische immer mehr den kühnen Kaufmannsinstinkt verdrängt habe, ein Gedanke, den er schon 1928 in einem vielbeachteten Vortrag vor dem »Verein für Sozialpolitik« äußerte. Zudem sah er das »Ende der Weltwirtschaft« voraus; die Bedeutung des Außenhandels werde mit der Abnahme des Industrialisierungsvorsprungs der alten Industrienationen und damit ihrer Konkurrenzfähigkeit gegenüber den »jungkapitalistischen Ländern« zurückgehen, eine Auffassung, die Spenglers These vom letztlichen Sieg der »Kuliarbeit« entspricht. Unter den ökonomisch argumentierenden Vertretern dieser Schule stand Ferdinand Fried am weitesten links. In seinen Aufsätzen über das »Ende des Kapitalismus« in der Zeitschrift *Die Tat*, dem »bekanntesten Sprachrohr des antikapitalistisch getönten Nationalismus« (Sontheimer)[14], trat er für ein hohes Maß staatlicher Wirtschaftsplanung ein. Auch Nationalökonomen wie Max

Sering, Carl Brinkmann, Constantin v. Dietze und Edgar Salin tendierten in die antimodernistisch-konservative Richtung.[15] Als 1929 die große Krise die liberale Wirtschaftsordnung in ihren Grundfesten erschütterte, propagierten nicht wenige dieser Gelehrten »nationale« Lösungen und eine autoritäre Gestaltung des Verhältnisses von Staat und Wirtschaft.

## 3. Sozialstaat und Wirtschaftsdemokratie

Die Revolution von 1918/19 war im Kern kein Angriff der Arbeiterklasse auf Kapitalbesitzer und Unternehmer (Kocka)[16], sondern richtete sich vor allem gegen die Institutionen eines funktionsuntüchtig gewordenen Staates, der seine Autorität in den Augen der meisten Bürger verloren hatte. Im Verlauf der Wirren trat zwar auch ein politisch-klassenkämpferisches Moment stärker hervor, doch bewirkte es keineswegs eine Mobilisierung der Massen für die Sache des Sozialismus, sondern umgekehrt die Konsolidierung der antisozialistischen Front des Bürgertums und konservativer Teile der Arbeiterschaft.

Es war freilich unabweisbar, daß Reformen erheblichen Ausmaßes erfolgen mußten, die vor allem den Bereich der Wirtschafts- und Sozialordnung betrafen. So wenig die deutsche Arbeiterbewegung und ihre repräsentativen Organisationen – die Sozialdemokratische Partei und die Gewerkschaften – darauf vorbereitet waren, in einer Revolution (wie die Radikalen sie forderten) die Macht an sich zu reißen, so entschieden traten sie dafür ein, die Gunst der Stunde für Veränderungen zu nutzen und vor allem sozialpolitische Ziele zu verwirklichen. Da die Wahlen zur Verfassunggebenden Nationalversammlung und zum Reichstag der Linken keine Mehrheit gebracht hatten, konnten solche Reformen nur durch Kompromisse mit den Kräften der bürgerlichen Mitte – den Liberalen und dem Zentrum – verwirklicht werden. Damit war die Richtung vorgezeichnet, an der anzustrebende Fortschritte orientiert werden mußten. Man mußte anknüpfen an die sozialpolitischen Errungenschaften des Kaiserreichs und diese weiter ausbauen. Schon in einem Aufruf des Rates der Volksbeauftragten vom 12. November 1918 wurde an erster Stelle eine Garantie des tradierten Besitzstandes der staatlichen Sozialpolitik sowie ihr konsequenter Ausbau als Schutz-, Fürsorge- und Emanzipationspolitik gefordert. Der zweite Punkt dieses Aufrufs beschäftigte sich mit der Realisierung der staatsbürgerlichen Gleichberechtigung von Mann und Frau, wie sie später durch die Einführung des Frauenwahlrechts in einem wichtigen Punkt hergestellt wurde.

Mit der Bereitschaft der Mehrheitssozialdemokratie und des von ihr beherrschten Rates der Volksbeauftragten, sozialpolitische Lösungen anzustreben, die auch von einem Teil der bürgerlichen Parteien mitgetragen werden konnten, korrespondierte eine ebensolche Kompromißbereitschaft der Gewerkschaften. Deren endgültige Anerkennung als Tarifpartner durch die Unternehmer war ja erst in den Tagen des Zusammenbruchs im Rahmen der »Zentralen Arbeitsgemeinschaft« erfolgt. Der ZAG gehörten auf der Arbeitnehmerseite neben den freien und den christlichen Gewerkschaften auch die liberalen Gewerkvereine sowie einige Angestelltenorganisationen an. Auf der Seite der Arbeitgeber traten die seit Februar 1919 im RDI zusammengeschlossenen Verbände sowie die »Vereinigung Deutscher Arbeitgeberverbände« (VDA) der ZAG bei. Diese übte zunächst einen bedeutenden Einfluß auf die Neugestaltung des wirtschaftlichen Lebens aus. Die Arbeitgeber zeigten sich grundsätzlich konzessionsbereit und gestanden den Gewerkschaften u.a. den Achtstundentag zu. Die ZAG geriet aber zunehmend in Schwierigkeiten, als diese Konzessionsbereitschaft im Zeichen der sich festigenden politischen Verhältnisse geringer wurde.[17] Die Zusammenarbeit endete, als im Januar 1924 der »Allgemeine Deutsche Gewerkschaftsbund« (ADGB), die seit 1919 bestehende Nachfolgeorganisation der Generalkommission, aus der ZAG austrat.

Die zeitweilige enge Zusammenarbeit von Wirtschaftsverbänden und Gewerkschaften fand keinen Ausdruck in einer Verminderung der Zahl der Arbeitskämpfe. Im Gegenteil: Zahl und Ausmaß der Streiks und Aussperrungen erreichten gerade in der Zeit der funktionierenden ZAG einen Höhepunkt. 1921 und 1922 wurden jeweils mehr als 4000 Streiks registriert mit zeitweilig mehr als 1,5 Millionen im Ausstand befindlichen Arbeitern. Umgekehrt gab es in den beiden Jahren jeweils rund 400 Aussperrungen. Erst nach der Überwindung der Inflation und der Stabilisierung der Wirtschaft nahm die Zahl der Arbeitskämpfe drastisch ab.

Mit der Einführung des Achtstunden-Normalarbeitstages und der Anerkennung der Gewerkschaften als Tarifvertragsparteien durch die programmatischen Artikel 159 und 165 der Weimarer Verfassung waren zwei zentrale gewerkschaftliche Forderungen im Prinzip erfüllt worden. Die Auseinandersetzungen zwischen Arbeitgebern und Arbeitnehmern betrafen danach vor allem wieder Lohntarife und Arbeitsbedingungen.

In Fällen, in denen die Tarifpartner keine Einigung erzielen konnten, griff in zunehmendem Maße der Staat als Schlichter in die Verhandlungen ein. Erste Ansätze zu einer solchen Staatsintervention finden sich schon in der Kriegswirtschaft seit 1916. Nach dem Waffenstillstand war zunächst die Demobilmachungsbehörde Träger der staatlichen Schlichtungsbemühungen. Durch diese Behörde konnte die Regierung nicht nur wirtschafts-, sondern auch sozialpolitisch gestaltend eingreifen.[18] Die Gewerkschaften waren eher als die Unternehmer geneigt, der staatlichen Intervention im Tarifbereich positive Aspekte abzugewinnen. Sie begrüßten es deshalb, als Ende 1923 eine spezielle Schlichtungs-Verordnung erging. Darin wurde grundsätzlich der Vorrang einer autonomen Einigung zwischen den Tarifvertragsparteien festgestellt, jedoch ein Eingreifen des Staates für den Fall legitimiert, daß eine solche Einigung nicht zustande kam. Die Schlichtung sollte dann, je nach Fall, durch paritätisch besetzte Ausschüsse, durch einen vom Reichsarbeitsminister bestellten Schlichter oder – in letzter Instanz – durch den Minister selbst erfolgen. Später stand den Parteien darüber hinaus der Rechtsweg über die seit 1926 bestehenden Arbeitsgerichte offen.

Zu solchen Schlichtungsverfahren ist es vor allem Mitte der zwanziger Jahre häufig gekommen. 1924 wurden mehr als 18000 und 1925 mehr als 13000 gezählt. In den meisten Fällen konnten die Streitigkeiten durch Schiedssprüche oder Verbindlichkeitserklärungen des Ministeriums erledigt werden, die überwiegend als gewerkschaftsfreundlich bewertet worden sind.[19] In eine Krise geriet das Schlichtungswesen Ende der zwanziger Jahre, als sowohl Arbeitgeberorganisationen als auch Gewerkschaften die staatliche Schlichtung vor den Arbeitsgerichten anfochten und Annullierung erreichten. Das Institut der staatlichen Schlichtung von Tarifstreitigkeiten wurde 1933 von den Nationalsozialisten aufgehoben.

Eine für die Gestaltung der innerbetrieblichen Beziehungen zwischen Arbeitgebern und Arbeitnehmern wichtige Neuerung stellte die Institution des Betriebsrates dar. Das Betriebsrätegesetz vom 4. Februar 1920 führte die Grundform einer demokratischen Betriebsverfassung ein. Anknüpfend an Artikel 165 der Weimarer Verfassung verfügte es, daß in Betrieben mit mindestens fünf Beschäftigten ein Vertrauensmann und in solchen mit mindestens 20 Beschäftigten ein aus mehreren Mitgliedern bestehender Betriebsrat zu wählen sei. Die Betriebsräte, die auch die Interessen der gewerkschaftlich nicht organisierten Arbeiter wahrnehmen sollten, waren keine Organe der Mitbestimmung in den Bereichen der Produktion, der Planung und der Unternehmensführung. Ihre Zuständigkeit lag ausschließlich auf sozialem Gebiet. Sie beteiligten sich an Aufgaben des Arbeitsschutzes, an der Verwaltung der Sozialeinrichtungen der Unternehmen und waren bei Einstellungen und Entlassungen zu konsultieren. Die Betriebsräte wurden von vielen Unternehmern zunächst mißtrauisch angesehen, bewährten sich aber durchaus. Nicht erfüllt wurden weitergehende Mitbestimmungsforderungen. Die ebenfalls in Artikel 165 vorgesehene Einrichtung von Bezirksarbeiterräten und einem Reichsarbeiterrat kam nicht zustande.[20]

Insgesamt sind den Arbeitnehmern und ihren Organisationen durch die Weimarer Verfassung und an sie anschließende Gesetze bedeutende sozialpolitische Konzessionen gemacht worden. Nicht zu Unrecht hat man die These vertreten, die Weimarer Sozialpolitik sei deshalb so großzügig ausgefallen, weil man dadurch den Arbeitern die Forderung nach weitergehenden Eingriffen in die Wirtschaft bis hin zur Sozialisierung habe »abkaufen« wollen.[21] Man sollte aber auch bedenken, daß die Notwendigkeit gründlicher sozialer Reformen in der Situation von 1918/19 von einem breiten Parteienspektrum, das auch Mehrheiten des katholischen Zentrums und der linken Liberalen umfaßte, aus Überzeugung vertreten wurde. Erst nach der wirtschaftlichen Konsolidierung von 1924 schwächte sich der sozialreformerische Impuls ab. Die bis dahin erfolgten sozialpolitischen Verbesserungen, die auch die Erhöhung der Kriegsopferrenten, der Sozialrenten, der öffentlichen Beiträge zur Krankenversicherung und die zunehmende staatliche Finanzierung des Wohnungsbaus umfaßten, führten zu einer beträchtlichen Umverteilung des Sozialprodukts zugunsten der wirtschaftlich schwächeren Gruppen der Gesellschaft. Man hat geschätzt, daß von 1919 bis 1923 etwa 38% des Sozialprodukts in die öffentliche Umverteilung einbezogen wurden gegenüber nur etwa 20% in der Vorkriegszeit.[22]

Zu einem gravierenden sozialen Problem der Weimarer Zeit wurde, je länger desto mehr, die Arbeitslosigkeit. Bereits 1924 wurde im Jahresdurchschnitt fast die Millionengrenze erreicht, und 1926 erfolgte ein dramatischer Anstieg auf über zwei Millionen, was einer Quote von 10% entsprach. Auch während der folgenden Jahre einer noch guten Konjunktur fielen die Arbeitslosenzahlen nicht mehr unter eine Million, und seit 1930 kam es dann zu der bekannten explosionsartigen Zunahme, die 1932 in einem Jahresdurchschnitt von 5,6 Millionen (30%) kulminierte. Die wichtigste Ursache der hohen Arbeitslosigkeit vor 1929 lag in der durch Rationalisierung bewirkten Erhöhung der Produktivität. Das erklärt, warum trotz eines erheblichen wirtschaftlichen Wachstums die Beschäftigung nicht nennenswert anstieg. Die mangelnde Aufnahmefähigkeit der industriell-gewerblichen Wirtschaft für zusätzliche Arbeitskräfte hat man Mitte der zwanziger Jahre durch eine Reagrarisierungspolitik auszugleichen versucht. Doch konnten Jahr für Jahr nur etwa 10000 bis 20000 Menschen auf Neusiedlerstellen untergebracht werden. Systematische Versuche einer Arbeitsbeschaffung mit Hilfe staatlicher Beschäftigungsprogramme wurden erst in der letzten Phase der Weimarer Republik unternommen.

Die auffällig ungünstige Entwicklung der Arbeitslosigkeit stellte eine entschiedene Herausforderung an die Regierungen des Weimarer Staates dar, der doch mit dem Versprechen einer besseren wirtschaftlichen und sozialen Sicherung der arbeitenden Bevölkerung angetreten war. Wo Arbeitslosigkeit nicht ganz vermieden werden konnte, wollte man ihr durch staatliche Hilfsmaßnahmen den Stachel nehmen. Schon im Aufruf des Rates der Volksbeauftragten vom 12. November 1918 war eine Unterstützung der Erwerbslosen angekündigt worden. Artikel 163 WRV legte dann für den Fall der Erwerbslosigkeit eine staatliche Unterstützungspflicht im Prinzip fest. Eine definitive gesetzliche Regelung konnte aber erst nach langen Auseinandersetzungen im Parlament am 16. Juli 1927 durch das »Gesetz über Arbeitsvermittlung und Arbeitslosenversicherung« erfolgen. Dieses Gesetz, das die letzte größere Lücke im System des staatlichen Versicherungsschutzes schloß, erkannte jedem Arbeitnehmer bei Arbeitslosigkeit einen Rechtsanspruch auf staatliche Unterstützung zu. Einrichtungen der Arbeitsvermittlung und der Berufsberatung sollten vorbeugend wirken und die Zahl der Versicherungsfälle möglichst klein halten. Träger der Arbeitslosenversicherung war eine Reichsanstalt. Die finanziellen Mittel wurden durch Beiträge der Arbeitgeber und der Arbeitnehmer (je 50%) aufgebracht. Nur im Notfall sollte der Staat mit Zuschüssen einspringen. Durch die Verwirklichung der Arbeitslosenversicherung wurde einer Grundüberzeugung der Befürworter eines progressiven Sozialstaates Rechnung getragen. Die materielle Absicherung der lohnabhängigen Menschen auch in Krisenfällen wurde verstanden als Konsequenz der Anerkennung ihres elementaren Lebensrechts und ihrer Menschenwürde.

In der Praxis erwies sich schon bald, daß das System der Arbeitslosenversicherung einer krisenhaften wirtschaftlichen Entwicklung nicht gewachsen war. Nachdem die Reichsanstalt 1927 noch einen Überschuß erwirtschaftet hatte und 1928 mit einem geringen Zuschuß ausgekommen war, verschlechterte sich ihre Finanzlage nach Ausbruch der Weltwirtschaftskrise rapide. Die Zahl der zu unterstützenden Arbeitslosen stieg – bei gleichzeitigem Rückgang des Beitragsaufkommens – so stark an, daß immer höhere Kredite des Reiches in Anspruch genommen werden mußten, um die Liquidität der Versicherung zu sichern. 1930 reichte, bei Ausgaben von 1,8 Milliarden Mark, auch ein Reichszuschuß von 600 Millionen Mark nicht aus, um einen Fehlbetrag zu vermeiden. Die finanzielle Sanierung der Arbeitslosenversicherung wurde zu einem ebenso dringlichen wie zwischen den Parteien umstrittenen Problem. Der Konflikt entzündete sich an der Frage, ob die Beiträge erhöht oder die Leistungen der Versicherung vermindert werden sollten. Die durch die Unternehmerschaft und ihre Organisationen beeinflußte Deutsche Volkspartei (DVP) forderte einen Abbau der Leistungen; hingegen übernahm die SPD die Forderung der Gewerkschaften nach einer Erhöhung der Beiträge, die Arbeitgeber und beschäftigte Arbeitnehmer gleichermaßen betroffen hätte. Die Meinungsverschiedenheiten in dieser Frage waren eine Ursache für den Sturz der Regierung des sozialdemokratischen Kanzlers Hermann Müller am 27. März 1930, der letzten auf einer Parlamentsmehrheit aufbauenden Regierung des Weimarer Staates. Mit dem Minderheitskabinett Brüning, das sich auf das Zentrum und die bürgerliche Mitte stützte, begann die Ära der mit Notverordnungen regierenden Präsidialkabinette. Zugleich endete der Ausbau des Sozialstaats und seiner Institutionen.

Die stärkere Berücksichtigung der Arbeitnehmerinteressen durch die Ausgestaltung des Arbeitsrechts, Stärkung der Stellung der Gewerkschaften und Verbesserung der Sozialversicherung ist in den zwanziger Jahren auch in anderen europäischen Ländern zu beobachten. Der Zuwachs an Sozialstaatlichkeit war in Deutschland besonders groß. Während die Ausgaben des Reiches insgesamt einschließlich der Sozialversicherung 1925 um 50% höher lagen als 1913, erreichten sie im Sozialbereich den dreifachen Betrag. Dem sozialstaatlichen Grundzug der Weimarer Jahre entspricht eine leichte Nivellierungstendenz bei den Einkommen sowohl in der privaten Wirtschaft als auch in allen Bereichen des öffentlichen Dienstes. Arbeitgeber wie Arbeitnehmer kamen bis zur Weltwirtschaftskrise in den Genuß steigender realer Einkommen, aber die ursprünglich schlechter bezahlten Tätigkeiten wurden in vielen Fällen 1928 besser honoriert als 1913, während die höheren Einkommen das Niveau der besten Vorkriegsjahre meist nicht mehr erreichten.

Theoretisierende Beobachter der Weimarer Szene wie Rudolf Hilferding und Fritz Naphtali glaubten, Zeugen eines historischen Prozesses zu sein, in welchem eine zunehmende staatliche Organisation des Wirtschaftslebens einerseits und eine vermehrte Kontrolle durch Arbeiter und Gewerkschaften andererseits konvergierend auf etwas hinzielten, das sie als »Wirtschaftsdemokratie« bezeichneten.[23] Endziel eines solchen Prozesses war für Hilferding der Sozialismus. Noch auf dem Hamburger Kongreß des ADGB 1928 wurde die Idee der Wirtschaftsdemokratie ausgiebig diskutiert. Inhaltlich verstand man darunter zunächst vor allem eine Demokratisierung der Arbeitsverhältnisse unter staatlicher Kontrolle und vermehrte Gewerkschaftsmacht einschließlich einer erweiterten Mitbestimmung in den Betrieben. Daß sich solche Vorstellungen nicht realisieren ließen, lag zum einen an der drastischen Verschlechterung der wirtschaftlichen Lage, die spätestens seit 1930 den Aktionsraum der Gewerkschaften stark einengte, aber auch an mächtigen Widerständen innerhalb der deutschen Gesellschaft gegen weitere grundsätzliche Reformen der Wirtschaftsordnung. Hier zeigt sich, daß trotz eines allgemeinen Prozesses der Modernisierung der Lebensverhältnisse, wie er auch für andere Industriestaaten in diesen Jahren typisch war, der charakteristische Aufbau der deutschen Gesellschaft und ihre historisch gewachsene Struktur durch die Revolution von 1918/19 und die sozialen Reformen der folgenden Jahre nicht grundsätzlich angetastet worden waren.

## 4. Die große Krise

In der Wirtschaftsgeschichte markiert das Jahr 1929 den Ausbruch einer schweren Krise, die man in Deutschland meist als »Weltwirtschaftskrise« bezeichnet. Alle Indikatoren weisen auf eine Störung hin, deren Intensität und Hartnäckigkeit weit über alles hinausgehen, was sich in anderen Abschwungphasen der Weltwirtschaft ereignet hat. Von den USA, wo sie durch einen Börsenkollaps eingeleitet wurde, griff die Krise deshalb rasch auf Europa über, weil sie sich in einem System enger weltwirtschaftlicher Zusammenhänge wie eine Epidemie ausbreiten mußte. Die Weltwirtschaftskrise beendete die Ära einer noch immer prinzipiell liberalen internationalen Wirtschaftsordnung. Der sich verschärfenden realwirtschaftlichen Rezession entsprach eine tiefe Entmutigung aller am wirtschaftlichen Leben Beteiligten. Man sah das »Ende des Kapitalismus« bevorstehen; staatssozialistische, ständestaatliche und faschistische Wirtschaftsideen erhielten Auftrieb.

In Deutschland traf die Krise eine schon geschwächte Konjunktur. Der wirtschaftliche Aufschwung seit 1924 hatte seinen Höhepunkt bereits 1928 überschritten und war auch vorher in den einzelnen Sektoren ungleichmäßig ausgeprägt gewesen. Vor allem die Lage der Landwirtschaft hatte zu wünschen übriggelassen, und in Deutschland hatte die Agrarkrise dadurch eine besondere Brisanz gewonnen, daß von ihr eine der traditionell einflußreichsten Gruppen betroffen wurde: die ostelbischen »Junker«. Gegen das Weimarer »System« wandte sich auch ein großer Teil des industriell-gewerblichen Unternehmertums, das sich so lange mit der neuen Ordnung abgefunden hatte, wie die gute konjunkturelle Entwicklung Konfliktpotentiale überdeckt hatte.

Die Bedrohlichkeit und das potentielle Ausmaß der Rezession wurden noch während des größten Teils des Jahres 1930 von den wenigsten Politikern und Wirtschaftsfachleuten richtig beurteilt. Eine dramatische Verschärfung brachte dann die schwere Bankenkrise vom Sommer 1931.[24] Unmittelbarer Anlaß war im Mai der Zusammenbruch der Wiener Kreditanstalt. Von Wien aus griff eine Finanzpanik um sich und erschütterte zahlreiche Länder Europas. Die Regierungen und Zentralbanken bemühten sich, Dämme zu errichten. In Deutschland vermochte sich die Reichsbank Stützungskredite von 420 Millionen Mark zu sichern, die aus Großbritannien, Frankreich und den USA sowie von der Bank für

Internationalen Zahlungsausgleich (BIZ) stammten. Weiter wurden dem Deutschen Reich durch das am 7. Juli 1931 in Kraft tretende Hoover-Moratorium für die Dauer eines Jahres die Reparationszahlungen gestundet, die im Jahr zuvor durch den Young-Plan neu geregelt worden waren.

Diese Maßnahmen vermochten aber nicht zu verhindern, daß die Bankenkrise außer Kontrolle geriet. Das deutsche Bankensystem war durch die Kapitalvernichtung der Inflation bereits strukturell geschwächt. Das Verhältnis von Eigenkapital und Einlagen hatte sich sehr verschlechtert, und eine weitere Gefahrenquelle lag darin, daß die bei den Banken eingelegten Mittel zum großen Teil aus kurzfristig rückrufbaren Auslandskrediten stammten. Schon nach dem Wahlerfolg der NSDAP im September 1930 waren hohe Beträge ausländischen Geldes aus Deutschland abgezogen worden, und die Reichsbank hatte innerhalb weniger Wochen über eine Milliarde Mark an Gold und Devisen eingebüßt. Gegen Ende des Jahres hatte sich die Devisenlage allerdings wieder stabilisiert.

Zur Katastrophe kam es, als am 13. Juli die Darmstädter und Nationalbank, eine der vier deutschen Großbanken, die Zahlungen einstellte. Einer ihrer Hauptschuldner, die Norddeutsche Wollkämmerei in Bremen, hatte falliert und damit den Anstoß zur Insolvenz der Bank gegeben. Da sich auch die übrigen Banken in einer prekären Lage befanden, waren sie nicht bereit, die Darmstädter Bank zu stützen. Ohnehin griff nun die Panik auch auf ihre Kundschaft über. Der allgemeine Ansturm auf die Schalter veranlaßte die Reichsregierung, für den 14. und 15. Juli einen »Bankfeiertag« zu verkünden, d. h., eine vorübergehende Schließung aller Banken und Sparkassen anzuordnen. Außerdem wurde durch eine Notverordnung die Konvertibilität der Reichsmark aufgehoben und eine strenge Devisenzwangswirtschaft eingeführt. Verschiedene Notmaßnahmen bezweckten eine Sicherung der Banken durch staatliche Finanzhilfen und eine Wiederherstellung des Vertrauens der Kundschaft. So wurden alle Einlagen bei der Darmstädter Bank staatlich garantiert, und es wurde das Aktienkapital der am meisten gefährdeten Banken herabgesetzt und dann durch staatliche Beteiligungen wieder aufgestockt. Bei der Dresdner Bank übernahm das Reich 91%, bei der Commerzbank 70% des Kapitals. Insgesamt wurden fast 900 Millionen Mark für diese Stützungsaktion aufgewendet.

Der massive staatliche Eingriff in das Bankensystem hatte Auswirkungen, die noch nicht abzusehen waren, als die Aktion unternommen wurde. Die gravierendste Konsequenz war, daß die Großbanken unter staatlichen Einfluß gerieten, und dies wiederum hatte zur Folge, daß über die Banken staatliche Eingriffe in die Industrie leichter möglich wurden. Die Lenkungswirtschaft des Nationalsozialismus hat wenig später von diesen neuen Möglichkeiten profitieren können.

In rückblickender Betrachtung erscheint das Jahrzehnt nach dem Ausbruch der Weltwirtschaftskrise als ein großes Experimentierfeld staatlicher Wirtschaftspolitik. Als sich die Krise auszubreiten begann, verfügten die Regierungen der betroffenen Staaten noch über kein Instrumentarium, das konjunkturstabilisierende Maßnahmen ermöglicht hätte. Zudem hatte die mit dem Namen des britischen Nationalökonomen John Maynard Keynes verbundene These noch kaum Anhänger, nach der es Aufgabe des Staates ist, durch eine »antizyklische« Ausgabenpolitik die Nachfrage nach Wirtschaftsgütern zu stimulieren und auf diese Weise den Bann eines wirtschaftlichen Gleichgewichts bei Unterbeschäftigung zu brechen. Vielmehr bedienten sich die Regierungen gerade in den von der Depression am schwersten betroffenen Staaten – etwa in den USA (Hoover) und Deutschland (Brüning) – durchweg deflationistischer Maßnahmen, denen die Vorstellung zugrunde lag, daß eine aus den Fugen geratene Wirtschaft auf einem herabgesetzten Niveau sich wieder stabilisieren werde, wenn man nur ihren Selbstheilungskräften vertraue und die Marktmechanismen gewähren lasse. Hinter einer solchen Politik stand zudem die Überzeugung, daß man kein Geld ausgeben könne, das man nicht eingenommen habe. Da die Einnahmen des Staates und der sonstigen öffentlichen Körperschaften in der Depression stark rückläufig waren, veranlaßten die leeren Kassen die auf Solidität bedachten Politiker, Einsparungen vorzunehmen und so das Budget einem Ausgleich näherzubringen.

Brünings Deflationspolitik bediente sich des Mittels der Notverordnungen nach Artikel 48 Abs. 2 der Verfassung. Die einschneidendste Verordnung war die vom 8. Dezember 1931. Durch sie wurden alle gebundenen Preise um wenigstens 10% gesenkt, die Wohnungsmieten ebenfalls um 10% vermindert und alle Darlehenszinsen auf 6% herabgesetzt. Andererseits kürzte dieselbe Verordnung die Bezüge der Beamten und Angestellten auf das

Niveau von 1927 und bewirkte entsprechende Kürzungen bei allen anderen tarifvertraglich vereinbarten Löhnen und Gehältern. Diese deflationistischen Maßnahmen erwiesen sich als äußerst unpopulär; auch der noch nachwirkende Schock der Inflation von 1923 änderte daran nichts. Der Widerstand der Betroffenen wuchs ständig.

Das Ziel des Budgetausgleichs erreichte Brüning ebenso wenig wie die ebenfalls angestrebte Verbesserung der internationalen Wettbewerbsfähigkeit der deutschen Wirtschaft durch Kostensenkungen. Ihm gelang aber eine Senkung der Staatsausgaben um etwa 4 Milliarden Mark, die dem gleichzeitigen Rückgang der Einnahmen entsprach. Eine Leistung dieser Politik war es zweifellos, daß sie – in Verbindung mit der Streichung der Reparationen auf der Konferenz von Lausanne im Juli 1932 – die expansiveren Maßnahmen von Brünings Nachfolgern im Kanzleramt außenwirtschaftlich und budgetpolitisch erst ermöglichte. Insbesondere schuf die Kombination von Lohnsenkung und Steuererhöhung günstige Startvoraussetzungen für die Fiskalpolitik der Nationalsozialisten.[25]

Brünings Spar- und Deflationspolitik war nicht frei von Widersprüchen. Für Agrarsubventionen und Exportstützungskredite wurden hohe Mittel aufgewendet, ohne daß damit nennenswerte Strukturverbesserungen erzielt werden konnten. Es mutet erstaunlich an, daß bei insgesamt knapper werdenden Mitteln die Darlehen und Bürgschaften für die Landwirtschaft sich erhöhten. Die seit 1928 gewährten, zunächst nur für Ostpreußen bestimmten landwirtschaftlichen Kredithilfen wurden seit 1931 auf alle ostelbischen Gebiete ausgedehnt (Osthilfe). Der Umfang der direkten staatlichen Stützungsmaßnahmen in der Ära Brüning erreichte zuletzt ein Jahresvolumen von etwa 3 Milliarden Mark.

Die Widersprüchlichkeit von Brünings Politik wird klar, wenn man seiner agrarprotektionistischen Zollpolitik den gleichzeitigen Versuch gegenüberstellt, die Exportfähigkeit der Industrie zu verbessern. Auch die Senkung der Konsumentenkaufkraft durch Lohnkürzung widersprach dem Vorhaben einer Stabilisierung der Agrarpreise. Schließlich besteht ein fundamentaler Widerspruch zwischen der ausgiebigen Verwendung staatsinterventionistischer Mittel der Wirtschaftspolitik und dem Ziel der Wiederherstellung eines nach liberalen Prinzipien funktionierenden Marktes. Dennoch gelang es Brüning, zwei Jahre lang im wesentlichen mit Hilfe von Notverordnungen zu regieren, bis er schließlich Ende Mai 1932 gestürzt wurde, »hundert Schritte vor dem Ziel«, wie er meinte.

Es ist später üblich geworden, die deflationistische Seite von Brünings Konzept als antiquiert und phantasielos abzutun. Man sollte aber bedenken, daß im Grunde erst die Erfahrung der Weltwirtschaftschaftskrise dem Gedanken des »deficit spending« die empirische Grundlage geliefert hat. Hinzu kommt, daß die Umsetzung der Keynesschen Ideen in praktische Konjunkturpolitik inzwischen wieder problematischer erscheint; nicht wenige Nationalökonomen betrachten deshalb Brünings deflationistische Krisenbekämpfung wegen der objektiv geringen politischen und fiskalischen Handlungsspielräume zumindest als diskussionswürdige Alternative.[26]

In Deutschland hat es allerdings schon während der Kanzlerschaft Brünings Ansätze eines neuen, quasi-keynesianischen Wirtschaftsdenkens gegeben. Ernst Wagemann und Wilhelm Röpke gehörten zu denjenigen Nationalökonomen, die die Deflationspolitik in Frage stellten. Im März 1931 verfaßte der Ministerialrat im Reichswirtschaftsministerium Wilhelm Lautenbach im Auftrag einer von dem früheren Arbeitsminister Brauns geleiteten Kommission ein Gutachten, das zusätzliche Staatsausgaben im Umfang von mehreren Milliarden Mark vorschlug, die durch Kreditaufnahme im Ausland finanziert werden sollten.[27] Der »Lautenbach-Plan« wurde jedoch von der Reichsbank abgelehnt und konnte ebensowenig realisiert werden wie der nach seinen Urhebern W. Woytinski, F. Tarnow und F. Baade benannte WTB-Plan des ADGB vom Januar 1932, der durch mit öffentlichen Mitteln finanzierte Arbeitsbeschaffungsprogramme eine Million neue Arbeitsplätze schaffen sollte. Es erscheint bemerkenswert, daß der WTB-Plan auch auf der politischen Linken umstritten war. Theoretiker wie Kautsky und Naphtali sahen in der Krise ein Dekadenzsymptom des Kapitalismus und lehnten deshalb korrigierende staatliche Eingriffe ab.[28]

Brünings Nachfolger im Kanzleramt, die konservativen Politiker Franz v. Papen (Juni–November 1932) und Kurt v. Schleicher (Dezember 1932/Januar 1933), wandten sich von der Deflationspolitik ab. Papen leitete ein Programm öffentlicher Arbeiten im Umfang von 300 Millionen Mark ein, gewährte Lohnprämien bei Neueinstellungen von Arbeitskräften und versuchte, die Investitionstätigkeit durch Steuervergünstigungen anzuregen. Bei Zahlung von überfälligen Steuern wurden den Unternehmen Steuergutscheine zur Verfügung gestellt, die in den darauffolgenden fünf Jahren vorgelegt und auf die dann zu zahlenden Steuern angerechnet werden konnten. Die Gutscheine waren handelbar und erhöhten die Liquidität der Wirtschaft. Papen führte durch die Höhe der eingesetzten Mittel die Krisenpolitik in eine neue Dimension; die Ausgabe der Steuergutscheine entsprach theoretisch einer Steigerung der kaufkräftigen Nachfrage um 1,5 Milliarden Mark. Auffällig ist aber, daß auch seine Maßnahmen überwiegend den Weg der direkten Staatsaktivität vermieden und die Privatwirtschaft als Transmission benutzten. Schleicher, der nur wenige Wochen amtierte, ging über die Papenschen Maßnahmen hinaus. Per Notverordnung richtete er ein Reichskommissariat für Arbeitsbeschaffung ein und mobilisierte 500 Millionen Mark für weitere Arbeitsbeschaffungsprojekte. Damit sollten vor allem kommunale Meliorationsprogramme finanziert werden. Die Vorfinanzierung erfolgte durch vom Reich garantierte »Arbeitsbeschaffungswechsel«, eine klare Abweichung von den Prinzipien einer fiskalisch bestimmten konservativen Wirtschaftspolitik.

Die direkten Maßnahmen der Arbeitsbeschaffung, die durch die Regierungen Papen und Schleicher eingeleitet wurden[29], scheinen zumindest kurzfristig keine Auswirkungen gehabt zu haben. Jedenfalls bewirkten die Staatsaufträge an die Großindustrie und die Einstellungsprämien keine auffällige Erhöhung der Beschäftigtenzahlen. Andererseits deutet manches darauf hin, daß der Tiefpunkt der Depression in der zweiten Hälfte des Jahres 1932 durchschritten war. Zu diesem Zeitpunkt, als die Industrieproduktion nur noch 50% derjenigen vor der Krise betrug und die Zahl der Arbeitslosen sechs bis sieben Millionen erreichte, waren leichte Anzeichen einer konjunkturellen Belebung zu spüren, z. B. anziehende Rohstoff- und Wertpapierpreise. Die Erfahrung derjenigen Länder, in denen die weitere Entwicklung ohne politischen Bruch verlief, etwa der USA, hat einer solchen Interpretation Recht gegeben. In Deutschland aber war das politische Chaos aufgrund neuerlicher Erfolge der rechts- wie linksextremen Parteien inzwischen so groß, daß eine allmähliche konjunkturelle Wende zum Besseren die Lage nicht mehr stabilisieren konnte. Ende Januar 1933 stürzte die Regierung Schleicher durch eine Intrige, in der sich Schleichers Amtsvorgänger Papen mit Hitler verbündete. Die Frage nach einer möglichen Entwicklung für den Fall, daß es gelungen wäre, die Nationalsozialisten noch einige Monate – bis zu einer deutlichen Stabilisierung der wirtschaftlichen Lage – von der Macht fernzuhalten, ist zu hypothetisch, um überzeugend beantwortet werden zu können.

In der Weltwirtschaftskrise wurde die Wirtschaftspolitik des Reiches und der Länder zum Krisenmanagement. Die Statik der konstitutionell verankerten Wirtschaftsordnung wurde durch improvisierende Maßnahmen und die Ad-hoc-Begründung zusätzlicher Institutionen aufgelockert. Der liberale Grundzug dieser Wirtschaftsordnung mit ihrer weitgehenden Autonomie der privatwirtschaftlichen Sphäre wurde jedoch nicht preisgegeben.

# V. Die Wirtschaftsdiktatur des Nationalsozialismus

## 1. Ideologie, Programm und Praxis

Den politischen Hintergrund von Hitlers »Machtergreifung« bildet ein kompliziertes, schwer zu durchschauendes Geflecht von Fehlurteilen, Versäumnissen und Intrigen, das hier nicht untersucht werden kann. Am 30. Januar 1933 ernannte Reichspräsident v. Hindenburg Hitler zum Kanzler eines Kabinetts der politischen Rechten mit zunächst nur zwei weiteren nationalsozialistischen Ministern. Am 27. Februar nahm Hitler den Brand des Reichstags zum Anlaß für die sog. Verordnung zum Schutz von Volk und Staat, die die Grundrechte einschränkte. Bei Neuwahlen am 5. März erhielt die NSDAP zwar nicht die erhoffte absolute Mehrheit, doch entfielen auf sie 43,9% der Stimmen. Die KPD wurde gewaltsam ausgeschaltet. Am 24. März stimmten die verbliebenen Parteien mit Ausnahme der SPD dem »Ermächtigungsgesetz« zu, durch das die gesamte Staatsgewalt Hitler und der NSDAP anheimfiel. Anfang Mai wurden in einer gewaltsamen Aktion die Gewerkschaften beseitigt, während der folgenden zwei Monate die politischen Parteien aufgelöst. Ein fortschreitender Prozeß der Zentralisierung der Staatsgewalt führte Anfang 1934 zur Beseitigung der Selbständigkeit der Länder. Nachdem sich Hitler im Zusammenhang mit der Röhm-Affäre seiner innerparteilichen Widersacher und einer Anzahl weiterer politischer Gegner entledigt hatte, konnte er im August 1934 nach dem Tode Hindenburgs alle politische Macht in seiner Person vereinigen. Außer dem Amt des Reichskanzlers übernahm er auch das des Reichspräsidenten. Die Wehrmacht wurde auf ihn persönlich vereidigt. Das Deutsche Reich war fortan eine Einparteien- und Führerdiktatur.

Dieser radikale Umsturz der politischen Ordnung erfolgte vor dem Hintergrund einer katastrophalen wirtschaftlichen Entwicklung. Zum Zeitpunkt der Machtergreifung der Nationalsozialisten Ende Januar 1933 war ein Drittel der arbeitswilligen Bevölkerung in Deutschland ohne Beschäftigung. Die Weltwirtschaftskrise und das durch sie verursachte Elend breiter Schichten sind gewiß keine hinreichende, wohl aber eine notwendige Bedingung gewesen für den Aufstieg des Nationalsozialismus. Daß die wirtschaftliche

Katastrophe allein nicht ausreicht, um die Wendung von der parlamentarischen Demokratie zum totalitären Staat zu erklären, zeigt der Vergleich mit den USA, wo eine Depression von vergleichbarer Intensität nicht vermochte, eine nennenswerte politische Radikalisierung hervorzurufen. Es ist also bei einer Gesamtanalyse der Verhältnisse auf jeden Fall auch der besondere, ideologisch ungefestigte Zustand der deutschen Gesellschaft zu berücksichtigen, der sie für totalitäre Verlockungen anfällig machte. Erst in Verbindung mit der Instabilität der politischen Verhältnisse führte die Erschütterung der wirtschaftlichen Ordnung zum Zusammenbruch des Weimarer Systems.

In der politischen Propaganda des Nationalsozialismus spielten wirtschaftliche Versprechungen seit dem Einsetzen der Depression eine wichtige Rolle. Indessen zeigte sich, daß die wirtschaftsbezogenen Aussagen im ursprünglichen Parteiprogramm aus dem Jahre 1920 (das niemals revidiert worden war) viel zu allgemein und schlagwortartig waren, als daß sie einer Politik der Krisenbewältigung als Richtschnur hätten dienen können. Schon jenes erste Parteiprogramm wies in seinen wirtschaftsordnungspolitischen Forderungen einen charakteristisch ambivalenten Zug auf, der aus der Strategie resultierte, an möglichst alle wichtigen Gruppen der Gesellschaft gleichzeitig zu appellieren, mindestens aber drei davon zu erreichen: die Bauern, die Arbeiter und den gesamten Mittelstand. Die Synthese der notwendigerweise widersprüchlichen Forderungen wurde unter »nationalen« Vorzeichen versucht.

Das Programm forderte »Land und Boden (Kolonien) zur Ernährung unseres Volkes und Ansiedlung unseres Bevölkerungsüberschusses« (Punkt 3), »Abschaffung des arbeits- und mühelosen Einkommens, Brechung der Zinsknechtschaft« (11), die Einziehung der Kriegsgewinne (12), Verstaatlichung der bereits vergesellschafteten Betriebe (13), Gewinnbeteiligung an Großbetrieben (14), Ausbau der Altersversorgung (15), »Schaffung eines gesunden Mittelstandes ..., sofortige Kommunalisierung der Groß-Warenhäuser und ihre Vermietung zu billigen Preisen an kleine Gewerbetreibende« (16), »Schaffung eines Gesetzes zur unentgeltlichen Enteignung von Boden für gemeinnützige Zwecke, Abschaffung des Bodenzinses und Verhinderung jeder Bodenspekulation« (17). Gefordert wurde auch ein rücksichtsloser »Kampf gegen diejenigen, die durch ihre Tätigkeit das Gemeininteresse schädigen... Wucherer und Schieber... sind mit dem Tode zu bestrafen, ohne Rücksicht auf Konfession und Rasse« (18). Und dann folgt als schlagwortartige Zusammenfassung der auf Hitlers zu Beginn wichtigsten wirtschaftspolitischen Berater, den Ingenieur und Publizisten Gottfried Feder, zurückgehende Satz: »Gemeinnutz geht vor Eigennutz.«[1]

Aus diesem krausen Bündel von Parolen wird man zunächst dasjenige aussondern müssen, was aus der Situation unmittelbar nach Kriegsende erwachsen war. Die Forderung nach der Einziehung der Kriegsgewinne gehört ebenso hierher wie die Bedrohung von Wucher und Schieberei mit der Todesstrafe. Betrachtet man die übrigen Programmpunkte, erkennt man, daß der Nationalsozialismus den zweiten Teil seines Namens in dieser Anfangsphase seiner Entwicklung zumindest auf dem Papier noch nachdrücklich für sich in Anspruch nahm. Gefordert werden immerhin eine Bodenreform und die Ersetzung der liberal-kapitalistischen Wirtschaftsordnung durch eine kollektivistische, arbeitsbetonte, auf die Interessen der Volksmassen ausgerichtete.

Freilich werden schon in dieser frühesten, radikalsten Phase der nationalsozialistischen Programmatik die Grenzen deutlich, die der »sozialistischen« Komponente der Bewegung gesetzt waren, etwa bei der Beschränkung der Verstaatlichungsforderungen auf die bereits von Räten überwachten Schlüsselindustrien. Daneben fällt die Anbiederung der NSDAP an den gewerblichen Mittelstand auf. Während man einerseits versuchte, die Arbeiter dem Einfluß der Linksparteien zu entziehen, wollte man doch andererseits nicht darauf verzichten, das Stimmenreservoir des mittelständischen Bürgertums möglichst gründlich auszuschöpfen. Während der folgenden Jahre boten die wechselhaften wirtschaftlichen Verhältnisse für die Verfolgung einer solchen Doppelstrategie wesentlich günstigere Voraussetzungen, als die Initiatoren des Parteiprogramms von 1920 hatten ahnen können.

Das ebenfalls auf Feder zurückgehende Schlagwort von der »Brechung der Zinsknechtschaft« hat Hitler nur zeitweilig im Zusammenhang mit seiner antisemitischen Obsession fasziniert. In *Mein Kampf* schreibt er dazu kommentierend: »Die scharfe Scheidung des Börsenkapitals von der nationalen Wirtschaft (bietet) die Möglichkeit, der Verinternationalisierung der deutschen Wirtschaft entgegenzutreten... Der Kampf gegen das internationale Finanz- und Leihkapital ist zum wichtigsten Programmpunkt des Kampfes der deutschen Nation um wirtschaftliche Unabhängigkeit geworden.«[2] Es wäre aber ein Irrtum zu glauben, für Hitler hätte diese wirtschaftliche Unabhängigkeit sozusagen einen Wert an sich dargestellt. Vielmehr hat er immer wieder seine Ansicht von der minderen Rangordnung der Wirtschaft gegenüber Werten und Institutionen wie Volk, Rasse, Staat und Partei bekräftigt, denen sie zu dienen hätte. Diese Auffassung vom absoluten Vorrang der Politik durchzieht wie ein roter Faden alle späteren wirtschaftspolitischen Maßnahmen des Nationalsozialismus. Die Lebensraum-Theorie und die immer unverhohlenere Bereitschaft zur Durchsetzung aggressiver außenpolitischer Ziele mit militärischen Mitteln wurden maßgeblich für die »instrumentale« Gestaltung der Wirtschaftsordnung des NS-Staates.

Andererseits sollte nicht übersehen werden, daß Hitler und seine Gefolgsleute durchaus über ein – wenn auch primitives – wirtschaftspolitisches Grundkonzept verfügten, dessen zentrales Merkmal sein Antiliberalismus war. Der negative Kapitalismus-Begriff und die ebenso negative Einstellung zu einer pluralistischen Gesellschaft flossen im Antiliberalismus der NS-Bewegung zusammen. Die Suche nach der historischen Herkunft solcher Denkmuster gestaltet sich nicht schwierig. Antiliberale Visionen einer staatlich gelenkten Nationalwirtschaft lassen sich in Deutschland mindestens bis in die ersten Jahrzehnte des 19. Jahrhunderts zurückverfolgen. Von Fichte und Adam Müller wurde an früherer Stelle bereits gesprochen, desgleichen von List und den nationalwirtschaftlich orientierten Vertretern der Jüngeren Historischen Schule der deutschen Nationalökonomie. Die Niederlage im Ersten Weltkrieg trug dazu bei, daß sich diese Tradition zum Ressentiment versteifte[3], und begünstigte die Entstehung von Vulgärformen solchen Denkens – etwa in Gestalt der nationalsozialistischen Wirtschaftsprogrammatik.

Von den konservativen Theoretikern der zwanziger Jahre mögen Werner Sombart und Othmar Spann einen gewissen Einfluß auf den Nationalsozialismus gehabt haben, obwohl solche Zusammenhänge nicht überschätzt werden dürfen.[4] Sombart befürwortete einen »deutschen Sozialismus« mit zentraler staatlicher Wirtschaftsplanung. In der Weltwirtschaftskrise forderte er die Verstaatlichung der Großbanken, des Verkehrswesens, der Rohstoff- und der Rüstungsindustrie. Spann propagierte die Wiederbelebung einer ständestaatlichen Ordnung mit berufsständischer

Gliederung der Wirtschaft. Ähnliche Vorstellungen klingen im Programm der NSDAP von 1920 an, in dem es heißt: »Zur Durchführung alles dessen fordern wir die Schaffung einer starken Zentralgewalt des Reiches... (und) die Bildung von Stände- und Berufskammern zur Durchführung der vom Reich erlassenen Rahmengesetze« (Punkt 25). Unmittelbar scheint der Publizist Robert v. Friedländer-Prechtl ein Jahrzehnt später auf die wirtschaftliche Programmatik des Nationalsozialismus eingewirkt zu haben. Obwohl selbst jüdischer Abkunft, sprach Friedländer-Prechtl von »Volksgesundheit« und »Arterhaltung« und propagierte einen »geschlossenen Handelsstaat« mit vollständiger Autarkie im Agrar- und Rohstoffbereich. Bei ihm finden sich schon die beschäftigungspolitischen Ideen des Arbeitsdienstes und des Autobahnbaus.

Charakteristischerweise befand sich unter den führenden Wirtschaftsideologen und -praktikern des Nationalsozialismus (Gottfried Feder, Walther Funk, Wilhelm Keppler, Theodor Adrian v. Rentelen, Otto Wagener) kein einziger qualifizierter Nationalökonom. Im Januar 1931 wurde bei der Münchener Reichsleitung der Partei eine Wirtschaftspolitische Abteilung eingerichtet, der Wagener vorstand. Ein im Mai 1932 vorgelegtes »Wirtschaftliches Sofortprogramm der NSDAP« erregte Aufsehen, weil darin umfangreiche, kreditfinanzierte Maßnahmen der Arbeitsbeschaffung vorgeschlagen wurden. Dieses Programm scheint indessen weitgehend bei Friedländer-Prechtl abgeschrieben worden zu sein, der ein Jahr zuvor ganz ähnliche Vorschläge gemacht hatte.[5] Das »Sofortprogramm« wurde bald zurückgezogen und im Herbst 1932 durch ein »Wirtschaftliches Aufbauprogramm« ersetzt, das von Feder und Funk redigiert worden sein dürfte. Der Vergleich der beiden Texte offenbart einen aufschlußreichen Aspektwechsel. Im weit wirtschaftsfreundlicher formulierten »Aufbauprogramm« kommt der Begriff »Kapitalismus« nicht mehr vor. Auch von Investitions- und Preiskontrollen ist nicht mehr die Rede, und statt Steuererhöhungen werden Steuererleichterungen angekündigt.

Nach der Machtergreifung spielten die Vertreter einer speziellen NS-Wirtschaftslehre keine bedeutende Rolle mehr. Männer wie Feder und Wagener mußten Experten wie Schacht und erprobten Praktikern der Ministerialbürokratie weichen. Feder wurde zwar Staatssekretär im Reichswirtschaftsministerium, hatte aber ebenso wenig Einfluß wie der Ingenieur Keppler, der als Rohstoffsachverständiger fungierte. Die Praxis der nationalsozialistischen Wirtschaftspolitik begann schon bald, von der Programmatik abzuweichen. Dabei fällt vor allem die programmwidrige Vernachlässigung des gewerblichen Mittelstandes auf. Ein im April 1933 eingesetzter Reichskommissar für den Mittelstand blieb gänzlich einflußlos, und die Zahl der mittelständischen Betriebe ging in den folgenden Jahren außergewöhnlich stark zurück. Dieser Entwicklung entsprach ein ideologisches Abrücken von den ständestaatlichen Vorstellungen Spanns und eine stärkere Hinwendung zu Sombarts autoritärem Staat und dem Dezisionismus des Staatsrechtlers Carl Schmitt, ohne daß einer dieser Denker weitreichenden praktischen Einfluß auf die Gestaltung der nationalsozialistischen Staats- und Wirtschaftsordnung gewonnen hätte.

Ursache dieser programmatischen Wende war, daß nur ein hochkonzentrierter, autoritär gelenkter Industriekomplex Hitlers Rüstungspläne realisieren konnte. Für Mittelstandsförderung war in einer solchen Planung kein Raum. Die Industriefreundlichkeit des NS-Regimes hatte sich schon unmittelbar nach der Machtergreifung gezeigt, als Hitler und Göring durch persönliches Eingreifen eine Infiltration und Gleichschaltung der wirtschaftlichen Spitzenverbände durch übereifrige Parteifunktionäre verhinderten. Besonders Vertreter des linken Flügels der NSDAP mußten sich aus den Selbstverwaltungsorganen der Wirtschaft wieder zurückziehen. Auch die Arbeitsbeschaffungsprogramme vom Frühjahr 1933 wurden in Abstimmung mit der Industrie entwickelt. Sie wurden den Unternehmern schmackhaft gemacht durch die Zusicherung, die Sozialausgaben im Reichshaushalt zu verringern und die Steuern zu senken. Dies wurde als ein Bekenntnis zur zentralen Rolle der Privatwirtschaft in der Wirtschaftsordnung des NS-Staates verstanden.

Der mehr pragmatische als ideologische Zug der nationalsozialistischen Wirtschaftspolitik erleichterte vor allem der Großindustrie die Kooperation. Als »Wirtschaftsführer« wurden prominente Industrielle wie Gustav Krupp oder Emil Kirdorf von den neuen Machthabern hofiert, und die Übertragung des »Führerprinzips« auf die Wirtschaft – Arbeiter und Angestellte wurden zur »Gefolgschaft« erklärt – scheint vielen Unternehmensleitern recht gewesen zu sein. Schließlich ist daran zu denken, daß gerade die großen Unternehmen bald wieder ansehnliche Gewinne machten, die freilich weitgehend unverteilt blieben. Solche unverteilten Gewinne von Kapitalgesellschaften stiegen zwischen 1928 und 1939 von 1,3 auf 5,0 Milliarden Mark.[6]

Nicht zu halten ist die These, die NSDAP habe schon vor 1933 in einer entscheidenden Phase ihres Aufstiegs eine massive Förderung durch das industrielle Unternehmertum und das Großkapital erfahren. Es gab durchaus Industrielle, die mit Hitler sympathisierten und die NSDAP finanziell unterstützten. Zu ihnen gehörten Fritz Thyssen und Emil Kirdorf sowie nicht wenige mittelständische Unternehmer. Die marxistisch orientierte zeitgeschichtliche Forschung legt auf solche Hintergründe besonderen Wert, neigt aber dazu, ihre Bedeutung für den Aufstieg der NSDAP zu überschätzen.[7] Bemerkenswert ist freilich auch, daß vor 1933 von einer entschiedenen Gegnerschaft weiter Kreise der Wirtschaft gegen den Nationalsozialismus ebenfalls nicht die Rede sein kann. Es gab Vorbehalte, aber keine dezidierte Opposition, wie man sie ganz selbstverständlich den Kommunisten und weitgehend auch der Sozialdemokratie entgegenbrachte. So gesehen war Hitlers Taktik einer allmählichen Verdrängung der sozialistischen Frühprogrammatik seiner Partei erfolgreich. Die antikapitalistischen Parolen des Parteiprogramms von 1920 waren schon lange vor 1933 Makulatur geworden.

Zu keinem Zeitpunkt haben aber in den Jahren der nationalsozialistischen Herrschaft privatunternehmerische Interessen die Politik der Partei und des Staates bestimmt. Deshalb erscheint die These problematisch, erst seit 1936 könne von einem »Primat der Politik« die Rede sein und bis 1938 habe ein »partieller Faschismus« geherrscht, d.h. eine Koalition aus Partei, Militär und Großkapital habe sich bis zu diesem Zeitpunkt die Macht geteilt.[8] Die an vielen Punkten enge Zusammenarbeit politischer und wirtschaftlicher Instanzen änderte nichts daran, daß die Zielsetzungen dieser Kooperation ausschließlich durch die ersteren vorgegeben wurden.

Wenn auch die eigentlichen Zielpunkte der nationalsozialistischen Wirtschaftspolitik von Anfang an Aufrüstung und Kriegsvorbereitung waren, so läßt sich dennoch nicht behaupten, daß alle wesentlichen Maßnahmen des Regimes sogleich unmittelbar von dieser Zielsetzung bestimmt gewesen seien. Daneben stand auch der ideologisch motivierte Versuch der Errichtung einer »nationalistisch-etatistischen Wirtschaftsordnung«[9], der freilich die

Agrar- und die Sozialpolitik stärker prägte als die Industriepolitik und die Gewerbepolitik.

Dieser These ist widersprochen worden, da angeblich nur die Vorstellungen der Lebensraumausweitung und des Antisemitismus Hitlers Denken beherrscht hätten, so daß es kaum lohne, sich daneben mit anderen Überlegungen nationalsozialistischer Wirtschaftstheoretiker zu beschäftigen. Es sei paradox, daß das Regime über keinerlei Ordnungskonzept verfügt, vielmehr zwölf Jahre lang »system- und sinnlos experimentiert« habe.[10] Diese Auffassung geht von der richtigen Erkenntnis aus, daß es eine Rangordnung politischer Ziele des Nationalsozialismus gab und daß in dieser »letzte Ziele« wie »Lebensraum« und »Rassenreinheit« eine besondere Bedeutung hatten. Das schließt aber nicht aus, daß der Aufbau eines dereinst völkischen Staates mit erweitertem Lebensraum auch im Sinne einer nach bestimmten ideologischen Prämissen definierten Wirtschaftsordnung erfolgen sollte und daß man sich über die Gestaltung dieser Ordnung Gedanken machte. Der Nationalsozialismus bildete durchaus ein geschlossenes ideologisches System, das zwar nicht in seinen extremen Ausformungen, wohl aber in seinem antiliberalen, staatsautoritären und aggressiv-nationalen Grundzug in der deutschen Geschichte des 19. und 20. Jahrhunderts vorgezeichnet und vorbereitet erscheint. Auch die Wirtschaftsideologie der NS-Bewegung war von solchen charakteristischen Denkmustern geprägt, und neben dem unübersehbaren Pragmatismus der verwirklichten Wirtschaftsordnung haben sie sich in einigen Bereichen auch praktisch Geltung verschafft.

## 2. Staat und Wirtschaft unter dem Nationalsozialismus

In einem Aufruf des eben zum Reichskanzler ernannten Hitler vom 1. Februar 1933 heißt es: »Die nationale Regierung wird mit eiserner Entschlossenheit und zähester Ausdauer folgenden Plan verwirklichen: ... Binnen vier Jahren muß die Arbeitslosigkeit endgültig überwunden sein, gleichlaufend ergeben sich die Voraussetzungen für das Aufblühen der Wirtschaft.« Wurde dieses Versprechen erfüllt?

Die Statistik für die Jahre von 1933 bis 1939 belegt einen eindrucksvollen wirtschaftlichen Aufschwung. 1937/38 lag das reale

Sozialprodukt um 20% höher als auf dem vorherigen Höchststand 1928/29 und mehr als doppelt so hoch wie 1932. Der Index der Industrieproduktion (1929 = 100) erreichte nach einem Tief von 58 (1932) und Werten von 66 (1933), 83 (1934), 96 (1935) bereits 1936 einen neuen Höchststand von 107 und stieg dann weiter auf 117 (1937), 125 (1938) und 132 (1939). Dabei übertraf die Entwicklung im Produktionsgütersektor bei weitem diejenige bei den Verbrauchsgütern, wie der Vergleich der Indexwerte (148 bzw. 108) im Jahre 1939 deutlich macht.[11]

Der größte, international Aufsehen erregende Erfolg der nationalsozialistischen Wirtschaftspolitik schon in den ersten Jahren nach der Machtübernahme war eine bedeutende Verringerung der Arbeitslosigkeit. Nach 3,7 Millionen im Jahresdurchschnitt 1933 wurden 1934 noch 2,3 und 1935 noch 1,8 Millionen Arbeitslose registriert. Seit 1936 herrschte praktisch Vollbeschäftigung, seit 1937 Arbeitskräftemangel. Die günstige Entwicklung der Beschäftigung war die alleinige Ursache für einen allmählichen Anstieg der Reallöhne auf einen Indexwert von 123 im Jahre 1939 (1932 = 100). Anders als die Wochenlöhne waren die realen Stundenlöhne wegen eines 1933 verhängten Lohnstopps sogar leicht rückläufig.

Die wirtschaftspolitischen Maßnahmen des NS-Regimes waren doppelgesichtig, d. h. sie dienten sowohl »Zwischenzielen« (Blaich)[12] wie der Krisenbekämpfung oder der Herstellung möglichst weitgehender Autarkie als auch dem Endziel der Ermöglichung eines Eroberungskrieges. Schon wenige Tage nach der Machtergreifung – am 3. Februar 1933 – legte Hitler in einer Rede vor Reichswehroffizieren mit verblüffender Offenheit seine Überzeugung dar, daß eine Lösung der wirtschaftlichen Probleme Deutschlands nicht mit konventionellen konjunkturpolitischen Maßnahmen erfolgen könne, sondern nur durch eine Expansion über die bestehenden Grenzen hinaus zur Gewinnung von neuem »Lebensraum«.

Prinzipiell folgte die nationalsozialistische Krisenbekämpfungspolitik der schon von Papen und Schleicher eingeschlagenen Richtung vermehrter Staatsausgaben zur Stimulierung der Nachfrage nach Wirtschaftsgütern. Es wäre aber zu einfach, sie als eine bloße Fortschreibung zu bezeichnen; dagegen spricht das weit größere Volumen der eingesetzten Finanzmittel. Alle Vorhaben der Arbeitsbeschaffung waren seit Anfang Juni 1933 durch den »Reinhardt-Plan« (Gesetz zur Verminderung der Arbeitslosigkeit) zusammengefaßt, dessen Finanzvolumen im ersten Jahr eine Milliarde Mark betragen sollte, aber schon im September um weitere 500 Millionen Mark aufgestockt wurde und der für fast eine Million Arbeitsloser Beschäftigungsmöglichkeiten schaffen sollte. Das Programm verband direkte Auftragsvergaben mit der steuerlichen Begünstigung privater unternehmerischer Initiative, wobei besonders an mittelständische Gewerbetreibende gedacht war. Die durch Schatzanweisungen aufgebrachten Mittel wurden Ländern und Gemeinden als Darlehen zur Verfügung gestellt und u. a. zur Finanzierung von Wohnungsinstandsetzungen, Tiefbauarbeiten und Flußregulierungen verwendet. Militärische Projekte spielten im Rahmen des Reinhardt-Plans keine Rolle, wobei anzumerken ist, daß die Reichswehr für das Jahr 1933 keinen zusätzlichen Finanzierungsbedarf hatte, da noch keine Planung existierte, innerhalb derer die Mittel hätten verwendet werden können. Die Ausführungsbestimmungen zum Reinhardt-Plan ordneten an, daß grundsätzlich menschlicher Arbeitskraft der Vorzug vor Maschinen zu geben sei, daß mindestens 80% der neueingestellten Arbeiter Erwerbslose zu sein hätten, daß es zu keiner Verlängerung der Arbeitszeit kommen dürfe und daß durch Neuinvestitionen ersetzte Maschinen verschrottet werden müßten.

Beschäftigungspolitisch wie militärstrategisch motiviert war das Gesetz über die Errichtung des Unternehmens »Reichsautobahn« vom Juni 1933, das zwischen 1934 und 1938 bei Gesamtausgaben von 3 Milliarden Mark eine durchschnittliche Beschäftigung von 90000 Menschen ermöglichte; ähnliches gilt wohl auch für die Aufhebung der Kfz-Steuer für alle neuzugelassenen Fahrzeuge im April 1933. Die Verbesserung der Fernverkehrswege und die Steigerung der Kraftfahrzeugproduktion waren wesentliche Elemente der militärischen Planung. Infrastrukturinvestitionen, die nicht direkt oder indirekt der »Wehrhaftmachung« dienten, stand Hitler ablehnend gegenüber.

Der Gesamtbetrag der bis Frühjahr 1936 für Arbeitsbeschaffungsprogramme aufgewendeten Mittel überschritt 5 Milliarden Mark, davon entfielen 1,1 Milliarden auf Reichsbahn und Reichspost, 0,8 Milliarden auf die Reichsanstalt für Arbeitsvermittlung und 0,7 Milliarden auf den Autobahnbau.[13] Diese Beträge entsprachen 3% des Bruttosozialprodukts, wurden aber weit in den Schatten gestellt durch die Steigerung der Rüstungsausgaben im selben Zeitraum. Diese hatten 1933 erst 700 Millionen Mark betragen, schnellten aber schon 1934 auf 3,3 Milliarden und 1935 auf 5,2 Milliarden in die Höhe und erreichten 1936 sogar 9 Milliarden Mark – eine Verzwölffachung in nur drei Jahren. Nach 1936 ging die Steigerung der Rüstungsausgaben mit – absolut gesehen – noch höheren Raten weiter. Sie übertrafen nun bei weitem den addierten Betrag aller öffentlichen Investitionen einschließlich des Wohnungsbaus und des Verkehrs und lagen 1938 mit 15,5 Milliarden Mark schon dreimal so hoch wie diese.

An der günstigen Entwicklung auf dem Arbeitsmarkt hatten neben den spezifischen Arbeitsbeschaffungsprogrammen auch andere Maßnahmen großen Anteil. Eine wachsende Zahl von Jugendlichen wurde im zunächst freiwilligen Arbeitsdienst beschäftigt. Im Juni 1935 wurde der Reichsarbeitsdienst obligatorisch. Zu Beginn wurden nur die männlichen, später auch die weiblichen Jugendlichen in Arbeitslagern zusammengezogen und vor allem in der Landwirtschaft sowie beim Straßen- und Wegebau eingesetzt. Diese nur sehr gering entlohnte Beschäftigung war ein ebenso wirkungsvolles wie billiges Instrument zur Verminderung der Jugendarbeitslosigkeit. Die gleiche Wirkung hatte die Einführung der allgemeinen Wehrpflicht im Mai 1935. Hier zeigt sich schon in der ersten Phase der NS-Herrschaft sehr deutlich der Zusammenhang von Rüstungspolitik und Arbeitsmarktentwicklung.

Die insgesamt günstige Entwicklung der Binnenkonjunktur nach 1933 hatte keine außenwirtschaftliche Entsprechung. Das Volumen des deutschen Außenhandels änderte sich nach der Überwindung der Krise kaum. Primäres Ziel der nationalsozialistischen Außenwirtschaftsplanung war die Erzielung eines möglichst hohen Grades von Autarkie. Dabei spielte sicher die abstrakt-weltanschauliche Orientierung nationalsozialistischer »Theoretiker« eine Rolle, denen in Deutschland erzeugte Wirtschaftsgüter – weil durch deutsche Arbeit hervorgebracht – grundsätzlich wertvoller erschienen als die Produkte des Auslandes. Wichtiger aber waren pragmatische Überlegungen der Parteiführung und der Militärs, die lange vor 1939 den Kriegsfall ins Auge faßten und im Hinblick darauf die Selbstversorgung Deutschlands mit Industrierohstoffen und Nahrungsmitteln anstrebten.

Die gesetzliche Grundlage für die Gestaltung des Außenhandels war zunächst das Gesetz zur Förderung des Außenhandels vom Oktober 1933. Als gemeinsame Behörde des Auswärtigen Amtes und des Reichswirtschaftsministeriums wurde eine Reichsstelle für Außenhandel geschaffen und ergänzend Anfang 1934 eine Reichsstelle für Devisenbewirtschaftung. Wenige Wochen später ergingen Rahmengesetze für den Verkehr mit industriellen Rohstoffen und Halbfertigprodukten. Die Einfuhr von Fertigwaren wurde weitgehend verboten; durch »Devisenrepartierung« wurden die Importe generell gedrosselt.

Der »Neue Plan« für den Außenhandel vom August 1934, der auf den Reichsbankpräsidenten und Reichswirtschaftsminister Hjalmar Schacht zurückgeht, bezweckte eine generelle staatliche Reglementierung der Außenwirtschaft, womit unmittelbar autarkiewirtschaftliche und mittelbar rüstungswirtschaftliche Zwecke verfolgt wurden. Ein staatliches Außenhandelsmonopol wurde errichtet; zur Steuerung bediente man sich des Mittels der Devisenkontingentierung für den Import und der Subventionierung für den Export. Angestrebt wurde eine konsequente Bilateralisierung des Waren- und Kapitalverkehrs mit anderen Ländern. Um Devisen zu sparen, wurden den Partnerländern Kompensationslieferungen (Clearing-Geschäfte) angeboten. Preise und Währungsrelationen spielten bei solchen Transaktionen eine untergeordnete Rolle. Die Phantasie der staatlichen Handelsbürokratie mußte – so gut es ging – den Markt ersetzen.

Die Durchführung des »Neuen Plans« brachte erhebliche Veränderungen in der Struktur des deutschen Außenhandels. Die Einfuhr wichtiger Rohstoffe (Kupfer, Mangan, Rohöl, Kautschuk, Wolle) erhielt absolute Priorität; die Fertigwareneinfuhren wurden entsprechend gedrosselt, die Fertigwarenausfuhren zur Beschaffung von Devisen planmäßig gesteigert (bis 1936 um 20%). Insgesamt erfolgte eine Umorientierung des Außenhandels von den westeuropäischen Industriestaaten und den USA nach Skandinavien, Südosteuropa, Vorderasien und Lateinamerika. Die Leistungsfähigkeit der deutschen Exportindustrie konnte sich in einem solchen Klima der Kontrolle und Bevormundung nicht günstig entwickeln. Hätte sie sich auf einem funktionierenden internationalen Markt behaupten müssen, wäre es um ihre Wettbewerbsfähigkeit sicher bald schlecht bestellt gewesen. 1938 erreichten die teilweise hoch subventionierten deutschen Ausfuhren mit 5,3 Milliarden Mark nur noch 40% des Standes von 1929 und lagen damit kaum höher als auf dem Tiefpunkt der Weltwirtschaftskrise.

Klarer als in den Notmaßnahmen des Jahres 1933 ist in der planmäßigen Neugestaltung der außenwirtschaftlichen Beziehungen der charakteristische Umriß einer an den Wünschen von Partei und Staat orientierten Lenkungswirtschaft erkennbar. Aber auch die binnenwirtschaftliche Ordnung wurde vom Nationalsozialismus frühzeitig durch drastisch vermehrte Staatsintervention deliberalisiert. So erfolgte schon seit Juli 1933 eine scharfe Preiskontrolle durch ein Reichskommissariat für Preisüberwachung, und ein gleichzeitig erlassenes Gesetz zur Errichtung von Zwangskartellen griff in bisher autonome Bereiche der Unternehmenspolitik ein. Da es auch eine Investitionslenkung ermöglichte, eignete es sich gut zur Förderung rüstungswirtschaftlich erwünschter Projekte.

Schon in Hitlers Regierungserklärung vom 1. Februar 1933 wurde ein Vierjahresplan gekündigt, durch den vor allem die Beseitigung der Arbeitslosigkeit und die Sicherung der Ernährung durch Förderung der Landwirtschaft erreicht werden sollten. Obwohl diese Ziele weitgehend verwirklicht wurden, erlangte der Plan keine große Bedeutung im organisatorischen Sinne. Im September 1936 wurde er durch einen zweiten Vierjahresplan ersetzt, mit dem die nationalsozialistische Wirtschaftspolitik in eine neue Phase eintrat.

Hitler selbst skizzierte die Ziele des Plans im August 1936 in einer Denkschrift. Hiernach sollte es Aufgabe der Wirtschaft sein, die Voraussetzungen für die »Selbstbehauptung des Volkes« zu schaffen. Wegen der Begrenztheit der wirtschaftlichen Leistungskraft Deutschlands und seiner geographischen Beengtheit sei unbedingt eine Ausweitung seines »Lebensraums«, seiner »Rohstoff- und Ernährungsbasis« erforderlich. Die militärstrategische Perspektive wird in dieser Denkschrift besonders deutlich, in der es heißt: »Ähnlich der militärischen bzw. politischen Aufrüstung unseres Volkes hat auch eine wirtschaftliche zu erfolgen... Zu diesem Zwecke sind auf allen Gebieten, auf denen eine Befriedigung durch deutsche Produktion zu erreichen ist, Devisen einzusparen, um sie jenen Erfordernissen zuzulenken, die unter allen Umständen ihre Deckung nur durch Importe erfahren können... Ich halte es für notwendig, daß nunmehr mit eiserner Entschlossenheit auf allen Gebieten eine 100%ige Selbstversorgung eintritt, auf denen dies möglich ist... Ich stelle damit folgende Aufgabe: I. Die deutsche Armee muß in vier Jahren einsatzfähig sein. II. Die deutsche Wirtschaft muß in vier Jahren kriegsfähig sein.«[14]

Die offizielle Ankündigung des neuen wirtschaftlichen Vierjahresprogramms erfolgte im September 1936 auf dem Nürnberger Reichsparteitag. Im Oktober wurde Hermann Göring als »Beauftragter für den Vierjahresplan« eingesetzt und ermächtigt, zu seiner Durchführung Rechtsverordnungen zu erlassen und Weisungen an Behörden und Dienststellen zu erteilen. Als Zentralstelle der Organisation diente mit dem preußischen Wirtschaftsministerium eine »brachgelegte hohe Behörde«.[15] Die Leitung erfolgte durch einen »kleinen Generalrat« beim Beauftragten, der sich ausschließlich aus Beamten der einschlägigen Ministerien zusammensetzte. Es wurden sechs Planungsämter für die Bereiche industrielle Fette, Rohstoffverteilung, Arbeitseinsatz, deutsche Roh- und Werkstoffe, Landwirtschaft sowie Preisbildung und Devisen geschaffen, die mit unterschiedlichem Erfolg tätig waren. Die Vierjahresplan-Organisation wuchs bald durch immer neue Dienststellen und Forschungseinrichtungen ins Unübersehbare.

Unmittelbarer Anlaß für die Konzeption des Vierjahresplans waren akute Versorgungsengpässe bei wichtigen Rohstoffen. Die Wehrmacht forderte den schnellen Aufbau einer Industrie synthetischer Treibstoffe auf der Grundlage des in Leuna erprobten Kohleverflüssigungsverfahrens der I. G. Farben. Die Planung war in einer ersten Phase bis zum Sommer 1938 verhältnismäßig breit angelegt und bezog auch die Landwirtschaft ein. Hier führte die »Verordnung zur Sicherung der Landbewirtschaftung« vom 23. März 1937 zu einer Einschränkung der freien bäuerlichen Verfügung über den Boden. Göring vermochte sich in seiner neuen Stellung in kurzer Zeit zum ersten Mann in der deutschen Wirtschaftsplanung aufzuschwingen. Schacht, der als Wirtschaftsminister, Reichsbankpräsident und Generalbevollmächtigter für die Kriegswirtschaft über eine scheinbar starke Stellung verfügte, wurde durch Göring in seinen Kompetenzen so stark eingeengt, daß er im November 1937 als Minister und Generalbevollmächtigter zurücktrat. Sein Nachfolger Walther Funk vermochte keine bedeutende Rolle zu spielen.

In enger Verbindung mit der Vierjahresplan-Organisation wurden im Juli 1937 die staatseigenen »Reichswerke AG für Erzbergbau und Eisenhütten Hermann Göring« gegründet. Ziel war zunächst Aufbau und Betrieb des Erzbergbaus und der Eisenhütten im Gebiet von Salzgitter bei Braunschweig. Der Konzern griff aber bald weit über diesen Bereich hinaus und umfaßte auch Montanbetriebe, Maschinenbauunternehmen und Waffenfabriken in anderen Teilen des Reiches. In der Industrie war die Meinung über die Reichswerke geteilt. Es gab eine Opposition, die ihre Hoffnungen auf Schacht setzte, doch mußten die bisher einflußreichen Industriellen erleben, daß gegen die von Hitler unterstützte »staatskapitalistische« Politik Görings kein Widerstand möglich war.[16] Die intensive Ausbeutung der geringwertigen Erzvorkommen im Salzgitter-Gebiet verbesserte die Versorgungslage, schuf aber keine entscheidende Wende.

Angesichts der anhaltenden Probleme bei der Rohstoffversorgung erfolgte im Sommer 1938 eine grundsätzliche Umstellung der Plankonzeption mit einer Konzentration auf unmittelbar kriegswichtige Rohstoffe wie Sprengstoffe, Mineralöl, Buna, Aluminium und die Erzversorgung. Die militärisch-politische Leitung um Göring mußte Kompetenzen an Vertreter der unternehmerischen Wirtschaft abgeben, wobei besonders Exponenten des I.G.-Farben-Konzerns wie der Bevollmächtigte für Sonderfragen der chemischen Erzeugung, Karl Krauch, in den Vordergrund traten. An den rüstungswirtschaftlichen Prioritäten änderte dies aber nichts.

Ebensowenig wie in der Nahrungsmittelversorgung die bestehenden Lücken völlig geschlossen werden konnten, vermochten die Autarkie-Planer im Bereich der industriellen Rohstoffe ihre Ziele zu erreichen. Buntmetalle, Rohöl und Naturkautschuk mußten in immer größeren Mengen eingeführt werden. Dabei waren die Leistungen der aus dem Boden gestampften Ersatzstoffindustrien beachtlich, aber trotz der Errichtung riesiger Anlagen zur Kohlehydrierung konnten unmittelbar vor Kriegsausbruch nur etwa 50% des Bedarfs an Syntheseprodukten im Inland gedeckt werden. Auch bei Eisenerz mußte das Reich selbst nach der Eingliederung Österreichs mit seinen Erzlagern noch immer mehr als die Hälfte seines Bedarfs importieren. Zusammenfassend kann man sagen, daß die deutsche Wirtschaft trotz der großen Anstrengungen, die im Rahmen des zweiten Vierjahresplans unternommen wurden, 1939 nur mit erheblichen Einschränkungen für die Anforderungen eines großen Krieges gerüstet war.

Ein besonderes Problem stellte die finanzielle Ermöglichung der rasch wachsenden Staatsausgaben dar. Die gesamten Ausgaben des Reiches von Anfang 1933 bis September 1939 sind auf etwas über 100 Milliarden Mark geschätzt worden, wovon etwa 60% auf die

Rüstung entfielen. Dem standen Steuereinnahmen von nur 62 Milliarden Mark und Einnahmen der Reichsbahn und der Reichspost von 20 Milliarden gegenüber. Der Rest von noch einmal 20 Milliarden Mark mußte durch Kredite aufgebracht werden. Tatsächlich zeigt der Vergleich von Einnahmen und Ausgaben in den Jahren von 1933 bis 1939 ein wachsendes Haushaltsdefizit von zunächst 2 bis 3 Milliarden und zuletzt über 10 Milliarden Mark. Dabei war die Verteilung der öffentlichen Einnahmen bereits drastisch zugunsten des Reiches geändert worden, das seit der Realsteuerreform von 1936 über 66% dieser Einnahmen verfügen konnte (1932 53%). Das Niveau der öffentlichen Ausgaben erreichte einen Anteil von 40% des Sozialprodukts und wurde mit einer rasch zunehmenden Staatsverschuldung erkauft, die 1933 14 Milliarden Mark, 1935 20, 1937 31 und 1938 fast 42 Milliarden Mark erreichte.[17] Bei der erforderlichen Finanzierung außerhalb des Haushalts ging man sehr phantasievoll zu Werke.

Die Schlüsselfigur der nationalsozialistischen Finanzpolitik und ihr wichtigster Ideengeber war Hjalmar Schacht, der 1924 Reichsbankpräsident geworden war. Seit der Agitation gegen den Young-Plan der politischen Rechten nahestehend, war er 1930 durch Hans Luther abgelöst, aber im März 1933 von Hitler erneut zum Reichsbankpräsidenten und im folgenden Jahr auch zum Reichswirtschaftsminister ernannt worden. Im wesentlichen auf Schacht geht das Finanzierungsinstrument der »Mefo-Wechsel« zurück. Dabei handelte es sich um vorgebliche Handelswechsel, die auf eine »Metallurgische Forschungsanstalt« (Mefo) gezogen wurden, eine Gründung der am Rüstungsgeschäft interessierten Firmen Krupp, Siemens, Deutsche Werke und Rheinmetall. Der Vorstand der Mefo setzte sich jedoch aus Beamten des Reichswehr- und des Finanzministeriums zusammen. Das auftragerteilende Ministerium bezahlte die Rüstungslieferanten mit von der Mefo akzeptierten Wechseln, die von der Reichsbank diskontiert wurden. Der Umweg über die Mefo war deshalb erforderlich, weil der Kredit des Reiches durch das Reichsbankgesetz auf einen weit geringeren Betrag beschränkt war, als für die Rüstungsfinanzierung benötigt wurde. Die Laufzeit der Wechsel war zunächst auf drei Monate beschränkt, doch wurden sie bis zu fünf Jahren prolongiert. Anfang 1935 verfügte die Reichsbank über Mefo-Wechsel im Betrag von 2 Milliarden Mark, Anfang 1938 waren daraus 12 Milliarden geworden.

Der Umlauf so großer Mengen von Wechseln bedeutete eine Inflationierung des Geldvolumens. Aus diesem Grunde wollte Schacht die Mefo-Finanzierung beenden und die Wechselforderungen in langfristige Schuldtitel umwandeln. Da das Regime keine Neigung zeigte, seinen Vorstellungen von einer Konsolidierung der Finanzen zu folgen, trat er 1939 auch als Reichsbankpräsident zurück. Die Mefo-Finanzierung erfüllte vor allem in der ersten Phase der Wiederaufrüstung ihren Zweck, das tatsächliche Volumen der Militärausgaben zu verschleiern und zugleich die sich anbahnende Papiergeldinflation nicht erkennbar werden zu lassen. 1934 und 1935, als sie rund 50% der Rüstungsausgaben ermöglichte, entfaltete sie überdies konjunkturstimulierende Wirkung, wenn auch mit einseitiger Schwerpunktsetzung. In den folgenden Jahren wurden direkt bei den Finanzinstituten plazierte Anleihen des Reiches oder »Lieferschatzanweisungen« mit sechsmonatiger Laufzeit und daneben seit Frühjahr 1939 auch Steuergutscheine für die Rüstungsfinanzierung wichtiger. Das Reichsbankgesetz wurde so geändert, daß diese Arten der Finanzierung möglich waren.

Ungeachtet der Einrichtung zahlreicher Sonderbehörden stand die Entwicklung der staatlichen Wirtschaftsverwaltung unter dem Nationalsozialismus im Zeichen der Zentralisierung. Im Juli 1934, beim Amtsantritt Schachts, ging das Preußische Wirtschaftsministerium im Reichswirtschaftsministerium auf, nachdem schon Schachts Vorgänger Kurt Schmitt beide Ministerien in Personalunion geleitet hatte. Ein neben den Ministerien bestehender, 1933 begründeter »Vorläufiger Reichswirtschaftsrat« wurde im März 1934 wieder aufgelöst. Die Wirtschaftministerien der übrigen deutschen Länder arbeiteten als nachgeordnete Behörden des »Reichs- und Preußischen Wirtschaftsministeriums« weiter, das erst nach der Eingliederung Österreichs im Mai 1938 offiziell die Bezeichnung »Reichswirtschaftsministerium« führte. Als Schacht im Herbst 1937 zurücktrat, wurde Göring auch geschäftsführender Reichswirtschaftsminister. Der neue Minister Funk (seit Februar 1938) verfügte zwischen der Vierjahresplan-Organisation und dem Oberkommando der Wehrmacht nur über einen sehr geringen Spielraum.

Die Stellung der Reichsbank schien durch die Bankgesetznovelle vom Oktober 1933 zunächst gestärkt, die in Verbindung mit dem Reichsgesetz über das Kreditwesen erweiterte Offenmarktoperationen und eine wirksame Mindestreservenpolitik möglich machte. In Wahrheit aber wurde die Reichsbank – das zeigte ihre Mitwirkung bei der Mefo-Finanzierung – schon bald zu einem Erfüllungsgehilfen der Regierungspolitik degradiert. Im Juli 1939 wurde sie durch Gesetz dem Führer unmittelbar unterstellt, womit auch der Anschein ihrer Unabhängigkeit preisgegeben wurde. Als wenige Wochen später das Aufsichtsamt für das Kreditwesen in eine dem Reichswirtschaftsministerium nachgeordnete Behörde umgewandelt wurde, stand einem Zugriff des Staates auf das gesamte Geld- und Kreditpotential der deutschen Volkswirtschaft nichts mehr im Wege.

Eine Beurteilung der nationalsozialistischen Wirtschaftspolitik zwischen 1933 und 1939 kann nur in einer differenzierenden Weise erfolgen. Die Krisenbekämpfung während der ersten Jahre dieses Zeitraums stand im Zeichen einer massiven Zunahme staatlicher Interventionen. Obwohl die Ankurbelungs- und Arbeitsbeschaffungsmaßnahmen weitgehend kreditfinanziert waren, ist ihr »keynesianischer« Charakter in Frage gestellt worden, weil die Rüstungswirtschaft zu sehr im Vordergrund gestanden und man mit einem bewußt verringerten Multiplikatoreffekt gearbeitet habe.[18]

Gewiß war der einseitig rüstungsorientierte Charakter vieler der wirtschaftspolitischen Maßnahmen der Nationalsozialisten – 1934 machten Militärausgaben 18% aller staatlichen Ausgaben aus, 1936 39% und 1938 50% – kaum geeignet, eine innere Gesundung der deutschen Volkswirtschaft nach der großen Krise zu bewirken, und es fragt sich, ob der Konjunkturaufschwung ohne den Ausbruch des Krieges im Herbst 1939 noch lange ohne schwere Rückschläge hätte weitergehen können, andererseits waren jedoch die erzielten Erfolge – vor allem in der Arbeitsbeschaffung – zu spektakulär (auch im internationalen Vergleich), um nicht zumindest teilweise als Ergebnis einer »richtigen« Politik zu erscheinen. Der Erfolg der nationalsozialistischen Krisenbekämpfung ergab sich durch das Zusammenwirken von konjunktureller Erholung und massivem staatlichem Mitteleinsatz. Dahinter stand der mit äußerster Konsequenz durchgeführte Versuch, die Gesetze des freien, kapitalistischen Marktes durch primär politische Impulse zu ersetzen. Die erfolgreiche Verknüpfung ökonomischer Ziele mit dem Pathos einer »neuen Politik« dürfte die wesentliche »Leistung« der nationalsozialistischen Wirtschaftspolitik gewesen sein.[19]

## 3. Gleichschaltung und Gesellschaftspolitik

Die neuen Machthaber fanden eine Wirtschaftsordnung vor, in der der Staat aufgrund seines Besitzes von Großbank-Kapitalanteilen (die bis 1937 wieder abgestoßen wurden) über vermehrte Eingriffsmöglichkeiten in die Industrie verfügte. Weiter bestanden die lenkungswirtschaftlich nutzbaren Institutionen des Reichskohlen- und des Reichskalirates, und schließlich hatten sich manche Branchen und Unternehmen in den Jahren der Krise daran gewöhnt, durch öffentliche Subventionen unterstützt zu werden. Dies alles schuf günstige Voraussetzungen für eine weitere Ausdehnung der staatlichen Kontrollen, es erklärt aber nicht die Schnelligkeit, mit der das NS-Regime durch totale »Gleichschaltung« die Wirtschaft seinen Zwecken dienstbar machen konnte.

Am rücksichtslosesten ging man gegen die Freien Gewerkschaften vor, deren Büros am 2. Mai 1933 von der SA gestürmt und geplündert wurden. Nationalsozialistische Gewerkschaften hatte es nicht gegeben. Zwar waren seit 1927 »Nationalsozialistische Betriebszellenorganisationen« (NSBO) gegründet worden, doch nahmen diese keine gewerkschaftlichen Aufgaben wahr, sondern wirkten als politische Infiltrationsgruppen. 1932 hatten die NSBO 170000 Mitglieder. Bald nach der Machtergreifung erfolgte ein scharfer Zugriff durch das im April 1933 erlassene Gesetz über Betriebsvertretungen. Unliebsame Betriebsräte konnten nun abgesetzt und durch der NSDAP ergebene ersetzt werden. Nach der Auflösung der Gewerkschaften wurde deren Vermögen auf die am 10. Mai neugebildete »Deutsche Arbeitsfront« (DAF) übertragen, die alle »schaffenden Deutschen«, die »Arbeiter der Stirn und der Faust«, in einer einzigen Organisation zusammenfassen sollte.

Die Unternehmer wurden zunächst relativ rücksichtsvoll behandelt; so wurde ihnen gestattet, sich unabhängig von der DAF in »Reichsständen« zu organisieren. Im Juni 1933 wurden alle Verbände der gewerblichen Wirtschaft zu solchen Reichsständen erklärt, ohne daß dies zunächst mehr als eine Namensänderung bedeutet hätte. Mit Ausnahme von Juden blieben die bisherigen Spitzenfunktionäre in ihren Ämtern. Aufgelöst wurde aber die »Vereinigung Deutscher Arbeitgeberverbände« (VDA). Im November 1933 erfolgte dann die Anordnung der persönlichen Mitgliedschaft aller Arbeitgeber und Arbeitnehmer in der DAF.

An die Spitze der neuen Massenorganisation hatte Hitler Robert

Ley gestellt, den Reichsorganisationsleiter der NSDAP. Die DAF gab sich zunächst den Anschein einer Art Gesamtgewerkschaft, schon bald jedoch zeigte die Einbeziehung der Unternehmer, daß eine politisch kontrollierte Einheitsorganisation entstanden war. Kaum jemand konnte es sich leisten, nicht beizutreten, wenn er nicht seinen Arbeitsplatz verlieren wollte. Die DAF verfügte über große Finanzmittel. Durch ihre hohen Einnahmen aus Mitgliedsbeiträgen (1,5% vom Lohn bzw. Gehalt bei einem Mitgliederstand von 30 Millionen im Jahre 1939), die meist wie eine Steuer einbehalten wurden, und die Verfügung über das beschlagnahmte Gewerkschaftsvermögen war sie eine der reichsten NS-Organisationen. Wirtschafts- und sozialpolitischen Einfluß vermochte sie aber nur in sehr begrenztem Maße auszuüben.

Die DAF besaß Unterstützungskassen für Krankheit, Invalidität und Arbeitslosigkeit, die Mitglieder hatten jedoch keinen Rechtsanspruch auf Unterstützung, vielmehr lag es im Ermessen der Funktionäre, ob Hilfe gewährt wurde. Die DAF hat durchaus die Interessen der Arbeiter zu vertreten versucht, etwa im Bereich der Lohnpolitik oder der Arbeitsbedingungen, und dabei sogar gelegentlich eine gewisse Selbständigkeit gegenüber der Partei gezeigt; ihre Interventionen sind jedoch auch propagandistisch zu bewerten. Spätestens seit 1936, als verschärfte Lohnrichtlinien und Kontrollen des Arbeitsmarktes eingeführt wurden, zeigte sich die Machtlosigkeit der DAF gegenüber den Entscheidungen des Arbeitsministeriums und der »Treuhänder der Arbeit«. Diese Treuhänder, die in fast diktatorischer Weise über Lohntarife sowie Fragen des Arbeitsrechts und des Arbeitsschutzes entscheiden konnten, gelangten zu großem Einfluß, nachdem mit der Beseitigung der Gewerkschaften auch das System der kollektiven Tarifvereinbarungen aufgehoben worden war. Die Rechtsgrundlage ihrer Tätigkeit wie auch der Bildung der DAF lieferte im Januar 1934 das »Gesetz zur Ordnung der nationalen Arbeit«. Dieses Gesetz führte auch das Führerprinzip auf der Ebene der Betriebe ein. Der Kernpunkt des neuen Gestaltungsprinzips der nationalsozialistischen Wirtschaftsordnung war die Idee der »Betriebsgemeinschaft«. In dem Gesetz hieß es:

»1) In den Betrieben arbeiten die Unternehmer als Führer des Betriebes, die Angestellten und Arbeiter als Gefolgschaft gemeinsam zur Förderung der Betriebszwecke und zum gemeinen Nutzen von Volk und Staat.

2) Der Führer des Betriebes entscheidet der Gefolgschaft gegenüber in allen betrieblichen Angelegenheiten... Er hat für das Wohl der Gefolgschaft zu sorgen. Diese hat ihm die in der Betriebsgemeinschaft begründete Treue zu halten.«[20]

Nicht nur die Gewerkschaften und das Streikrecht wurden von den Nationalsozialisten abgeschafft, es gab auch keine Betriebsräte mehr. Statt ihrer wurden »Vertrauensräte« eingesetzt, die NSDAP-Mitglieder sein mußten, aber nur beratende Funktionen hatten. Eine echte Wahl der Vertrauensräte erfolgte nicht; vielmehr wurden den Belegschaften Einheitslisten der DAF präsentiert. Da unter diesen Umständen die Wahlbeteiligung sehr gering war, wurden die Wahlen 1938 ganz abgeschafft. Der Unternehmer (»Betriebsführer«) wurde durch das »Gesetz zur Ordnung der nationalen Arbeit« in eine patriarchalische Stellung eingesetzt. Bei Konflikten von Unternehmern und Arbeitern traten Ehrengerichte zusammen, die sich aus vom Justizministerium benannten Richtern, Betriebsführern und Vertrauensleuten der »Gefolgschaft« zusammensetzten. Sie befanden darüber, ob Arbeitgeber bzw. Arbeitnehmer ihren sozialen Pflichten nachgekommen waren. Strafanträge konnten nur von den Treuhändern der Arbeit gestellt werden.

Im Februar 1934 erging das »Gesetz zur Vorbereitung des organischen Aufbaus der deutschen Wirtschaft«, das alle Bereiche der gewerblichen Wirtschaft nach dem Führerprinzip gliederte, und zwar in der Weise, daß gegenüber der Organisationsspitze eine unmittelbare Weisungsgewalt der Regierung bestand. Für die einzelnen Wirtschaftszweige wurden 13 Reichsgruppen gebildet, die wiederum in zahlreiche Fachgruppen und regional in »Gaue« unterteilt waren. Die »Führer« der Reichsgruppen (z.B. Industrie, Handel, Banken, Versicherungen, Handwerk, Energiewirtschaft) wurden durch die Regierung eingesetzt. Ihre wichtigste Aufgabe war die Verwirklichung der planwirtschaftlichen Ansätze. Das System bewährte sich jedoch nicht und wurde 1935 durch die von Schacht konzipierte Organisation der gewerblichen Wirtschaft mit nur noch sieben Reichsgruppen ersetzt. Zentrale Behörde war die dem Wirtschaftsministerium unterstellte Reichswirtschaftskammer, der 23 Bezirkswirtschaftskammern nachgeordnet waren. Diese wurden zu wichtigen Organen der nationalsozialistischen Lenkungswirtschaft und besorgten die wirtschaftspolitische Transmission zwischen Regierungsstellen und privater Wirtschaft.

Alle bisherigen Gruppen und Verbände wurden in diesen neuen organisatorischen Aufbau überführt, der neben der DAF bestand.

Den Zwangsorganisationen der industriell-gewerblichen Wirtschaft entsprach im Agrarbereich der »Reichsnährstand« (RNS). Seit September 1933 faßte diese Organisation alles zusammen, was in irgendeiner Weise mit der Landwirtschaft zu tun hatte, nicht nur die selbständigen Landwirte und die Pächter von landwirtschaftlichen Anwesen, sondern auch den Groß- und Einzelhandel mit Agrarprodukten sowie die verarbeitenden Betriebe. Die Funktionen des RNS waren vorwiegend planerische: Anbauquoten und Preise, Qualitätsstufen und Gewinnspannen wurden festgesetzt. Bald bot die deutsche Landwirtschaft das Bild eines staatlich verordneten Zwangskartells mit strengen Vorschriften für alle Bereiche der Erzeugung und Vermarktung.

Der RNS war das Werk Walter Darrés, der 1933 Reichsminister und zugleich preußischer Minister für Ernährung und Landwirtschaft sowie erster »Reichsbauernführer« geworden war. Darré hatte 1929 ein programmatisches Buch über *Das Bauerntum als Lebensquell der nordischen Rasse* veröffentlicht, im März 1930 das erste Agrarprogramm des Nationalsozialismus verfaßt und das Schlagwort von »Blut und Boden« geprägt. In den ersten Monaten nach der Machtübernahme hatte noch der Deutschnationale Alfred Hugenberg, der Hitlers Kabinett als Landwirtschaftsminister angehörte, mit einer Vielzahl von Subventionsprogrammen der Agrarpolitik eine pragmatische Ausrichtung gegeben. Erst nach seiner Ersetzung durch Darré Ende Juni 1933 begann der problematische Versuch einer gleichzeitigen Verfolgung ideologischer und pragmatischer Zielsetzungen.

Das praktische Hauptziel der nationalsozialistischen Agrarpolitik war die Herstellung landwirtschaftlicher Autarkie. Zu seiner Verwirklichung verkündete Darré im November 1934 eine landwirtschaftliche »Erzeugungsschlacht«, doch trotz des großen propagandistischen und organisatorischen Aufwandes wurden die angestrebten Ziele bei weitem nicht erreicht. Eine mögliche Ursache der ungünstigen Entwicklung war das »Reichserbhofgesetz« vom September 1933. Dieses Gesetz erklärte alle Höfe bis zu einer Größe von 125 Hektar für unveräußerlich und unbelastbar. Solche Höfe durften nur ungeteilt auf den Anerben übergehen. Weitere Kinder waren damit von der Erbfolge ausgeschlossen und hatten auch keinen Anspruch auf finanzielle Entschädigung. Diese wirklichkeitsfremde Regelung scheint eine erhebliche Abwanderung vom Lande ausgelöst zu haben. Daneben mag auch eine Rolle gespielt haben, daß sich die zunächst aufgrund der Preispolitik der Regierung Hitler gestiegenen bäuerlichen Einkommen seit 1935 nicht mehr erhöhten und sogar eine relative Verschlechterung der Einkommenssituation auf dem Lande zu beobachten war. Gegen die Landflucht wurde von seiten der Regierung kaum etwas unternommen, wofür wiederum der sich abzeichnende Arbeitskräftemangel in der Industrie verantwortlich gewesen sein mag. 1936 wurde der RNS der Vierjahresplan-Organisation unterstellt.

In der anfänglichen Phase der Krisenbekämpfung waren die sozialpolitischen Maßnahmen des Nationalsozialismus im wesentlichen eine Funktion der Wirtschaftspolitik. Später zeigte sich dann an einer Vielzahl von dirigistischen Eingriffen, daß speziell die Arbeitsmarktpolitik rüstungspolitischen Zielsetzungen untergeordnet wurde. Schon bald konnten Facharbeiter der Metallindustrie nicht mehr frei den Arbeitsplatz wechseln. Seit Sommer 1934 durften qualifizierte Arbeitskräfte nur noch mit Zustimmung des zuständigen Arbeitsamtes eingestellt werden. Seit Anfang 1935 war mit der Einführung des »Arbeitsbuches« eine lückenlose Kontrolle über alle Beschäftigten möglich. Die Eingriffe verschärften sich, als nach der Einführung der allgemeinen Wehrpflicht im März 1935 ein Mangel an Facharbeitern spürbar zu werden begann und im folgenden Jahr die hochgesteckten Produktionsziele des neuen Vierjahresplans zu gefährden drohte. Im Sommer 1938 wurde die freie Wahl des Arbeitsplatzes durch ein Gesetz aufgehoben, das eine Teildienstverpflichtung ermöglichte.

Durch die rasche Verbesserung der Beschäftigungslage konnten große Mittel bei der Arbeitslosenversicherung eingespart werden. Diese Einsparungen wurden jedoch nicht zur Finanzierung eines großzügigeren Leistungsangebots benutzt. Vielmehr wurden die Leistungssätze der Arbeitslosenversicherung auf dem stark reduzierten Niveau des Krisenjahres 1932 festgehalten, während umgekehrt die Beiträge auf einem ebenfalls in der Krise festgesetzten besonders hohen Stand blieben. Die Reichsanstalt für Versicherungswesen konnte auf diese Weise bedeutende Überschüsse erzielen, die anfangs überwiegend für Maßnahmen der Arbeitsbeschaffung, später aber für die Rüstungs- und die Kriegsfinanzierung verwendet wurden.

Nicht angetastet wurde von den Nationalsozialisten die Grundstruktur der Sozialversicherung. Ein 1934 erlassenes Gesetz über den Aufbau der Sozialversicherung verminderte aber das Ausmaß der Selbstverwaltung der einzelnen Versicherungsträger zugunsten des Führerprinzips; d. h. staatlich eingesetzte Leiter übernahmen die Funktionen der bisherigen Legislativ- und Exekutivorgane, die sich aus Vertretern der Arbeitgeber und der Arbeitnehmer zusammengesetzt hatten. Die Tendenzen zur Bildung einer Einheitsversicherung kamen jedoch nicht zum Tragen. Zu einer gewissen Vereinheitlichung bei der Aufbringung der Mittel und der Bemessung der Leistungen bei verschiedenen Versicherungstypen – und zwar für Invaliditäts- wie Pensionsversicherungen – führte ein Gesetz vom Dezember 1933, das zugleich einer finanziellen Sanierung der arg strapazierten Versicherungsträger dienen sollte. Gegenüber den Sätzen des Jahres 1932 wurden alle Renten um 10% gekürzt, und in den folgenden Jahren gab es trotz eines rasch steigenden Beitragsaufkommens keine Erhöhungen. Indem man das Rentnerdasein finanziell möglichst unattraktiv machte, versuchte man zusätzliche Arbeitskräfte zu mobilisieren. 1938 betrug die durchschnittliche Invalidenrente nur 40 Mark im Monat, die durchschnittliche Witwenrente gar nur 20 Mark, so daß in vielen Fällen die Übernahme zumindest einer Teilzeitarbeit für die Bestreitung des Lebensunterhalts notwendig war.

Aus den genannten Gründen erhöhten sich die Vermögen der Versicherungen nach 1933 in auffälliger Weise. Die Invaliditätsversicherung steigerte ihr Vermögen bis 1938 von 1,2 auf 3,1 Milliarden Mark, die Angestelltenversicherung von 2,2 auf 3,9 Milliarden Mark. Man kann sagen, daß die Nationalsozialisten auf Kosten der Versicherten eine systematische Thesaurierung der Sozialversicherungsbeiträge vornahmen.[21] Eine Nebenwirkung dieser Politik war zweifellos die finanzielle Gesundung der staatlichen Sozialversicherung; der eigentliche Zweck war aber die Bereitstellung von Reserven für die Rüstungsfinanzierung, die über das Mittel von Anleihen angezapft werden konnten. Zugleich wurde über die hohen Beitragssätze Massenkaufkraft abgeschöpft, ein Zweck, dem auch die Niedrighaltung der Lohnsätze diente.

Echte Verbesserungen ergaben sich auf dem Gebiet des Arbeitsschutzes. Ein Gesetz aus dem Jahre 1938 erweiterte den Katalog der Schutzbestimmungen für arbeitende Kinder und Jugendliche. Für Jugendliche unter 16 Jahren galt generell der Achtstundentag, wobei jedoch keine ununterbrochene Beschäftigung von mehr als 4,5 Stunden erlaubt war. Der Schulbesuch von Lehrlingen wurde auf die Arbeitszeit angerechnet. Gleichzeitig erfolgte 1938 auch eine Arbeitszeitregelung für berufstätige Frauen, die Jugendlichen gleichgestellt wurden. Die Einstellung der Nationalsozialisten zur Frauenarbeit entwickelte sich auf eine sehr widersprüchliche Weise.[22] Für die konservativen Gesellschaftstheoretiker der NSDAP hatte die Frau ausschließlich häuslich-familiäre Arbeitspflichten zu erfüllen. Um Frauen von der Aufnahme einer beruflichen Tätigkeit abzuhalten, wurden Ehestandsdarlehen gezahlt. Die Einstellung zur Frauenarbeit änderte sich jedoch drastisch, als seit etwa 1937 der Arbeitskräftemangel fühlbar wurde. Seither nahm die Beschäftigung von Frauen wieder erheblich zu. Der Kriegsausbruch veranlaßte die Nationalsozialisten dann, ihre ideologischen Vorbehalte gegen die Frauenarbeit fallenzulassen.

Die stiefmütterliche Behandlung der Hauptbereiche der klassischen Sozialpolitik in der NS-Zeit versuchte man durch propagandistisch verwertbare Sonderaktionen zu überdecken. Zu diesen gehörte neben dem »Kraft durch Freude«-Programm der DAF vor allem das Winterhilfswerk, das es freilich schon vor 1933 gegeben hatte. Es diente der Linderung der Not der Arbeitslosen im Winter und wurde durch Straßensammlungen, aber auch durch Lohnabzüge finanziert.

Alle Maßnahmen der nationalsozialistischen Sozialpolitik waren mehr oder weniger deutlich vom Geist einer spezifischen Gesellschaftsauffassung geprägt. Hauptziel war die Schaffung einer idealen »Volksgemeinschaft« ohne Klassengegensätze. Durch das Verbot der Gewerkschaften und aller Parteien außer der NSDAP glaubte man, diesem Ziel näherkommen zu können. Institutionen wie die DAF sollten sichtbarer Ausdruck einer funktionierenden Volksgemeinschaft sein. »Wir sind das erste Land«, verkündete Robert Ley, Chef der DAF, 1935, »das den Klassenkampf überwunden hat.« Statt der individualistisch geprägten Prinzipien einer im wesentlichen liberalen Staats-, Wirtschafts- und Gesellschaftslehre sollte im NS-Staat der Grundsatz »Gemeinnutz geht vor Eigennutz« gelten. In der Praxis kam es jedoch nicht zur Verwirklichung solcher Ideale, sondern zur Herausbildung einer klassischen Einparteien-Diktatur und eines nach dem Führerprinzip gegliederten Staatsapparats. Statt einer auf gemeinschaftlichen Überzeugungen beruhenden Volksgemeinschaft entstand eine Gemeinschaft der Gleichgeschalteten. Die Sozialpolitik des NS-Regimes diente weitgehend der Maskierung dieses Sachverhaltes. Ihr Ziel war eine Wirtschafts- und Gesellschaftsordnung, die durch lückenlose Kontrolle aller wesentlichen ökonomischen und sozialen Vorgänge ein ideales Instrument der politischen und militärischen Machtentfaltung darstellte.

Das dunkelste Kapitel der NS-»Gesellschaftspolitik«, die Judenverfolgung, hatte einschneidende wirtschaftliche Konsequenzen.[23] Die Verdrängung der Juden aus der deutschen Wirtschaft setzte schon unmittelbar nach der Machtergreifung Hitlers, im April 1933, mit dem Boykott gegen jüdische Geschäfte ein, wurde mit einer Reihe von Gesetzen für den Bereich des Einzelhandels und den Nürnberger Rassegesetzen von 1935 fortgeführt und erreichte einen Höhepunkt in den Ausschreitungen der »Reichskristallnacht« im November 1938, in der 7000 Geschäfte jüdischer Bürger zerstört oder beschädigt wurden, sowie den nachfolgenden massiven Angriffen gegen Juden und jüdische Vermögen durch den Beauftragten für den Vierjahresplan und das Reichswirtschaftsministerium. Alles jüdische Eigentum wurde beschlagnahmt, Sondersteuern in einer Gesamthöhe von einer Milliarde Mark auferlegt und damit die Ausschaltung der Juden aus dem Wirtschaftsleben abgeschlossen, an dessen Gestaltung sie vorher in hervorragender Weise beteiligt gewesen waren. Die zunehmende Entrechtung der Juden durch Sondergesetze verletzte die elementaren Prinzipien einer auf staatsbürgerliche Gleichheit und Freiheit der wirtschaftlichen Betätigung hin angelegten Ordnung, die sich seit der Judenemanzipation des ausgehenden 18. und beginnenden 19. Jahrhunderts in Deutschland fest etabliert zu haben schien. Der dieser liberalen Wirtschafts- und Gesellschaftsordnung innewohnende Gehalt an Toleranz und Humanität offenbarte sich schmerzhaft im Augenblick ihrer Zerstörung durch ein totalitäres Regime.

## 4. Der Zweite Weltkrieg

Es gibt zahlreiche unmißverständliche Hinweise darauf, daß Hitler frühzeitig plante, einen Eroberungskrieg zu führen. Die Einführung der allgemeinen Wehrpflicht (1935), die Besetzung des entmilitarisierten Rheinlandes (1936) und der Einmarsch in Österreich (1938) waren Stufen der Eskalation in einem Prozeß zunehmenden militärischen Auftrumpfens und wachsender Bereitschaft zur Gewaltanwendung. Wann genau Hitler den endgültigen Entschluß zum Krieg faßte, ist nicht sicher zu datieren. Spätestens Ende 1937 (Hoßbach-Protokoll) scheint er aber konkrete Pläne zu einem Vorstoß nach Osten entwickelt zu haben. Die Konzessionen, zu denen sich Großbritannien und Frankreich im Münchener Abkommen vom September 1938 bereitfanden und die Hitler die Annexion des Sudetenlandes ermöglichten, dürften ihn in der Überzeugung bestärkt haben, daß diese Mächte auch ein weiteres militärisches Vorgehen tolerieren würden. Indessen wurde, nachdem ihm noch die Errichtung des »Protektorats« Böhmen und Mähren im März 1939 gelungen war, seine Forderung nach Danzig und der Einrichtung eines exterritorialen »Korridors« durch polnisches Gebiet nach Ostpreußen mit einer britisch-französischen Garantieerklärung für die Unabhängigkeit Polens beantwortet.

Hitlers Überfall auf Polen am 1. September 1939 – unmittelbar nachdem er einen Nichtangriffspakt mit der Sowjetunion abgeschlossen hatte – führte zwangsläufig in den Weltkrieg, auch wenn sich die Koalition der gegen das Deutsche Reich verbündeten Mächte erst zwei Jahre später, nach Hitlers Angriff auf die Sowjetunion und dem Kriegseintritt der USA, in ihrem ganzen Umfang bildete. Seither befand sich das Deutsche Reich im Krieg mit einer alles in allem weit überlegenen Allianz, und es konnte trotz der anfänglich weit vorangetriebenen Fronten nur eine Frage der Zeit sein, wann sich das extrem angespannte militärische und wirtschaftliche Potential Deutschlands und seiner Hauptverbündeten Italien und Japan erschöpfen würde.

Hitler hatte jahrelange systematische Kriegsvorbereitungen getroffen, und die zentral gesteuerte deutsche Wirtschaft hatte unter der Herrschaft des Vierjahresplans von 1936 ein Industriepotential bereitgestellt, das überwiegend auf rüstungswirtschaftliche Erfordernisse und militärische Ziele ausgerichtet war. Bei Kriegsbeginn war deshalb eine Umstellung von Friedens- auf Kriegswirtschaft nicht in dem Maße erforderlich wie 1914 zu Anfang des Ersten Weltkriegs. Es verstärkten sich jedoch charakteristische Merkmale einer Zentralverwaltungswirtschaft. Schon einige Tage vor Kriegsausbruch wurde ein Bezugsscheinsystem für die Versorgung der Bevölkerung mit Lebensmitteln, Kleidung und Brennmaterial eingerichtet. Die autonomen Organisationen der Wirtschaft wurden 27 »Reichsstellen« untergeordnet, denen die Steuerung der wichtigsten volkswirtschaftlichen Bereiche oblag, doch wurden deren Planungen und Aktivitäten zunächst noch nicht durch ein Spitzengremium koordiniert.[24]

Kernstück der wirtschaftlichen Kriegsvorbereitungen waren die verbissenen Bemühungen um Autarkie bei Nahrungsmitteln und kriegswichtigen Industrierohstoffen gewesen, die jedoch – wie wir schon gesehen hatten – nur zu Teilerfolgen geführt hatten. Nur zu etwa 80% konnte die deutsche Landwirtschaft die Nahrungsmittelversorgung sichern, und auch in der Versorgung mit Industrierohstoffen klafften trotz intensiver Anstrengungen im Rahmen des Vierjahresplans weiter riesige Lücken. 1939 mußte das Deutsche Reich noch immer über die Hälfte des benötigten Eisenerzes importieren, 80% des Kupfers, 65% des Rohöls und des Kautschuks, 50% der Textilrohstoffe, dazu 100% des Bedarfs an Chrom, Nickel, Mangan und Wolfram.[25]

Die Versorgungslage besserte sich aber im Frühjahr 1940 nach der Unterzeichnung eines deutsch-sowjetischen Wirtschaftsabkommens, das umfangreiche Erdöl-, Metall- und Getreidelieferungen an Deutschland vorsah. Die Lage entspannte sich weiter, seitdem Hitler den Balkanraum beherrschte. Vor allem Rumänien hatte große wirtschaftliche Bedeutung, sowohl wegen seines Erdöls als auch als Lebensmittellieferant. Da das Deutsche Reich über voll ausreichende Ressourcen nur bei wenigen Rohstoffen verfügte (Kohle, Kali, Stickstoff, Zement, Holz, elektrische Energie), wurde der schon durch den Vierjahresplan forcierten Herstellung von Ersatzstoffen nach Kriegsausbruch besondere Aufmerksamkeit gewidmet, doch ein voller Erfolg stellte sich nur bei der Erzeugung von Synthesekautschuk (Buna) ein, der in der zweiten Kriegshälfte in ausreichenden Mengen zur Verfügung stand. Zwar wurde 1942 auch 3,5mal soviel Synthesetreibstoff erzeugt wie 1936, aber das Planziel wurde damit weit verfehlt.[26]

Wie schon im Ersten Weltkrieg trug wiederum die britische Seeblockade entscheidend zur weitgehenden wirtschaftlichen Isolierung Deutschlands bei. Immerhin verhinderte die frühzeitige Besetzung Dänemarks und Norwegens durch deutsche Truppen, daß auch die Zufuhr von schwedischem Erz unterbunden wurde. Nach der Besetzung der französischen Ostprovinzen besserte sich die Versorgung mit Eisenerz, weil die lothringischen Vorkommen genutzt werden konnten. Überhaupt war die anfängliche rasche Ausdehnung der deutschen Herrschaftsgebiete ausschlaggebend für die fast friedensmäßige Versorgung des Reiches mit Wirtschaftsgütern.

Die spektakulären militärischen Erfolge in der ersten Phase des Krieges scheinen auf deutscher Seite eine gewisse Sorglosigkeit bewirkt und dazu geführt zu haben, daß die Rüstung in dieser Zeit nicht mit allen zur Verfügung stehenden Mitteln vorangetrieben wurde. Jedenfalls wurden vor 1942 in der Rüstungsindustrie kaum Überstunden gemacht, und die durchschnittliche wöchentliche Arbeitszeit stieg nur geringfügig an. Auch die Entwicklung der Industrieproduktion bestätigt dieses Bild. Zwischen 1939 und 1941 zeigt ihr Index keinerlei Anstieg.[27] Zwar erreichte die Rüstungsproduktion das Doppelte des Friedensstandes, aber ein Rückgang in der Verbrauchsgütererzeugung glich das wieder aus. Erst als die militärische Lage kritisch zu werden begann, wurden zusätzliche Anstrengungen unternommen.

Erstaunlicherweise kennzeichneten die deutsche Kriegswirtschaft bis zu diesem Zeitpunkt schwere Mängel der zentralen Produktionsplanung und -kontrolle. Das Reichsverteidigungsgesetz von 1935 teilte die Verantwortung für die wirtschaftliche Mobilmachung zwischen militärischen und zivilen Stellen auf. Neben das Kriegsministerium, das für Rüstungsfragen zuständig war, wurde ein ziviler Generalbevollmächtigter für die Kriegswirtschaft gestellt. Seit 1936 war die Lage durch das Hinzutreten des ehrgeizigen Beauftragten für den Vierjahresplan (Göring) weiter kompliziert worden.[28] Für den engeren Bereich der Rüstung waren in der ersten Kriegsphase dann nebeneinander der Beauftragte für den Vierjahresplan, das Wehrwirtschafts- und Rüstungsamt (General Thomas), das Reichswirtschaftsministerium (W. Funk) und das 1940 gebildete »Reichsministerium für Bewaffnung und Munition« zuständig, das der bisherige Generalinspekteur für das deutsche Straßenwesen, Fritz Todt, leitete. Die relative Bedeutung dieser Dienststellen wurde nicht zuletzt durch die persönliche Durchsetzungsfähigkeit ihrer Leiter bestimmt. So erklärt sich das abnehmende Gewicht des Wirtschaftsministeriums auch durch das mangelnde Geschick Walther Funks, der es trotz der Vielzahl seiner Kompetenzen nicht vermocht hatte, eine zentrale Kriegswirtschaftsbehörde aufzubauen.

Erst in den Anfangsmonaten des Jahres 1942 – nach empfindlichen Rückschlägen im Rußlandfeldzug – kam ein dynamischerer Zug in die Organisation der deutschen Kriegswirtschaft. Im Februar wurde der tödlich verunglückte Todt durch den bisherigen Generalbauinspekteur Albert Speer ersetzt, und im März wurde der bisherige Gauleiter Fritz Sauckel Generalbevollmächtigter für den Arbeitseinsatz. Im April 1943 wurde den Reichsstellen ein »Planungsamt« übergeordnet, das den Auftrag hatte, für die gesamte Kriegswirtschaft »Erzeugungs- und Verteilungsplanungen« zu erarbeiten. Aufträge der Wehrmacht erhielten absolute Priorität und wurden nicht mehr von einer Vielzahl von Ämtern, sondern zentral durch das Ministerium Speer vergeben. Die durch Speer bewirkte rigorose Zentralisierung zeitigte bald beträchtliche Erfolge, besonders in der Rationalisierung. Während die Produktion gesteigert wurde, konnten gleichzeitig in großem Umfange Rohstoffe und Arbeitskräfte eingespart werden. Seit Herbst 1943 leitete Speer das »Reichsministerium für Rüstung und Kriegsproduktion« mit weitreichenden Kompetenzen, die z. T. von der Vierjahresplanorganisation, dem Wirtschaftsministerium und militärischen Stellen abgegeben werden mußten. Speer verfügte damit über fast diktatorische Vollmachten der Wirtschaftslenkung. Er bildete ein »System der industriellen Selbstverwaltung«, das bis zum Sommer 1944 21 Hauptausschüsse und zwölf Hauptringe umfaßte, die mit ihren Untergliederungen ein kompliziertes, aber effektives System zur Erfassung der Rüstungsendfertigungs- und Zulieferbetriebe bildeten. Vertreter der unternehmerischen Wirtschaft spielten innerhalb dieses Systems als Funktionsträger eine durchaus bedeutende Rolle.[29]

Nachdem zunächst alle Rüstungsbereiche nahezu unterschiedslos ausgebaut worden waren, konzentrierte Speer die Anstrengungen zunehmend auf die Produktion von Panzern und Flugzeugen. 1942 wurden Panzer im Gewicht von 140000 Tonnen hergestellt, 1944 mit 622000 die mehr als vierfache Menge. Die Flugzeugproduktion wurde im selben Zeitraum von 14700 auf 37950 Stück gesteigert, und der Gesamtindex der Rüstungsproduktion verdreifachte sich. So eindrucksvoll diese Zahlen anmuten, so klar wurden sie jedoch von den Alliierten übertroffen. 1941 lag die Rüstungsproduktion der USA, Großbritanniens und der Sowjetunion dreimal so hoch wie die deutsche und 1943 gar fünfmal so hoch.[30] Auch die restlose Ausschöpfung aller Ressourcen und des gesamten Arbeitskräftereservoirs konnte nicht diejenige Steigerung der deutschen Rüstungsproduktion bewirken, die es ermöglicht hätte, den alliierten Armeen unbegrenzt standzuhalten.

Auch die Probleme des Arbeitskräfteeinsatzes schienen in der Anfangsphase des Krieges ohne besondere Schwierigkeiten gemeistert werden zu können. Schon im Juni 1938, bei Beginn des Westwallbaues, war die gesetzliche Möglichkeit einer Teildienstverpflichtung geschaffen worden, und seit Februar 1939 bestand eine generelle Dienstpflicht. In diesem Punkte waren bei Kriegsbeginn keine grundsätzlichen Neuregelungen erforderlich. Zunächst gelang es auch, die rund sechs Millionen Männer, die zwischen 1939 und 1941 zusätzlich eingezogen worden waren, weitgehend durch Frauen sowie durch drei Millionen Kriegsgefangene und andere zwangsweise rekrutierte ausländische Arbeitskräfte zu ersetzen. In der Folge nahm die Zahl der »Fremdarbeiter« rasch zu, erreichte 1942 4,2 Millionen, 1943 6,3 Millionen und 1944 7,1 Millionen. Damit waren zuletzt 20% aller zivilen Arbeitskräfte im Deutschen Reich Ausländer. Die häufig mit brutalen Methoden durchgeführte Rekrutierung ausländischer Arbeitskräfte für die deutsche Industrie und ihre nicht immer sinnvolle Verwendung standen außerhalb der Planungskompetenz des Rüstungsministeriums. Einen Sonderbereich des Einsatzes von Zwangsarbeitern bildete die »Deutsche Wirtschaftsbetriebe GmbH« der SS, die unter unmenschlichen Bedingungen die Arbeitskraft von KZ-Häftlingen ausbeutete.[31]

Die Versorgung der deutschen Bevölkerung mit Lebensmitteln und anderen Konsumgütern war in den ersten drei Kriegsjahren relativ gut. Von fast allem schien mehr vorhanden, als man inmitten eines sich über halb Europa erstreckenden Krieges hätte erwarten sollen. Die Illusion wirtschaftlicher Normalität wurde dadurch verstärkt, daß die Preiskontrollen lange Zeit ausgezeichnet funktionierten. Zwischen 1939 und 1944 stieg der Index der Lebenshaltungskosten nur um 12%. Erst als Anfang 1943 – nach der Katastrophe von Stalingrad und dem Verlust Nordafrikas – Goebbels den »totalen Krieg« proklamierte, begann auch in der Heimat eine Zeit der Opfer und Entbehrungen. Über fünf Millionen bisher freigestellte Männer wurden erfaßt und zum großen Teil eingezogen. Nicht kriegswichtige Betriebe wurden stillgelegt. Alle Männer zwischen dem 16. und 65. und alle Frauen zwischen dem 17. und 45. Lebensjahr wurden dienstpflichtig.[32]

Auch in der Rohstoffversorgung der Industrie und der Wehrmacht kam es nun zunehmend zu Engpässen. Treibstoff begann schon 1942 knapp zu werden – ein Grund für die immer klarere alliierte Luftüberlegenheit –, dann auch andere Produkte, zumal eine Beschaffung aus den besetzten Territorien nach den militärischen Rückschlägen und Gebietsverlusten immer problematischer wurde. Die Luftangriffe nahmen so zu, daß die Zerstörungen die Rüstungsproduktion erheblich zu beeinträchtigen begannen. Gezielt wurden Fabrikanlagen, Kraftwerke, Raffinerien, Brücken, Dämme und Eisenbahnanlagen zerstört. Viele Betriebe wurden in vermeintlich sichere Regionen verlegt, doch die Bombardierung erfaßte zuletzt das ganze Reichsgebiet.

Die Finanzierung des Krieges erforderte die Aufbringung ungeheurer Summen; die Schätzungen gehen von einem Betrag von 600 bis 700 Milliarden Mark aus. Da die Steuerbelastungen gering blieben – ein Jahreseinkommen von 10000 Mark wurde 1941 mit 13,7% versteuert –, konnte nur ein Drittel davon durch Einnahmen des Reiches gedeckt werden. Statt dessen erfolgte eine »geräuschlose Finanzierung« (Petzina)[33] durch Inanspruchnahme der Kapitalsammelstellen. Banken, Sparkassen und Versicherungen mußten ihre Mittel dem Reich zur Verfügung stellen und insgesamt fast 350 Milliarden Mark an Schuldtiteln aufnehmen. Eine weitere Finanzquelle waren Kontributionen, die in den besetzten Gebieten erhoben wurden. Die Verschuldung des Reiches wuchs zwischen 1939 und 1945 von 31 auf 380 Milliarden Mark.

Dem durch die Ausgabe von Schatzwechseln und anderen kurzfristigen Schuldtiteln sowie durch die Auflegung von Kriegsanleihen aufgeblähten Geldvermögen stand ein rapide schrumpfendes Sachkapital gegenüber, das sich im Verlauf des Krieges durch Zerstörung und Abnutzung von über 400 auf weniger als 200 Milliarden Mark verringerte. Bei gewerblich genutzten Gebäuden dürfte der Wertverlust etwa 25%, bei Wohngebäuden 50% und bei sonstigem privatem Sachvermögen 60% betragen haben.[34] Die Vernichtung wirtschaftlicher Werte durch den Krieg erreichte eine in der Geschichte vorher niemals auch nur annähernd verzeichnete Größenordnung.

Betrachtet man den Gesamtverlauf des Zweiten Weltkriegs unter wirtschaftlichen Vorzeichen, ist der Eindruck unabweisbar, daß die schließliche militärische Niederlage des Deutschen Reiches auf keinen Fall auf Fehler oder Versäumnisse der rüstungswirtschaftlichen Planung oder eine mangelhafte Organisation der Kriegswirtschaft zurückgeführt werden kann. Fehler und Versäumnisse hat es gewiß auf vielen Gebieten gegeben, selbst bei optimaler Nutzung aller Ressourcen wäre das Deutsche Reich am Ende jedoch nicht in der Lage gewesen, der geballten militärischen und wirtschaftlichen Macht seiner Gegner zu widerstehen. Vielmehr verhielt es sich so, daß Hitlers systematische Kriegsvorbereitungen Deutschland einen kriegswirtschaftlichen Entwicklungsvorsprung verschafft hatten, der von den Alliierten erst nach und nach eingeholt werden konnte. Ohne diesen Vorsprung hätte das Deutsche Reich einen Krieg solchen Ausmaßes gegen eine wachsende Übermacht nicht so lange führen können. Das lange Durchhalten machte dann freilich die abschließende Katastrophe um so furchtbarer.

Die für den Nationalsozialismus charakteristische Umformung der Wirtschaftsordnung, die nur ansatzweise den Prinzipien einer antikapitalistisch-antiliberalen, völkischen Ideologie folgte, vor allem aber die Kommandostrukturen und Gehorsamsverhältnisse einer Führer- und Einparteiendiktatur reflektierte, war längst abgeschlossen, als der Krieg ausbrach. Weil sie den Krieg ermöglichen sollte, wurde sie schon im Frieden zu Ende geführt.

# VI. Metamorphosen der Marktwirtschaft in der Bundesrepublik Deutschland

## 1. Wiederaufbau, Westintegration und Wirtschaftswunder

Mit dem Ende des Zweiten Weltkriegs erfolgte ein tiefer Einschnitt in der deutschen Geschichte. Das Erscheinungsbild Deutschlands ließ keinen Zweifel an der stattgefundenen Katastrophe. Nicht nur waren riesige Verluste an Menschen und Territorium zu beklagen – auch das, was blieb, war weitgehend verwüstet: nahezu alle größeren und viele der kleineren Städte, dazu ein Großteil des wirtschaftlichen Potentials, der industriellen Anlagen, Gebäude, Straßen und Bahnverbindungen. Wie sich später erwies, hat man das Ausmaß der Zerstörungen insgesamt überschätzt, doch gewiß bedeutete das Jahr 1945 für Deutschland und die Deutschen wirtschaftlich zunächst ein Zurückgeworfenwerden bis fast auf den Nullpunkt.

Am 8. Mai 1945 erfolgte die bedingungslose Kapitulation des Deutschen Reiches. Einen Monat später, am 5. Juni, übernahm ein aus den vier alliierten Oberbefehlshabern bestehender Kontrollrat in Berlin die Regierungsgewalt. Deutschland wurde gemäß den Beschlüssen der Konferenzen von Teheran (November 1943) und Jalta (Februar 1945) in vier Besatzungszonen aufgeteilt: eine britische, eine amerikanische, eine französische und eine sowjetische. Eine entsprechende Aufteilung erfolgte im kleinen für die Stadt Berlin. Neben dem Kontrollrat bestand eine gesonderte Militärverwaltung für jede der vier Besatzungszonen. Daß es zu einer dauernden Teilung Rest-Deutschlands kommen würde – die Gebiete östlich von Oder und Görlitzer Neiße wurden sowjetischer bzw. polnischer Verwaltung unterstellt –, war zunächst nicht abzusehen, daß das Deutsche Reich als Großstaat untergegangen war, lag jedoch auf der Hand.

Auf der Potsdamer Konferenz im Juli/August 1945, an der Frankreich nicht teilnahm, beschlossen die Alliierten, Deutschland wirtschaftlich als eine Einheit zu behandeln und dem Kontrollrat zonenübergreifende wirtschaftspolitische Aufgaben zuzuweisen. Schon bald zeigte sich jedoch, daß gerade in wirtschaftlichen Angelegenheiten die erforderliche Einstimmigkeit im Kontrollrat nicht immer zu erzielen war. Erste Meinungsverschiedenheiten betrafen die Reparationen. Diese waren in Jalta auf einen Betrag von 20 Milliarden Dollar festgesetzt worden, wobei sich die Sowjetunion wegen ihrer besonders großen Kriegsschäden in Höhe von 50% diese Summe befriedigen sollte. Grundsätzlich sollten die Besatzungsmächte die ihnen zustehenden Reparationen aus ihrer jeweiligen Zone entnehmen. Darüber hinaus sollte die Sowjetunion 25% der in den Westzonen demontierten Anlagen beanspruchen können. Eine von den USA vorgeschlagene Reduzierung dieser Ansprüche lehnte sie ab.

Einigkeit herrschte im Kontrollrat bezüglich der Liquidation der juristischen Hinterlassenschaft des NS-Regimes. Ende September 1945 wurden 25 grundlegende Gesetze aufgehoben. Dagegen blieben zunächst wichtige Elemente der nationalsozialistischen Zwangswirtschaft angesichts von Chaos und Mangel unangetastet, u.a. die Rationierung von Nahrungsmitteln und anderen wichtigen Verbrauchsgütern durch Bezugsscheine, die Rohstoffbewirtschaftung, Preis- und Lohnstoppverordnungen sowie Außenhandels- und Devisenkontrollen.

Der Wiederaufbau einer Zivilverwaltung konnte nicht an die Institutionen des NS-Staates anknüpfen, die überwiegend aufgelöst worden waren. Selbst wo Verwaltungsgliederungen fortbestanden, konnten sie wegen der Zerteilung Deutschlands häufig nicht mehr in der bisherigen Weise funktionieren. In jeder der Besatzungszonen wurden separate Schritte zur Wiedererrichtung einer Behördenorganisation unternommen, ohne daß man sich abgestimmt hätte, ein Indiz für die zunehmende Funktionsschwäche des Kontrollrats. Dessen Arbeit wurde anfangs weniger durch die Sowjetunion als durch Frankreich behindert, das besondere eigene Wirtschaftsinteressen verfolgte (Anschluß der Saar, Internationalisierung des Ruhrgebiets).

Sozialgeschichtlich bedeutete das Jahr 1945 die Infragestellung der bisherigen Begriffe von deutschem Volk und deutscher Gesellschaft. Wanderungsbewegungen, die Millionen erfaßten – vor allem die Massenflucht aus den verlorengegangenen Ostgebieten –, führten zu radikalen Veränderungen im demographischen und sozialen Aufbau des deutschen Volkes. Erstaunlich mutet an, daß trotz der gewaltigen Menschenverluste während des Zweiten Weltkriegs die Gesamtbevölkerung Deutschlands leicht zunahm.[1] Die durch Artikel 13 des Potsdamer Abkommens sanktionierte Vertreibung der Deutschen aus den ehemaligen Ostgebieten des

Reiches hatte zur Folge, daß 1950, als die Massenflucht im wesentlichen abgeschlossen war, fast 20% der Bevölkerung Westdeutschlands Heimatvertriebene waren. Deren Neuansiedlung konzentrierte sich zunächst auf die östlicher gelegenen und weniger dicht besiedelten Gebiete: auf Schleswig-Holstein, Niedersachsen und Bayern. In den fünfziger Jahren erfolgte dann eine allmähliche Weiterumsiedlung in westlichere Bundesländer. Die völlige Integration der Heimatvertriebenen erschien anfangs problematisch, doch ergaben sich längerfristig keine unüberwindlichen Schwierigkeiten.

In den ersten Monaten nach dem Kriege wurde eine Politik der Entindustrialisierung Deutschlands diskutiert. Ihre weitestgehende Version, der nach dem ehemaligen amerikanischen Finanzminister benannte Morgenthau-Plan, sah eine Internationalisierung des Ruhrgebiets, die Stillegung der Bergwerke und die Demontage der Industriebetriebe vor und hätte zu einer Reagrarisierung Deutschlands geführt. Diese Vorstellungen hatten keine ernsthafte Chance auf Verwirklichung, in abgeschwächter Form bestimmten sie jedoch noch eine Zeitlang die offizielle Politik der Alliierten. Ein »Plan des Alliierten Kontrollrats für die Reparationen und die Kapazität der deutschen Nachkriegswirtschaft« vom März 1946 legte fest, daß Güterproduktion und Lebensstandard in Deutschland ein mittleres europäisches Niveau nicht übersteigen sollten. Die Obergrenze der Industriekapazität hätte hiernach 50% derjenigen des Jahres 1938 betragen. Die Durchführung dieses Plans hätte weitere umfangreiche Demontagen erfordert, doch schon zwei Monate später wurden in der amerikanischen Besatzungszone die Demontagen gestoppt und die Lieferungen von demontierten Anlagen an die Sowjetunion eingestellt, vor allem um einen weiteren Verlust von Wirtschaftsgütern zu vermeiden und den Bedarf an amerikanischen Hilfslieferungen nicht noch mehr ansteigen zu lassen. Möglicherweise sollten auch so die Sowjetunion und Frankreich veranlaßt werden, den Potsdamer Beschlüssen zur Herstellung eines einheitlichen deutschen Wirtschaftsgebiets nachzukommen.

In den folgenden Jahren wurde die Demontage in den Westzonen in einem stark verringerten Umfang zunächst noch fortgesetzt, die Listen der zu demontierenden Objekte jedoch immer mehr zusammengestrichen. Im Laufe des Jahres 1950 erfolgte dann die Einstellung der Demontagen. Für diese Wende gab es verschiedene Ursachen. Es hatte sich in der Praxis gezeigt, daß die abgebauten Anlagen andernorts oft kaum verwendbar waren, und die Proteste der betroffenen Arbeiter fanden auch außerhalb Deutschlands ein immer stärkeres Echo. Entscheidend aber war, daß eine Fortsetzung der Demontagen nicht mit der Politik des wirtschaftlichen Wiederaufbaus Europas vereinbar gewesen wäre, den die USA inzwischen eingeleitet hatten.

Die deutsche Volkswirtschaft hatte durch den Krieg etwa 50% ihrer Kapazität eingebüßt. 1946 betrug das Sozialprodukt in den vier Zonen nur rund 40% desjenigen von 1938 bei ungefähr gleicher Bevölkerungszahl. Es zeigte sich jedoch bald, daß die industriellen Produktionsstätten nicht in gleichem Maße Kriegszerstörungen zum Opfer gefallen waren wie die Infrastrukturanlagen. Deshalb und weil die hohen Rüstungsinvestitionen der Vorkriegs- und Kriegszeit sehr moderne Kapazitäten hatten entstehen lassen, verfügte die deutsche Wirtschaft bei Kriegsende noch immer über einen erstaunlich großen und leistungsfähigen Kapitalstock. Zudem hatten das auch während des Krieges nicht unterbrochene Bevölkerungswachstum und der Zustrom der Flüchtlinge nach 1945 ein ergiebiges Reservoir von Arbeitskräften entstehen lassen, das in der britischen und amerikanischen Zone deutlich größer war als 1939.[2]

Die Besatzungszonen wiesen keine bedeutenden Unterschiede des Industrialisierungsgrades auf.[3] Raumwirtschaftlich standen deshalb einer Realisierung der Potsdamer Vereinbarung zur wirtschaftlichen Einheit Deutschlands keine Hindernisse im Wege. Wohl aber verhinderten politische Gegensätze eine wirtschaftliche Zusammenführung der vier Zonen. Frankreich lehnte die Einrichtung der wirtschaftlichen Zentralverwaltung ab, solange die Frage der deutschen Westgrenze nicht in seinem Sinne geklärt war, und die Sowjetunion forderte die Erfüllung ihrer Reparationsansprüche und die Internationalisierung des Ruhrgebiets. Auch zwischen der britischen und der amerikanischen Zone bestanden zunächst Differenzen der Wirtschaftsordnungspolitik. Beginnend mit der Beschlagnahme des Krupp-Konzerns und anderer Montanunternehmen, zeigten sich in der britischen Zone Ansätze zu einer Verstaatlichung der Schlüsselindustrien. Das Mitbestimmungsmodell der Montanindustrie ist ein Überbleibsel jener anfänglichen Besatzungspolitik. Bald jedoch erfolgte eine Anpassung an die liberale wirtschaftspolitische Linie der Amerikaner.

Am 2. Dezember 1946 wurde durch Vertrag zwischen der amerikanischen und der britischen Regierung die »Bizone« geschaffen, und am 1. Januar 1947 erfolgte durch ein Abkommen der beiden Oberbefehlshaber die Begründung eines »Vereinigten Wirtschaftsgebiets«, innerhalb dessen die wirtschaftspolitischen Kompetenzen auf deutsche Instanzen übertragen wurden: einen Wirtschaftsrat (Parlament), einen Länderrat (Zweite Kammer) und ein Direktorium, dem seit März 1948 Ludwig Erhard vorstand. Die Entwicklung in der französischen Zone verlief zunächst weiter in besonderen Geleisen. Der wirtschaftliche Anschluß der Saar an Frankreich (April 1948) und eine insgesamt enge Anlehnung an die französische Wirtschaft behinderten die ökonomische Revitalisierung. Erst im April 1949 kam eine Vereinigung aller drei Westzonen zur »Trizone« zustande, deren Wirtschaftsordnung und Wirtschaftspolitik fortan überwiegend von den USA bestimmt wurden, die den größten materiellen Beitrag zur wirtschaftlichen Wiederankurbelung leisteten.

Ein Kurswechsel in der Deutschlandpolitik der USA und Großbritanniens hatte sich bereits im September 1946 in zwei vielbeachteten Reden des amerikanischen Außenministers Byrnes und Winston Churchills angedeutet. In einer weiteren Rede Außenminister Marshalls im Juni 1947 konkretisierte sich der amerikanische Plan einer umfangreichen Wirtschaftshilfe für Europa (Marshall-Plan). Für die Durchführung des »European Recovery Program« (ERP) bewilligte der amerikanische Kongreß 17 Milliarden Dollar. Im Zusammenhang damit wurde im April 1948 die »Organization for European Economic Cooperation« (OEEC) mit Sitz in Paris gegründet; das entsprechende Abkommen unterzeichneten auch die Befehlshaber der drei westlichen Besatzungszonen. Während der folgenden vier Jahre wurden für den wirtschaftlichen Wiederaufbau Westdeutschlands bzw. der Bundesrepublik aus Mitteln des Marshall-Plans insgesamt 1,56 Milliarden Dollar zur Verfügung gestellt, die für Importe aus den USA verwendet wurden. Diese Lieferungen machten Ende 1949 37% der gesamten westdeutschen Einfuhren aus, 1950 noch 18%, 1951 12% und 1952 3%. Sie setzten sich zu gleichen Teilen (jeweils etwa 700 Millionen Dollar) aus Nahrungs- und Futtermitteln sowie aus Industrierohstoffen zusammen; der Rest entfiel auf Maschinen und Fahrzeuge.[4]

Die Bedeutung des Marshall-Plans für die Wiederankurbelung

der westdeutschen Wirtschaft ist schwer zu beurteilen. Zweifellos ergab sich eine Entlastung der Handels- und Zahlungsbilanz in einer kritischen Situation, als der anfängliche wirtschaftliche Aufschwung durch den heftigen Rückschlag vom Winter 1946/47 gestoppt worden war. Die konjunkturelle Wiederbelebung setzte jedoch bereits ein – schon im Sommer 1947 –, als die amerikanischen Kredite gerade erst angekündigt worden waren, so daß zu diesem frühen Zeitpunkt eher psychologische als reale Auswirkungen zu vermuten sind. Die ERP-Warenlieferungen für die Bizone begannen erst im Herbst 1948 und erreichten bis zum Ende des Jahres nur den enttäuschenden Umfang von etwa 100 Millionen Dollar; das war ein Viertel der bis zu diesem Zeitpunkt ursprünglich zugesagten Leistungen. Der Gegenwert der Marshall-Plan-Lieferungen, der von den Importeuren in heimischer Währung in einen Fonds eingezahlt werden mußte, kam einem »ERP-Sondervermögen« zugute, das in der Bundesrepublik durch die »Kreditanstalt für Wiederaufbau« verwaltet wurde. Diese stellte daraus Kredite für Investitionen und Rohstoffimporte zur Verfügung, so daß sich die Wirkungen der Dollarhilfe durch Multiplikatoreffekte steigerten.

Neben dem Marshall-Plan kommt in der populären Beurteilung der auslösenden Momente des »Wirtschaftswunders« der Währungsreform vom Juni 1948 besondere Bedeutung zu. Eine solche Reform war wegen des großen Geldüberhanges und der zunehmenden Hortung von Waren früher oder später unvermeidlich. Zwischen 1935 und 1945 waren der Bargeldumlauf von 6 auf 73 Milliarden Mark, die Bankguthaben von 30 auf über 150 Milliarden und die Reichsschuld von 15 auf 415 Milliarden gestiegen.[5] Der Entwertung der Währung entsprach in der Nachkriegszeit die Ausbreitung eines Schwarzmarktes für Tauschgeschäfte und Zigaretten-Transaktionen. Die Alliierten sahen eine Währungssanierung zunächst nicht als dringlich an, da sich die offene Inflation in Grenzen hielt. Sie stimmten jedoch zu, als mit der im März 1948 geschaffenen »Bank Deutscher Länder« als Zentralbank für die drei Westzonen die institutionelle Voraussetzung für die Durchführung der erforderlichen Maßnahmen gegeben war, und erteilten dieser Bank die Befugnis zur Ausgabe des neuen Geldes.

Die Währungsreform erfolgte in der Weise, daß am 20./21. Juni 1948 die Reichsmark durch die neue Deutsche Mark ersetzt wurde. Es wurde eine Kopfquote von DM 40,– ausgegeben, die zwei Monate später nochmals um DM 20,– aufgestockt wurde. Alle Altgeld-Forderungen einschließlich Pfandbriefen, Schuldverschreibungen und Versicherungsansprüchen wurden im Verhältnis 10:1 umgestellt, Guthaben jedoch teilweise auf Sperrkonten festgelegt und später nochmals gekürzt, so daß sich am Ende eine Gesamtumstellung im Verhältnis von 100:6,5 ergab. Die Währungsreform beendete schlagartig die Warenhortung und führte zu einer sofortigen Erhöhung der Güterproduktion. Sie bedeutete jedoch auch das Ende aller realistischen Bemühungen um eine wirtschaftliche Zusammenführung der vier Besatzungszonen. Der Streit der Westmächte mit der Sowjetunion um die Einführung der neuen Währung in den westlichen Sektoren Berlins löste am 26. Juni die Berlin-Blockade aus. Die Gründung der Bundesrepublik Deutschland am 24. Mai 1949 und die der DDR am 7. Oktober desselben Jahres besiegelten die deutsche Teilung auch politisch.

Die fünfziger Jahre waren das Jahrzehnt des eigentlichen deutschen »Wirtschaftswunders«. Das Bruttosozialprodukt stieg in diesem Zeitraum mit einer Jahresrate von 7,6%. Statt echter Zyklizität bestimmten Wachstumsschwankungen auf hohem Niveau die konjunkturelle Entwicklung. Schon Anfang der fünfziger Jahre wurde beim Pro-Kopf-Einkommen der Vorkriegsstand wieder erreicht und in den beiden folgenden Jahrzehnten um ein Mehrfaches übertroffen.

Am Beginn dieses Aufschwunges stand der Korea-Krieg. Nach dem Ausbruch des Krieges im Juni 1950 nahm die internationale Nachfrage nach Industrierohstoffen und Investitionsgütern schlagartig zu und bescherte der Bundesrepublik, die wie kein anderes Land über ungenutzte industrielle Kapazitäten verfügte, einen Exportboom größten Ausmaßes. Die Alliierten duldeten die Überschreitung noch bestehender Produktionsbeschränkungen – etwa in der Stahlerzeugung – oder hoben sie auf. In dieser Phase wurde die Montanindustrie noch einmal bedeutend für das Wachstum der deutschen Wirtschaft. Im Laufe der Zeit traten aber wieder verstärkt die klassischen Führungssektoren der deutschen Exportwirtschaft (Maschinenbau, feinmechanische und optische Geräte, Elektrotechnik und Chemieerzeugnisse) in den Vordergrund. Weitere positive Bestimmungsfaktoren des außergewöhnlichen Wachstums der bundesdeutschen Wirtschaft seit 1950 waren eine weltweite Handelsliberalisierung, die Anfänge der westeuropäischen Wirtschaftsintegration, das Einströmen von Millionen qualifizierter Arbeitskräfte und eine den konjunkturellen Grundbedingungen adäquate Wirtschaftspolitik (z. B. Investitionshilfegesetz 1952).

Auf die Bedeutung der großen Reserven an »Humankapital« für die wirtschaftliche Expansion weist die hohe Arbeitslosigkeit der frühen Jahre des Aufschwungs hin. Die Arbeitskräftereserven wurden durch den anhaltenden Zustrom von Flüchtlingen aus der sowjetischen Zone immer wieder aufgestockt. Allein bis 1950 kamen fast 10 Millionen Neubürger nach Westdeutschland, dann bis zum Mauerbau von 1961 noch einmal 3,6 Millionen. Meist handelte es sich um relativ junge Menschen mit hoher Erwerbsquote, die einen bedeutenden Beitrag zur Dynamik des wirtschaftlichen Wachstums in der Bundesrepublik leisteten.

Anfang der sechziger Jahre begann die Wirtschaftswunder-Dynamik des Aufschwungs nachzulassen und normaleren Wachstumsraten Platz zu machen. Dabei spielte die Ausschöpfung der Arbeitskräftereserven eine Rolle, die durch eine vermehrte Rekrutierung von Gastarbeitern nicht wettgemacht werden konnte. In den älteren Industriegebieten des Westens und Nordens wurden »strukturelle« Probleme erkennbar. 1966/67 wurde die erste echte Rezession in der Geschichte der Bundesrepublik verzeichnet, die jedoch noch rasch überwunden werden konnte. Das von unrealistisch optimistischen Zukunftserwartungen bestimmte Lebensgefühl der Westdeutschen wurde durch den Rückschlag noch nicht erschüttert, zumal eine vermehrte wirtschaftspolitische Globalsteuerung sich zu bewähren schien und die Vollbeschäftigung vorübergehend wiederhergestellt werden konnte.

Eine völlig veränderte Lage trat jedoch nach der ersten Ölkrise des Jahres 1973 ein. Eine ohnehin virulente Inflationstendenz verstärkte sich drastisch und wurde auch durch eine sich bald abzeichnende Rezession nicht gebrochen (Stagflation). Seit Ende 1973 erfolgte ein scharfer Konjunktureinbruch mit einem raschen Anstieg der Arbeitslosigkeit, deren Niveau in der Folgezeit nicht wieder nachhaltig gesenkt werden konnte. Weder mit den Mitteln einer keynesianischen Wirtschaftssteuerung in den Jahren der sozialliberalen Koalition (bis 1982) noch mit denen eines wieder vermehrten Laissez-faire und »angebotsorientierter« Politik in der seitherigen Periode eines weltweiten Konjunkturaufschwunges haben sich die Wachstumsbedingungen der fünfziger Jahre wiederherstellen lassen. Die Erschöpfung des Rekonstruktions-Impulses, der die deutsche Wirtschaft aus der Tiefe der Katastrophe von 1945 auf ihren säkularen Wachstumspfad zurückführte[6], und die schon seit den sechziger Jahren erkennbare Verlagerung des Wachstumsschwerpunktes vom sekundären zum tertiären Sektor lassen vermuten, daß die eingetretene »Normalisierung« der wirtschaftlichen Entwicklung der Bundesrepublik durch Versuche einer dynamischeren Gestaltung der Wirtschaftsordnung kaum rückgängig zu machen sein wird.

## 2. Staat und Wirtschaft in der Bundesrepublik

Von einer radikalen Neugestaltung der Wirtschaftsordnung kann in (West-)Deutschland nach 1945 nicht die Rede sein. Die Abnormität des nationalsozialistischen Wirtschaftssystems wurde aufgehoben, aber an ihre Stelle traten Ordnungsstrukturen, die an frühere Epochen der deutschen Wirtschaftsgeschichte anknüpften, speziell an die sozialreformistische Wirtschaftsordnung der Weimarer Republik.

Dabei hatte es zunächst anders ausgesehen. In einige der neuen Länderverfassungen waren Sozialisierungsbestimmungen aufgenommen worden, so der sogar durch eine Volksabstimmung legitimierte Artikel 41 der Hessischen Verfassung und Artikel 160 des Durchführungsgesetzes zur Bayerischen Verfassung. Aufgrund eines Erlasses der amerikanischen Militärbehörden (JCS/1779) kamen diese Bestimmungen jedoch nicht zur Ausführung. Radikalere Umgestaltungspläne schienen sich anfangs auch in der britischen Besatzungspolitik anzudeuten, nachdem in London die Labour Party die Regierung übernommen hatte. Noch im Oktober 1946 kündigte Außenminister Bevin an, die Ruhrindustrie solle in das Eigentum des deutschen Volkes überführt werden, doch nicht einmal ein Gesetz des Landes Nordrhein-Westfalen zur Enteigung des Kohlenbergbaus erlangte praktische Bedeutung.

Weitgehende Verstaatlichungspläne finden sich auch in den Programmen der sich neu formierenden politischen Parteien. Das von Gedanken eines christlichen Sozialismus geprägte Ahlener Programm der CDU der Britischen Zone vom Februar 1947 erklärte, das kapitalistische Wirtschaftssystem sei den Lebensinteressen des deutschen Volkes nicht gerecht geworden; eine gemeinwirtschaftliche Ordnung solle an seine Stelle treten. Die SPD und die ihr nahestehenden Gewerkschaften verfolgten das Ziel einer sozialistischen, aber demokratisch verfaßten Wirtschaftsordnung. Der Parteivorsitzende Kurt Schumacher forderte, politische und wirtschaftliche Demokratie sollten einander ergänzen und auf einen »dritten Weg« zwischen Kapitalismus und Räte-Sozialismus führen.[7] Die SPD strebte staatliche Wirtschaftslenkung, die Verstaatlichung der Banken und Schlüsselindustrien sowie die Errichtung einer »Wirtschaftsdemokratie« an, wie sie Kautsky und Naphtali schon Ende der zwanziger Jahre gefordert hatten. Auch die Gewerkschaften bedienten sich dieses Begriffes und dachten dabei vor allem an eine Mitbestimmung der organisierten Arbeiterschaft auf allen Ebenen des wirtschaftlichen Lebens.

Der wirtschaftspolitische Einfluß der Linken war in der ersten Phase des Wiederaufbaus durchaus beachtlich. Der Cheftheoretiker der Gewerkschaften, Viktor Agartz, übernahm im Januar 1947 die Leitung des bizonalen Verwaltungsrats für Wirtschaft in Minden. Überdies wurden alle acht Wirtschaftsministerien der Länder von SPD-Politikern geführt. Die Versuche, die Sozialisierung der Schlüsselindustrien durchzusetzen, scheiterten jedoch an Vorbehalten der amerikanischen und britischen Militärregierung bezüglich einer endgültigen Festlegung der künftigen Wirtschaftsordnung. Als im Mai 1947 die Militärbefehlshaber der Bizone, Clay und Robertson, aus Abgeordneten der Länderparlamente einen »Wirtschaftsrat« bildeten, wurde der Aktionsraum der linken Reformer erheblich eingeengt, weil deren eigene Initiativen zur Bildung von Räten damit gegenstandslos geworden waren. Sie mußten seither ihre Mitbestimmungswünsche im wesentlichen auf den betrieblichen Bereich beschränken.

Wenig später wurde die Verwaltung des Vereinigten Wirtschaftsgebiets der Bizone neu organisiert; die Dienststellen wurden in Frankfurt zusammengefaßt. Da die SPD alle Länderministerien besetzt hielt, meldete die CDU Anspruch auf das Frankfurter Direktorium für Wirtschaft an. Die SPD verlor die Abstimmung und zog daraufhin ihre Kandidaten auch für andere Ressorts zurück. Das erwies sich als ein schwerer Fehler, denn sie verzichtete so auf jede Einwirkung auf die Gestaltung der künftigen Wirtschaftsordnung über diese einflußreiche Behörde. Mit der Übernahme des Direktoriums durch den ehemaligen bayerischen Wirtschaftsminister Ludwig Erhard im März 1948 erfolgte eine wichtige Vorentscheidung für eine künftige liberale Ausrichtung der deutschen Wirtschaftspolitik. Gegen erhebliche Widerstände der Besatzungsmächte und trotz der Kritik in seiner eigenen Partei erklärte Erhard am Tage der Währungsreform (20. Juni 48) das Ende der Bewirtschaftungs- und Preisbindungspolitik und leitete damit die Ära der sozialen Marktwirtschaft ein.

Nach der Gründung der Bundesrepublik knüpften die Einrichtungen der staatlichen Wirtschaftsverwaltung unmittelbar an die traditionellen Muster des Behördenaufbaus an, der sogar in der NS-Zeit nicht grundsätzlich verändert worden war. Neben den klassischen Ministerien für Finanzen und Wirtschaft – erste Ressortchefs waren Fritz Schäffer und Ludwig Erhard – wurden Bundesministerien für Ernährung, Landwirtschaft und Forsten, für Arbeit und Sozialordnung, für Verkehr, für Post und Fernmeldewesen, für Wiederaufbau (seit 1965 für Wohnungswesen und Städtebau), für Vertriebene, und ein Ministerium für den Marshall-Plan gebildet, aus dem in den fünfziger Jahren das Bundesministerium für Wirtschaftliche Zusammenarbeit hervorging. In ähnlicher Weise wie die wirtschaftsgestaltende Behördenorganisation des Bundes bauten sich die Wirtschaftsverwaltungen der Länder auf.

Kontinuität bestimmte auch das Bild im Bereich der öffentlichen Unternehmen, die bis in die Gegenwart in manchen Sektoren der Wirtschaft einen hohen Anteil an der Wertschöpfung repräsentieren. Dieser Anteil betrug 1980 in Versorgung und Verkehr 67,5%, bei den Kreditinstituten 52,4% und bei den Versicherungen 9,5%.[8] Der (inzwischen reduzierte) Unternehmensbesitz des Bundes war so bedeutend, daß er seit 1957 durch ein besonderes Ministerium verwaltet wurde. Trotz einer umfangreichen Privatisierung, die zwischen 1959 und 1965 mit dem Verkauf von Preussag-, VW- und Veba-Anteilen einsetzte, sind die Erträge des Bundes aus seinen Unternehmensbeteiligungen noch immer hoch. 1986 betrugen sie 323 Millionen DM. Dabei werfen Bundesbahn und Bundespost meist weniger ab als die großen Industriebeteiligungen (VW, Veba, Salzgitter, Saarbergwerke AG) und die zahlreichen Beteiligungen an Banken. Insgesamt werden in diesen Unternehmen mehr als 500000 Menschen beschäftigt.[9]

Von zentraler Bedeutung für das Verhältnis von Staat und Wirtschaft in der Bundesrepublik ist die Geld- und Währungsordnung. Hüterin der Währung und zugleich eine wichtige regierungsunabhängige Institution mit wirtschaftspolitischer Verantwortung ist die Deutsche Bundesbank, die 1957 die Nachfolge der Bank Deutscher Länder antrat. Die Bundesbank ist eine Zentralnotenbank mit einem unabhängigen Direktorium nach dem Vorbild des amerikanischen »Federal Reserve Board«. Die auf Vorschlag der Bundesregierung ernannten Mitglieder des Direktoriums bilden gemeinsam mit den Direktoren der Landeszentralbanken den Zentralbankrat, dem die Gestaltung der Währungspolitik übertragen ist. Die wichtigste Aufgabe der Bundesbank neben der Sicherung der Währung ist eine angemessene Geld- und Kreditversorgung der Wirtschaft. Ihr währungspolitisches Instrumentarium umfaßt Variierungen des Leitzinses und der Mindestreserven sowie Offenmarktgeschäfte. Bei der konjunkturpolitischen Nutzung dieser Mittel bewies die Bank nicht immer eine glückliche Hand. Andererseits hat aber auch die nicht durchwegs antizyklische Politik der Bundesregierung die Bemühungen der Bundesbank um Geldwertstabilität gelegentlich konterkariert.

Die Grundlage der Finanzverfassung der Bundesrepublik bilden die Regelungen der Paragraphen 104 a – 107 des GG über die Zuweisung der Erträge aus Zöllen, Monopolen und Steuern an Bund, Länder und Gemeinden. Dabei erhält der Bund die Zoll- und Monopolerträge sowie die meisten Verbrauchsteuern und die Umsatzsteuer. Den Ländern, deren finanzpolitische Stellung gestärkt wurde, steht das Aufkommen aus Vermögensteuer, Erbschaftsteuer, Kfz-Steuer und Verkehrsteuern zu. Die Gemeinden erhalten einen Teil der Einkommensteuer und die Realsteuern. Bund und Ländern gemeinsam fließen die Einkommensteuer, die Umsatz- und die Körperschaftsteuer zu. Der Anteil des Bundes an der Einkommensteuer betrug bis 1958 33,33%, seither 35%. Der Gesamtanteil des Bundes an den Steuereinnahmen machte 1965 55,3% aus, der der Länder 30,7% und der der Gemeinden 12,4%. Bis 1985 hatten sich diese Quoten zugunsten der Länder und Gemeinden verschoben. Die Relation betrug nun 47,6 : 34,9 : 14,0.[10] Eine Umverteilung zwischen einkommensstarken und einkommensschwachen Ländern unter Berücksichtigung der Gemeindefinanzen bewirkt der Finanzausgleich, der allerdings in seinem Berechnungsmodus bis heute umstritten ist.

In der Entwicklung der Abgabenbelastung, d. h. des Anteils der Steuern und Abgaben am Bruttosozialprodukt, zeigt sich seit der Gründung der Bundesrepublik ein gleichmäßiger Anstieg von zunächst weniger als 30% auf einen bisherigen Höhepunkt von knapp über 40% im Jahre 1982.[11] Dennoch war im selben Zeitraum eine bedeutende Erhöhung der öffentlichen Verschuldung zu verzeichnen, die 1960 bei rund 50 Milliarden DM lag (Anteil des Bundes 26 Milliarden), bis 1985 aber auf 760 (341) Milliarden gestiegen war.[12]

Der seit dem 19. Jahrhundert in Deutschland hoch entwickelte Bereich autonomer Organisationen der privaten Wirtschaft (Kammern, Verbände) bildete auch nach 1945 bald wieder einen wichtigen Sektor der Wirtschaftsordnung.[13] Während sich die Tätigkeit der einzelnen Kammern (Industrie- und Handelskammern, Handwerkskammern und -innungen, Landwirtschaftskammern) auf die Wahrnehmung lokaler oder regionaler Interessen beschränkte, versuchten ihre Dachorganisationen – etwa der »Deutsche Industrie- und Handelstag« (DIHT) – wie die übrigen Verbände, auf die Gestaltung von Wirtschaftspolitik und Wirtschaftsordnung insgesamt Einfluß zu nehmen. Die Wiedererrichtung der Kammern erfolgte mit Billigung aller Besatzungsmächte schon seit 1945. Kammern und Militärbehörden arbeiteten bei wirtschaftsbezogenen Verwaltungsmaßnahmen wie der Ausstellung von Arbeitserlaubnissen eng zusammen. 1949 wurde der 1935 aufgelöste DIHT neugegründet. Damit verbesserten sich die Einwirkungsmöglichkeiten der Kammern auf höherrangige politische Instanzen, etwa bei der Abwehr von Demontagemaßnahmen.

Auch die Wirtschaftsverbände gelangten nach dem Zweiten Weltkrieg rasch wieder zur Blüte. Erste Fachverbände entstanden 1945/46 gleichzeitig mit den Kammern als Vermittler zwischen den Betrieben und den Bezirks- und Kreiswirtschaftsverwaltungen auf der einen und den Besatzungsbehörden auf der anderen Seite. Im Oktober 1949 ging aus ihnen der »Wirtschaftliche Ausschuß Industrieller Verbände« hervor, der Anfang 1950 den Namen »Bundesverband der Deutschen Industrie« (BDI) annahm. Von seinem Vorgänger, dem RDI, unterschied er sich durch das Fehlen einer regionalen Gliederung. Mitglieder des BDI waren die etwa 35 Spitzenverbände der einzelnen Branchen. Auch die Arbeitgeber organisierten sich bald nach Kriegsende wieder in Verbänden, die 1949 die »Bundesvereinigung der Deutschen Arbeitgeberverbände« (BDA) bildeten.

Über die Mitwirkung der Verbände bei der politischen Willensbildung wird im Grundgesetz (im Gegensatz zur Rolle der politischen Parteien) nichts gesagt, doch ihrem zunehmenden Einfluß, der schon in den fünfziger Jahren eine kritische Diskussion auslöste[14], tat das keinen Abbruch. Das Verhältnis zwischen Staat und Verbänden war nach deren Wiedergründung zunächst stark personenbezogen, und zwar auf allen Ebenen von der Regierung (Verbandsspitze) bis zu Referenten-Funktionär-Beziehungen. Der wirtschaftspolitische Einfluß der zunächst von liberalen, sozialpolitisch ausgewiesenen Unternehmern (W. Raymond, H.C. Paulssen, S. Balke, O. A. Friedrich) geführten BDA erreichte insgesamt nicht den des eher konservativen BDI, dessen erster Präsident, Fritz Berg, häufig von Bundeskanzler Adenauer konsultiert wurde. Besonders in der Auseinandersetzung mit den Gewerkschaften wurde die BDA mehr und mehr vom BDI verdrängt, womit die Weimarer Konstellation im Verhältnis der beiden Organisationen wiederhergestellt wurde. Die BDA blieb schließlich auf Fragen der Tarif- und Sozialpolitik beschränkt. Hintergrund dieser Entwicklung war eine Phase der Marktwirtschaft, in der die schlichte Einkommenssteigerung Vorrang vor jeder verteilungspolitischen Verbesserung hatte.

Schon in den sechziger Jahren, als in der Bundesrepublik mehr als 5000 Verbände gezählt wurden, gab es kein anderes Land in der Welt mit einem so hoch entwickelten und einflußreichen Verbandswesen.[15] Ein gewisser Rückgang der Bedeutung der Verbände als wirtschaftspolitische Speerspitzen des Unternehmerlagers ist seit Mitte der sechziger Jahre zu beobachten. Ursache ist wohl vor allem die zunehmende Pluralität der unternehmerischen Interessen in einer Zeit bisher unbekannter konjunktureller und wirtschaftsstruktureller Problematik.

Seit den ersten Anzeichen einer ernsthaften Gefährdung des wirtschaftlichen Wachstums in den sechziger Jahren bildeten die Entscheidungen und Maßnahmen der Konjunkturpolitik zunehmend neuralgische Punkte im Verhältnis von Staat und Wirtschaft. Der erste Bundeswirtschaftsminister, Ludwig Erhard, war prinzipiell bereit, steuernd einzugreifen, wenn die Situation es erforderte, setzte das verfügbare Instrumentarium jedoch unsystematisch und ohne Koordinierung mit anderen Ministerien oder der Bundesbank ein. Seine legendären Maßhalte-Ermahnungen sind charakteristisch für den mehr persuasiven als interventionistischen Zug seiner Konjunkturpolitik. Ein Indiz für Erhards grundsätzliche

Bereitschaft zu einer analytischen und konstruktiven Beschäftigung mit den Problemen der gesamtwirtschaftlichen Entwicklung war jedoch die Einrichtung des Sachverständigenrates der »Fünf Weisen«, der seit 1963 als unabhängiges Gremium mit der Erstellung von Jahresgutachten betraut ist.

Erst nach der Rezession von 1966/67 und dem Rücktritt Erhards wurde von Karl Schiller, dem Wirtschaftsminister der Großen Koalition, der Versuch einer wirtschaftspolitischen Globalsteuerung unternommen. Mit dem »Gesetz zur Förderung der Stabilität und des Wachstums der Wirtschaft« vom Mai 1967 schaltete sich der Staat wieder in einer Weise als Gestalter gesamtwirtschaftlicher Abläufe ein, die deutschen Traditionen entsprach. Als Mittel wirtschaftspolitischer Intervention waren die Geld- und die Fiskalpolitik vorgesehen. Die Aufgabe der Bundesregierung sollte es sein, Orientierungsdaten für ein abgestimmtes Verhalten (Konzertierte Aktion) der Gebietskörperschaften, Verbände und Gewerkschaften zu ermitteln, wobei zugleich Wachstums- und Stabilitätsziele verfolgt wurden. Der Realisierung des »Magischen Vierecks«: Vollbeschäftigung – Wachstum – Preisstabilität – Außenwirtschaftliches Gleichgewicht, und damit eines stetigen »Aufschwungs nach Maß«, sollten eine antizyklische Haushaltspolitik mit Bildung einer Konjunkturausgleichsrücklage bei der Bundesbank, eine mittelfristige Finanz- und Investitionsplanung und eine Begrenzung der Kreditaufnahme der Gebietskörperschaften dienen.

In der Praxis stießen solche Pläne auf erhebliche Widerstände. Ein besonderes Problem bei der Anwendung des Stabilitätsgesetzes bestand in der Einbeziehung der Länder und Gemeinden in die antizyklische Gestaltung der Fiskalpolitik. Während der Bundeshaushalt relativ konjunkturgerecht gestaltet werden konnte, gelang das bei den Gebietskörperschaften zumeist nicht. Namentlich die Kommunen vermochten nicht ohne weiteres, budgetpolitische Abstinenz zu üben, weil sie unmittelbarer politischem Druck ausgesetzt waren.

Schiller setzte auf die staatliche Organisation der wirtschaftlichen Interessen im großen durch die Vorgabe von Eckdaten, während die Ausfüllung des so geschaffenen Ordnungsrahmens den Korporationen überlassen bleiben sollte. Eine Abstimmung von ihren Zielen auf den vierteljährlichen Treffen der Konzertierten Aktion aus Unternehmern, Gewerkschaftern, Vertretern der

Regierung und der Bundesbank sowie unabhängigen Sachverständigen sollte vor allem eine Einigung über stabilitätsorientierte Lohnabschlüsse ermöglichen. Es zeigte sich jedoch, daß sich die Tarifparteien mit der Festlegung auf Wachstumsprognosen schwer taten, zumal wegen des ungleichmäßigen Konjunkturverlaufs die angestrebte »Soziale Symmetrie« der Einkommensverteilung nur mit erheblichen Verzögerungen erwartet werden konnte.

Obwohl sich Unternehmer wie Gewerkschaften den Spielregeln der Konzertierten Aktion mit einer Folgsamkeit unterwarfen, die älteren Generationen von Interessenvertretern sicher schwergefallen wäre, staute sich mit der Zeit ein so hohes Maß an Mißtrauen und Frustration auf, daß eine Auseinandersetzung über Mitbestimmungsfragen 1977 zum Auszug der Gewerkschaften aus dem zuletzt mit über 70 Teilnehmern ziemlich unübersichtlich gewordenen Gremium führte, das seither nicht mehr zusammengetreten ist. Die Krise, in die die Wirtschaftspolitik des Keynesianismus unterdessen geraten ist, dürfte dazu beigetragen haben, daß eine Wiederbelebung der Konzertierten Aktion weder der Regierung noch den Sozialpartnern zur Zeit besonders dringlich zu sein scheint.

## 3. Entwicklungsgeschichte der sozialen Marktwirtschaft

Der wirtschaftliche Wiederaufbau Westdeutschlands und die Herausbildung seiner Wirtschaftsordnung standen im Zeichen der sozialen Marktwirtschaft. Der Begriff kennzeichnet eine ordnungspolitische Gesamtkonzeption, die einen Kompromiß zwischen den Prinzipien des ökonomischen Laissez-faire und einer staatlich geplanten und gesteuerten Entwicklung der Wirtschaft anstrebt. Die Ideale wirtschaftlicher Freiheit und sozialer Sicherheit und Gerechtigkeit sollen einander ergänzen. Der Kern der Konzeption ist die Herstellung einer staatlich garantierten Wettbewerbsordnung mit funktionsfähigem Preissystem bei vollständiger Konkurrenz (Verzicht auf Preiseingriffe, Subventionen und Zwangsmonopole) und offenen Märkten. Neben liberalen Gedanken hat sie auch Elemente der christlichen Soziallehre, des Staatsinterventionismus und eines freiheitlichen Sozialismus in sich aufgenommen.[16]

Die soziale Marktwirtschaft hat zwei akademische Wurzeln: einmal eine Gruppe von in der NS-Zeit emigrierten neoliberalen Nationalökonomen wie F. A. Hayek, W. Röpke und A. Rüstow; zum anderen die ordoliberale »Freiburger Schule« um F. Böhm und W. Eucken, die seit 1937 die Schriftenreihe *Ordnung der Wirtschaft* herausgab. Die auf den ersten Blick erstaunliche Tatsache, daß der Nationalsozialismus die Konstituierung der Schule tolerierte, erklärt sich vor allem aus ihrer Absage an einen ungezügelten Liberalismus und der bedeutenden Funktion, die dem Staat als Garanten einer sozial verpflichteten Wirtschaftsordnung in der Ordo-Lehre zugedacht war.

Röpke hat betont, die Marktwirtschaft könne nicht frei im gesellschaftlichen, moralischen und politischen Raum schweben, sondern müsse von einem festen Rahmenwerk gehalten und geschützt werden. »Recht, Staat, Sitte und Moral, feste Normen und Wertüberzeugungen ... gehören zu diesem Rahmen nicht minder als eine Wirtschafts-, Sozial- und Finanzpolitik, die jenseits des Marktes Interessen ausgleicht, Schwache schützt, Zügellose im Zaum hält, Auswüchse beschneidet, Macht begrenzt, Spielregeln setzt und ihre Innehaltung bewacht ... Marktwirtschaft ist eine notwendige, aber keine ausreichende Bedingung einer freien, glücklichen, wohlhabenden, gerechten und geordneten Gesellschaft ... Das schließliche Schicksal der Marktwirtschaft ... entscheidet sich – jenseits von Angebot und Nachfrage.«[17]

Immerhin ist aber der Ausgangspunkt auch der Ordo-Schule die liberale Lehre von der wohltätigen Wirkung der Konkurrenz. Wenn staatliche Reglementierung gefordert wird, so nur weil sie der Sicherung dieses Wettbewerbs dienen soll. Deutlich tritt dieser Gedanke in Euckens Hauptwerk *Grundlagen der Nationalökonomie* (1940) hervor, das für die Friedenszeit eine liberale Verkehrswirtschaft ohne Monopole befürwortet und eine staatlich garantierte Rahmenordnung zur Sicherung des Wettbewerbs.[18] Die hieran anknüpfende soziale Marktwirtschaft – den Begriff prägte A. Müller-Armack[19] – grenzt sich gleichermaßen von der ungezügelten Wettbewerbswirtschaft des Altliberalismus wie von einer staatsinterventionistischen Lenkungswirtschaft ab, versucht aber, die Vorzüge dieser Systeme in einer Synthese zu vereinen.

Daß sich in den ersten Jahren des Wiederaufbaus eine prinzipiell marktwirtschaftliche Ordnung herauszubilden und gegenüber den schon beschriebenen Plänen einer Neugestaltung im lenkungswirtschaftlichen Sinne zu behaupten vermochte, lag nicht zuletzt an der seit Sommer 1947 von der amerikanischen Regierung verfolgten Politik, jede Festlegung der künftigen Wirtschaftsordnung Deutschlands zu vermeiden. Hierdurch wurde eine allmähliche Wiederbelebung traditioneller Ordnungsstrukturen begünstigt, zumal der zunehmende Ost-West-Gegensatz und seine Verschärfung in der Berlin-Blockade von 1948/49 »linke« Positionen in der westdeutschen Politik zu diskreditieren begannen. Besonders unter den Vertretern der CDU im Frankfurter Wirtschaftsrat setzte sich immer mehr die liberal-marktwirtschaftliche Linie gegen die christlich-soziale des Ahlener Programms durch. Der als Direktor dieses Gremiums amtierende Erhard war der wichtigste Exponent dieses Kurses. Erhard erwartete maximalen Wohlstand und die Sicherung der Vollbeschäftigung von einer konsequenten Politik der Wachstumsförderung durch möglichst geringe Beschränkungen der wirtschaftlichen Freiheit einschließlich der Außenhandelsfreiheit und der freien Konvertierbarkeit der Währungen. Auch die Prinzipien sozialer Sicherheit und Gerechtigkeit und einer gerechten Einkommens- und Vermögensverteilung sollten in erster Linie durch die Maximierung des Sozialprodukts realisiert werden, zusätzlich aber auch durch sozialpolitische Korrekturen über Renten, Sozialhilfe, Zuschüsse, Subventionen und vermögensbildende Maßnahmen, das alles freilich bei möglichst geringer Beeinträchtigung der Funktionsfähigkeit der Wirtschaft.

Gerade im Denken Erhards, der – im Gegensatz zu Müller-Armack – keine nennenswerten theoretischen Beiträge zur Entwicklung der sozialen Marktwirtschaft leistete, dieser aber wie kein zweiter zu praktischer Geltung verhalf, hatte der Grundsatz der Marktkonformität staatlicher Interventionen absolute Priorität. Sein entschiedener Liberalismus ließ ihn gegen Planungs- und Kartellideen scharf Stellung beziehen. Ebenso wies er eine Mitsprache der Unternehmerverbände bei der Gestaltung der Wirtschaftspolitik zurück. Offenbar fürchtete er – wie auch der Ordoliberale Franz Böhm 1951 in einem Gutachten für das Wirtschaftsministerium – eine »Planungsdiktatur« einflußreicher gesellschaftlicher Gruppen.

Der Aufbau der sozialen Marktwirtschaft in Westdeutschland wurde eingeleitet durch ein Gutachten des Wissenschaftlichen Beirats bei der Verwaltung für Wirtschaft des Vereinigten Wirtschaftsgebiets vom 18. April 1948, das sich für eine teilweise

Aufgabe der bisherigen Verbrauchslenkung und Zwangsbewirtschaftung (im Zusammenhang mit der Währungsreform) aussprach. In möglichst großem Umfang sollten wieder Preise den volkswirtschaftlichen Prozeß steuern. Weiter befürwortete der Beirat freien Wettbewerb und freien Außenhandel. Der Wohnungsbau sollte reglementiert bleiben und der Mißbrauch wirtschaftlicher Macht durch Monopolkontrollen verhindert werden. Grundsätzliche Fragen der Gestaltung der künftigen Wirtschafts- und Sozialordnung wurden aber in diesem Gutachten noch offengelassen.[20]

Die weitgehend auf persönliche Initiative Erhards zurückgehende Aufhebung des größten Teil der Preisreglementierungen und Bewirtschaftungsvorschriften durch die deutsche Wirtschaftsverwaltung im Sommer 1948 (»Gesetz über Leitsätze für die Bewirtschaftung und Preispolitik nach der Geldreform vom 24. 6. 48«) bedeutete den entscheidenden Durchbruch zu einer neuen Wirtschaftsordnung.[21] Seit Anfang 1949 war die soziale Marktwirtschaft Bestandteil des Wirtschaftsprogramms der CDU. Gegen Ende des Gründungsjahres der Bundesrepublik richtete sich jedoch noch einmal scharfe Kritik gegen das von Erhard rigoros vertretene marktwirtschaftliche Konzept. Starke Konjunkturschwankungen und hohe Arbeitslosenzahlen waren die Ursachen der Verunsicherung. Als im Februar 1950 die Arbeitslosigkeit einen Höchststand von über zwei Millionen erreichte, äußerten nicht nur die oppositionelle SPD, sondern auch Teile der CDU und vor allem die Alliierten Hohen Kommissare Bedenken gegen das ungeminderte wirtschaftliche Laissez-faire, weil sie politische Unruhen befürchteten. Erhard mußte widerstrebend ein Arbeitsbeschaffungsprogramm geringen Ausmaßes akzeptieren. Der Korea-Boom befreite die deutsche Wirtschaft aus dieser Schwierigkeit.

Die Kritik der Alliierten an einer allzu liberalen Auffassung von Marktwirtschaft war damit aber noch nicht beendet. Seit dem Herbst 1950 forderten die Hohen Kommissare von der Bundesregierung Maßnahmen zur Bewirtschaftung der knapper werdenden Rohstoffe, vor allem der Kohle. Diese hatte dazu aber kaum eine Handhabe. Hier traten jedoch die Wirtschaftsverbände – vor allem der neugegründete BDI – auf den Plan und schlossen im Verein mit den Gewerkschaften die durch die Abstinenz der Regierung entstandene »Lenkungslücke« (Abelshauser).[22] Damit vollzog sich eine erste ordnungspolitische Wende in der Entwicklung der

Marktwirtschaft in der Weise, daß charakteristische »korporative« Elemente der deutschen Wirtschaftsordnung wiederhergestellt wurden.

Am 24. Mai 1949 war mit dem Grundgesetz (GG) für die Bundesrepublik Deutschland eine Verfassung in Kraft getreten, die auch wirtschaftlich relevante Bestimmungen enthielt, so die Artikel 2/1 (Recht auf freie Entfaltung der Persönlichkeit, d. h. auch Konsumfreiheit, Gewerbe- und Unternehmensfreiheit, Handelsfreiheit, Wettbewerbsfreiheit), 9/3 (Vereinigungsfreiheit, d. h. auch das Recht zur Bildung von Wirtschaftsverbänden und Gewerkschaften), 12 (Freiheit der Berufswahl und des Arbeitsplatzes), 14 (Privateigentum und Erbrecht; bezieht sich auch auf Produktionsmittel), 15 (Möglichkeit der Vergesellschaftung von Grund und Boden, Naturschätzen und Produktionsmitteln gegen Entschädigung), 20/1 (Sozialstaatspostulat).

Das GG erklärt sich wirtschafts- und sozialpolitisch weniger deutlich als die Weimarer Verfassung. Bei der Ausarbeitung seiner Bestimmungen verzichteten die Parteien darauf, spezielle Vorschriften zur Gestaltung der Wirtschaftsordnung aufzunehmen, vielleicht weil das GG ohnehin nur provisorische Geltung beanspruchte. Bis heute ist umstritten, ob es die Prinzipien einer Wirtschaftsverfassung erkennen läßt. Hierzu gibt es im wesentlichen drei Meinungen.

Die erste Meinung geht von einer wirtschaftspolitischen Neutralität des GG aus. Sie behauptet, das GG enthalte keine verfassungsrangigen Ordnungsprinzipien für die Wirtschaft, und begründet das damit, daß jede freiheitliche Demokratie auf einem Werte-Relativismus beruhen müsse, um die Pluralität der Anschauungen zu garantieren. Wirtschaftspolitik sei überhaupt nur statthaft als »undogmatische Förderung der allgemeinen Wohlfahrt«. Die zweite Meinung, die u. a. das Bundesverfassungsgericht in Entscheidungen zum Investitionshilfegesetz (1953) und zum Mitbestimmungsgesetz (1979) vertreten hat, lautet, daß aus einer Fülle von Einzelbestimmungen im GG eine von freiheitlichen wie von sozialstaatlichen Prinzipien geprägte Wirtschaftsordnung erschließbar sei, die dem Gesetzgeber eine weitgehende Gestaltungsfreiheit eröffne. Eine dritte Meinung, deren wichtigster Vertreter H. C. Nipperdey war, behauptet eine förmliche Entscheidung des GG für die soziale Marktwirtschaft, eine These, die heute überwiegend als zu weitgehend abgelehnt wird.[23]

Tatsächlich dürfte die vermittelnde Ansicht die vernünftigste sein, nach der das GG zwar keine ausdrückliche Entscheidung für das Programm einer sozialen Marktwirtschaft enthält, seine wirtschaftsbezogenen Artikel jedoch als Bausteine einer Wirtschaftsverfassung angesehen werden können, die zugleich marktwirtschaftlichen wie sozialstaatlichen Prinzipien gehorcht. Die Einschränkung eines grundsätzlich liberalen Eigentumsbegriffs durch die Sozialklausel des Artikels 14, Abs. 2 (»Eigentum verpflichtet. Sein Gebrauch soll zugleich dem Wohl der Allgemeinheit dienen.«) scheint jedenfalls die Orientierung des GG an dem nämlichen Doppelprinzip zu belegen, das auch dem Begriff der sozialen Marktwirtschaft seine eigentümliche Spannung verleiht.

Die konkrete Ordnung der Wirtschaft der Bundesrepublik ist aus Normen abzuleiten, die »unterverfassungsmäßigen« Ranges sind. Hier ist an eine Vielzahl älterer und neuerer wirtschaftsbezogener Gesetze zu denken wie das HGB, die Gewerbeordnung, das Aktiengesetz, das GmbH-Gesetz, das Patentgesetz, das Gesetz gegen Wettbewerbsbeschränkungen, das Außenhandelsgesetz, die Versicherungsgesetze sowie die Gesetze des Unternehmens- und Arbeitsrechts, des Steuerrechts und des Wirtschaftsstrafrechts. Auch zahlreiche Paragraphen des BGB mit wirtschaftlichem Inhalt gehören zu dieser Kategorie juristischer Bausteine der Wirtschaftsordnung unterhalb der Ebene der Verfassung.

Ein besonders kritischer Bereich der Wirtschaftsordnung der Bundesrepublik ist die Wettbewerbsordnung. Ihr wichtigstes Prinzip ist die Ausschaltung des Nichtleistungswettbewerbs, d. h. die Unterbindung betrügerischer oder diskriminierender Praktiken. Aufgabe der Rechtsordnung ist es, den Leistungswettbewerb zu garantieren. Von grundsätzlicher Bedeutung sind in diesem Zusammenhang die Gewerbefreiheitsregelung des § 1/1 der Gewerbeordnung, die freilich einer Anzahl von Einschränkungen unterliegt, und das Gesetz gegen unlauteren Wettbewerb.

Im Bereich der großen Unternehmen erfolgte nach 1945 ein doppelter wettbewerbspolitischer Vorstoß gegen überkommene Organisationsstrukturen durch den Versuch der Besatzungsmächte, eine Dekonzentration (Entflechtung) und eine Dekartellierung der deutschen Wirtschaft herbeizuführen. Dabei bereitete die Dekartellierung, über die sich die Alliierten einig waren, geringere Probleme als die Dekonzentration, über deren Ausmaß unterschiedliche Vorstellungen bestanden. Grundlage der amerikanischen Maßnahmen war die Direktive JCS/1067 vom März 1945. Ursprünglich war an eine Entflechtung aller Betriebe mit mehr als 3000 Beschäftigten gedacht, dann an solche mit mehr als 10000. Zu derart weitgehenden Maßnahmen kam es aber nicht. Nur in der Montanindustrie, der Chemie und im Bankwesen erfolgten gründliche Umgestaltungen. Vor allem die Entflechtung des I. G.-Farben-Konzerns geschah zügig, doch wurden auch hier die ursprünglichen Vorstellungen einer weitgehenden Aufsplitterung zurückgenommen, und es blieb bei einer Vierteilung (Bayer, BASF, Hoechst, Cassella), die bis 1952 abgeschlossen war. In der Stahlindustrie entstanden durch Entflechtungsmaßnahmen 26 Gesellschaften, von denen 13 aus den ehemaligen Vereinigten Stahlwerken hervorgingen. Die drei Großbanken (Deutsche Bank, Dresdner Bank, Commerzbank) wurden in neun Gesellschaften aufgegliedert, nachdem anfangs 30 vorgesehen gewesen waren. Nur geringe Entflechtungsmaßnahmen erfolgten in der Elektroindustrie.

Als Direktor der Verwaltung für Wirtschaft befürwortete Erhard ein moderates Dekonzentrations-Programm. Indem er eine vermittelnde Linie zwischen den Vorstellungen der Alliierten und der erbitterten Opposition der Wirtschaft verfolgte, entschärfte er die Gegensätze. Die zunehmenden Spannungen in der Phase des Kalten Krieges Ende der vierziger Jahre ließen den Amerikanern eine weitere Dekonzentration der deutschen Wirtschaft aber bald fragwürdig erscheinen. Die Situation war mit jener bei Ausbruch des Zweiten Weltkriegs vergleichbar, als der »New Deal« von langer Hand vorbereitete Maßnahmen gegen eine als übermäßig hoch empfundene Konzentration der amerikanischen Wirtschaft im Zeichen einer neuen politischen Konstellation alsbald einstellte.

Stärker als in den Maßnahmen gegen Unternehmenskonzentrationen war in der amerikanischen Anti-Kartell-Politik die Vorstellung wirksam, es könne möglich sein, von Westdeutschland aus das wirtschaftliche Ordnungssystem Europas im Sinne amerikanischer Vorstellungen zu reformieren. In der deutschen Industrie war der Widerstand gegen eine Dekartellierung zunächst sehr stark. Er wurde getragen von einer Generation von »Wirtschaftsführern«, die im System der Hochkartellierung aufgewachsen waren und denen der Gedanke an einen »zügellosen Wettbewerb« Beklemmungen verursachte. So initiierte der BDI bald nach seiner

Gründung in deutlicher Frontstellung gegen Erhard eine Kampagne zugunsten der Kartelle, die sich in Deutschland historisch bewährt hätten. Allenfalls waren Verbände wie der BDI und der DIHT bereit, eine Mißbrauchsregelung hinzunehmen, wie sie in der Zwischenkriegszeit gegolten hatte. Die Auseinandersetzungen in dieser Frage zogen sich über viele Jahre hin.[24]

Die Regelung, die schließlich getroffen wurde, das Gesetz gegen Wettbewerbsbeschränkungen (Kartellgesetz) von 1957, war ein Kompromiß zwischen dem Bundeswirtschaftsministerium und der Mehrheit der Unternehmer. Das Gesetz regelt das Recht der Kartelle (horizontale Wettbewerbsbeschränkungen), das Recht der Preisbindungen (vertikale Wettbewerbsbeschränkungen) und das Recht der marktbeherrschenden Unternehmen. Das »Grundgesetz der sozialen Marktwirtschaft«, wie man es in klarer Überschätzung seiner Bedeutung genannt hat, soll den Wettbewerb so ordnen, daß seine Sozialverträglichkeit gesichert ist. § 1, Abs. 1 spricht ein generelles Kartellverbot aus, doch werden zahlreiche Ausnahmen gemacht, z. B. bei Konditionen-, Rabatt-, Struktur-, Rationalisierungs-, Export- und Importkartellen.

Über die Einhaltung der Bestimmungen des Kartellgesetzes wacht das Bundeskartellamt. Der Schwerpunkt seiner Tätigkeit liegt nicht bei der eigentlichen Kartellaufsicht, sondern bei der Verhinderung von Wettbewerbsbeschränkungen durch tatsächliche Marktmacht (§ 22). Die einschlägigen Bestimmungen wurden 1966 und 1973 zweimal verschärft, dennoch ist die Lage weiter unbefriedigend, weil Marktbeherrschung schwer nachweisbar ist. Sie wird u. a. vermutet, wenn ein Unternehmen einen Marktanteil von mehr als einem Drittel hat und gleichzeitig einen Umsatz von mehr als 250 Millionen DM erreicht. Fusionen von Unternehmen müssen nach dem Kartellgesetz dem Bundeskartellamt angezeigt werden, wenn durch sie mehr als 20% Marktanteil erzielt werden.

Das Gesetz gegen Wettbewerbsbeschränkungen hat nicht verhindert, daß die Konzentration der bundesdeutschen Wirtschaft vor allem seit den sechziger Jahren stark zugenommen hat. Der Umsatzanteil der 50 größten Industrieunternehmen am Gesamtumsatz der Industrie, der 1954 erst 25,4% betragen hatte, stieg bis 1967 auf 42,2%.[25] Seither hat sich diese Tendenz noch fortgesetzt. Eine besonders hohe Konzentration besteht heute in der Luftfahrtindustrie, in der Atomwirtschaft, in der Büromaschinenherstellung und Datenverarbeitung, im Bergbau, in der Mineralölverarbeitung und in der Tabakverarbeitung. In der Wirtschaft der Bundesrepublik ist die ganze Breite der Marktformenspielarten anzutreffen von der atomistischen Konkurrenz bis zu den Oligopolen weniger Unternehmen. 1949 gab es noch 900 000 selbständige Gewerbebetriebe, 1970 nur noch 600 000, während gleichzeitig die Zahl der Beschäftigten pro Betrieb stark zunahm. Die Konzentration erfaßte alle Bereiche, auch den der kleinen Einzelhandels- und Dienstleistungsunternehmen.

Eine Anzahl bedeutender Wirtschaftsbereiche ist vom Verbot der Wettbewerbsbeschränkungen ausgenommen. Vor allem gilt das für diejenigen Sektoren, in denen Betriebe der öffentlichen Hand dominieren oder Monopole beanspruchen wie Bahn, Post, Energieversorgung, Luftfahrt. Reglementiert und subventioniert ist der Agrarmarkt, im Bergbau besteht seit 1968 mit der Ruhrkohle AG ein Syndikat, das den Absatzpreis festsetzt, und für Handwerk und Einzelhandel sind 1953 bzw. 1957/58 Einschränkungen der Gewerbefreiheit aus mittelstandspolitischen Erwägungen erfolgt. Die besondere Förderung der Landwirtschaft nach dem Landwirtschaftsgesetz von 1955 soll die wirtschaftliche und soziale Lage der Landwirte an die vergleichbarer Berufsgruppen angleichen. Strukturförderungsmaßnahmen, Kreditverbilligungen, Einkaufbeihilfen und steuerliche Vergünstigungen sind die wichtigsten Mittel zur Erreichung dieses Ziels.

Eine Vielzahl staatlicher Eingriffe in die marktwirtschaftlichen Mechanismen dient den Zwecken der Landesplanung, Regionalförderung und Infrastrukturpolitik. Das Raumordnungsgesetz von 1965 sieht vor, daß Maßnahmen der Landesplanung übermäßigen wirtschaftlichen Verdichtungen in Ballungsgebieten entgegenwirken sollen. Die Berlin- und die Zonenrandförderung sind bestimmt, politisch-geographische Benachteiligungen auszugleichen. Die wachsende Bedeutung von Regionalplanung und Regionalwirtschaftspolitik zeigt eine verbreitete Unzufriedenheit mit den raumwirtschaftlichen Ergebnissen einer ungeregelten Marktwirtschaft. Insofern geht die Kritik, die Wettbewerbsordnung der Bundesrepublik baue auf der Annahme der Möglichkeit vollständiger Konkurrenz auf, an der Realität vorbei.

Seit Ende der sechziger Jahre gibt es eine verschärfte weltanschauliche Kontroverse um die Wirtschaftsordnung der Bundesrepublik, die von unterschiedlichen Interpretationen der wirtschaftsbezogenen Grundrechte im GG ausgeht und in der sich eher marktwirtschaftliche und eher gemeinwirtschaftliche bis sozialistische Positionen gegenüberstehen.[26] Dabei lauten die Haupteinwände gegen die real praktizierte Form der sozialen Marktwirtschaft, sie fördere zum einen ein egoistisches Erwerbs- und Konsumverhalten und vernachlässige die Kollektivbedürfnisse; sie begünstige zum anderen eine hochgradige Vermögenskonzentration und eine entsprechende Konzentration wirtschaftlicher Macht. Indessen erscheint das hier geltend gemachte soziale Defizit nicht als notwendige Konsequenz einer liberalen, aber durch staatliche Kontrollen verträglicher gestalteten Politik, sondern könnte durchaus im Rahmen einer solchen Wirtschaftsordnung vermieden oder abgemildert werden. Umgekehrt überzeugt aber auch eine konservative Kritik nicht, die eine behauptete staatsinterventionistische Fehlentwicklung der sozialen Marktwirtschaft in den siebziger Jahren – unter der sozialliberalen Koalition – für die mangelnde Dynamik des wirtschaftlichen Wachstums in der Gegenwart verantwortlich macht. Der Anstieg der Staatsquote und die damit verbundene höhere Belastung der Wirtschaftssubjekte durch Steuern und Abgaben reichen jedenfalls nicht aus, um das schwächere Wachstum zu erklären, und der Vergleich der Gegenwart mit den Jahren des Wirtschaftswunders müßte eine Vielzahl nicht nur politisch und wirtschaftstheoretisch definierter, sondern im echten Sinne historischer Parameter berücksichtigen, um überzeugende Schlüsse zu erlauben.

Der wirtschaftliche Aufstieg der Bundesrepublik darf keinesfalls als das ausschließliche Verdienst einer konsequent liberalen Ordnungspolitik angesehen werden, denn eine solche konsequente Linie hat es in Wirklichkeit nicht gegeben.[27] Die eigentlichen Ursachen des Wirtschaftswunders waren der durch einen erstaunlich hohen Bestand an ökonomischen Ressourcen und einen Überfluß an »human capital« ermöglichte Rekonstruktionseffekt, der die deutsche Wirtschaft auf die Höhe ihres säkularen Wachstumspfades zurückführte, sowie überaus günstige weltpolitische und weltwirtschaftliche Rahmenbedingungen. Es war gerade nicht die starr-altliberale Komponente im Konzept der sozialen Marktwirtschaft, die es erlaubte, solche Chancen in vollem Umfang zu nutzen, sondern seine Flexibilität und seine Offenheit für eine Synthese mit Elementen eines durchaus nicht immer behutsamen Staatsinterventionismus bis hin zur Globalsteuerung Schillers.

Erst diese Flexibilität ermöglichte es der Wirtschaft der Bundesrepublik, die Klippen einer seit den siebziger Jahren wechselhafteren Konjunktur alles in allem erfolgreich zu umschiffen. Die Idee einer vor allem liberal verstandenen sozialen Marktwirtschaft beansprucht noch immer programmatische Geltung in der Bundesrepublik; die praktische Wirtschaftspolitik geht aber längst andere, verschlungenere Wege.[28]

## 4. Weltmarkt und Europa-Markt

Die besondere Bedeutung des Exports für die außergewöhnlich positive wirtschaftliche Entwicklung der Bundesrepublik wurde bereits an früherer Stelle betont. Die Exportquote, der Anteil der Ausfuhren am Nettosozialprodukt, lag schon 1950 mit 9,3% weit höher als in den dreißiger Jahren und erreichte 1960 mit 17,2% ziemlich genau den höchsten Wert der Zeit vor dem Ersten Weltkrieg. 1970 stieg dann die Exportquote auf 23,8 und bis 1980 sogar auf 26,7%, den höchsten Wert aller führenden Handelsnationen der Welt.[29] Seit 1986 schließlich hat die Bundesrepublik auch in absoluten Zahlen die Spitzenstellung aller Exportnationen (vor den USA) inne.

Nach 1945 kam eine Fortsetzung der Autarkiepolitik der NS-Zeit nicht nur wegen des radikalen ideologischen Klimawechsels nicht mehr in Betracht, sondern sie verbot sich auch aus volkswirtschaftlichen Gründen, weil Deutschland mit den östlichen Reichsgebieten seine wichtigsten Agrarregionen verloren hatte. Nahrungsmittel mußten nun in weit größeren Mengen importiert werden, und mit entsprechenden Exporten mußten die Devisen zur Bezahlung dieser Importe verdient werden.

So umstritten die binnenwirtschaftlichen Auswirkungen der Marshall-Plan-Hilfe in der Bundesrepublik waren, so sicher scheint es, daß sie die Wiederherstellung der zwischenstaatlichen Wirtschaftsbeziehungen in Westeuropa begünstigte und die Rückkehr Westdeutschlands in das System des internationalen Handels erleichterte. Dabei wurde eine grundsätzlich liberale handelspolitische Entwicklung seit 1949 durch die Entscheidungen der »Organisation für Europäische Wirtschaftliche Zusammenarbeit« (OEEC) gesichert, die die Maßnahmen im Rahmen des Marshall-Plans koordinieren sollte. Bis Ende 1949 hatten die Mitgliedsstaaten die mengenmäßige Beschränkung für 50% ihrer Importe aufzuheben. Im Zusammenhang mit der Gründung der »Europäischen Zahlungsunion« (EZU) wurde diese Quote bis Februar 1951 auf 75% angehoben. Auch die Bundesrepublik als (zunächst nichtsouveränes) Mitglied der OEEC befolgte diese Beschlüsse.

Überhaupt gestaltete die Bundesrepublik in den Jahren 1950/51 ihren Zolltarif relativ liberal, wobei amerikanischer Druck eine gewisse Bedeutung gehabt haben dürfte. Seit der Havanna-Charta von 1945 hatten sich die USA als wichtigster Vorkämpfer einer Liberalisierung des Welthandels hervorgetan. Mit der Unterzeichnung des GATT (»General Agreement on Tariffs und Trade«) in Genf 1947, dessen Mitglieder sich zur Gewährung der Meistbegünstigung in den gegenseitigen Handelsbeziehungen und zu einer möglichst weitgehenden Liberalisierung des Güteraustausches durch Zollsenkung und die Aufhebung von Einfuhrbeschränkungen verpflichteten, schlug diese Entwicklung eine neue Phase ein. Die Bundesrepublik trat im Oktober 1951 dem GATT bei und erlangte gleichzeitig die volle handelspolitische Souveränität. Dem GATT gehörten zu diesem Zeitpunkt 34 Nationen an, auf die der weit überwiegende Teil des Welthandels entfiel.

Die deutsche Außenhandelsbilanz war damals noch stark passiv. Die Bundesrepublik mußte 1950/51 die ihr im Rahmen der EZU zustehende Überziehungsquote von 320 Millionen Dollar voll in Anspruch nehmen. Nach dem GATT-Beitritt mußte sie die hiermit verbundene Liberalisierung der Importe teilweise – gegen die Proteste des Auslandes – zurücknehmen. Die Ursache der Zahlungsbilanzkrise war die Rohstoffverteuerung aufgrund des Korea-Krieges. Erst mit zeitlicher Verzögerung konnte durch Exportsteigerung ein Ausgleich erzielt werden. Seit 1952 wurden Zahlungsbilanzüberschüsse verzeichnet, die es der Bundesrepublik erlaubten, die Liberalisierung des Außenhandels fortzusetzen. Gegenüber den OEEC-Staaten wurden bis 1956 alle Kontingentierungen aufgehoben. Die Gold- und Devisenvorräte der Bundesbank erreichten 1955 13 und 1960 33 Milliarden DM. Seit 1958 war die deutsche Währung voll konvertierbar.

Die Grundlagen der internationalen Währungsordnung der Nachkriegszeit waren auf der Konferenz von Bretton Woods (USA) im Juli 1944 gelegt worden. Das System von Bretton Woods mit dem amerikanischen Dollar als Leitwährung sah feste Währungs- und Goldparitäten vor, erlaubte aber auch eine Inanspruchnahme von »Ziehungsrechten« bei einem Zahlungsbilanzungleichgewicht und sogar Wechselkursanpassungen und Aufhebung der Konvertierbarkeit. Die Funktion des Goldes in diesem Gold-Devisen-Standard blieb umstritten; obwohl Goldbewegungen beim Ausgleich der Zahlungsbilanzen eine Rolle spielten, wurde der Goldautomatismus der Zeit vor dem Ersten Weltkrieg nicht wiederhergestellt. Neue Institution für die Regelung des internationalen Zahlungsverkehrs war der 1946 gegründete »Internationale Währungsfonds« (IWF), der eng mit der schon seit 1930 bestehenden »Bank für Internationalen Zahlungsausgleich« (BIZ) in Basel zusammenarbeitete. Der IWF mit seinen über 110 Mitgliedsstaaten vermochte lange Zeit seine Ziele einer Zusammenarbeit in der internationalen Währungspolitik, der Aufrechterhaltung geordneter Währungsbeziehungen zwischen den Mitgliedern und der Errichtung eines multilateralen Zahlungssystems zur Förderung des Welthandels zu verwirklichen. In den sechziger Jahren geriet das System jedoch in Schwierigkeiten und funktionierte spätestens seit der Aufhebung der Gold-Dollar-Konvertibilität (1971) nicht mehr.

Die Bundesrepublik trat dem IWF 1952 bei und spielte aufgrund ihres wachsenden Außenhandels und der Stabilität ihrer Währung bald eine bedeutende Rolle. Nach der Ablösung der Devisenbewirtschaftung durch das Außenwirtschaftsgesetz von 1961 herrschte eine fast völlige Freiheit der Warenein- und -ausfuhr. Die Liberalisierung der Außenwirtschaft war eine logische Konsequenz der marktwirtschaftlichen Gestaltung der Binnenwirtschaftsordnung und hat umgekehrt dazu beigetragen, diese international offen zu halten.

Die Bundesrepublik hat in den fünfziger Jahren in zunehmendem Maße Souveränitätsrechte an supranationale Organisationen abgetreten. Dabei war die wirtschaftliche Integration Westeuropas das vorrangige Ziel.[30] Der erste bedeutende Schritt in diese Richtung war die Gründung der »Europäischen Gemeinschaft für Kohle und Stahl« (EGKS/Montanunion) im April 1951. Die Montanunion ging auf einen Vorschlag des französischen Außenministers Schuman vom Mai 1950 zurück, die Kohle- und Stahlindustrie Westeuropas in einem gemeinsamen Markt zusammenzufassen (Schuman-Plan). Frankreich hoffte, auf diese Weise den raschen Wiederaufstieg des Ruhrgebiets zum führenden europäischen Montanrevier unter Kontrolle halten zu können. Die Schuman-

Plan-Verhandlungen in Paris dauerten während des ganzen Jahres 1950 an und wurden von den USA mit einem gewissen Argwohn verfolgt, weil man in Washington eine protektionistische Abschließung Westeuropas befürchtete. Tatsächlich war es das Ziel der schließlich gegründeten Montanunion, im Wirtschaftsraum ihrer sechs Mitgliedsstaaten binnenmarktähnliche Verhältnisse für Kohle und Stahl zu schaffen. Den Mitgliedern waren die Erhebung von Zöllen sowie diskriminierende Praktiken, Subventionierungen und Marktaufteilungen verboten. Dennoch war die Haltung des Montanunionsvertrages in der Kartellfrage nicht eindeutig. Zwar sprach Artikel 65 ein generelles Verbot von wettbewerbsbeschränkenden Vereinbarungen aus, doch konnte das oberste Organ der EGKS, die Hohe Behörde, Kartelle in Ausnahmefällen genehmigen.

Für die Binnenwirtschaftsordnung der Bundesrepublik war der EGKS-Beitritt insofern wichtig, als gleichzeitig noch bestehende alliierte Beschränkungen des Montanmarktes aufgehoben wurden. Eine Internationale Ruhrbehörde, die Ende 1948 als Aufsichts- und Kontrollinstanz von den USA, Großbritannien, Frankreich und den Benelux-Staaten gebildet worden war (Ruhrstatut), wurde im September 1952 aufgelöst. Die Auseinandersetzungen um die Wettbewerbsordnung verlagerten sich nach der Gründung der Montanunion zunehmend von der europäischen auf die national-bundesrepublikanische Bühne.[31]

In allgemeinerer Weise als der Montanunionsvertrag haben die »Römischen Verträge« vom 25. März 1957 die wirtschaftliche Zusammenführung der westeuropäischen Länder vorangetrieben. Die durch diese Verträge begründete »Europäische Wirtschaftsgemeinschaft« (EWG) hatte dieselben sechs Gründungsmitglieder wie die EGKS und wurde 1973 durch den Beitritt Großbritanniens, Irlands, Dänemarks und Norwegens sowie 1981 durch denjenigen Griechenlands und 1985 denjenigen Spaniens und Portugals erweitert. Ziel der EWG war die allmähliche Integration der nationalen Binnenwirtschaften zu einem Wirtschaftsgebiet mit einheitlicher Ordnung. Das bedeutete praktisch, daß die Regeln der Weltwirtschaft in den Beziehungen zwischen den Mitgliedern aufgehoben und durch Sonderregeln einer überstaatlichen Wirtschaftsordnung ersetzt wurden.

Die Bundesrepublik war Gründungsmitglied der EWG und nahm aufgrund ihrer industriellen Stärke bald eine führende Stellung innerhalb der Gemeinschaft ein. Die Folgen der europäischen Wirtschaftsintegration für die binnenwirtschaftliche Entwicklung in der Bundesrepublik sind schwierig zu beurteilen, doch spricht die enorme Ausweitung des Handels mit den übrigen Mitgliedern für insgesamt positive Auswirkungen des vergrößerten Marktes. Waren zunächst nur 27% der deutschen Exporte in EWG-Länder gegangen, stieg diese Quote bis 1971 (vor der Ausweitung der EWG) auf über 40%. Nach dem Zusammenbruch des Währungssystems von Bretton Woods 1973 haben die Mitglieder der EWG versucht, wenigstens innerhalb ihrer Zone ein gewisses Maß an Währungsstabilität zu sichern. Das zu diesem Zweck konstruierte »Europäische Währungssystem« läßt die Kurse der nationalen Währungen innerhalb bestimmter »Bandbreiten« um die künstliche Durchschnittswährung des *Ecu* schwanken, hat aber gelegentliche Neufestsetzungen der Paritäten nicht verhindern können, wobei die Deutsche Mark als »starke« Währung regelmäßig auf- und »schwache« Währungen wie der französische Franc und die italienische Lira abgewertet wurden.

Die Organe der EWG und der EGKS sind seit 1967 im »Rat der Europäischen Gemeinschaft« (EG) miteinander verschmolzen. Von den Zielen der EWG wurden neben der Expansion des Handels vor allem die Herstellung der Freizügigkeit innerhalb des gemeinsamen Wirtschaftsraumes, der fast völlige Abbau der Binnenzölle und die Errichtung eines gemeinsamen Außenzolles sowie eine grundsätzliche Freiheit des Kapitalverkehrs erreicht. Eine weitergehende Angleichung und schließliche Verschmelzung der nationalen Wirtschaftssysteme erscheint aber zunehmend problematisch, zumal seit dem Einsetzen wirtschaftlicher Stagnationstendenzen die Harmonisierung der wirtschaftspolitischen Ziele der nationalen Regierungen schwieriger geworden ist.

Zum zentralen, alle anderen Schwierigkeiten überschattenden Problem der EG ist aber die europäische Agrarmarktordnung geworden. Der EWG-Vertrag sah von Anfang an eine gemeinsame Agrarpolitik der Mitgliedsstaaten vor mit den Zielen einer Steigerung der Produktivität, der Sicherung einer angemessenen Lebenshaltung der Landwirte, einer Stabilisierung der Märkte und schließlich der Sicherung und Versorgung mit Agrarprodukten zu angemessenen Preisen. Tatsächlich bildete sich zwischen 1962 und 1972 auf der Grundlage zahlreicher Verordnungen des Ministerrats der EG ein gemeinsamer Agrarmarkt für Getreide, Fleisch,

Eier, Geflügel, Obst, Gemüse, Wein, Milchprodukte, Reis, Zukker, Tabak und andere Produkte heraus, deren Preise durch Stützungsmaßnahmen auf einem Niveau gehalten werden, das teilweise weit über den Weltmarktpreisen für diese Erzeugnisse liegt. Die Folge dieser Politik ist eine kaum noch zu kontrollierende Übererzeugung.

In der Agrarmarktordnung der EG werden im Handel mit Nichtmitgliedern zollähnliche »Abschöpfungen« erhoben, die der Differenz zwischen dem jeweiligen EG-Richtpreis und dem niedrigsten feststellbaren Weltmarktpreis entsprechen. Weiterhin besteht innerhalb der EG ein Interventionssystem, d.h. ein nennenswertes Absinken der Agrarpreise unter die Richtpreise wird durch Stützungskäufe staatlicher Interventionsstellen verhindert. Schließlich erhalten bei einer Änderung der Paritäten zwischen den EG-Währungen die Landwirte in Ländern mit aufgewerteter Währung einen »Währungsausgleich«, um innerhalb des gemeinsamen Agrarmarktes konkurrenzfähig bleiben zu können. Besonders seit der Mitte der siebziger Jahre steht die Agrarpolitik der EG im Zeichen einer sich verschärfenden Krise. Die hoch subventionierte Übererzeugung erscheint kaum noch finanzierbar, und die agrarpolitischen Interessengegensätze führen immer wieder zu Konflikten sowohl zwischen den Mitgliedsstaaten wie auch zwischen diesen und Agrarexporteuren außerhalb der EG, insbesondere den USA.

Insgesamt sind die erzielten Fortschritte bei der wirtschaftlichen Integration Westeuropas hinter den ursprünglichen Erwartungen zurückgeblieben; besonders gilt das für die Angleichung der wirtschaftspolitischen Zielsetzungen der Mitgliedsstaaten der EG. Eine solche Harmonisierung war für die Haushalts-, Steuer- und Beschäftigungspolitik angestrebt worden, blieb aber bisher in Ansätzen stecken. Man könnte vermuten, daß Unterschiede der nationalen Wirtschaftsideologien zu dieser unbefriedigenden Entwicklung beigetragen haben. In der Tat kontrastiert die liberale Grundausrichtung im Konzept der sozialen Marktwirtschaft mit dem mehr staatsinterventionistischen Kurs Großbritanniens, Frankreichs und Italiens. In der Praxis scheinen jedoch solche ordnungspolitischen Unterschiede keine so bedeutende Rolle gespielt zu haben.

Bisher hat das große außenwirtschaftliche Engagement der Bundesrepublik zweifellos Wirtschaftswachstum und Wohlstandsmehrung begünstigt, prinzipiell verbinden sich jedoch mit einem hohen Anteil der Außenwirtschaft an der Wirtschaftsleistung Vorwie Nachteile. Die hohe Exportquote hat zumeist stabilisierend, aber gelegentlich auch destabilisierend gewirkt, wenn in Abschwungphasen die internationale Konjunkturentwicklung synchron verlief. Zudem wurde durch die außenwirtschaftlichen Beziehungen zeitweilig Inflation importiert. In einer Reihe von industriewirtschaftlichen Bereichen ist die Exportabhängigkeit der deutschen Produzenten extrem hoch. In der Eisen- und Stahlverarbeitung und im Maschinen- und Fahrzeugbau betrug sie Ende der siebziger Jahre fast 50%. Gegenwärtig ist jeder fünfte Arbeitsplatz in der Bundesrepublik vom Export abhängig.[32]

Die chronischen Überschüsse der Handels- und der Zahlungsbilanz waren eine Hauptursache der mehrfachen Aufwertungen der Deutschen Mark gegenüber den Währungen von Partnerländern bzw. von anhaltenden Wertsteigerungen bei freien Wechselkursen. Ob diese monetären Ausgleichsmechanismen ausreichen werden, um auch in Zukunft die liberale Grundstruktur der internationalen Wirtschaftsordnung zu gewährleisten, ist angesichts der Zunahme protektionistischer Tendenzen in jüngster Zeit nicht sicher abzuschätzen.

## 5. Arbeits- und Sozialordnung

Die Notsituation der unmittelbaren Nachkriegszeit bedeutete eine nachhaltige Erschütterung nicht nur der überkommenen Wirtschaftsordnung, sondern auch eine Infragestellung des wirtschaftsbezogenen Rechts bis hin zu den Grundsätzen des Eigentumsrechts. Von dem Kölner Kardinal Frings wird aus der Silvesteransprache 1946 der Satz überliefert, man könne es dem notleidenden Menschen nicht verwehren, sich das Dringendste zur Erhaltung von Leben und Gesundheit zu nehmen, wenn er es durch Arbeit oder Bitten nicht erhalten könne.[33] Behörden und sonstige öffentliche und private Träger der Sozialpolitik und der Fürsorge waren zu wirksamen Maßnahmen sozialer Unterstützung lange Zeit nicht in der Lage.

Auch während der folgenden Jahre blieben Fragen der Sozialordnung gegenüber solchen des wirtschaftlichen Wiederaufbaus von zweitrangigem Interesse. Da alle von der Katastrophe betroffen schienen, entstand die Illusion einer weitgehend egalitären Gesellschaft mit annähernd gleicher Ausstattung mit Wirtschaftsgütern und annähernd gleichen Chancen. Auch die äußeren Umstände der Währungsreform bestätigten diese Illusion. Der Klassencharakter der deutschen Gesellschaft schien aufgehoben oder zumindest stark abgemildert. Das Wirtschaftswunder der fünfziger Jahre und die breite Beteiligung an den Segnungen des Massenkonsums drängten nochmals die Probleme einer ungleichen Einkommens- und Vermögensverteilung in den Hintergrund. Erst mit dem Einsetzen konjunktureller Rückschläge seit Mitte der sechziger Jahre kam es zu harten Verteilungskämpfen und einer Abnahme der wirtschaftsfriedlichen Gesinnung der Gewerkschaften.

Eine wichtige sozialpolitische Konsequenz aus der Vernichtung wirtschaftlicher Werte durch Krieg und Vertreibung und der unterschiedlichen Belastung der Bevölkerung durch diese Schäden war der Lastenausgleich. Das Lastenausgleichsgesetz von 1952 sah eine Hypothekengewinnabgabe (im Zusammenhang mit der Währungsreform) und eine 50%ige Vermögensabgabe vor, die ebenfalls für den Zeitpunkt der Währungsreform – also Sommer 1948 – berechnet wurde. Es gab aber zahlreiche Ausnahmeregelungen, und bei Grundvermögen wurden die niedrigen Einheitswerte in Anschlag gebracht. Zudem konnten die Abgaben in Annuitäten aufgeteilt und über 25 Jahre bis 1979 gestreckt werden. So handelte es sich praktisch um eine Steuer auf Vermögenserträge, die bald nur noch eine geringe Höhe hatte. Immerhin wurden jedoch etwa 100 Milliarden DM auf diese Weise aufgebracht.

In der sozialpolitischen Auseinandersetzung zwischen Unternehmerverbänden und Gewerkschaften wurden schon bald nach Kriegsende die Themen der Weimarer Zeit wiederaufgenommen. Die Beseitigung der NS-Reglementierungen durch die Alliierten schien die Gestaltung der künftigen Arbeits- und Sozialordnung anfangs ebenso wie die der Wirtschaftsordnung zu einer völlig »offenen« Frage zu machen. In einigen Fällen – etwa bei der Regelung des Betriebsrätewesens (1946) – knüpften Kontrollratsgesetze direkt an die Weimarer Verhältnisse an.

Die sozialpolitischen Fronten wurden deutlicher erkennbar, als sich nach der Gründung der Bundesrepublik Arbeitgeber wie Arbeitnehmer in Zentralverbänden organisierten. Auf dem Münchener Gründungskongreß des »Deutschen Gewerkschaftsbundes« (DGB) im Oktober 1949 wurde ein Grundsatzprogramm verabschiedet, das die Forderung nach Mitbestimmung der organisierten Arbeiterschaft in allen wirtschaftlichen und sozialen Fragen der Unternehmensführung, aber auch bei der Gestaltung der Wirtschaftspolitik forderte; zudem – wie bereits erwähnt – eine weitgehende Verstaatlichung der Schlüsselindustrien, der Energiewirtschaft und des Kreditwesens. Im April 1950 machten die Gewerkschaften »Vorschläge zur Neuordnung der deutschen Wirtschaft« mit paritätischer Mitbestimmung der Arbeitnehmer auf betrieblicher und überbetrieblicher Ebene. Die Unternehmer wandten sich sogleich scharf gegen dieses Programm, das ihnen als eine Wiederbelebung der Idee einer »Wirtschaftsdemokratie« aus der Spätphase der Weimarer Republik erschien, wie sie einst Kautsky und Naphtali vorgetragen hatten.[34]

Ein Jahr später, im April 1951, kam ein Gesetz über die Mitbestimmung im Montanbereich zustande, das bis heute die den Vorstellungen der Gewerkschaften am weitesten entgegenkommende Regelung der Materie darstellt. Es galt für alle Bergwerksunternehmen sowie Unternehmen der eisen- und stahlerzeugenden Industrie in der Rechtsform der AG, GmbH oder einer bergrechtlichen Gesellschaft mit mehr als 1000 Beschäftigten. In den Vorstand solcher Gesellschaften trat als gleichberechtigtes Mitglied ein »Arbeitsdirektor« ein, der nicht gegen den Willen der Arbeitnehmervertreter im Aufsichtsrat bestellt oder entlassen werden konnte. Der Aufsichtsrat setzte sich aus einer jeweils gleichen Zahl von Vertretern der Kapitaleigner und der Arbeitnehmer zusammen. Auf ein weiteres »neutrales« Mitglied hatten sich beide Seiten zu einigen. Geschah das nicht, bestimmte die Hauptversammlung – also letztlich doch die Gesamtheit der Kapitaleigner – dieses Mitglied. In der Praxis der Montanmitbestimmung ist dieser Konfliktfall bisher noch nicht eingetreten.[35]

Das Betriebsverfassungsgesetz (BetrVG) vom Oktober 1952 wurde gegen die Stimmen von SPD und KPD angenommen, die es als einen Rückschritt gegenüber der Montanmitbestimmung ablehnten. Es knüpfte im wesentlichen an das Gesetz von 1920 an und beschränkte die Zuständigkeit der Betriebsräte auf personal- und sozialpolitische Angelegenheiten. In wirtschaftlichen Fragen wurde nur eine Unterrichtungspflicht festgelegt. Betriebsräte waren in allen Unternehmen mit mindestens fünf Arbeitnehmern zu wählen. Das Gesetz statuierte eine Pflicht der Betriebsräte zur Zusammenarbeit mit den Gewerkschaften und eröffnete diesen den Zutritt zum Betrieb. Damit ging es weiter als vergleichbare Regelungen in anderen Staaten.[36] Das gilt auch für die Regelung des BetrVG, daß die Arbeitnehmer in den Aufsichtsräten mittlerer und großer Unternehmen mit einem Drittel der Sitze repräsentiert zu sein haben.

Das Mitbestimmungsgesetz von 1976 weitete die Unternehmensmitbestimmung nochmals erheblich aus. Es erfaßte etwa 650 große Unternehmen (außerhalb des Montanbereichs) mit eigener Rechtspersönlichkeit. In diesen Unternehmen mit in der Regel mehr als 2000 Beschäftigten galt die Vorschrift einer formal paritätischen Zusammensetzung des Aufsichtsrats. Der Aufsichtsratsvorsitzende, dessen Stimme bei Patt-Situationen den Ausschlag gibt, wird aus dem Aufsichtsrat mehrheitlich gewählt, wobei bei fehlender Einigung die Vertreter der Anteilseigner entscheiden. Gegen die Regelung legten die Arbeitgeberverbände Verfassungsbeschwerde ein, die 1979 zurückgewiesen wurde. Das Urteil des Bundesverfassungsgerichts hierzu läßt jedoch auch erkennen, daß an eine durchgreifende Erweiterung der Mitbestimmung nach dem BetrVG ebensowenig zu denken ist.

Die Versuche der Gewerkschaften, eine Ausdehnung der Regelung der Montanmitbestimmung auf andere Bereiche der Wirtschaft zu erreichen, fallen im wesentlichen in die sechziger und die frühen siebziger Jahre. Das Godesberger Programm der SPD (1959) enthielt hierzu noch keine klare Aussage, die Forderung des Grundsatzprogramms des DGB von 1963 nach paritätischer Mitbestimmung in allen Großunternehmen löste jedoch eine harte Reaktion der Unternehmer gegen die Versuche einer »kalten Sozialisierung« aus, die in einer scharfen Kampfansage an die sozialliberale Koalition gipfelten. Deren hoher Wahlsieg von 1972 beendete dann die Phase eines militanten Unternehmer-Widerstandes gegen die Neufassung des BetrVG. Berghahns These, die Mitbestimmungsregelungen seien nicht als Ergebnis eines »trilateralen Korporatismus«, sondern eines Zusammenspiels von Staat und Wirtschaft unter weitgehendem Ausschluß der Gewerkschaften zu verstehen, bezieht sich nur auf die Frühzeit der Bundesrepublik, nicht aber auf die sechziger Jahre, in denen die Gewerkschaften in der Auseinandersetzung um einen für sie zentralen Teil der Wirtschaftsordnung durchaus Positionsverbesserungen zu erzielen vermochten.[37]

Schon in den fünfziger Jahren war in der Führung der Gewerkschaften ein Generationswechsel eingetreten. Damit scheint es zusammenzuhängen, daß die radikalen Forderungen nach Sozialisierung oder genereller Mitbestimmung zurückgenommen wurden und man statt dessen über die Lohnpolitik und Maßnahmen der Vermögensumverteilung eine möglichst große Teilhabe am wachsenden Wohlstand anstrebte. Erhards Politik staatlicher Vermögensbildungsmaßnahmen trug diesem Tendenzwechsel Rechnung, obwohl seine Vision einer nicht mehr klassenantagonistischen, »formierten« Gesellschaft gerade in der Situation des zu Ende gehenden Wirtschaftswunders die deutsche Wirklichkeit gründlich verfehlte.

Im Hinblick auf die kollektive Ordnung des Tarifvertragswesens stellte das Tarifvertragsgesetz von 1949 die Weimarer Verhältnisse im wesentlichen wieder her. Maßgebliche Institutionen für die Regelung sind hiernach Gewerkschaften und Arbeitgebervereinigungen. Die kollektiv ausgehandelten Tarife dürfen in Einzelabschlüssen nicht unterschritten werden. Anders als in Weimar gibt es in der Bundesrepublik keine staatliche Schlichtung bei Tarifstreitigkeiten, ja, überhaupt keine Zwangsschlichtung oder auch nur die Pflicht, sich einem Schiedsspruch zu unterwerfen.

Der Abstinenz des Staates in Fragen der Tarifgestaltung steht eine durchaus aktive Arbeitsmarktpolitik gegenüber, deren Träger die »Bundesanstalt für Arbeit« und das »Bundesministerium für Arbeit und Sozialordnung« sind. Ziele dieser Politik sind Vollbeschäftigung (heute praktisch preisgegeben), Arbeitsvermittlung, Qualifikationsverbesserung und Arbeitslosenunterstützung. Die Rechtsgrundlage für Maßnahmen der Arbeitsmarktpolitik liefert das Arbeitsförderungsgesetz von 1969. Dieses Gesetz regelt die Arbeitslosenversicherung in der Weise, daß es eine Versicherungspflicht für alle Arbeiter und Angestellten ohne Rücksicht auf die Höhe ihres Einkommens statuiert. Höhe und Dauer der Unterstützung variieren je nach Soziallage, vorherigem Einkommen sowie Beschäftigungs- und Beitragsdauer. Die Finanzierung erfolgt zu gleichen Teilen durch Beiträge der Arbeitgeber und Arbeitnehmer. Nach dem Ende der Unterstützungsfrist wird eine geringer bemessene Arbeitslosenhilfe gezahlt. Bei Arbeitnehmern mit einem Kind betragen die Sätze der beiden Unterstützungsformen 68 bzw. 58% des letzten Einkommens.

Auf andere Bereiche des gegenwärtigen Systems der sozialen Sicherung kann hier nicht in Einzelheiten eingegangen werden, obwohl auch sie in der Regel der Gesamtthematik »Wirtschaftsordnung« zuzurechnen sind. Generell ist festzuhalten, daß die historischen Errungenschaften der deutschen Sozialpolitik und speziell der Sozialversicherung weiter ausgebaut wurden. Das gilt vor allem für die Rentenversicherung, die durch die Neuregelungen von 1957 »dynamisiert«, d.h. in ihren Leistungen an die Lohn- und Gehaltsentwicklung angepaßt wurde.

Im Erhardschen Konzept der sozialen Marktwirtschaft, das durch ein auffälliges Überwiegen der liberal-marktwirtschaftlichen Komponente gekennzeichnet war, erfuhr das Sozialpostulat eine charakteristische »volkskapitalistische« Wendung. Ein möglichst großer Teil der Bevölkerung sollte über die bestehenden Vermögen an langlebigen Konsumgütern und Versicherungsansprüchen hinaus auch Immobilien- und Produktivvermögen erwerben. Das Wohnungsbauprämiengesetz (1952) und das Sparprämiengesetz (1959) wiesen in diese Richtung. Die steuerliche Förderung des Eigenheimbaues konnte vor allem von Beziehern höherer Einkommen genutzt werden. Das »Gesetz zur Förderung der Vermögensbildung« für Arbeitnehmer erlaubte eine steuerbegünstigte Anlage von Beträgen bis zu 312 DM (1961) bzw. 624 DM (1970) und schließlich 936 DM (1983). Weniger erfolgreich war die Privatisierung von öffentlichem Vermögen durch die Ausgabe von »Volksaktien« (VW, Preussag, Veba), deren Umverteilungseffekt gering war.

Die Statistiken zeigen, daß das Produktivvermögen in relativ wenigen Händen konzentriert blieb. 1960 wie 1973 hielten weniger als 2% der Haushalte mehr als 50% des Produktivvermögens. Obwohl Erhards Motto »Wohlstand für alle« durch das zeitweilig eindrucksvolle Wachstum des Volkseinkommens an Überzeugungskraft gewann, wird doch zu keinem Zeitpunkt in der Geschichte der Bundesrepublik ein ausgesprochener Trend zur Nivellierung der Einkommen erkennbar. Periodische Diskrepanzen der Entwicklung von Lohnquote und Gewinnquote sind meist konjunkturell erklärbar. Global steigt zwar die Lohnquote wegen des wachsenden Anteils der Arbeitnehmer an der Bevölkerung an, doch bei angenommener konstanter Beschäftigungsstruktur verharrt sie zwischen 55 und 60% (Basis 1950; tatsächlich erreicht sie inzwischen über 75%).

Auch die personelle Einkommensverteilung, d.h. die Schichtung der Einkommen nach ihrer Höhe und der Zahl der auf die jeweilige Schicht entfallenden Einkommensbezieher, zeigt nur geringe Schwankungen. 1950 bezogen die unteren 50% der Einkommensbezieher 20% der Einkommen, 1974 waren es 22%. Für die 10% mit den höchsten Einkommen betrugen die entsprechenden Zahlen 34% (1950) und 33% (1974).[38]

Gerade in der jüngsten Vergangenheit hat die Diskussion von Fragen der Vermögens- und mehr noch der Einkommensverteilung im Zeichen eines unregelmäßigeren, häufig stagnierenden Wirtschaftswachstums an Intensität zugenommen, und die geplante Neugestaltung der Tarife der Einkommen- und Körperschaftsteuer gibt diesen Fragen eine besondere Aktualität. Die Tatsache, daß bei Steuern und Sozialabgaben von Arbeitnehmereinkommen auch in einem mittleren Einkommensbereich häufig schon Grenzwerte von 60% erreicht werden, hat Anlaß zu konservativ-wirtschaftsliberaler Kritik an der Höhe dieser »Zwangsabgaben« gegeben, die einen regulären Erwerb zunehmend unattraktiv machten.

Die zweifellos fortbestehende hohe Konzentration des Produktivvermögens wird in ihrer gesellschaftlichen und politischen Bedeutung unterschiedlich beurteilt. Insgesamt dürfte der Ausbau der Wirtschafts- und Sozialordnung durch eine Vielzahl technischer Regelungen in allen Bereichen des Lebens die Relevanz dieses Merkmals für die klassenmäßige Gliederung der Gesellschaft gemildert haben. Durch Gesetze und Umstände faktisch-administrativer Art ist die Verfügungsgewalt der Kapitalbesitzer verringert worden und nicht mehr ohne weiteres in sozial oder politisch bedeutsames Handeln umzusetzen. Das ändert aber nichts an der Tatsache, daß auch weiterhin Privilegierung im Rahmen der Wirtschaftsordnung analoge Privilegierung politischer und gesellschaftlicher Art begünstigt, eine Regel, deren Geltung nicht nur im Systemzusammenhang des Kapitalismus nachzuweisen ist.

# VII. Die Plan- und Lenkungswirtschaft der DDR

## 1. Neubeginn und Sozialisierung

Interessen der Besatzungsmacht haben auf den politischen und wirtschaftlichen Wiederaufbau in der Sowjetzone (SBZ) viel massiver und unmittelbarer eingewirkt als in den westlichen Besatzungszonen. Die Spielräume bei der Neugestaltung der Wirtschaftsordnung waren deshalb weit geringer. Die unmittelbar nach Kriegsende in der SBZ installierte »Sowjetische Militäradministration« (SMAD) verfolgte von Anfang an das Ziel einer Angleichung der politischen und gesellschaftlichen Verhältnisse an diejenigen in der Sowjetunion. Argumente waren die Ausschaltung des Klassenfeindes sowie Entnazifizierung und Entmilitarisierung. Angestrebt wurde ein Bündnis der »antifaschistischen Kräfte« unter der Führung der KPD, innerhalb des im Juli 1945 gegründeten Antifaschistischen Blocks kam es jedoch bald zu einem Zerwürfnis mit den bürgerlichen Parteien CDU und LDPD in der Frage der Bodenreform.

Die KPD betrieb daraufhin die Vereinigung mit der SPD zu einer Sozialistischen Einheitspartei (SED), die unter dem Druck der Militärbehörden auf einem gemeinsamen Parteitag Ende April 1946 zustande kam. Die leitenden Parteifunktionen wurden zunächst paritätisch besetzt, doch wurden in der Folgezeit die ehemaligen Sozialdemokraten von den Kommunisten immer mehr beiseite gedrängt. Die SED unternahm es, im Bündnis mit den ebenfalls neugegründeten sozialistischen Organisationen des »Freien Deutschen Gewerkschaftsbundes« (FDGB) und der »Freien Deutschen Jugend« (FDJ) eine sozialistische Gleichschaltung in die Wege zu leiten. Trotz ihres häufig schwachen Abschneidens bei den zunächst noch freien Kommunal- und Landtagswahlen bestimmte die SED als durch die Besatzungsmacht privilegierte Staatspartei immer mehr die politische und gesellschaftliche Entwicklung zu einer »antifaschistisch demokratischen Ordnung«, die schon die Umrisse einer sozialistischen Wirtschaftsordnung erkennen ließ.

Angesichts des sich abzeichnenden West-Ost-Gegensatzes gingen die Chancen einer politischen Verständigung in Deutschland durch eine wirtschaftliche Wiederannäherung schon frühzeitig – etwa zwischen der Ankündigung des Marshall-Plans im Sommer 1947 und der westdeutschen Währungsreform im Sommer 1948 – verloren. Nach der Gründung der Bundesrepublik boten die Westmächte den Ländern der SBZ den Beitritt zum Grundgesetz an. Demgegenüber schlugen die Sowjets vor, aus Vertretern der Wirtschaftsverwaltungen in Ost und West einen gesamtdeutschen Staatsrat zu bilden. Beide Vorschläge wurden abgelehnt. Am 7. Oktober 1949 erfolgte die Gründung der DDR. Die politischen Entscheidungen innerhalb des neuen Staatswesens entsprachen auch weiterhin den äußeren Formen einer parlamentarischen Demokratie, gehorchten jedoch de facto den Prinzipien des »demokratischen Zentralismus« sowjetischer Prägung. Bei den Wahlen zur Volkskammer der DDR war nur die Zustimmung zu einer Einheitsliste der »Nationalen Front« möglich. Einheitsstaatlicher Zentralismus war es auch, der 1952 zur Beseitigung der Länder der DDR und zu ihrer Ersetzung durch 14 Bezirke führte. Etwa gleichzeitig mit der Bundesrepublik erlangte die DDR im September 1955 die Anerkennung ihrer uneingeschränkten Souveränität durch die Besatzungsmacht.

Der wirtschaftliche Wiederaufbau in der SBZ wurde durch die von der Sowjetunion verfolgte rigorose Politik der Reparationen und der Ausbeutung für eigene wirtschaftliche Zwecke zunächst sehr erschwert. Die wichtigsten Formen der Inanspruchnahme waren Entnahmen aus der laufenden Produktion, weitgehende Demontage von Industrie- und Eisenbahnanlagen, Zwangsverpflichtung für den Arbeitseinsatz in der Sowjetunion. Hinzu kam die Umwandlung von 213 der wichtigsten Betriebe der Chemie, des Maschinenbaus, der Metallverarbeitung, Elektrotechnik, Feinmechanik und Optik in »Sowjetische Aktiengesellschaften« (SAG), d. h. ihre Überführung in Staatseigentum der UdSSR. Bis 1948 hat die Sowjetunion wahrscheinlich mehr als 1000 Industriebetriebe in ihrer Zone demontiert, und noch 1949/50 mußten 25% der Nettoproduktion in der DDR für Reparationen und sonstige Leistungen an die Besatzungsmacht zur Verfügung gestellt werden.[1] Die SAG wurden bis Ende 1953 – mit Ausnahme der uranerzeugenden Wismut AG – an die DDR zurückgegeben.

Bald nach Kriegsende wurde in der SBZ eine Welle von Enteignungen eingeleitet, die schließlich fast 9300 Betriebe unterschiedlicher Größe erfaßte. Ihre Umwandlung in Volkseigene Betriebe

(VEB) wurde durch einen Befehl der SMAD vom Oktober 1945 legitimiert, der alles Eigentum für beschlagnahmt erklärte, das dem untergegangenen Deutschen Reich, der NSDAP und ihren Anhängern, den deutschen Militärbehörden oder sonstigen von der Besatzungsmacht verbotenen Organisationen gehört hatte. Ein weiterer SMAD-Befehl wies die sequestrierten Güter den neuen Provinzialselbstverwaltungen zu. Ein Volksentscheid über die Enteignung von Großbetrieben von »Kriegsverbrechern und Nationalsozialisten« wurde im Juni 1946 in Sachsen durchgeführt und brachte dort 77,6% Ja-Stimmen. Es wurde aber im Laufe des Sommers auch in den anderen Ländern eine entsprechende Enteignung angeordnet. Das auf diese Weise zustande gekommene umfangreiche »Landeseigentum« wurde 1948 nach Branchen in »Vereinigungen Volkseigener Betriebe« (VVB) zusammengefaßt. Der Verstaatlichung der großen und mittleren Industrieunternehmen entsprach die Schließung aller Banken im Juli 1945 und später auch der privaten Versicherungen. Nachfolger wurden unterschiedliche Typen öffentlicher und genossenschaftlicher Kreditinstitute.

Einen weiteren Schwerpunkt der Sozialisierungspolitik bildete schon früh die Landwirtschaft. Im September 1945 erfolgte die entschädigungslose Enteignung allen Grundbesitzes von über 100 Hektar (nicht nur des über diesen Umfang hinausgehenden Teils) einschließlich der damit verbundenen Gebäude und sonstigen wirtschaftlichen Werte. Insgesamt erfaßte die »Bodenreform« über 7000 Güter mit 2,5 Millionen Hektar, dazu Tausende weiterer kleinerer Betriebe. Mehr als drei Millionen Hektar wurden so in einen »Bodenfonds« eingebracht und neu verteilt. Die Abgabe erfolgte an über 500000 landlose Bauern und Landarbeiter, Kleinbauern, Vertriebene, Kleinpächter, Arbeiter und Handwerker. Es entstand auch eine zunächst geringe Zahl »Volkseigener Güter« (VEG). Im Februar 1949 beschloß eine Bauernkonferenz der SED, diese Güter zu Musterbetrieben auszubauen und ein Netz von Maschinenausleih-Stationen zu errichten, das die Privatbauern mit Maschinen versorgen sollte. Die VEG, die den Sowchosen in der UdSSR entsprechen, werden zentral durch staatliche Behörden geleitet, und ihre Beschäftigten sind Staatsangestellte.

In einer zweiten Phase der Agrarreform schloß sich an die Enteignung und Aufteilung des Großgrundbesitzes eine Politik der Kollektivierung an, die das teilweise erst kurz zuvor geschaffene

Bauerneigentum wieder aufhob. Diese Kollektivierung setzte in der zweiten Jahreshälfte 1952 mit der Gründung von »Landwirtschaftlichen Produktionsgenossenschaften« (LPG) ein. Die Musterstatuten sahen drei Typen von solchen Genossenschaften vor. In den LPG vom Typ I wurde nur das Ackerland gemeinsam genutzt, beim Typ II auch Vieh, Maschinen und Geräte und beim Typ III sämtliche Produktionsmittel. 1955 umfaßten die LPG erst 20% der landwirtschaftlich genutzten Fläche, 1960 aber – nachdem zuletzt starker Druck viele widerstrebende Bauern zum Beitritt genötigt hatte – schon 85%. Zudem wurden im Laufe der Zeit die Typen I und II fast ganz durch den sowjetischem Vorbilde entsprechenden Typ III verdrängt.

Schon vor der Gründung der DDR waren in allen Sektoren der Wirtschaft umfangreiche Verstaatlichungen eingeleitet worden. So wurden 1947 durch Ländergesetze alle Bodenschätze, die Kohlen- und Erzbergwerke, eisen- und stahlerzeugende Betriebe sowie die gesamte Energiewirtschaft in Staatseigentum überführt. Ende 1948 begann mit der Eröffnung der ersten Verkaufsstellen der staatlichen »Handelsorganisation« (HO) die Verdrängung des privaten Enzelhandels. »Produktionsgenossenschaften des Handwerks« (PGH) sollten die privaten Handwerksbetriebe ersetzen, doch machte in den zuletzt genannten Bereichen die Kollektivierung nur langsame Fortschritte. Immerhin erzeugten private Unternehmen 1952 noch 19% des industriellen Bruttoprodukts und waren mit 37% an den Einzelhandelsumsätzen beteiligt.[2] Unter dem Motto des »planmäßigen Aufbaus des Sozialismus« begann eine Kampagne zur Überführung von Privatbetrieben in sozialistische Genossenschaften.

Die Wirtschaftspolitik war in dieser Phase gekennzeichnet durch den Versuch einer systematischen Förderung der Schwerindustrie nach sowjetischem Vorbild, was bedeutende Investitionen und entsprechende Konsumeinschränkungen erforderte. Die Erhöhung der Arbeitsnormen um durchschnittlich 10% im Mai 1953 löste Unruhen in der Bevölkerung aus, die ihren Höhepunkt in den Streiks und Erhebungen des 17. Juni hatten. Nach der Unterdrückung des Aufstandes wurden die Normenerhöhungen zurückgenommen, und das Zentralkomitee (ZK) der SED beschloß Steigerungen der Nahrungsmittelproduktion und der Erzeugung sonstiger Konsumgüter zu Lasten der schwerindustriellen Investitionen. Zudem wurden Einkommensverbesserungen zugestanden. Zwischen 1951 und 1955 stiegen die Löhne in der Industrie um 68% statt, wie vorgesehen, um 31%.[3]

Die Maßnahmen der Kollektivierung wurden sowohl in der Landwirtschaft als auch in der sonstigen gewerblichen Wirtschaft nur vorsichtig weitergeführt. Erst seit 1958 unternahm man wieder entschiedenere Schritte zur Steigerung der industriell-gewerblichen Produktion durch systematische Modernisierung und Erhöhung der Produktivität. Dabei verleiteten anfängliche Erfolge die Staatsführung zu überaus optimistischen Prognosen. 1959 verkündete SED-Chef Walter Ulbricht das Ziel, die Bundesrepublik bis 1965 im Pro-Kopf-Verbrauch aller wichtigen Güter zu überholen – ein angesichts des Produktivitätsrückstandes von etwa 30% unrealistisches Vorhaben. In diese Zeit fällt auch die letzte Phase der Kollektivierung der Landwirtschaft, die im Frühjahr 1960 im wesentlichen abgeschlossen war. Etwa 300000 noch freie Bauern wurden gezwungen, in die LPG einzutreten.

Schon Anfang der sechziger Jahre zeigte sich, daß eine Verwirklichung der ehrgeizigen Wirtschaftspläne nicht möglich war. Der Volkswirtschaftsplan für 1961 mußte geändert und auch der laufende Siebenjahrplan revidiert werden. Der Bau der Berliner Mauer am 13. August 1961 wurde vor allem mit Störaktionen aus dem Westen gerechtfertigt, die die Realisierung der wirtschaftlichen Planziele gefährdeten. Die tatsächliche Ursache war die Massenflucht von mehr als drei Millionen Menschen, die bis zu diesem Zeitpunkt die DDR hauptsächlich durch das Schlupfloch Berlin verlassen hatten. Die weitere Entwicklung von Wirtschaft und Wirtschaftspolitik in der DDR, die von auffälligen Schwankungen zwischen zentralistischen und dezentral-reformistischen Konzeptionen gekennzeichnet war, wird – teils chronologisch, teils unter systematischen Gesichtspunkten – in den beiden folgenden Abschnitten behandelt.

## 2. Staat und Wirtschaft in der DDR

In der Verfassung der DDR heißt es: Die Volkswirtschaft der Deutschen Demokratischen Republik ist sozialistische Planwirtschaft. In der Terminologie der nichtmarxistischen Nationalökonomie würde man von Zentralverwaltungswirtschaft sprechen. Entscheidend für Ausrichtung und Struktur dieser Volkswirtschaft ist, daß ihre Ziele durch die Spitzengremien von Partei und Staat vorgegeben werden und daß diese sich für die Verwirklichung ihrer Vorgaben einer hochentwickelten Planungs- und Lenkungsorganisation bedienen. Die Dominanz des Plans ist so stark, daß er in der DDR-Ökonomie als das »Herzstück der Leitung« angesehen wird.[4] Der Ausgangspunkt ist ein auf strategische Aufgaben ausgerichtetes Aktionsprogramm, der Wirtschaftsplan. An ihn schließt sich ein Prozeß der Planaufstellung, Planverwirklichung und Plankontrolle durch »wirtschaftliche Rechnungsführung« an. Die Institutionen der sozialistischen Plan- und Lenkungswirtschaft entsprechen ihrer Funktion nach weitgehend denen einer kapitalistisch verfaßten Wirtschaftsordnung (Ministerien und nachgeordnete Behörden, Zentralbank, Gewerkschaften), sie unterscheiden sich jedoch von diesen durch eine ideologisch eingeengte Aufgabenstellung und ihre feste Einordnung in ein von zentralen Autoritäten beherrschtes Planungs- und Weisungssystem, das Produktionsmengen ebenso festlegt wie Preise, Löhne, Investitionen und Konsum.

Die ideologische Grundlage der Wirtschaftsordnung der DDR ist der Marxismus-Leninismus, der die Kollektivierung der Produktionsmittel fordert. Es gibt in der DDR vier verschiedene Typen des Eigentums an den Produktionsmitteln: Volkseigentum, genossenschaftliches Gemeineigentum, Eigentum von Massenorganisationen und ein verbleibendes Privateigentum geringen Umfanges. Volkseigentum ist durch die Verfassung vorgeschrieben für Bodenschätze, Bergwerke, Kraftwerke, Industriebetriebe, Banken, Versicherungen, landwirtschaftliche Güter, Einrichtungen von Eisenbahn, Seeschiffahrt und Luftfahrt sowie das Post- und Fernmeldewesen. Privateigentum existiert nur noch in wenigen Betrieben des Handwerks, des Einzelhandels und des Gaststättengewerbes.

Erste Ansätze einer Plan- und Lenkungswirtschaft nach sowjetischem Vorbild zeigten sich in der SBZ schon unmittelbar nach Kriegsende.[5] Im Juli 1945 wurden Zentralverwaltungen für Industrie, Brennstoffwirtschaft, Handel, Versorgung, Nachrichtenwesen, Verkehr und Finanzen geschaffen, später auch solche für Außen- und Interzonenhandel. Außerdem entstanden auf Kreis- und Provinzialebene Wirtschaftsausschüsse, die als »Industrie- und Handelskammern« bezeichnet wurden, in denen aber Behördenvertreter den Ton angaben, sowie Ämter für wirtschaftliche

Planung bei den Landesbehörden. Aus diesen gingen 1946 Hauptabteilungen für Wirtschaftsplanung hervor, die den Ministerpräsidenten der Länder direkt unterstanden. Angesichts der zunächst chaotischen Kompetenzvielfalt wurde im Juni 1947 durch Befehl der SMAD eine »Deutsche Wirtschaftskommission« (DWK) errichtet, die die Zusammenarbeit der Länder- und Provinzialbehörden mit den Zentralverwaltungen sichern sollte. Im März 1948 wurde die DWK durch die SMAD zum zentralen Lenkungsorgan bestimmt und die bisherigen Zentralverwaltungen in DWK-Hauptverwaltungen umgewandelt. Die DWK mit ihren etwa 100 Mitgliedern bildete die erste regierungsähnliche Zentralbehörde der SBZ.

Nach der Gründung der DDR im Oktober 1949 wurden die DWK-Hauptverwaltungen durch Ministerien ersetzt. Zusätzlich wurde ein spezielles Planungsministerium geschaffen. 1950 erfolgte dann eine Angleichung der Regierungsbehörden an sowjetische Vorbilder. An die Stelle des Planungsministeriums trat eine »Staatliche Plankommission« (SPK). Das zunächst einheitliche Industrieministerium wurde aufgeteilt in Ministerien für Kohle und Energie, Erzbergbau, Metallurgie, Chemie, Elektrotechnik, Schwermaschinenbau, Verarbeitungsmaschinenbau, Leichtindustrie, Glas und Keramik, Lebensmittelindustrie und Bauwirtschaft. Die Aufgabe der Minsterien war es, die Plankommission in ihren speziellen Wirkungsbereichen zu unterstützen.

In der im wesentlichen bis heute gültigen Hierarchie der Wirtschaftsbehörden mit z. Zt. elf Industrieministerien bildet der Ministerrat der DDR die oberste Instanz.[6] Er leitet die Wirtschaftsplanung nach den Direktiven der Parteiführung und ist für die Ausarbeitung der Pläne verantwortlich. Ihm nachgeordnet ist die SPK, die für Koordination und Durchführung der Pläne sowie für Standortfragen und Normenfestsetzungen zuständig ist. Bei der Erarbeitung der Perspektiv- und Jahrespläne wird sie seit 1962 von einem Volkswirtschaftsrat unterstützt. Ministerrat und Plankommission bilden in der Leitungsstruktur der DDR-Wirtschaft die oberste von drei Ebenen, deren zweite die Bezirksplankommissionen, Bezirkswirtschaftsräte und direkt unterstellten größeren Kombinate und deren dritte die Kreisplankommissionen und VEB umfaßt. Die VVB – ursprünglich wichtige Funktionsträger der zweiten Ebene – wurden Ende der siebziger Jahre zugunsten der Kombinate beseitigt.

Sowohl bei den wirtschaftsleitenden Institutionen als auch bei den Betrieben und im Verhältnis zwischen beiden ist das Entscheidungssystem nach den Prinzipien des »demokratischen Zentralismus« aufgebaut, d. h. die jeweiligen Leitungsgremien werden nach eng begrenzten Vorschlagslisten gewählt und dirigieren die ihnen nachgeordneten Stellen mit Weisungen von absoluter Verbindlichkeit. Auf allen Ebenen gilt das Prinzip der »Einzelleitung«, d. h. der uneingeschränkten Verantwortlichkeit des einzelnen Funktionsträgers auch bei kollektiver Beratung über die zu treffenden Entscheidungen.[7] Die VEB sind im übrigen durchaus effizient gegliedert mit klaren Kompetenzen und Leitungsstrukturen und ausgeprägter quasi-militärischer Hierarchie. Ein gewisses Gegengewicht gegen autoritäre Führungstendenzen bilden die häufigen Partei- und Gewerkschaftsämter von Betriebsangehörigen.

Am Anfang der Planwirtschaft der DDR stand der noch unter sowjetischer Aufsicht erstellte Zweijahres-Wiederaufbauplan von 1949/50. Dieser Plan sollte vor allem der Wiederherstellung des zerstörten oder demontierten Industriepotentials dienen, wobei aber auch weiterhin Reparationen aus der laufenden Produktion geleistet werden mußten. Durch intensiven Arbeitseinsatz gelang unter diesem Plan eine eindrucksvolle Steigerung der Produktion. Erreicht wurde auch das mit dem Zweijahrplan verfolgte Ziel, ein Übergewicht des volkseigenen Sektors der Wirtschaft herzustellen, denn 1950 erzeugte dieser – wenn man die SAG hinzurechnet – 52,4% der industriellen Bruttoproduktion.[8]

Der folgende erste Fünfjahrplan für den Zeitraum 1951 bis 1955 war bereits mit der sowjetischen Wirtschaftsplanung synchronisiert. Das Ziel dieses Plans, dessen Anlaufen für die DDR-Autoren das Wirksamwerden der »Gesetze des Sozialismus« markiert[9], war die Beseitigung von »Disproportionen«, d. h. der Aufbau einer ausgeglicheneren Wirtschaftsstruktur, wobei vor allem die geringen schwerindustriellen Kapazitäten vermehrt werden sollten. Schwerpunkte der Planung waren das Kombinat Eisenhüttenstadt (zunächst Stalinstadt) bei Frankfurt/Oder und das Eisenhüttenkombinat West bei Calbe im Bezirk Magdeburg. Der erste Fünfjahrplan blieb der einzige wirklich zu Ende geführte langfristige Wirtschaftsplan in der Geschichte der DDR, wobei sich freilich Modifikationen durch den seit 1953 eingeschlagenen neuen Kurs ergaben.[10] Diese teilweise Revision der Wirtschaftsplanung und -politik hatte eine Parallele in der »Tauwetterperiode«, die in der Sowjetunion nach Stalins Tod eintrat. Vorübergehend wurde Wert auf eine bessere Versorgung der Bevölkerung mit Konsumgütern gelegt. Dazu wurden große Mengen Lebensmittel aus der Sowjetunion importiert, die Rationierung von Textilien und Schuhen wurde aufgehoben, die Preise wurden gesenkt und die Arbeitsnormen herabgesetzt. Doch schon im Laufe des Jahres 1954 kehrte man zu den ursprünglichen investitionsbetonten Planleitlinien zurück.

Auch der zweite Fünfjahrplan (1956–1960) orientierte sich vor allem am Ziel eines schwerindustriellen Ausbaus. Er sah eine Steigerung der Industrieproduktion um 20% vor und zudem eine vermehrte Integration der DDR-Wirtschaft in den Planungsverbund der übrigen sozialistischen Staaten. Bald zeigten sich jedoch schwere Koordinations- und Versorgungsmängel, die 1958 zum Abbruch des Plans führten. Für sein Scheitern wurde die offene Grenze in Berlin verantwortlich gemacht. Ein neuer Siebenjahrplan (1959–1965) profitierte zunächst von einer günstigen konjunkturellen Entwickung, die Ulbricht zu seiner erwähnten unrealistischen Prognose veranlaßte. Das wichtigste Planziel war eine Steigerung der Arbeitsproduktivität um nicht weniger als 85%. Als sich das Scheitern auch dieses Plans zeigte, wies die Staatsführung wiederum auf die hohen Bevölkerungsverluste durch »Republikflucht« als Ursache hin. 1963 wurde der Siebenjahrplan endgültig ad acta gelegt.

Die zunehmende Einsicht in die Mängel der bisherigen Wirtschaftsplanung hatte zur Folge, daß sich in der DDR eine vor allem mit dem Namen des sowjetischen Wirtschaftswissenschaftlers Liberman verbundene neue Form der Wirtschaftsgestaltung mit dezentralisierter Planung und größerer Dispositionsfreiheit der einzelnen Betriebe durchzusetzen begann. Im Juni 1963 leitete ein Beschluß des Ministerrats den Versuch einer großangelegten Wirtschaftsreform ein. Das »Neue ökonomische System der Planung und Leitung« (NÖS) sollte die Planung dezentralisieren und die bisherigen starren Normerfüllungskriterien teilweise durch Leistungs- und Gewinnanreize ersetzen. Der Einsatz solcher »ökonomischer Hebel« und eine flexiblere Gestaltung der Normen mit dem Ziel einer Erhöhung der Produktivität führten tatsächlich zu einer bemerkenswerten Leistungssteigerung. Das NÖS ermöglichte zwar nicht die Entstehung von Märkten mit freier Preisbildung, erlaubte aber den Betriebsleitungen, sich innerhalb gewisser

Grenzen marktmäßig zu verhalten.[11] Die Betriebe waren seither stärker an der Erzielung von Gewinnen interessiert, weil sie einen Teil davon für Investitionen oder Prämien verwenden durften.

Der Kern des NÖS war die Ersetzung einer vorwiegend mengenmäßigen Planung nach sowjetischem Vorbild durch durchdachtere, langfristig angelegte Plankonzeptionen, in denen die besondere Förderung von Wachstumsbranchen (Chemie, Elektrotechnik und Elektronik, Datenverarbeitung) zentrale Bedeutung hatte. Mit der Verlagerung von Leitungskompetenzen von der Spitze der staatlichen Wirtschaftsbehörden zu den Betrieben ging eine Aufwertung der mittleren Ebene der VVB einher, die nun zentral für die ihnen unterstehenden VEB bilanzierten. Nach sozialistischer Lesart bedeutete das NÖS keine neue Richtung der Wirtschaftspolitik, sondern bezweckte nur eine bessere Ausnutzung der »ökonomischen Gesetze des Sozialismus«, es habe auch nicht auf mehr Demokratie und weniger Zentralismus gezielt, sondern auf »allseitige Weiterentwicklung des demokratischen Zentralismus«. Die Kontinuität der Wirtschaftspolitik habe daher nie ernsthaft in Frage gestanden.[12]

Ende 1965 wurde eine zweite Phase des NÖS angekündigt, die in das »Ökonomische System des Sozialismus« (ÖSS) überleiten sollte. In den folgenden Jahren wurden aber entscheidende Elemente des NÖS zugunsten einer erneut stärkeren Zentralisierung aufgegeben. Dabei verlief gerade in dieser Zeit die wirtschaftliche Entwicklung recht zufriedenstellend. Der dritte Fünfjahrplan (1966–1970) hatte realistischere Ziele als seine Vorgänger, die weitgehend erreicht wurden. So konnte das Nationaleinkommen im Durchschnitt des Jahrfünfts um 5,1% (geplant 5,4%) und die Industrieproduktion um 6,3% (6,8%) gesteigert werden, und auch während der ersten wirklichen Rezession in der Bundesrepublik (1966/67) verlief das Wirtschaftswachstum in der DDR stetig. Dennoch wurde das Reformexperiment des NÖS Ende 1970 abgebrochen, als sich zunehmende Reibungen zwischen dem pragmatischen Verhalten von Betriebsleitungen und den staatlich festgelegten Struktur- und Entwicklungszielen ergaben. Seither stehen die Planstrukturen wieder stärker im Zeichen eines rigorosen Zentralismus und detaillierter Festlegung. Den VEB und VVB wurden Entscheidungsbefugnisse entzogen, und die für das NÖS charakteristische Gewinnorientierung wurde zugunsten eines Prämiensystems aufgegeben, das wieder mehr die mengenmäßige Warenproduktion einbezieht. Das NÖS scheiterte auch daran, daß die angestrebte größere Flexibilität mit einem System starrer Preise nicht vereinbar war.

Parallel zu der neuerlichen Verhärtung der Planstrukturen setzte sich der Prozeß der Kollektivierung der Wirtschaft fort. Der Anteil der volkseigenen oder genossenschaftlichen Betriebe an der Aufbringung des Sozialprodukts erreichte 1976 in Industrie und Handwerk 96,8% (Privatbetriebe 3,2%), in der Bauwirtschaft 93,4% (6,6%), in Land- und Forstwirtschaft 96,4% (3,6%) und im Handel 93,4% (2,4%). Die hier nicht ausgewiesenen Restprozente entfallen auf gemischte Betriebe.[13]

Das komplizierte Geflecht der Planungs- und Lenkungsstrukturen der DDR-Wirtschaft wird durchsichtiger, wenn man es nach einem doppelten Schema ordnet. Im Bereich der Plantypen existieren nebeneinander Langfristpläne, Fünfjahrpläne und Jahrespläne. So läßt sich der gegenwärtig gültige Langfristplan 1976 bis 1990 in drei Fünfjahrpläne gliedern, die auf allen Ebenen der Wirtschaft – also auch bei den VEB und Kombinaten – ihre Entsprechung haben und ihrerseits je fünf aufeinanderfolgende Jahrespläne umfassen und koordinieren.

Die diesem Planschema unterworfene Volkswirtschaft gliedert sich in zwei Bereiche. Zum einen gibt es den – den zentralen wirtschaftsleitenden Organen direkt unterstehenden – Bereich der politisch relevanten Industrien (Schwerindustrie, Elektrotechnik und Elektronik, Chemie) und der Bauwirtschaft und zum anderen den der übrigen Betriebe der Leicht- und Nahrungsmittelindustrie sowie der Versorgungs- und Dienstleistungswirtschaft. Die VEB und Kombinate der ersten Kategorie sind unmittelbar den Ministerien nachgeordnet; dagegen unterstehen die »regionalwirtschaftlichen« Betriebe der zweiten Kategorie den Bezirksräten, Bezirkswirtschaftsräten und Bezirksplankommissionen.

Ein zentrales Problem der DDR-Wirtschaft, das auch ein System strenger Planerfüllungskontrollen nicht hat lösen können, besteht in dem Fehlen wirksamer Leistungsanreize. Die bestehenden Plan- und Prämienregelungen verleiten die Betriebe zu Verschleierungen ihrer Leistungsfähigkeit gegenüber den Ministerien, um möglichst »weiche« Planauflagen zu erhalten.[14] Das ist eine wichtige Ursache der noch immer ungünstigen Entwicklung von Produktivität und Rentabilität und damit der Mängel der Güterversorgung. Eine weitere Schwäche des Systems ist das Fehlen eines echten Wettbewerbs, das Produktivitätssteigerungen ebenso im Wege steht wie Qualitätsverbesserungen.

Der noch immer unbefriedigenden Konkurrenzfähigkeit von DDR-Erzeugnissen auf westlichen Märkten steht aber eine auf vielen Gebieten dominierende Rolle innerhalb des Verbundes der sozialistischen Volkswirtschaften des Ostblocks gegenüber. Seit dem September 1950 gehört die DDR dem 1949 gegründeten »Rat für gegenseitige Wirtschaftshilfe« (RGW) als Mitglied an, einer Wirtschaftsgemeinschaft sozialistischer Staaten mit der Sowjetwirtschaft als Kern einer geplanten »sozialistischen ökonomischen Integration«. Die Außenwirtschaft der DDR orientierte sich seither strikt an der synchronisierten Planung innerhalb dieser Gemeinschaft. Seit der wirtschaftlichen Konsolidierung der sechziger Jahre wurde die DDR zum nach der Sowjetunion zweitwichtigsten Mitglied des RGW und rückte gleichzeitig unter die zehn bedeutendsten Industrieproduzenten der Welt vor. Innerhalb des RGW-Raumes exportiert die DDR besonders Maschinen und Ausrüstungen und importiert Rohstoffe, während in ihrem Handel mit nichtsozialistischen Industriestaaten die umgekehrte Struktur vorherrscht. Der Außenhandel der DDR ist ein Staatsmonopol. Dieses Monopol üben zumeist spezielle Außenhandelsbetriebe (AHB) aus. Nur einige große Kombinate dürfen ohne Einschaltung der AHB selbst Auslandsgeschäfte tätigen. Alle Export- und Importtransaktionen unterliegen der Kontrolle des Ministeriums für Außenhandel.

## 3. Der »real existierende Sozialismus«

Im Sprachgebrauch der politischen Führung der DDR hat Anfang der siebziger Jahre die Ära des »real existierenden Sozialismus« begonnen. Der neue Parteichef Erich Honecker verwendete diesen Terminus häufig, wenn er von der Gegenwart und nahen Zukunft der DDR sprach.[15] Der erste Fünfjahrplan der Ära Honecker (1971) nannte drei Leitziele: allseitige Intensivierung der Produktion, verbesserte Konsumgüterversorgung und – erstmals – »aktive Sozialpolitik«. Die Wirtschaftsordnungspolitik strebte seit 1972 wieder verstärkt die Sozialisierung der noch verbliebenen Reste privatunternehmerischer Wirtschaft an. PGH und halbstaatliche Betriebe, die 1971 noch einen Anteil von 10% an der industriellen Nettoproduktion und von 12% an der Beschäftigung hatten, wurden bis auf wenige Ausnahmen in VEB umgewandelt. Die aufgestellten Planziele wurden bis 1975 im wesentlichen erreicht. Dann jedoch schlug die krisenhafte Entwicklung der Weltwirtschaft mit einer starken Verteuerung der Rohstoff- und Energiepreise auf den RGW-Bereich durch. Wegen der immer ungünstigeren »terms of trade« verschlechterte sich die außenwirtschaftliche Position der DDR drastisch. Anfang der achtziger Jahre überschritt die Auslandsverschuldung bei nichtsozialistischen Partnerstaaten den Betrag von 10 Milliarden Dollar. Mit einem Programm der wirtschaftlichen Effizienzsteigerung durch Technisierung und Modernisierung, Computer- und Robotereinsatz knüpfte man an Rezepte der späten sechziger Jahre an, die damals an auftretenden »Disparitäten« der sektoralen wirtschaftlichen Entwicklung gescheitert waren.

Eine Rückkehr zum NÖS wurde nicht angestrebt. Vielmehr wurde das System der weitgehenden zentralen Wirtschaftsplanung und -lenkung, wenn auch mit institutionellen Modifikationen, fortgeführt. Dabei spielte die Kreditsteuerung durch die Staatsbank eine zentrale Rolle. Durch das Erfordernis der Nettogewinnabführung an den Staat und der Fondsbildung für bestimmte Verwendungen (Investitionen, Reparaturen, soziale Leistungen) erfolgte eine weitgehende Bindung der Gewinne. Prämien- und Leistungsfonds sollten die Mitarbeiter motivieren. Das eigentliche Problem der Planwirtschaft, daß es nämlich auch mit Hilfe sorgfältig konstruierter Systeme der direkten (Plan) und indirekten (»ökonomische Hebel«) Steuerung kaum gelingt, gut funktionierende Informations-, Entscheidungs- und Anreizstrukturen zu schaffen, blieb jedoch ungelöst.[16] In den achtziger Jahren übernahmen zunehmend die Kombinate die Rolle zentraler Koordinationsinstrumente der mittleren Planungs- und Lenkungsebene. Den Generaldirektoren dieser horizontalen oder vertikalen Betriebszusammenschlüsse stellte sich nun die Aufgabe, staatliche und unternehmerische Ziele miteinander in Einklang zu bringen.

Angesichts der mannigfachen Handikaps sind die Leistungen der DDR-Wirtschaft in den vergangenen anderthalb Jahrzehnten als sehr respektabel zu beurteilen. Die Fünfjahrplanziele wurden zwar meistens nicht erreicht, doch gelangen bemerkenswerte Effizienz- und Produktivitätssteigerungen. Die aktivere Gestaltung der Handelsbilanz ermöglichte einen international beachteten Schuldenabbau. Wenn trotz hoher Wachstumsraten des Sozialprodukts und anhaltender Strukturverbesserungen die Wirtschaft der DDR die bestehenden Leistungsrückstände gegenüber der Bundesrepublik nicht entscheidend verkürzen konnte, scheinen dafür nicht zuletzt Allokationsprobleme verantwortlich zu sein. In der Wirtschaftsplanung der DDR gilt die Steigerung der Arbeitsproduktivität als entscheidendes Kriterium des ökonomischen Fortschritts, die einseitige Ausrichtung auf maximale Produktivitätssteigerung führt jedoch häufig zu einer Vernachlässigung der Probleme eines effizienten Kapitaleinsatzes. In der Periode zwischen 1961 und 1970 scheint der Kapitalaufwand je Erzeugungseinheit in der DDR fast doppelt so hoch gewesen zu sein wie in der Bundesrepublik. Weil sehr kapitalaufwendig produziert wurde, stand einem Anstieg der Brutto-Kapitalproduktivität nicht selten ein Rückgang der Netto-Produktivität gegenüber. Viele Industriebetriebe der DDR arbeiteten und arbeiten trotz hoher Produktivität nicht rentabel und müssen subventioniert werden. Eine extreme, in ihrer Einseitigkeit sicher überzogene These besagt, daß nicht generelle Systemunterschiede (Privateigentum/Staatseigentum an den Produktionsmitteln, Marktsteuerung/Plansteuerung), sondern ausschließlich die unterschiedliche Rentabilität des eingesetzten Kapitals die relative Leistungsschwäche der DDR-Wirtschaft erkläre.[17]

Die Ziele des Sozialismus sind nicht primär wirtschaftliche, sondern gesellschaftliche (Beseitigung des Privateigentums an den Produktionsmitteln, Herrschaft der Arbeiterklasse, gleicher Wohlstand für alle, bessere Befriedigung der materiellen und geistigen Bedürfnisse der Werktätigen, Einheit von persönlichen und gesellschaftlichen Interessen).[18] Der Übergang vom Kapitalismus zum Sozialismus soll die Teilung der Gesellschaft aufheben und alle ihre Mitglieder zu Werktätigen machen. Durch die Herstellung des gesellschaftlichen Eigentums an den Produktionsmitteln sollen sich die für die kapitalistische Wirtschaftsordnung charakteristischen sozialen Probleme von selber lösen.

Tatsächlich sind die für die Wirtschaftsordnung der Bundesrepublik wichtigen, an der Grenze zur Sozialordnung angesiedelten neuralgischen Bereiche (Wettbewerbspolitik, Arbeitsmarktpolitik, Vermögenspolitik, Mitbestimmung) in der DDR ohne Bedeutung. Die Existenz von Gewerkschaften und ihre Mitwirkung bei den politischen Entscheidungen wird durch das »Gesetzbuch der Arbeit« von 1961 ebenso garantiert wie das Recht auf Arbeit als solches, das indessen auch mit einer Arbeitspflicht verbunden ist. Von der Mitgestaltung volkswirtschaftlicher oder betrieblicher Entscheidungen wurden die Gewerkschaften aber schon frühzeitig ausgeschlossen. Auf die in den Fünfjahrplänen festgelegte Entwicklung der Löhne und Gehälter haben sie keinen Einfluß, und die Mitbestimmung im Betrieb, die durch die Wahl von Betriebsräten schon 1945 fest verankert schien, wurde 1948 mit der Einführung des sowjetischen Einzelleitungsprinzips beendet. Nach den Bestimmungen des Arbeitsgesetzbuches gibt es innerhalb der VEB eine Mitbestimmung der Betriebsgewerkschaftsorganisationen, doch ist es diesen aufgegeben, die Betriebsleitungen zu unterstützen, nicht aber eine abweichende Willensbildung in den Belegschaften zu ermöglichen.

Theoretisch sollte in einem Staat mit sozialistischer Wirtschaftsordnung die Sozialpolitik keine bedeutende Rolle spielen, weil gravierende soziale Mängel nicht auftreten dürften. Dennoch steht seit 1976 der Kernsatz von der »untrennbaren Einheit von Wirtschafts- und Sozialpolitik« im Parteiprogramm der SED. Die Maßnahmen einer aktiven Sozialpolitik haben seit Anfang der siebziger Jahre an Bedeutung gewonnen. Konkrete sozialpolitische Beschlüsse betrafen Rentenerhöhungen, verbesserte Sozialfürsorge, die Förderung berufstätiger Mütter, Geburtenbeihilfen und Mietsenkungen. Ein 1976 verabschiedetes Wohnungsbauprogramm sieht den Neubau oder die Renovierung von annähernd drei Millionen Wohnungen bis 1990 vor. Auch die Erhöhung des Mindesturlaubs von 15 auf 18 Tage und die Anhebung der Grund- und Leistungslöhne gehören in den Zusammenhang der sozialpolitischen Verbesserungen, die erst durch die krisenhafte Verschlechterung der Wirtschaftslage zum Stillstand gebracht, aber als programmatisches Ziel nicht aufgegeben wurden. Es gelang trotz der Krise, das subventionierte Niedrigniveau der Grundnahrungsmittelpreise und Wohnungsmieten im wesentlichen stabil zu halten.

Die Preisgestaltung ist ein zentrales Problem sozialistischer Wirtschaftsordnungen. Den Planern geht es darum, den Kauffonds der Bevölkerung nicht größer werden zu lassen als den Warenfonds. Kaum etwas wird deshalb so sorgfältig geplant wie die Einkommen.[19] Die staatlich festgesetzten Konsumgüterpreise sollen dem

Ausgleich beider Fonds dienen. Ein solcher Ausgleich kann nach der Logik der Wirtschaftsplanung eine Verteuerung bestimmter Güter erforderlich machen, weil Sozialleistungen und Subventionierungen auf Teilgebieten zu sehr niedrigen Lebenshaltungskosten führen. Bei einem deutsch-deutschen Vergleich solcher Kosten und der realen Einkommen unterschiedlicher Gruppen der Bevölkerung muß man durchaus differenzieren, doch machen in der Regel die weit höheren Arbeits- und Transfereinkommen in der Bundesrepublik die begrenzte Besserstellung in der DDR mehr als wett.

Die enge Verknüpfung von Wirtschafts- und Sozialordnung in der DDR erlaubt es der politischen Führung, wirtschaftsgestaltende Maßnahmen zur Umgestaltung der Gesellschaft gezielt einzusetzen. Durch die fast völlige Beseitigung der unternehmerischen Selbständigkeit in der gewerblichen Wirtschaft ist eine weitgehende Einschmelzung der vormaligen Produktionsmittelbesitzer in eine nivellierte Gesellschaft von Arbeitnehmern erfolgt. Radikaler noch waren die gesellschaftlichen Umwälzungen auf dem Lande. Schon Mitte der sechziger Jahre hatte unter der Losung »ein Dorf – eine Genossenschaft« ein Trend zur Bildung vergrößerter Genossenschaften durch den Zusammenschluß benachbarter LPG die mittlerweile dritte Agrarrevolution in der Geschichte der DDR in Gang gesetzt und zur endgültigen Kollektivierung des eingebrachten persönlichen Eigentums geführt.[20] Die auf diese Weise hervorgebrachte einheitliche Klasse von »Genossenschaftsbauern« dürfte dem Ideal sozialistischer Homogenität der Gesellschaft sehr nahe kommen.

Schon der VIII. Parteitag der SED 1971 hat festgestellt, daß sich in der DDR eine grundlegend neue Klassenstruktur herausgebildet habe, die bestimmt sei durch die führende Rolle der Arbeiterklasse im Bündnis mit der Klasse der Genossenschaftsbauern, der sozialistischen Intelligenz und anderen Werktätigen. Die hieran anschließende These, durch die Schaffung sozialistischer Produktionsverhältnisse sei eine Gesellschaft frei von Klassenantagonismen entstanden, beschönigt die durchaus nicht spannungsfreie gesellschaftliche Wirklichkeit im »real existierenden Sozialismus«, bezeichnet aber richtig den engen Zusammenhang zwischen der radikalen Umgestaltung der Wirtschaftsordnung und einem ebenso radikalen Bruch in der historischen Entwicklung der Gesellschaftsordnung in diesem Teil Deutschlands.

# VIII. Fazit und Ausblick

Am Ende dieser Darstellung soll gefragt werden, ob und in welcher Weise die besondere Gestaltung der Wirtschaftsordnung in Deutschland im 19. und 20. Jahrhundert den Gang der wirtschaftlichen Entwicklung und das Ausmaß des wirtschaftlichen Wachstums beeinflußt haben könnte. Der Versuch einer Antwort auf diese Frage wird durch eine allgemeine Unsicherheit bei der Beurteilung der Rolle des Staates in der Wirtschaft erschwert. Die üblichen Modelle der modernen Wachstumstheorie verkennen die Bedeutung, die der Staat für die langfristige Entwicklung des Sozialprodukts zweifellos besitzt. Der Zusammenhang wird jedoch nicht nur positiv gesehen; in neuerer Zeit hat die Theorie vom überwiegenden Staatsversagen in der Wirtschaft wieder Zulauf erhalten, und umgekehrt ist das Prestige funktionierender Märkte gestiegen.

Jede längerfristige historische Untersuchung zeigt, daß Wirtschaftsordnungen keine statischen Gebilde sind, sondern in einem Spannungsfeld zwischen Wertsetzungen und Anpassungserfordernissen dynamisch geformt werden. Säkulare Veränderungen der Wirtschafts- und Gesellschaftsstruktur wirken auf sie ein, etwa die ständige sektorale Neustrukturierung der modernen Volkswirtschaft und die damit verbundene Umgruppierung der Erwerbsbevölkerung. Die Hauptrichtungen der nationalökonomischen Theorie des 20. Jahrhunderts, die – anders als die »Historische Schule« des 19. Jahrhunderts – überwiegend vom Streben nach Abstraktion geprägt sind, haben für die Interpretation solcher langfristiger ökonomischer Prozesse und ihrer sozialen Implikationen wenig geleistet und auch die Rolle des Staates als eines intervenierenden Gestalters nicht systematisch zu erfassen vermocht. Zwar haben in der Verteilungstheorie – etwa in Pigous »Wohlfahrtsökonomie« – auch gesellschaftliche Momente des Wirtschaftslebens Berücksichtigung gefunden, vorherrschend blieben jedoch neoklassisch-marktwirtschaftliche Denkansätze. Unter dem Eindruck der Weltwirtschaftskrise ist ein pragmatischer Keynesianismus populär geworden, der bis in die sechziger Jahre die Wirtschaftspolitik zahlreicher Industrienationen bestimmt hat. In jüngster Zeit ist aber der Gedanke der stabilisierenden Staatsintervention angesichts sich verengender fiskalischer Handlungsspielräume der Konjunkturpolitik wieder eher in Mißkredit geraten.

Für den Wirtschaftshistoriker ist die ausschließliche Verwendung der neoklassischen Theorie insofern unbefriedigend, als diese nicht die häufig lange Stabilität von ineffizienten Wirtschaftsordnungen erklären kann. Diese Stabilität wird nach D. C. North vor allem durch die Sonderinteressen einflußreicher, meist kleinerer gesellschaftlicher Gruppen im Verteilungskampf ermöglicht, die den vollen Nutzen für sie günstiger spezifischer Regelungen auszuschöpfen verstehen.[1] Die Privilegierung dieser Gruppen verbindet sich mit dem Aufbau von Ideologien und Autoritäten, die eine effizientere Gestaltung der Wirtschaftsordnung verhindern. Auch die leichtere politische Kontrollierbarkeit von undynamischen Wirtschaftssystemen scheint in diesem Zusammenhang bedeutsam.

Bisher fehlt eine Theorie des öffentlichen Handelns, die derjenigen des Wirtschaftshandelns am Markt entspricht, d. h. eine Theorie der Wirkungsweise von Hierarchien und Institutionen, die außerhalb des Marktes auf die Wirtschaft Einfluß nehmen. Weder »strukturanalytische« Theorien noch die Finanzsoziologie, die die Staatswirtschaft aus gesellschaftlichen Kräften zu erklären versucht, gelangen zu befriedigenden Ergebnissen.[2] Umrisse einer allgemeineren Theorie liefert der »Property-Rights«-Ansatz, der sich mit Formen der Konfliktlösung bei der Nutzung von Gütern beschäftigt, deren Wert durch die mit ihnen verbundenen Verfügungsrechte bestimmt wird.[3] Anfänge einer solchen Betrachtungsweise finden sich schon im 19. Jahrhundert in Schäffles und Adolph Wagners Theorien der »kollektiven Güter«, doch unterscheidet sich der »Property-Rights«-Ansatz von diesen dadurch, daß er fest auf dem Boden einer neoklassischen Marktökonomie steht. Seine Hauptleistung ist die Analyse der »Transaktionskosten« von sozialen Steuerungssystemen. Borchardt erblickt seine aktuelle Bedeutung darin, daß auf das weitgehend staatswirtschaftlich geprägte 19. Jahrhundert und die nachfolgenden liberalmarktwirtschaftlich dominierten Perioden nun in einer »dritten Phase« auch in den entwickelten Industriestaaten wieder in zunehmendem Maße institutionell determinierte Wirtschaftsabläufe erkennbar werden.

Einer solchen Phasenfolge entspricht die historische Metamorphose der Wirtschaftsordnung in Deutschland nur in gleichsam verwischter Form. Die im strikten Sinne liberale Phase beschränkt sich auf das Jahrzehnt vor der Reichsgründung und wenige Jahre danach, während in der Folge trotz des noch weitgehenden Fehlens eines konjunkturpolitischen Instrumentariums die Interventionsmechanismen des »Organisierten Kapitalismus« bereits Merkmale der »dritten Phase« vorwegnehmen. Dabei entspricht die Entwicklung der rein wirtschaftlichen Charakteristika, etwa der industriellen Konzentration, durchaus derjenigen in vergleichbaren Staaten, doch folgt die Erneuerung der politischen und sozialen Ordnung der wirtschaftlichen Modernisierung mit auffälliger Verzögerung.

Belege für die ausgeprägte Tendenz zu staatlicher Einflußnahme auf die Wirtschaft schon vor dem Ersten Weltkrieg sind die Verstaatlichung der Eisenbahnen und die Herausbildung eines umfangreichen öffentlichen Unternehmensbesitzes sowie das hochentwickelte System der staatlichen Sozialversicherung. Nach dem Krieg und verstärkt seit der Weltwirtschaftskrise vermehrte sich die staatliche Intervention. Das eklatante Versagen der Selbststeuerungsmechanismen eines liberal verfaßten Kapitalismus in der Krise ließ den Ordnungsrahmen der Wirtschaft rigider werden. Nach 1945 schien die Reliberalisierung des Wirtschaftsdenkens eine Wende einzuleiten, in der Realität war jedoch der Bruch mit den Traditionen der Vergangenheit – das zeigte die Entwicklungsgeschichte der sozialen Marktwirtschaft – weniger entschieden als in der Theorie. Es erscheint fraglich, ob 1945/48 wirklich eine tiefe ordnungspolitische Zäsur stattgefunden hat.[4]

Für die spezifische Entwicklung der Wirtschaftsordnung in Deutschland ist auch ein charakteristischer staatsverherrlichender Antimodernismus bedeutsam geworden, der im 19. Jahrhundert seine philosophische Überhöhung bei Hegel und seine systematische Darstellung bei Lorenz v. Stein fand. Beide stellten der von egoistischen Antrieben beherrschten Gesellschaft das sittliche, interessenfreie Handeln des Staates gegenüber, das ausschließlich am Gemeinwohl orientiert sei. Wie die Theoretiker der Gemeinwirtschaft hoffte Stein auf eine Überwindung des Gegensatzes von Kapital und Arbeit durch eine Gesellschaftsordnung des »gegenseitigen Interesses«.[5] Die mit solchen Lehren eng verbundene antidemokratische Ideologie erhielt ihre wichtigsten politischen Impulse aus der Abwehrhaltung gegen die Herausforderung der

Französischen Revolution. In Gestalt von Savignys Volksgeistlehre wirkte sie in die Jurisprudenz hinein und beeinflußte auch die beiden »Historischen Schulen« der deutschen Nationalökonomie.[6] In einem solchen Klima romantischer Staatsbejahung konnte sich der durchaus vorhandene Liberalismus des deutschen Bürgertums nicht zu echter politischer Opposition konkretisieren.

In seiner *Genealogie der Wirtschaftsstile* hat Alfred Müller-Armack den Versuch unternommen, in Anknüpfung an Max Webers »protestantische Ethik« die spezifische Entwicklung des modernen Industriekapitalismus in den deutschen Staaten des 19. Jahrhunderts aus konfessionellen Strukturen herzuleiten.[7] Im Gegensatz zum Calvinismus hat das Luthertum nach Müller-Armack keinen Beitrag zur Entwicklung des neuzeitlichen Kapitalismus, wohl aber einen zur Herausbildung moderner Formen der Staatswirtschaft geleistet. Dadurch daß nach der Reformation in großen Teilen Deutschlands protestantische Fürstenstaaten die katholische Kirche als oberste Autorität abgelöst hätten, seien die Wurzeln einer metaphysischen Staatsverherrlichung gelegt worden, die das Funktionieren hochentwickelter merkantilistisch-kameralistischer Staatswirtschaftssysteme begünstigt habe. Dabei hätten sich in Preußen durch die Konstellation eines reformierten Herrscherhauses (seit 1613) und einer obrigkeitsgehorsamen lutherischen Untertanenschaft besonders günstige Voraussetzungen für eine staatlich reglementierte Wirtschaftsmodernisierung ergeben. Vom feudal-ständisch und katholisch geprägten Österreich seien dagegen keine wirksamen Impulse für moderne merkantilistische Entwicklungen ausgegangen. Das weitgehende Scheitern der josephinischen Reformen am Widerstand der Stände ist für Müller-Armack ebenso ein Beleg für seine These wie die Tatsache, daß fast alle bedeutenden merkantilistischen Theoretiker Österreichs (Becher, Hörnigk, Schröder, Justi) eingewanderte Protestanten waren.

Der Versuch einer kultur- und speziell konfessionsgeschichtlichen Fundierung der Entwicklung der Wirtschaftsordnung in den deutschen Territorien, aber auch ein Vergleich etwa mit England und Frankreich unter dem nämlichen Gesichtspunkt, erscheint lohnend genug, um in spezielleren Untersuchungen fortgesetzt zu werden. Er bedürfte freilich der Ergänzung durch kontrastierende Betrachtungsweisen, etwa durch Gerschenkrons

Rückständigkeits-These. Je rückständiger ein Land in seiner wirtschaftlichen Entwicklung ist, desto wahrscheinlicher ist es nach Gerschenkron, daß seine Industrialisierung unter »organisierter Leitung« vonstatten geht, wobei die Leitungsfunktion entweder von der staatlichen Bürokratie oder von Banken wahrgenommen werden kann.[8] Realiter prägen stets unterschiedliche Mischungen von Laissez-faire und Staatsintervention die jeweilige nationale Eigentümlichkeit des Industrialisierungsvorganges.

Auf kaum überwindbare Schwierigkeiten stößt jeder Versuch, Zusammenhänge zwischen unterschiedlich gestalteten Wirtschaftsordnungen und unterschiedlichen Wachstumsleistungen von Volkswirtschaften zu ermitteln. So zeigt ein »ordnungspolitischer« Vergleich der deutschen, der britischen und der amerikanischen Industrialisierung im 19. Jahrhundert in allen drei Staaten eine zunehmende Einschränkung der wirtschaftlichen Freiheit durch staatliche Eingriffe. Dieser Trend zeichnet sich am wenigsten in Großbritannien, deutlicher in den USA und am klarsten in Deutschland ab. Blickt man demgegenüber auf die von den drei Volkswirtschaften erzielten Wachstumsergebnisse, stellt man fest, daß in der zweiten Jahrhunderthälfte Großbritannien gegenüber den USA und Deutschland deutlich abfällt. Eine institutionalistische Interpretation könnte einen ursächlichen Zusammenhang zwischen den beiden Entwicklungen vermuten und einen Mangel an staatlicher Kontrolle für das relative Zurückbleiben des britischen Wirtschaftswachstums verantwortlich machen. Eine solche These würde jedoch auf scharfen Widerspruch stoßen. Verschiedene Autoren haben den Nutzen staatlicher Eingriffe und Kontrollen für Industrialisierung und Wirtschaftswachstum grundsätzlich skeptisch beurteilt. So sei in Deutschland der Umfang der öffentlichen Investitionen überhaupt gering gewesen, die staatliche Finanzpolitik eher restriktiv und die Bürokratie mehr an sozialer Kontrolle als an wirtschaftlicher Modernisierung interessiert.[9] Grundsätzlich gilt, daß die Beschäftigung des Historikers mit öffentlichen Budgets nur Einkommensumverteilungen feststellen kann, deren Einfluß auf das Wirtschaftswachstum schwer bestimmbar ist. Ungeklärt ist vor allem – das zeigen neuere Untersuchungen – das Verhältnis von staatlicher Wirtschaftstätigkeit und Konjunkturzyklus. Für das 19. Jahrhundert ist in der Regel überhaupt kein eindeutig pro- oder antizyklisches wirtschaftspolitisches Verhalten zu ermitteln. So läßt der internationale Vergleich der Herausbildung von Wirtschaftsordnungen lediglich das unbefriedigende Fazit zu, daß die markanten Unterschiede in der Entwicklung des Verhältnisses von Laissez-faire und Staatsintervention teilweise aus spezifischen historischen Traditionen, teilweise aus unterschiedlichen Interessenlagen innerhalb des Systems der weltwirtschaftlichen Beziehungen erklärt werden müssen.

Der auffällige Kontrast des deutschen und des angelsächsischen Verständnisses der Rolle des Staates in der Wirtschaftsordnung hat sich nach 1945 weithin ausgeglichen. Anfängliche Widerstände gegen eine »Amerikanisierung« der deutschen Wirtschaft wurden endgültig überwunden, als in den sechziger Jahren eine neue Generation von Unternehmern und Managern in die Schaltzentren der Konzerne und Verbände nachrückte.[10] Gleichzeitig konvergierte die nun liberalere, marktwirtschaftliche Tendenz in der Bundesrepublik mit neuen, mehr staatsinterventionistischen Konzeptionen in Großbritannien und den USA, etwa Galbraiths in den sechziger Jahren einflußreicher These von den »social imbalances« zwischen Staats- und Marktwirtschaft. Die von den Labour-Regierungen begünstigte Ausweitung des öffentlichen Unternehmensbesitzes in Großbritannien, die französische »planification« und der schwedische Wohlfahrtsstaat sind Beispiele eines inzwischen über die deutschen Verhältnisse weit hinausgehenden Staatsinterventionismus in europäischen Nachbarstaaten mit ähnlicher Wirtschaftsstruktur.[11]

Ein populärer Indikator für das Ausmaß staatlicher Wirtschaftstätigkeit ist die Staatsquote, d. h. der Anteil der Staatsausgaben am Sozialprodukt. Die »große Staatsquote« schließt Ausgaben der Träger der Sozialversicherung ein, also reine Transferzahlungen. Sie ist insofern ein fragwürdiges Maß, als solche Zahlungen nicht Teil des Sozialprodukts sind.[12] Aussagekräftiger ist die um Transferzahlungen bereinigte »kleine Staatsquote«. Die zentrale historisch-theoretische Annahme in diesem Zusammenhang ist Wagners erstmals 1863 formuliertes »Gesetz der wachsenden Ausdehnung der öffentlichen und speziell der Staatstätigkeiten«. Mit seiner Vermutung einer langfristigen Zunahme der Staatsquote hat Wagner recht behalten, erstaunlicherweise zeichnete sich jedoch die von ihm behauptete Entwicklung zum Zeitpunkt der Formulierung des »Gesetzes« in der Statistik noch gar nicht ab. Vielmehr ist die Staatsquote in Deutschland vor 1871 sogar leicht gefallen und dann bis 1914 bei etwa 15% stabil geblieben.[13] Erst während des Ersten Weltkriegs stieg sie stark an, kehrte in der Weimarer Zeit nicht wieder auf das Vorkriegsniveau zurück und ging in der NS-Zeit nochmals steil in die Höhe. Nach 1945 verharrte die Staatsquote auf einem Niveau von 35% bis 40% und verzeichnete dann in den siebziger Jahren einen neuerlichen Anstieg, der zeitweilig auf Werte von über 50% führte. Die Wagnersche Annahme kann also, strenggenommen, nur für die Zeit zwischen den beiden Weltkriegen bestätigt werden (die Kriege selber stellen Sondersituationen dar) und eventuell noch für die allerjüngste Vergangenheit.

Man kann die Staatsausgaben aufgliedern in solche für Investitions-, Konsum- und Transferzwecke. Im 19. Jahrhundert entwickelten sich alle drei Kategorien bei zunehmenden Einkommen parallel. Nach dem Ersten Weltkrieg stiegen die Transferausgaben steil an, während die beiden anderen Ausgabentypen weiterhin der Entwicklung der Einkommen folgten. Auch nach 1945 gab es wieder eine parallele Entwicklung aller drei Typen von Ausgaben bei sehr starken Einkommenssteigerungen. In engem Zusammenhang mit der Staatsquote hat sich die Steuerquote entwickelt. Wagner vermutete eine obere Grenze der Steuer-Belastbarkeit, eine Vorstellung, die später u. a. von J. B. Clark wiederaufgegriffen wurde, jedoch bei den in manchen Staaten erreichten marginalen Sätzen von bis zu 90% de facto nicht zu belegen ist.[14] Auch die Vermutung, daß Kriege ruckartige, nur z. T. reversible Erhöhungen der Steuerquote auslösten, wird in Deutschland zwar durch den Ersten, nicht aber durch den Zweiten Weltkrieg bestätigt.

Die Entwicklungstendenzen der Staatsausgaben und die Ursachen ihrer unterschiedlichen Höhe sind bisher nicht befriedigend theoretisch geklärt. Faktoren ökonomisch-technischer, demographischer, politisch-institutioneller und akzidentieller Art (Kriege, Krisen) können die Ausgabenhöhe beeinflussen. Auch die Empirie der historischen Daten spricht nicht immer eine klare Sprache. So widerspricht der leichte Rückgang der Staatsquote in den Jahrzehnten des Deutschen Bundes der von zahlreichen Nationalökonomen – von List und Hildebrand bis zu Fourastié, Rostow und Hoselitz – gemachten Annahme eines (wegen des erforderlichen Aufbaus einer Infrastruktur) wachsenden Staatsanteils in der Phase der Frühindustrialisierung.[15] Bis zu einem gewissen Grade könnten wohl demographische Veränderungen eine Erklärung für die Gültigkeit des Wagnerschen Gesetzes liefern. Freilich ist auch die Entstehung von wachsenden »Kollektivbedürfnissen« durch Bevölkerungsverdichtung und Urbanisierung einstweilen nicht mehr als eine plausible Annahme. Demgegenüber ist die unmittelbare Auswirkung politischer Machtentscheidungen von Staat und Bürokratie – etwa in Kriegs- und Krisenzeiten – auf die Höhe der Staatsquote offensichtlich, erklärt aber nicht deren langfristige Veränderung.

Internationale Vergleiche der Höhe der Staatsquote sind aus verschiedenen Gründen problematisch. So wird in den USA die Quote dadurch massiv gesenkt, daß die Rentenversicherung nicht staatlich ist, sondern durch private Pensionsfonds erfolgt. In Japan ist die Bevölkerung jünger als in den westlichen Ländern, zahlt geringere Beiträge zur Sozialversicherung, und deren Leistungen haben ein geringeres Volumen. Zudem liegen in beiden Ländern die Steuern niedriger als in Europa. Die Berechnungen zur relativen Position Deutschlands bzw. der Bundesrepublik in der internationalen Rangordnung der Staatsquoten ergeben kein klares Bild. Kuznets hat vermutet, daß der öffentliche Verbrauch als Anteil des Sozialprodukts in Deutschland zwischen 1851 und 1959 durchweg niedriger gewesen sei als in Großbritannien und nach dem Zweiten Weltkrieg auch niedriger als in den USA.[16] Nach einer anderen Berechnung lagen jedoch sowohl der Staatsverbrauch als auch die Staatsquote einschließlich der Transferleistungen im Zeitraum von 1955 bis 1976 in der Bundesrepublik höher als in den USA und Japan.[17] Eine Statistik der OECD und des IWF weist die »große Staatsquote« der Bundesrepublik für 1980 mit 48,6% als die höchste aller großen Industriestaaten aus, jedoch für 1985 nach einem leichten Rückgang mit 47,6% nur noch als die vierthöchste nach Italien (59,4%), Frankreich (49,4%) und Kanada (48,5%), aber weiter vor Großbritannien (45,3%), den USA (37,1%) und Japan (32,2%). Für acht EG-Länder betrug der Durchschnitt der Staatsausgaben 51,5% des Volkseinkommens.

Wichtigste Ursache für die Zunahme der Staatsquoten in jüngster Zeit ist der starke Anstieg der Sozialausgaben, die heute der größte Einzelposten in den Etats aller Industriestaaten sind. In den USA beträgt ihr Anteil 55%, in Japan fast 60% und in den europäischen Ländern durchschnittlich etwa 70%. Eine gravierende Folge dieser Entwicklung ist ein allgemeiner Anstieg der Staatsverschuldung, z.B. auf mehr als 40% des Bruttosozialprodukts in der

Bundesrepublik, mehr als 50% in den USA und fast 70% in Japan. In Italien erhöhten sich die öffentlichen Schulden zwischen 1970 und 1986 sogar von 44% auf 100% des Sozialprodukts.[18] Von den hohen Staatsdefiziten gehen Gefahren für die nationalen und internationalen Kapitalmärkte aus. So reicht die niedrige Sparquote in den USA nicht aus, um die Haushaltsdefizite aus nationalen Fonds zu finanzieren, so daß umfangreiche Kapitalimporte erforderlich sind. Die Ausweitung des Staatsdefizits beeinflußt die Funktionsmechanismen der Wirtschaftsordnung insgesamt negativ, weil dadurch das Zinsniveau tendenziell angehoben und das Investitionsklima verschlechtert wird.

Das Studium nationaler wie internationaler Wirtschaftsordnungen findet auch politisches Interesse, weil kapitalistisch-sozialistische Systemvergleiche dadurch ebenso ermöglicht werden wie Systemempfehlungen für Entwicklungsländer. In der Theorie sind zentrale und dezentrale Planung konträre Ordnungsprinzipien, so daß es – obwohl jede reale Wirtschaftsordnung »Ausnahmebereiche« umfaßt – gemessen an den Formen der Planung und Koordination weder Mischsysteme geben sollte noch eine »Konvergenz« der Wirtschaftsordnungen. Tatsächlich zeigt aber der Vergleich marktwirtschaftlicher und zentralgeleiteter Volkswirtschaften insofern eine gewisse Konvergenz, als in beiden Systemen der Einfluß des Staates in einer Vielzahl von Spielarten inzwischen erheblich an Bedeutung gewonnen hat. Dabei scheint die Zentralität der Entscheidungsstrukturen in den marktwirtschaftlich orientierten Volkswirtschaften nicht nur im Hinblick auf den Staatseinfluß, sondern auch innerhalb der unternehmerisch-betrieblichen Wirtschaft zugenommen, hingegen in den sozialistisch-planwirtschaftlichen eher abgenommen zu haben.[19]

Der mit einer rekonstruktionsbedingten Verzögerung auch in der Bundesrepublik nachweisbare Übergang von einer industriell geprägten zu einer Dienstleistungswirtschaft und -gesellschaft hat die Bedeutung des Staates und der Gebietskörperschaften als der größten Arbeitgeber in diesem Bereich erhöht. Die Möglichkeiten zu wirtschaftspolitischer Einflußnahme sind deshalb theoretisch größer geworden. Praktisch sind jedoch der staatlichen Intervention Grenzen gesetzt. Die Massivität der – positiv wie negativ wirksamen – konjunkturellen Kräfte, die durch die weltwirtschaftlichen Verflechtungen abgemildert, aber auch verstärkt werden können, ist durch Variierung der Staatsausgaben kaum noch zu kontrollieren, zumal eine Harmonisierung der nationalen Maßnahmen nicht einmal in Integrationszonen wie der EG zu gelingen scheint.

Historisch-langfristig gesehen hat in Deutschland das für die Gestaltung der Wirtschaftsordnung zentrale Verhältnis von Staat und Wirtschaft meist Kompromißcharakter zwischen den Extremen eines radikalen Liberalismus angelsächsischer Prägung und einer rigorosen Gängelung der Wirtschaft gehabt, in der die Prinzipien des Merkantilismus fortlebten. Dabei wurde die Tendenz seit dem letzten Viertel des 19. Jahrhunderts jedoch immer mehr durch Staatsintervention und die Verdrängung individuell-unternehmerischer Entscheidungen durch kollektive und korporative bestimmt. Es erscheint bemerkenswert, daß nach 1945 zwar nicht die extrem staatsinterventionistische Linie der NS-Wirtschaftspolitik fortgesetzt wurde, daß jedoch auch keine drastische Rückbildung der Staatsquote im wirtschaftsliberalen Sinne erfolgte.

Inzwischen ist fast unmerklich auch in den Marktwirtschaften westlich-kapitalistischer Prägung die Entwicklung den schon früh von Hayek prognostizierten Weg weiter zunehmender öffentlicher Kontrollen und Einflußnahmen gegangen.[20] Das konnte um so leichter geschehen, als die Verteidiger der »freien Wirtschaft« häufig vor allem Verteidiger ihrer Privilegien und Befürworter staatlicher Eingriffe zum Schutze dieser Privilegien waren. Wie in den Auseinandersetzungen um die Gewerbeordnung im 19. Jahrhundert, bricht auch im Kampf um die richtige Auslegung des Komplexbegriffs »soziale Marktwirtschaft« der harte Gegensatz der Interessen allenthalben durch die dünne Folie der akademischen Lehre. Dabei haben sich die Interpretationsgegensätze, die schon in der unmittelbaren Nachkriegszeit die Diskussion bestimmten, bis heute keineswegs abgemildert. Ein erklärter Liberaler wie Hayek kritisiert die »soziale« Komponente des Begriffs als Einfallstor für antimarktwirtschaftliche Tendenzen, und H. Giersch meint, es könne gar keine soziale Marktwirtschaft geben, nur ein Nebeneinander von freier Marktwirtschaft und Sozialstaat.[21] Ähnlich rigoros ist die Kritik aus entgegengesetzter Richtung, die eine Umstrukturierung der sozialen Marktwirtschaft im Sinne einer vermehrten Vergesellschaftung der Produktionsmittel und zusätzlicher staatlicher Kontrollen fordert.[22]

Trotz solcher Zweifel erscheint die Wirtschaftsordnung der Bundesrepublik (wie übrigens auch – obwohl in anderer Weise – diejenige der DDR), verglichen mit den Turbulenzen und Umbrüchen früherer Epochen der deutschen Geschichte des 19. und 20. Jahrhunderts, vorerst noch gleichsam »eingefroren«, in unhistorischer Endgültigkeit erstarrt. Die Ideologie ihrer definitiven Richtigkeit hat durch die unter dem Panier der sozialen Marktwirtschaft erzielten wirtschaftlichen Erfolge eine scheinbar unanfechtbare Bestätigung erhalten. Realistischer dürfte aber die Interpretation dieser Wirtschaftsordnung als eines durch die Gunst der Umstände stabilisierten Kompromisses zwischen einander widerstreitenden historischen Strömungen sein. In welcher Weise dieser Kompromiß schließlich aufgelöst werden wird, ist angesichts der gegenwärtigen Krise des Wohlfahrtsstaates und der ebenso offenkundigen Problematik neoliberaler Konzeptionen ungewiß. Die Geschichte der Wirtschaftsordnung in Deutschland besagt wenig über die Richtung ihrer zukünftigen Entwicklung.

# Abkürzungsverzeichnis

| | |
|---|---|
| ADAV | Allgemeiner Deutscher Arbeiterverein |
| ADGB | Allgemeiner Deutscher Gewerkschaftsbund |
| AEG | Allgemeine Elektrizitätsgesellschaft |
| AHB | Außenhandelsbetrieb |
| AHGB | Allgemeines Deutsches Handelsgesetzbuch |
| BASF | Badische Anilin- und Sodafabrik |
| BDA | Bundesvereinigung der Deutschen Arbeitgeberverbände |
| BDI | Bundesverband der Deutschen Industrie |
| BdI | Bund der Industriellen |
| BdL | Bund der Landwirte |
| BetrVG | Betriebsverfassungsgesetz |
| BGB | Bürgerliches Gesetzbuch |
| BIZ | Bank für Internationalen Zahlungsausgleich |
| CDI | Centralverband Deutscher Industrieller |
| CDU | Christlich Demokratische Union |
| DAF | Deutsche Arbeitsfront |
| DDR | Deutsche Demokratische Republik |
| DGB | Deutscher Gewerkschaftsbund |
| DHT | Deutscher Handelstag |
| DIHT | Deutscher Industrie- und Handelstag |
| DUEG | Deutsch-Überseeische Elektrizitätsgesellschaft |
| DWK | Deutsche Wirtschaftskommission |
| EG | Europäische Gemeinschaft |
| EGKS | Europäische Gemeinschaft für Kohle und Stahl |
| ERP | European Recovery Program |
| EWG | Europäische Wirtschaftsgemeinschaft |
| EZU | Europäische Zahlungsunion |
| FDGB | Freier Deutscher Gewerkschaftsbund |
| FDJ | Freie Deutsche Jugend |
| GATT | General Agreement on Tariffs and Trade |
| GG | Grundgesetz |
| GuG | Geschichte und Gesellschaft |
| HDWSG | Handbuch der Deutschen Wirtschafts- und Sozialgeschichte |
| HFW | Handbuch der Finanzwissenschaft |
| HGB | Handelsgesetzbuch |
| HO | Handelsorganisation |
| HSW | Handwörterbuch der Sozialwissenschaften |

| | |
|---|---|
| HWW | Handwörterbuch der Wirtschaftswissenschaft |
| IWF | Internationaler Währungsfonds |
| JEH | Journal of Economic History |
| KPD | Kommunistische Partei Deutschlands |
| KRA | Kriegsrohstoffabteilung |
| LDPD | Liberaldemokratische Partei Deutschlands |
| LPG | Landwirtschaftliche Produktionsgenossenschaft |
| Mefo | Metallurgische Forschungsanstalt |
| NDB | Neue Deutsche Biographie |
| NÖS | Neues Ökonomisches System der Planung und Leitung |
| NSDAP | Nationalsozialistische Deutsche Arbeiterpartei |
| OECD | Organization for Economic Cooperation and Development |
| OEEC | Organization for European Economic Cooperation |
| ÖSS | Ökonomisches System des Sozialismus |
| OHL | Oberste Heeresleitung |
| PGH | Produktionsgenossenschaft des Handwerks |
| RDI | Reichsverband der Deutschen Industrie |
| RGW | Rat für gegenseitige Wirtschaftshilfe |
| RLB | Reichslandbund |
| RNS | Reichsnährstand |
| RWK | Rheinisch-Westfälisches Kohlensyndikat |
| SAG | Sowjetische Aktiengesellschaft |
| SAP | Sozialistische Arbeiterpartei |
| SAZ | Ständiger Ausschuß für Zusammenlegung von Betrieben |
| SBZ | Sowjetische Besatzungszone |
| SED | Sozialistische Einheitspartei Deutschlands |
| SMAD | Sowjetische Militäradministration |
| SPD | Sozialdemokratische Partei Deutschlands |
| SPK | Staatliche Plankommission |
| USPD | Unabhängige Sozialdemokratische Partei Deutschlands |
| VDA | Vereinigung Deutscher Arbeitgeberverbände |
| VDI | Verein Deutscher Ingenieure |
| VEB | Volkseigener Betrieb |
| Veba | Vereinigte Elektrizitäts- und Bergwerks-AG |
| VEG | Volkseigenes Gut |
| VIAG | Vereinigte Industrieunternehmungen AG |
| VSWG | Vierteljahrschrift für Sozial- und Wirtschaftsgeschichte |
| VVB | Vereinigung Volkseigener Betriebe |
| VW | Volkswagenwerk |
| WRV | Weimarer Reichsverfassung |

| | |
|---|---|
| ZAG | Zentralarbeitsgemeinschaft |
| ZEG | Zentral-Einkauf-GmbH |
| ZK | Zentralkomitee |
| ZUG | Zeitschrift für Unternehmensgeschichte |

# Anmerkungen

## *Einleitung*

1 E. Tuchtfeldt, Wirtschaftssysteme, in: HWW 9. 1982, 329.
2 Vgl. H. Lampert, Die Wirtschafts- und Sozialordnung der Bundesrepublik Deutschland, München 1985[8], 15.
3 D. Grosser, Staatseinwirkungen auf die Wirtschaft, in: ders. Hg., Der Staat in der Wirtschaft der Bundesrepublik, Opladen 1985, 4f.
4 Lampert, 41.
5 H. Ritschl, Gemeinwirtschaft, in: HSW 4. 1965, 332.
6 G. Draheim, Genossenschaften I, in: ebd., 352.
7 K.P. Hensel, Grundformen der Wirtschaftsordnung, München 1978[3], 11–16.
8 K. Bücher, Die Entstehung der Volkswirtschaft (1893), Tübingen 1980[6].
9 H. Ritschl. Wirtschaftsordnung, in: HSW 12. 1965, 197.
10 Tuchtfeldt, 329.
11 M. Weber, Wirtschaft u. Gesellschaft, Tübingen 1980[5], 531.

## *I. Spätmerkantilismus und Reformzeit*

1 T. Nipperdey, Deutsche Geschichte 1800–1866, München 1984[2], 255.
2 F. Blaich, Die Epoche des Merkantilismus, Wiesbaden 1973, 18.
3 K.H. Kaufhold, in: Wirtschafts-Ploetz, Freiburg 1984, 88.
4 W. Zorn, Zünfte, in: HSW 12. 484.
5 Ders., Gewerbe u. Handel 1648–1800, in: H. Aubin u. ders. Hg., HDWSG I, Stuttgart 1971, 550.
6 H. Kellenbenz, Deutsche Wirtschaftsgeschichte I, München 1977, 299.
7 Vgl. G. Otruba, Die Wirtschaftspolitik Maria Theresias u. Josephs II., in: H. Matis Hg., Von der Glückseligkeit des Staates. Wirtschaft u. Gesellschaft in Österreich im Zeitalter des aufgeklärten Absolutismus, Berlin 1981, bes. 87–98.
8 I. Mieck, Preußische Gewerbepolitik in Berlin 1806–1844. Staatshilfe u. Privatinitiative zwischen Merkantilismus u. Liberalismus, Berlin 1963, 2.
9 C. Dipper, Die Bauernbefreiung in Deutschland, Stuttgart 1980, 42.
10 Mieck, 235–239.

11 W. Zorn, Bayerns Gewerbe, Handel u. Verkehr 1800–1970, in: M. Spindler Hg., Handbuch der bayerischen Geschichte IV/2, München 1975, 782f.

## *II. Wirtschaftsordnungen im Zeitalter des Deutschen Bundes*

1 Sozialgeschichtliches Arbeitsbuch, I: Materialien zur Statistik des Deutschen Bundes 1815–1870, Hg. W. Fischer u.a., München 1982, 68f.
2 Kellenbenz, Wirtschaftsgeschichte II, 1981, 78.
3 Vgl. z.B. K. Borchardt, Die industrielle Revolution in Deutschland, München 1972, 62f.
4 Sozialgeschichtliches Arbeitsbuch I, 101.
5 H.W. Hahn, Geschichte des Deutschen Zollvereins, Göttingen 1984, 24.
6 Ebd., 55f.
7 W. Zorn, Wirtschafts- u. sozialgeschichtliche Zusammenhänge der deutschen Reichsgründungszeit 1850–1879, in: H.-U. Wehler Hg., Moderne deutsche Sozialgeschichte, Köln 1966/Königstein $1981^6$, 257, 270.
8 F. Facius, Wirtschaft u. Staat. Die Entwicklung der staatlichen Wirtschaftsverwaltung in Deutschland vom 17. Jahrhundert bis 1945, Boppard 1959, 50.
9 C. Brinkmann, Historische Schule, in: HSW 5. 1956, 121.
10 L. Brentano, Mein Leben im Kampf um die soziale Entwicklung Deutschlands, Jena 1931, 73.
11 Vgl. W. Fischer, Unternehmerschaft, Selbstverwaltung u. Staat. Die Handelskammern in der deutschen Wirtschafts- u. Staatsverfassung des 19. Jahrhunderts, Berlin 1964; F.W. Henning, Zur Geschichte der wirtschaftlichen Selbstverwaltung. Kammern zwischen Staat u. Wirtschaft, in: Rheinisch-westfälisches Wirtschaftsarchiv Hg., Wirtschaftsarchive u. Kammern, Köln 1982, 25–51.
12 Vgl. M. Erdmann, Die verfassungspolitische Funktion der Wirtschaftsverbände in Deutschland 1815–1871, Berlin 1968.
13 F. Blaich, Staat u. Verbände in Deutschland 1871–1945, Wiesbaden 1979, 5f.
14 K. Borchard, Staatsverbrauch u. öffentliche Investitionen in Deutschland 1780–1850, Diss. Göttingen 1968, 22.
15 W. Gerloff, Die Finanz- u. Zollpolitik des Deutschen Reiches nebst ihren Beziehungen zu Landes- u. Gemeindefinanzen von der Gründung des Norddeutschen Bundes bis zur Gegenwart, Jena 1913, 769.

16 Borchard, 90.
17 G. Franz, Landwirtschaft 1800–1850, in: HDWSG II, 1976, 296–98.
18 Vgl. Dipper, 68.
19 Sozialgeschichtliches Arbeitsbuch I, 57.
20 Vgl. P. C. Martin, Die Entstehung des preußischen Aktiengesetzes von 1843, in: VSWG 56. 1969, 499–542.
21 W. Fischer, Das Verhältnis von Staat u. Wirtschaft in Deutschland am Beginn der Industrialisierung, in: R. Braun u. a. Hg., Industrielle Revolution – wirtschaftliche Aspekte, Köln 1976, 291.
22 Nipperdey, 482 f.
23 Fischer, Verhältnis, 296.
24 U. P. Ritter, Die Rolle des Staates in den Frühstadien der Industrialisierung. Die preußische Industrieförderung in der ersten Hälfte des 19. Jahrhunderts, Berlin 1961, 55.
25 Vgl. J. Kocka, Preußischer Staat u. Modernisierung im Vormärz. Marxistisch-leninistische Interpretationen u. ihre Probleme, in: H.-U. Wehler Hg., Sozialgeschichte heute. Festschrift H. Rosenberg, Göttingen 1974, 211–27.
26 R. Tilly, The Political Economy of Public Finance and the Industrialization of Prussia, 1815–1866, in: JEH 26. 1966, 496.
27 Vgl. R. Koselleck, Staat u. Gesellschaft in Preußen 1815–1848, in: Wehler Hg., Moderne Sozialgeschichte, 55–84.
28 Nipperdey, 266.
29 J. Kocka, Unternehmer in der deutschen Industrialisierung, Göttingen 1975, 42–53.
30 U. Engelhardt, Strukturelemente der Bundesrepublik Deutschland. Überlegungen zum Problem der historischen Kontinuität am Beispiel der Betriebsverfassung, in: VSWG 69. 1982, 386.
31 Vgl. D. Lindenlaub, Richtungskämpfe im Verein für Sozialpolitik, 2 Bde., Wiesbaden 1967.
32 I. Fetscher, F. Lassalle, in: NDB 13. 1982, 668.

### *III. Der »Organisierte Kapitalismus« des Kaiserreichs*

1 Sozialgeschichtliches Arbeitsbuch, II: Materialien zur Statistik des Kaiserreichs 1870–1914, Hg. G. Hohorst u. a., München 1978², 102, 107.
2 Vgl. H. Rosenberg, Große Depression u. Bismarckzeit, Berlin 1967.
3 Brinkmann, Historische Schule, 135.
4 Lindenlaub, 10–14, 84–90.

5 K.E. Born, Wirtschafts- u. Sozialgeschichte des Deutschen Kaiserreichs 1867/71–1914, Stuttgart 1985, 70, 114.
6 W. Zorn, Staatliche Wirtschafts- u. Sozialpolitik u. öffentliche Finanzen 1800–1970, in: HDWSG II, 184.
7 Gerloff, 521.
8 G. Ambrosius, Der Staat als Unternehmer, Göttingen 1984, 23.
9 Born, 68f.
10 Facius, 67f.
11 Vgl. G. v. Eynern, Die deutsche Reichsbank, Jena 1928; M. Seeger, Die Politik der Reichsbank 1876–1914, Berlin 1968.
12 Vgl. H.-U. Wehler, Der Aufstieg des Organisierten Kapitalismus u. Interventionsstaates in Deutschland, in: H. A. Winkler Hg., Organisierter Kapitalismus, Göttingen 1974, 36–57.
13 J. Kocka, Organisierter Kapitalismus u. Staatsmonopolistischer Kapitalismus, in: ebd., 19–35.
14 Vgl. V. Hentschel, Wirtschaft u. Wirtschaftspolitik im Wilhelminischen Deutschland, Stuttgart 1978, 61.
15 H. Pohl, Die Konzentration der deutschen Wirtschaft vom ausgehenden 19. Jahrhundert bis 1945, in: ders. u. W. Treue Hg., Die Konzentration der deutschen Wirtschaft seit dem 19. Jahrhundert, Wiesbaden 1978, 5.
16 Hentschel, 54.
17 H.-U. Wehler, Das Deutsche Kaiserreich 1871–1918, Göttingen 1983$^{5}$, 18.
18 A. Gerschenkron, Wirtschaftliche Rückständigkeit in historischer Perspektive, in: H.-U. Wehler Hg., Geschichte u. Ökonomie, Köln 1973/Königstein 1985$^{2}$, 128.
19 Vgl. K.-H. Fezer, Die Haltung der Rechtswissenschaften zu den Kartellen bis 1914, in: H. Pohl Hg., Kartelle u. Kartellgesetzgebung in Praxis u. Rechtsprechung vom 19. Jahrhundert bis zur Gegenwart, Stuttgart 1985, 51–68.
20 R. Liefmann, Kartelle u. Trusts u. die Weiterbildung der volkswirtschaftlichen Organisation, Stuttgart 1922$^{5}$, 289.
21 Pohl, Konzentration, 10.
22 Hentschel, 100, 119.
23 Erdmann, 219.
24 Vgl. H. Kaelble, Industrielle Interessenpolitik in der Wilhelminischen Gesellschaft. Centralverband Deutscher Industrieller 1895–1914, Berlin 1967.
25 J. Riesser, Der Hansabund, Jena 1912, 20.
26 G. Stolper u. a., Die deutsche Wirtschaft seit 1870, Tübingen 1966$^{2}$, 37.
27 H. Jaeger, Unternehmer in der deutschen Politik 1890–1918, Bonn 1967, 192–94.

28 F. Fischer, Griff nach der Weltmacht, Düsseldorf 1967[4].
29 A. Barkai, Die Wirtschaftspolitik des Nationalsozialismus. 1933–1936, Köln 1977, 71–74.
30 Sozialgeschichtliches Arbeitsbuch II, 219f.
31 Hentschel, 192–200.
32 Wehler, Kaiserreich, 144.
33 Hentschel, 176f., 194.
34 Wehler, Kaiserreich, 21.
35 H. Kaelble, Sozialer Aufstieg in Deutschland 1850–1914, in: VSWG 60. 1973, 52.
36 Wehler, Kaiserreich, 136.
37 K.E. Born, Staat u. Sozialpolitik seit Bismarcks Sturz, Wiesbaden 1957, 36.
38 H. Schäfer, in: Wirtschafts-Ploetz, 158f.
39 Engelhardt, 387f.
40 K. Saul, Staatsintervention u. Arbeitskampf im Wilhelminischen Reich 1904–1914, in: Wehler Hg., Sozialgeschichte heute, 481.
41 Wehler, Kaiserreich, 102f.
42 Lindenlaub, 376.
43 F. Zunkel, Industrie u. Staatssozialismus. Der Kampf um die Wirtschaftsordnung in Deutschland 1914–1918, Tübingen 1974, 52.
44 Ebd., 33f.
45 H.G. Ehlert, Die wirtschaftliche Zentralbehörde des Deutschen Reiches 1914–1919. Das Problem der »Gemeinwirtschaft« in Krieg u. Frieden, Wiesbaden 1982, 42.
46 G.D. Feldman, Armee, Industrie u. Arbeiterschaft in Deutschland 1914–1918, Berlin 1985, 143.
47 Ebd., 209.
48 Facius, 92.
49 Zunkel, 31.
50 Ebd., 51–59.
51 Vgl. M. Weber, Wahlrecht u. Demokratie in Deutschland (1917), in: W.J. Mommsen u. G. Hübinger Hg., Max Weber, Zur Politik im Weltkrieg. Schriften u. Reden 1914–1918, Tübingen 1984, 356f., 371; ders., Parlament u. Regierung im neugeordneten Deutschland (1918), in: ebd., 464.
52 J. Kocka, Klassengesellschaft im Krieg 1914–1918, Göttingen 1978[2], 10.
53 Zunkel, 111.

## *IV. Die wirtschaftliche und soziale Neuordnung von Weimar*

1 E. Forsthoff, Deutsche Verfassungsgeschichte der Neuzeit, Stuttgart 1961[4], 168.
2 Sozialgeschichtliches Arbeitsbuch III: Materialien zur Statistik des Deutschen Reiches 1914–1945, Hg. D. Petzina u. a., München 1978, 78.
3 D. Petzina, Die Wirtschaft der Zwischenkriegszeit, Wiesbaden 1977, 56.
4 R. A. Brady, The Rationalization Movement in German Industry, Berkeley 1933, XX.
5 Facius, 111 f.
6 G. Ambrosius, Die öffentliche Wirtschaft als Instrument der Wirtschaftspolitik in der Weimarer Republik, in: F. Blaich Hg., Die Rolle des Staates für die wirtschaftliche Entwicklung, Berlin 1982, 18, 47.
7 Vgl. H.-J. Winkler, Preußen als Unternehmer 1923–1932, Berlin 1965.
8 Vgl. C. Böhret, Aktionen gegen die »kalte Sozialisierung«. Ein Beitrag zum Wirken ökonomischer Einflußverbände in der Weimarer Republik, Berlin 1966.
9 Vgl. F. Blaich, »Garantierter Kapitalismus«. Subventionspolitik u. Wirtschaftsordnung in Deutschland 1925–1932, in: ZUG 22. 1977, 50–70.
10 Vgl. M. Schumacher, Land u. Politik. Eine Untersuchung über politische Parteien u. agrarische Interessen 1914–1923, Düsseldorf 1978, 495–509.
11 Petzina, Zwischenkriegszeit, 85.
12 Vgl. P. C. Witt, Finanzpolitik u. sozialer Wandel. Wachstum u. Funktionswandel der Staatsausgaben in Deutschland 1871–1933, in: Wehler Hg., Sozialgeschichte heute, 565–74.
13 Vgl. A. Mohler, Die konservative Revolution in Deutschland 1918–1932, Darmstadt 1972[2].
14 K. Sontheimer, Antidemokratisches Denken in der Weimarer Republik, München 1962[4], 345 f.
15 W. Hock, Deutscher Antikapitalismus. Der ideologische Kampf gegen die freie Wirtschaft im Zeichen der großen Krise, Frankfurt 1960, 25, 44.
16 Kocka, Klassengesellschaft, 135.
17 G. D. Feldman u. I. Steinisch, Industrie u. Gewerkschaften 1918–1924. Die überforderte Zentralarbeitsgemeinschaft, Stuttgart 1985, 128.
18 Vgl. H. H. Hartwich, Arbeitsmarkt, Verbände u. Staat 1918–1933. Die

öffentliche Bindung unternehmerischer Funktionen in der Weimarer Republik, Berlin 1967.

19 Petzina, Zwischenkriegszeit, 90.

20 H. J. Teuteberg, Ursprünge u. Entwicklung der Mitbestimmung in Deutschland, in: H. Pohl Hg., Mitbestimmung. Ursprünge u. Entwicklung, Wiesbaden 1981, 33 f.

21 P. C. Witt, Staatliche Wirtschaftspolitik 1918–1923, in: G. D. Feldman u. a. Hg., Die deutsche Inflation, Berlin 1982, 169.

22 Ebd., 171.

23 F. Naphtali, Wirtschaftsdemokratie (1928), Frankfurt 1966.

24 Vgl. K.-E. Born, Die deutsche Bankenkrise 1931, München 1967.

25 W. Fischer, Deutsche Wirtschaftspolitik 1918–1945, Opladen 1968[3], 58.

26 K. Borchardt, Wachstum, Krisen, Handlungsspielräume der Wirtschaftspolitik, Göttingen 1982, 173. Vgl. auch die Beiträge in: GuG 11. 1985, Heft 3 (»Kontroversen über die Wirtschaftspolitik in der Weimarer Republik«), Hg. H. A. Winkler.

27 H. Jaeger, W. Lautenbach, in: NDB 13. 1982, 726 f.

28 Barkai, 45.

29 Vgl. H. Marcon, Die Arbeitsbeschaffungspolitik der Regierungen Papen u. Schleicher, Frankfurt 1974.

## *V. Die Wirtschaftsdiktatur des Nationalsozialismus*

1 Fischer, Wirtschaftspolitik, 52.

2 Ebd., 53.

3 Sontheimer, 127.

4 Barkai, 96.

5 Ebd., 43, 81.

6 Petzina, Zwischenkriegszeit, 141.

7 Vgl. H. Mottek u. a., Wirtschaftsgeschichte Deutschlands III, Berlin 1975[3], 301–04.

8 A. Schweitzer, Big Business in the Third Reich, Bloomington 1964, 288 f.

9 Barkai, 15.

10 Fischer, Wirtschaftspolitik, 52 ff., 77.

11 Sozialgeschichtliches Arbeitsbuch III, 61, 119.

12 F. Blaich, Wirtschaftspolitik des Nationalsozialismus in Deutschland, in: D. Cassel Hg., Wirtschaftspolitik im Systemvergleich, München 1984, 166.

13 Petzina, Zwischenkriegszeit, 113.

14 Fischer, Wirtschaftspolitik, 76.
15 Facius, 154.
16 D. Petzina, Autarkiepolitik im Dritten Reich. Der nationalsozialistische Vierjahresplan, Stuttgart 1968, 104–08.
17 R. Erbe, Die nationalsozialistische Wirtschaftspolitik 1933–1939 im Lichte der modernen Theorie, Zürich 1958, 34, 48 f., 54.
18 Ebd., 162–77.
19 Vgl. Petzina, Zwischenkriegszeit, 109.
20 H. Grebing, Geschichte der deutschen Arbeiterbewegung, München 1971[2], 214.
21 A. Gladen, Geschichte der Sozialpolitik in Deutschland, Wiesbaden 1974, 113.
22 Vgl. D. Winkler, Frauenarbeit im Dritten Reich, Hamburg 1977.
23 Vgl. H. Genschel, Die Verdrängung der Juden aus der Wirtschaft des Dritten Reiches, Göttingen 1966.
24 Blaich, Wirtschaftspolitik des Nationalsozialismus, 175 f.
25 Stolper u. a., 183.
26 Petzina, Zwischenkriegszeit, 137.
27 Sozialgeschichtliches Arbeitsbuch III, 61.
28 L. Herbst, Der totale Krieg u. die Ordnung der Wirtschaft 1939–1945, Stuttgart 1982, 111 f.
29 Blaich, Nationalsozialismus, 177.
30 Petzina, Zwischenkriegszeit, 152.
31 Vgl. E. Georg, Die wirtschaftlichen Unternehmungen der SS, Stuttgart 1963.
32 Herbst, 207.
33 Petzina, Zwischenkriegszeit, 155.
34 K. Hardach, Wirtschaftsgeschichte Deutschlands im 20. Jahrhundert, Göttingen 1976, 105.

## *VI. Metamorphosen der Marktwirtschaft in der Bundesrepublik Deutschland*

1 W. Köllmann, Bevölkerungsgeschichte 1800–1970, in: HDWSG II, 40.
2 W. Abelshauser, Wirtschaftsgeschichte der Bundesrepublik Deutschland 1945–1980, Frankfurt 1983, 22 f.
3 Vgl. Statistisches Handbuch von Deutschland 1928–1944, Hg. Länderrat der Amerikanischen Besatzungszone, München 1949, 273–75.
4 Abelshauser, 56 f.
5 Lampert, 74.

6 Abelshauser, 91.
7 D. Berg-Schlosser, Die Konstituierung des Wirtschaftssystems, in: J. Becker u. a. Hg., Vorgeschichte der Bundesrepublik Deutschland, München 1969, 109.
8 Lampert, 173.
9 Süddeutsche Zeitung 17. 12. 1986.
10 Institut der Deutschen Wirtschaft Hg., Zahlen zur wirtschaftlichen Entwicklung der Bundesrepublik Deutschland, Köln 1986, Tab. 26.
11 K. Littmann, Definition u. Entwicklung der Staatsquote, Göttingen 1975, 172.
12 Institut der Deutschen Wirtschaft Hg., Tab. 30.
13 Vgl. W. Herrmann, Der Wiederaufbau der Selbstverwaltung der deutschen Wirtschaft nach 1945, in: ZUG 23. 1978, 81–97.
14 Vgl. T. Eschenburg, Herrschaft der Verbände?, Stuttgart 1955.
15 V. Berghahn, Unternehmer u. Politik in der Bundesrepublik, Frankfurt 1985, 181.
16 H. J. Thieme u. R. Steinbring, Wirtschaftspolitische Konzeptionen kapitalistischer Marktwirtschaften, in: Cassel Hg., 51, 61.
17 Lampert, 92f.
18 D. Grosser, Das Verhältnis von Staat u. Wirtschaft in der Bundesrepublik, in: ders. Hg., Der Staat in der Wirtschaft der Bundesrepublik, Leverkusen 1985, 25–28.
19 Vgl. A. Müller-Armack, Soziale Marktwirtschaft, in: HSW 9. 1956, 390–92.
20 Lampert, 82.
21 Grosser, Verhältnis, 22f.
22 Abelshauser, 80f.
23 H. H. Rupp, Wirtschaftsordnung I: Wirtschaftsverfassung, in: HWW 9, 143.
24 Berghahn, 103, 149, 191; Grosser, Verhältnis, 94–99.
25 Petzina, Zwischenkriegszeit, Tab. 18.
26 Vgl. E. Altvater u. a., Vom Wirtschaftswachstum zur Wirtschaftskrise. Ökonomie u. Politik in der Bundesrepublik, 2 Bde., Berlin $1980^2$.
27 Abelshauser, 168.
28 K.-H. Hartwig, Bundesrepublik Deutschland: Wirtschaftspolitik in der Sozialen Marktwirtschaft, in: Cassel Hg., 194; Thieme u. Steinbring, in: ebd., 57f., 61.
29 Abelshauser, 148.
30 Vgl. H. Möller, Europäische Gemeinschaften, in: HWW 8, 472–503.
31 Berghahn, 152.
32 Abelshauser, 164.

33 Lampert, 77.
34 Berghahn, 207.
35 U. Andersen, Unternehmensverfassung u. Mitbestimmung, in: Grosser Hg., Staat, 145.
36 Engelhardt, 380f.
37 Berghahn, 230f.
38 Abelshauser, 135–41.

## *VII. Die Plan- und Lenkungswirtschaft der DDR*

1 D. Staritz, Geschichte der DDR 1945–1985, Frankfurt 1985, 47f.
2 Ebd., 74, 77.
3 Ebd., 89.
4 J. Roesler, Die Herausbildung der sozialistischen Planwirtschaft in der DDR, Berlin 1978, XIII.
5 W. Zank, Wirtschaftsplanung u. Bewirtschaftung in der sowjetischen Besatzungszone, in: VSWG 71. 1984, 485–504.
6 Vgl. Roesler, 291–93.
7 G. Gutmann, Die Wirtschaft der DDR, in: HWW 8, 752.
8 R. Badstübner u. a., DDR, Werden u. Wachsen, Berlin 1975[2], 196.
9 Roesler, XVII.
10 H. Winkel, Die Wirtschaft im geteilten Deutschland, Wiesbaden 1974, 172.
11 Staritz, 155.
12 Badstübner, 420; Roesler, 326.
13 Gutmann, 739.
14 Ebd., 759.
15 Staritz, 203.
16 M. Melzer, DDR: Wirtschaftspolitik der administrativen Reformen, in: Cassel Hg., 294.
17 W. Obst, DDR-Wirtschaft. Modell u. Wirklichkeit, Hamburg 1973.
18 Melzer, 287.
19 Hensel, 162.
20 Staritz, 169.

## *VIII. Fazit und Ausblick*

1 N. Schraad, Strukturwandel u. dynamische Effizienz in unterschiedlichen Wirtschaftsordnungen, Berlin 1985, 46.
2 H. Ritschl, Zur Theorie der Staatswirtschaft, in: H. Haller u. a. Hg.,

Theorie u. Praxis des finanzpolitischen Interventionismus. F. Neumark zum 70. Geburtstag, Tübingen 1970, 48.
3 K. Borchardt, Der »Property-Rights-Ansatz« in der Wirtschaftsgeschichte, in: J. Kocka Hg., Theorien in der Praxis des Historikers (=GuG-Sonderheft 3), Göttingen 1977, 140–56.
4 Abelshauser, Wirtschaftsgeschichte, 87f.
5 W. Schmidt, L. v. Stein, in: Männer der deutschen Verwaltung, Köln 1963, 124f.
6 Hock, Antikapitalismus, 12.
7 A. Müller-Armack, Genealogie der Wirtschaftsstile, Stuttgart 1944[3], 16–26.
8 A. Gerschenkron, Reflexions on the Concept of »Prerequisites« of Modern Industrialization, in: ders., Economic Backwardness in Historical Perspective, New York 1962, 44.
9 Vgl. u. a. F. Tipton, Government Policy and Economic Development in Germany and Japan: A Skeptical Reevaluation, in: JEH 41. 1981, 139–50.
10 Berghahn, Unternehmer, 18.
11 Thieme u. Steinbring, in: Cassel Hg., 57.
12 D. Grosser, Staatseinwirkungen auf die Wirtschaft, in: ders. Hg., Der Staat in der Wirtschaft der Bundesrepublik, Opladen 1985, 7.
13 H. C. Recktenwald, Umfang u. Struktur der öffentlichen Ausgaben in säkularer Sicht, in: F. Neumark Hg., HFW 1, Tübingen 1977[3], 719f.
14 Ebd., 736.
15 Ebd., 741.
16 S. Kuznets, Modern Economic Growth, New Haven 1966, 236f.
17 Schraad, 146–48.
18 Der Spiegel 43/1986, 185–94.
19 Schraad, 256.
20 F. A. Hayek, Individualismus u. wirtschaftliche Ordnung, Erlenbach 1952, 141f.
21 J. Starbattny, Die soziale Marktwirtschaft in historisch-theoretischer Sicht, in: H. Pohl Hg., Entstehung u. Entwicklung der sozialen Marktwirtschaft, Stuttgart 1986, 7f.
22 Altvater, Wirtschaftswachstum, 373.

# Auswahlbibliographie

## *Theoretische Untersuchungen und Zusammenfassungen*


Ambrosius, G., Der Staat als Unternehmer. Öffentliche Wirtschaft u. Kapitalismus seit dem 19. Jahrhundert, Göttingen 1984

Blaich, F., Staat u. Verbände in Deutschland 1871–1945, Wiesbaden 1979

Blum, R., Wirtschaftsordnung II: Wirtschaftsordnungspolitik, in: HWW 9. 1982, 149–55

Cassel, D., Hg., Wirtschaftspolitik im Systemvergleich, München 1984

Facius, F., Wirtschaft u. Staat. Die Entwicklung der staatlichen Wirtschaftsverwaltung in Deutschland vom 17. Jahrhundert bis 1945, Boppard 1959

Häuser, K., Abriß der geschichtlichen Entwicklung der öffentlichen Finanzwirtschaft, in: HFW 1. $1977^3$, 3–51

Hensel, K. P., Grundformen der Wirtschaftsordnung. Marktwirtschaft, Zentralverwaltungswirtschaft, München $1978^3$

Hentschel, V., Geschichte der deutschen Sozialpolitik 1880–1980, Frankfurt 1983

Kocka, J., Organisierter Kapitalismus oder Staatsmonopolistischer Kapitalismus?, in: H. A. Winkler Hg., Organisierter Kapitalismus, Göttingen 1974, 19–35

Kolms, H., Öffentliche Finanzwirtschaft. IV: Geschichte, in: HWW 9. 1982, 764–82

Littmann, K., Definition u. Entwicklung der Staatsquote, Göttingen 1975

Loesch, A. v., Die gemeinwirtschaftliche Unternehmung. Vom antikapitalistischen Ordnungsprinzip zum marktwirtschaftlichen Regulativ, Köln 1977

Müller-Armack, A., Genealogie der Wirtschaftsstile, Stuttgart $1944^3$

–, Soziale Marktwirtschaft, in: HSW 9. 1956, 390–92

Nussbaum, H., u. L. Zumpe Hg., Wirtschaft u. Staat in Deutschland. Eine Wirtschaftsgeschichte des staatsmonopolistischen Kapitalismus in Deutschland vom Ende des 19. Jahrhunderts bis 1945, 3 Bde., Berlin 1978/80

Pohl, H. Hg., Kartelle u. Kartellgesetzgebung in Praxis u. Rechtsprechung vom 19. Jahrhundert bis zur Gegenwart, Stuttgart 1985

Recktenwald, H. C., Umfang u. Struktur der öffentlichen Ausgaben in säkularer Sicht, in: HFW 1. $1977^3$, 713–52.

Ritschl, H., Wirtschaftsordnung, in: HSW 12. 1965, 189–203

Rupp, H. H., Wirtschaftsordnung I: Wirtschaftsverfassung, in: HWW 9. 1982, 141–49

Schraad, N., Strukturwandel u. dynamische Effizienz in unterschiedlichen Wirtschaftsordnungen, Berlin 1985

Schremmer, E., Die Wirtschaftsordnungen 1800–1970, in: HDWSG II, 1976, 122–47
Schumpeter, J. A., Kapitalismus, Sozialismus u. Demokratie, Bern 1950²
Sombart, W., Der moderne Kapitalismus, 3 Bde., Leipzig u. München 1924–27
Stegmann, D., Unternehmerverbände (Geschichte), in: HWW 8. 1979, 155–70
Teuteberg, H. J., Ursprünge u. Entwicklung der Mitbestimmung in Deutschland, in: H. Pohl Hg., Mitbestimmung. Ursprünge u. Entwicklung, Wiesbaden 1981, 7–73
Zorn, W., Staatliche Wirtschafts- u. Sozialpolitik u. öffentliche Finanzen 1800–1970, in: HDWSG II, 1976, 148–97

## *Reformzeit und Deutscher Bund*

Barkhausen, M., Staatliche Wirtschaftslenkung u. freies Unternehmertum im westdeutschen u. nord- u. südniederländischen Raum bei der Entstehung der neuzeitlichen Industrie im 18. Jahrhundert, in: VSWG 45. 1958, 168–241
Blaich, F., Die Epoche des Merkantilismus, Wiesbaden 1973
Böhme, H., Deutschlands Weg zur Großmacht. Studien zum Verhältnis von Wirtschaft u. Staat während der Reichsgründungszeit 1848–1881, Köln 1972²
Borchard, K., Staatsverbrauch u. öffentliche Investitionen in Deutschland 1780–1850, Diss. Göttingen 1968
Dipper, C., Die Bauernbefreiung in Deutschland, Stuttgart 1980
Erdmann, M., Die verfassungspolitische Funktion der Wirtschaftsverbände in Deutschland 1815–1871, Berlin 1968
Fischer, W., Der Staat u. die Anfänge der Industrialisierung in Baden 1800–1850, Berlin 1962
–, Unternehmerschaft, Selbstverwaltung u. Staat. Die Handelskammern in der deutschen Wirtschafts- u. Staatsverfassung des 19. Jahrhunderts, Berlin 1964
–, Das Verhältnis von Staat u. Wirtschaft in Deutschland am Beginn der Industrialisierung, in: R. Braun u. a. Hg., Industrielle Revolution – wirtschaftliche Aspekte, Köln 1976, 286–304
Hahn, H. W., Geschichte des Deutschen Zollvereins, Göttingen 1984
Kiesewetter, H., Staat u. Unternehmen während der Frühindustrialisierung. Das Königreich Sachsen als Paradigma, in: ZUG 29. 1984, 1–32
Klein, E., Geschichte der öffentlichen Finanzen in Deutschland 1500–1870, Wiesbaden 1974
Koselleck, R., Preußen zwischen Reform u. Revolution. Allgemeines Landrecht, Verwaltung u. soziale Bewegung 1792–1848, Stuttgart 1967/1987⁴

–, Staat u. Gesellschaft in Preußen 1815–1848, in: H.-U. Wehler Hg., Moderne deutsche Sozialgeschichte, Düsseldorf 1981[6], 55–84
Mieck, I., Preußische Gewerbepolitik in Berlin 1806–1844. Staatshilfe u. Privatinitiative zwischen Merkantilismus u. Liberalismus, Berlin 1963
Osterloh, H., J. v. Sonnenfels u. die österreichische Reformbewegung im Zeitalter des aufgeklärten Absolutismus, Lübeck 1970
Otruba, G., Die Wirtschaftspolitik Maria Theresias u. Josephs II., in: H. Matis Hg., Von der Glückseligkeit des Staates. Wirtschaft u. Gesellschaft in Österreich im Zeitalter des aufgeklärten Absolutismus, Berlin 1981, 77–103
Ritter, U. P., Die Rolle des Staates in den Frühstadien der Industrialisierung. Die preußische Industrieförderung in der ersten Hälfte des 19. Jahrhunderts, Berlin 1961
Tilly, R., The Political Economy of Public Finance and the Industrialization of Prussia 1815–1866, in: JEH 26. 1966, 484–97
Treue, W., Das Verhältnis von Fürst, Staat u. Unternehmer in der Zeit des Merkantilismus, in: VSWG 44. 1957, 26–56

## *Das Deutsche Kaiserreich*

Blaich, F., Kartell- u. Monopolpolitik im kaiserlichen Deutschland, Düsseldorf 1973
Born, K. E., Wirtschafts- u. Sozialgeschichte des Deutschen Kaiserreichs 1867/71–1914, Stuttgart 1985
Ehlert, H. G., Die wirtschaftliche Zentralbehörde des Deutschen Reiches 1914–1919. Das Problem der »Gemeinwirtschaft« in Krieg u. Frieden, Wiesbaden 1982
v. Eynern, G., Die Deutsche Reichsbank. Probleme des deutschen zentralen Noteninstituts in geschichtlicher Darstellung, Jena 1928
Faust, A., Arbeitsmarktpolitik im Deutschen Kaiserreich. Arbeitsvermittlung, Arbeitsbeschaffung u. Arbeitslosenunterstützung 1890–1918, Stuttgart 1986
Feldman, G. D., Armee, Industrie u. Arbeiterschaft in Deutschland 1914–1918, Berlin 1985
Gerloff, W., Die Finanz- u. Zollpolitik des Deutschen Reiches nebst ihren Beziehungen zu Landes- u. Gemeindefinanzen von der Gründung des Norddeutschen Bundes bis zur Gegenwart, Jena 1913
Hentschel, V., Wirtschaft u. Wirtschaftspolitik im Wilhelminischen Deutschland, Stuttgart 1978
Kaelble, H., Industrielle Interessenpolitik in der Wilhelminischen Gesellschaft. CDI 1895–1914, Berlin 1967
Lambi, I., Free Trade and Protection in Germany 1868–1879, Wiesbaden 1963

Levy, H., Industrial Germany. A Study of Its Monopoly Organizations and Their Control by the State, London 1966
Liefmann, R., Kartelle u. Trusts u. die Weiterbildung der volkswirtschaftlichen Organisation, Stuttgart 1922[5]
Lindenlaub, D., Richtungskämpfe im Verein für Sozialpolitik, 2 Bde., Wiesbaden 1967
Rosenberg, H., Große Depression u. Bismarckzeit, Berlin 1967
Seeger, M., Die Politik der Reichsbank 1876–1914 im Lichte der Spielregeln der Goldwährung, Berlin 1968
Stegmann, D., Die Erben Bismarcks. Parteien u. Verbände in der Spätphase des Wilhelminischen Deutschlands, Köln 1970
Wehler, H.-U., Der Aufstieg des Organisierten Kapitalismus u. Interventionsstaates in Deutschland, in: H. A. Winkler Hg., Organisierter Kapitalismus, Göttingen 1974, 36–57
–, Das Deutsche Kaiserreich 1871–1918, Göttingen 1985[6]
Zunkel, F., Industrie u. Staatssozialismus. Der Kampf um die Wirtschaftsordnung in Deutschland 1914–1918, Tübingen 1974

### *Weimarer Republik und Nationalsozialismus*

Ambrosius, G., Die öffentliche Wirtschaft als Instrument der Wirtschaftspolitik in der Weimarer Republik, in: F. Blaich Hg., Die Rolle des Staates für die wirtschaftliche Entwicklung, Berlin 1982, 11–76
–, Die öffentliche Wirtschaft in der Weimarer Republik. Kommunale Versorgungsunternehmen als Instrumente der Wirtschaftspolitik, Baden-Baden 1984
Barkai, A., Die Wirtschaftspolitik des Nationalsozialismus. Der historische u. ideologische Hintergrund 1933–1936, Köln 1977
Bettelheim C., Die deutsche Wirtschaft unter dem Nationalsozialismus, München 1974
Blaich, F., »Garantierter Kapitalismus«. Subventionspolitik u. Wirtschaftsordnung in Deutschland 1925–1932, in: ZUG 22. 1977, 50–70
Böhret, C., Aktionen gegen die »kalte Sozialisierung«. Ein Beitrag zum Wirken ökonomischer Einflußverbände in der Weimarer Republik, Berlin 1966
Borchardt, K., Wachstum, Krisen, Handlungsspielräume der Wirtschaftspolitik, Göttingen 1982
Eichholz, D., Geschichte der deutschen Kriegswirtschaft, 2 Bde., Berlin 1969/85
Erbe, R., Die nationalsozialistische Wirtschaftspolitik 1933–1939 im Lichte der modernen Theorie, Zürich 1958
Feldman, G. D., u. I. Steinisch, Industrie u. Gewerkschaften 1918–1924. Die überforderte Zentralarbeitsgemeinschaft, Stuttgart 1985

Fischer, W., Deutsche Wirtschaftspolitik 1918–1945, Opladen 1968[3]
Genschel, H., Die Verdrängung der Juden aus der Wirtschaft im Dritten Reich, Göttingen 1966
Hartwich, H. H., Arbeitsmarkt, Verbände u. Staat 1918–1933. Die öffentliche Bindung unternehmerischer Funktionen in der Weimarer Republik, Berlin 1967
Herbst, L., Der totale Krieg u. die Ordnung der Wirtschaft 1939–1945, Stuttgart 1982
Hock, W., Deutscher Antikapitalismus. Der ideologische Kampf gegen die freie Wirtschaft im Zeichen der großen Krise, Frankfurt 1960
Koelble, J., Grundzüge der neuen deutschen Wirtschaftsordnung, Leipzig 1939
Krause, W., Wirtschaftstheorie unter dem Hakenkreuz. Die bürgerliche politische Ökonomie in Deutschland, Berlin 1969
Krohn, C.-D., Stabilisierung u. ökonomische Interessen. Die Finanzpolitik des Deutschen Reiches 1923–1927, Düsseldorf 1974
Milward, A. S., Die deutsche Kriegswirtschaft 1939–1945, Stuttgart 1966
Naphtali, F., Wirtschaftsdemokratie (1928), Stuttgart 1966
Petzina, D., Autarkiepolitik im Dritten Reich. Der nationalsozialistische Vierjahresplan, Stuttgart 1968
–, Die deutsche Wirtschaft der Zwischenkriegszeit, Wiesbaden 1977
Schweitzer, A., Big Business in the Third Reich, Bloomington 1964

### *Bundesrepublik Deutschland und DDR*

Abelshauser, W., Wirtschaftsgeschichte der Bundesrepublik Deutschland 1945–1980, Frankfurt 1983
Altvater E. u. a., Vom Wirtschaftswachstum zur Wirtschaftskrise. Ökonomie u. Politik in der Bundesrepublik, 2 Bde., Berlin 1980[2]
Ambrosius, G., Die Durchsetzung der sozialen Marktwirtschaft in Westdeutschland 1945–1949, Stuttgart 1977
Berg-Schlosser, D., Die Konstituierung des Wirtschaftssystems, in: J. Becker u. a. Hg., Vorgeschichte der Bundesrepublik Deutschland, München 1979, 93–121
Berghahn, V., Unternehmer u. Politik in der Bundesrepublik, Frankfurt 1985
Blum, R., Soziale Marktwirtschaft. Wirtschaftspolitik zwischen Neoliberalismus u. Ordoliberalismus, Tübingen 1969
Cassel, D. u. a. Hg., 25 Jahre Marktwirtschaft in der Bundesrepublik Deutschland – Konzeption u. Wirklichkeit, Stuttgart 1972
Engelhardt, U., Strukturelemente der Bundesrepublik Deutschland. Überlegungen zum Problem historischer Kontinuität am Beispiel der Betriebsverfassung, in: VSWG 69. 1982, 373–92

Erhard, L., Wohlstand für alle, Düsseldorf 1964[8]
Grosser, D., Das Verhältnis von Staat u. Wirtschaft in der Bundesrepublik, in: ders. Hg., Der Staat in der Wirtschaft der Bundesrepublik, Opladen 1985, 13–60
Gutmann, G., Die Wirtschaft der DDR, in: HWW 8. 1979, 735–62
Herrmann, W., Der Wiederaufbau der Selbstverwaltung der deutschen Wirtschaft nach 1945, in: ZUG 23. 1978, 81–97
Klump, R., Wirtschaftsgeschichte der Bundesrepublik Deutschland. Zur Kritik neuerer wirtschaftshistorischer Interpretationen aus ordnungspolitischer Sicht, Stuttgart 1985
Lampert, H., Die Wirtschafts- u. Sozialordnung der Bundesrepublik Deutschland, München 1985[8]
–, Die Wirtschaft der Bundesrepublik Deutschland, in: HWW 8. 1979, 705–35
Möller, H., Europäische Gemeinschaften, in: ebd., 472–503
Müller, G., Die Grundlegung der westdeutschen Wirtschaftsordnung im Frankfurter Wirtschaftsrat 1947–1949, Frankfurt 1982
Obst, W., DDR-Wirtschaft. Modell u. Wirklichkeit, Hamburg 1973
Roesler, J., Die Herausbildung der sozialistischen Planwirtschaft in der DDR, Berlin 1978
Rupp, H. H., Grundgesetz u. Wirtschaftsverfassung, Tübingen 1974
Schmidt, E., Die verhinderte Neuordnung 1945–1952. Zur Auseinandersetzung um die Demokratisierung der Wirtschaft in den westlichen Besatzungszonen u. in der Bundesrepublik Deutschland, Frankfurt 1970
Schockenhoff, V., Wirtschaftsverfassung u. Grundgesetz. Die Auseinandersetzungen in den Verfassungsberatungen 1945–1949, Frankfurt 1986
Staritz, D., Geschichte der DDR 1949–1985, Frankfurt 1985
Zank, W., Wirtschaftsplanung u. Bewirtschaftung in der Sowjetischen Besatzungszone. Besonderheiten u. Parallelen im Vergleich zum westlichen Besatzungsgebiet, 1945–1949, in: VSWG 71. 1984, 485–504

## Neue Historische Bibliothek
in der edition suhrkamp

Schröder, Hans-Christoph: Die Revolutionen Englands im 17. Jahrhundert. es 1279

Schulze, Winfried: Deutschland 1500-1618. es 1268

Sieder, Reinhard: Sozialgeschichte der Familie. es 1276

Siemann, Wolfram: Die deutsche Revolution von 1848/49. es 1266

Staritz, Dietrich: Geschichte der DDR 1949-1984. es 1260

Thränhardt, Dietrich: Geschichte der Bundesrepublik 1949-1984. es 1267

Wehler, Hans-Ulrich: Grundzüge der amerikanischen Außenpolitik 1750-1900. es 1254

Wippermann, Wolfgang: Europäischer Faschismus im Vergleich 1922-1982. es 1245

Wirz, Albert: Sklaverei und kapitalistisches Weltsystem. es 1256

Wunder, Bernd: Geschichte der Bürokratie in Deutschland 1780-1986. es 1281

Ziebura, Gilbert: Weltwirtschaft und Weltpolitik 1924-1931. es 1261

Weitere Bände in Vorbereitung

54/2/3.87

edition suhrkamp
Eine Auswahl

Abelshauser: Wirtschaftsgeschichte der Bundesrepublik Deutschland (1945-1980). NHB. es 1241
Abendroth: Ein Leben in der Arbeiterbewegung. es 820
Achebe: Okonkwo oder Das Alte stürzt. es 1138
Adam/Moodley: Südafrika. es 1369
Adorno: Eingriffe. Neun kritische Modelle. es 10
– Gesellschaftstheorie und Kulturkritik. es 772
– Jargon der Eigentlichkeit. Zur deutschen Ideologie. es 91
– Kritik. Kleine Schriften zur Gesellschaft. es 469
– Ohne Leitbild. Parva Aesthetica. es 201
– Stichworte. Kritische Modelle 2. es 347
– Zur Metakritik der Erkenntnistheorie. es 590
Das Afrika der Afrikaner. Gesellschaft und Kultur Afrikas. Hg. von R. Jestel. es 1039
Anderson: Die Entstehung des absolutistischen Staates. es 950
– Von der Antike zum Feudalismus. es 922
Andréa: M.D. es 1364
Arbeitslosigkeit in der Arbeitsgesellschaft. es 1212
Aus der Zeit der Verzweiflung. Zur Genese und Aktualität des Hexenbildes. es 840
Bachtin: Die Ästhetik des Wortes. es 967
Barthes: Elemente der Semiologie. es 1171
– Kritik und Wahrheit. es 218
– Leçon/Lektion. es 1030
– Literatur oder Geschichte. es 303
– Michelet. es 1206
– Mythen des Alltags. es 92
– Das Reich der Zeichen. es 1077
– Die Sprache der Mode. es 1318
Beck: Risikogesellschaft. es 1365
Jürgen Becker: Ränder. es 351
– Umgebungen. es 722
Beckett: Fin de partie. Endspiel. es 96
– Flötentöne. es 1098
– Mal vu, mal dit. Schlecht gesehen, schlecht gesagt. es 1119
Samuel Beckett inszeniert Glückliche Tage. es 849
Benjamin: Aufklärung für Kinder. es 1317
– Briefe. 2 Bde. es 930
– Das Kunstwerk im Zeitalter seiner technischen Reproduzierbarkeit. es 28
– Moskauer Tagebuch. es 1020
– Das Passagen-Werk. 2 Bde. es 1200
– Über Kinder, Jugend und Erziehung. es 391
– Versuche über Brecht. es 172
– Zur Kritik der Gewalt und andere Aufsätze. es 103
Bernhard: Die Billigesser. es 1006
– Ein Fest für Boris. es 440
– Prosa. es 213
– Ungenach. Erzählung. es 279
– Watten. Ein Nachlaß. es 353
Bertaux: Hölderlin und die Französische Revolution. es 344
Biesheuvel: Schrei aus dem Souterrain. es 1179

3/1/6.87

3/2/6.87

– Über den Beruf des Schauspielers. es 384
– Über die bildenden Künste. es 691
– Über experimentelles Theater. es 377
– Über Lyrik. es 70
– Über Politik auf dem Theater. es 465
– Über Politik und Kunst. es 442
– Über Realismus. es 485
– Das Verhör des Lukullus. Hörspiel. es 740
Brecht-Journal. es 1191
Brecht-Journal 2. es 1396
Brunkhorst: Der Intellektuelle im Lande der Mandarine. es 1403
Buch: Der Herbst des großen Kommunikators. es 1344
– Waldspaziergang. es 1412
Bürger: Theorie der Avantgarde. es 727
Buro/Grobe: Vietnam! Vietnam? es 1197
Celan: Ausgewählte Gedichte. Zwei Reden. es 262
Cortázar: Letzte Runde. es 1140
– Reise um den Tag in 80 Welten. es 1045
Deleuze/Guattari: Kafka. Für eine kleine Literatur. es 807
Deleuze/Parnet: Dialoge. es 666
Derrida: Die Stimme und das Phänomen. es 945
Determinanten der westdeutschen Restauration 1945-1949. Von H.–U. Huster u. a. es 575
Ditlevsen: Gesichter. es 1165
– Sucht. Erinnerungen. es 1009
– Wilhelms Zimmer. es 1076
Takeo Doi: Amae. Freiheit in Geborgenheit. es 1128
Dorst: Toller. es 294
Dubiel: Was ist Neokonservatismus? es 1313
Duerr: Satyricon. Essays und Interviews. es 1346
– Traumzeit: es 1345
Duras: Sommer 1980. es 1205
Duras/Porte: Die Orte der Marguerite Duras. es 1080
Eco: Zeichen. es 895
Eich: Botschaften des Regens. Gedichte. es 48
Elias: Humana conditio. es 1384
Enzensberger: Blindenschrift. es 217
– Deutschland, Deutschland unter anderm. es 203
– Einzelheiten I. Bewußtseins-Industrie. es 63
– Einzelheiten II. Poesie und Politik. es 87
– Die Furie des Verschwindens. Gedichte. es 1066
– Landessprache. Gedichte. es 304
– Palaver. Politische Überlegungen (1967-1973). es 696
– Das Verhör von Habana. es 553
– Der Weg ins Freie. Fünf Lebensläufe. es 759
Esser: Gewerkschaften in der Krise. es 1131
Faszination der Gewalt. Friedensanalysen 17. es 1141
Feminismus. Hg. v. Luise F. Pusch. es 1192
Feyerabend: Erkenntnis für freie Menschen. es 1011
– Wissenschaft als Kunst. es 1231
Foucault: Psychologie und Geisteskrankheit. es 272
Fragment und Totalität. Hg. v. Dällenbach und Hart Nibbrig. es 1107
Frank: Der kommende Gott. es 1142

3/4/6.87

Bd. 5 Gesammelte Gedichte. Anna Livia Plurabelle. es 1438
Bd. 6 Finnegans Wake. Englischsprachige Ausgabe. es 1439
Hans Wollschläger liest »Ulysses«. es 1105
Mat. zu Joyces »Ein Porträt des Künstlers als junger Mann«. Hg. von K. Reichert und F. Senn. es 776
Kantowsky: Indien. es 1424
Kapitalistische Weltökonomie. Hg. von D. Senghaas. es 980
Marx: Die ethnologischen Exzerpthefte. es 800
Kenner: Ulysses. es 1104
Kindheit in Europa. Hg. von H. Hengst. es 1209
Kipphardt: In der Sache J. Robert Oppenheimer. es 64
Kirchhof: Body-Building. es 1005
Kluge: Gelegenheitsarbeit einer Sklavin. es 733
– Lernprozesse mit tödlichem Ausgang. es 665
– Neue Geschichten. Hefte 1-18. es 819
– Schlachtbeschreibung. es 1193
Kluge: Die deutsche Revolution 1918/1919. NHB. es 1262
Kolbe: Abschiede und andere Liebesgedichte. es 1178
– Hineingeboren. Gedichte 1975-1979. es 1110
Konrád: Antipolitik. es 1293
Kriegsursachen. Friedensanalysen 21. es 1238
Krippendorff: Staat und Krieg. es 1305
Kristeva: Die Revolution der poetischen Sprache. es 949
Kroetz: Bauern sterben. es 1388
– Frühe Prosa/Frühe Stücke. es 1172
– Furcht und Hoffnung der BRD. es 1291
– Mensch Meier. es 753
– Nicht Fisch nicht Fleisch. es 1094
– Oberösterreich. es 707
– Stallerhof. es 586
– Heimarbeit. es 473
Krolow: Ausgewählte Gedichte. es 24
Laederach: Fahles Ende kleiner Begierden. es 1075
Lefebvre: Einführung in die Modernität. es 831
Lehnert: Sozialdemokratie zwischen Protestbewegung und Regierungspartei 1848 bis 1983. NHB. es 1248
Lem: Dialoge. es 1013
Hermann Lenz: Leben und Schreiben. Frankfurter Vorlesungen. es 1425
Leroi-Gourhan: Die Religionen der Vorgeschichte. es 1073
Lessenich: »Nun bin ich die niemals müde junge Hirschfrau oder der Ajilie-Mann«. es 1308
Leutenegger: Lebewohl, Gute Reise. es 1001
– Das verlorene Monument. es 1315
Lévi-Strauss: Das Ende des Totemismus. es 128
– Mythos und Bedeutung. es 1027
Die Listen der Mode. Hg. von S. Bovenschen. es 338
Literatur und Politik in der Volksrepublik China. Hg. von R. G. Wagner. es 1151
Löwenthal: Mitmachen wollte ich nie. es 1014
Logik des Herzens. Hg. von G. Kahle. es 1042

3/5/6.87

3/6/6.87

Die neue Friedensbewegung. Friedensanalysen 16. es 1143
Ngũgĩ wa Thing'o: Verborgene Schicksale. es 1111
Nizon: Am Schreiben gehen. Frankfurter Vorlesungen. es 1328
Oehler: Pariser Bilder I. es 725
Oppenheim: Husch, husch, der schönste Vokal entleert sich. es 1232
Paetzke: Andersdenkende in Ungarn. es 1379
Paley: Ungeheure Veränderungen in letzter Minute. es 1208
Paz: Der menschenfreundliche Menschenfresser. es 1064
– Suche nach einer Mitte. es 1008
– Zwiesprache. es 1290
Peripherer Kapitalismus. Hg. von D. Senghaas. es 652
Petri: Zur Hoffnung verkommen. es 1360
Pinget: Apokryph. es 1139
Piven/Cloward: Aufstand der Armen. es 1184
Politik der Armut. Hg. von S. Leibfried und F. Tennstedt. es 1233
Populismus und Aufklärung. Hg. von H. Dubiel. es 1376
Powell: Edisto. es 1332
Psychoanalyse der weiblichen Sexualität. Hg. von J. Chasseguet-Smirgel. es 697
Pusch: Das Deutsche als Männersprache. es 1217
Raimbault: Kinder sprechen vom Tod. es 993
Darcy Ribeiro: Unterentwicklung, Kultur und Zivilisation. es 1018
João Ubaldo Ribeiro: Sargento Getúlio. es 1183
Rodinson: Die Araber. es 1051
Roth: Das Ganze ein Stück. es 1399
– Die einzige Geschichte. es 1368
– Krötenbrunnen. es 1319
Rötzer: Denken, das an der Zeit ist. es 1406
Rubinstein: Immer verliebt. es 1337
– Nichts zu verlieren und dennoch Angst. es 1022
– Sterben. es 1433
Rühmkorf: agar agar - zaurzaurim. es 1307
Russell: Probleme der Philosophie. es 207
– Wege zur Freiheit. es 447
Schindel: Ohneland. Gedichte. es 1372
Schlaffer: Der Bürger als Held. es 624
Schleef: Die Bande. es 1127
Schönhoven: Die deutschen Gewerkschaften. NHB. es 1287
Schrift und Materie der Geschichte. Hg. von C. Honegger. es 814
Schröder: Die Revolutionen Englands im 17. Jahrhundert. NHB. es 1279
Schubert: Die internationale Verschuldung. es 1347
Das Schwinden der Sinne. Hg. von D. Kamper und C. Wulf. es 1188
Sechehaye: Tagebuch einer Schizophrenen. es 613
Senghaas: Von Europa lernen. es 1134
– Weltwirtschaftsordnung und Entwicklungspolitik. es 856
– Die Zukunft Europas. es 1339
Simmel: Schriften zur Philosophie und Soziologie der Geschlechter. es 1333
Sinclair: Der Fremde. es 1007

3/7/6.87

3/8/6.87

3/9/6.87